제3의 신화학

제3의 신화학

계국의 시각을 넘어 동아시아 신화학으로

초판 1쇄 발행/2010년 9월 3일
전면개정판 1쇄 발행/2026년 2월 12일

지은이/정재서
펴낸이/염종선
책임편집/김새롬 정편집실
조판/황숙화
펴낸곳/(주)창비
등록/1986년 8월 5일 제85호
주소/10881 경기도 파주시 회동길 184
전화/031-955-3333
팩시밀리/영업 031-955-3399 편집 031-955-3400
홈페이지/www.changbi.com
전자우편/human@changbi.com

ISBN 978-89-364-8109-4 93910

제3의 신화학

정재서 지음

제국의 시각을 넘어 동아시아 신화학으로

창비

이원론을 빠져나가는 유일한 방법은 사이에-존재하기,
사이를 지나가기, 간주곡이다.
—질 들뢰즈

졸저『이야기 동양 신화: 중국편』의 러시아어 번역판이 마지막 교정을 마치고 곧 출간된다는 소식을 들었다. 감개무량하지 않을 수 없다. 신화 연구를 해온 지 어언 40여년, 어제를 돌이켜보고 오늘을 바라다볼 때 큰 인식의 변화에 격세지감을 느낀다.

나의 중국신화학의 연기(緣起)는 다음과 같다. 처음부터 중국신화학을 전공한 것은 아니었다. 1981년 가학의 영향으로 도교 고전인『포박자(抱朴子)』를 연구하여 석사를 하고 1985년 국내 최초로『산해경(山海經)』에 대한 역주를 수행하였다. 도교적 상상력의 근원을 캐기 위한 시도였는데 역주 과정에서 제기된 많은 문제의식이 나를 신화학의 길로 이끌었다. 그 무렵 신화·상상력 분야에 대한 학계의 인식은 냉담했다. 심지어 학문으로 인정하지 않으려는 기미까지 있었다.

게다가 중국신화 연구는 온통 맑스주의적 관점뿐이어서 홀로 이론 공부를 하였다. 한때 풍미했던 구조주의·A-T체계 등을 공부해 동양권의 설화에 적용했을 때 잘 들어맞지 않아 방황했던 일, 단군신화의 풍백·우사·운사, 주몽신화의 하백, 고구려 고분벽화, 한국 무가(巫歌)에 등장하는 허다한 중국신화상의 존재들에 대한 국내 학계의 침묵에 의아해했던 일, '해리 포터'와 '반지의 제왕' 시리즈의 성공 이후 갑작스런 신화의 귀환과 이에 대한 대중적 관심의 폭증, 그럼에도 여전히 신화와 상상력의 표준은 그리스신화 및 안데르센 동화에 맞춰진 현실을 개탄했던 일, 이 모든 일들이 지금 주마등처럼 스쳐간다. 다만 이 부조화의 경험들은 오히려 새로운 신화학에 대한 나의 열망에 불을 지폈다. 나는 결코 공평하다고 할 수 없는 신화학의 세계에 더욱 도전하고 싶었고, 저상(沮喪)되지 않은 나의 의지는 모두가 승인할 수 있는 극복의 방안을 모색하게끔 추동하였다.

앞에서 열거한 사례들은 한마디로 그리스신화와 중국신화라는 동서양 양대 신화의 패권주의 사이에서 나 같은 간극(間隙)의 학자 혹은 주변부 학자만이 감지할 수 있는 무력감, 위화감이다. 하지만 동시에, 이로부터 야기된 소중한 문제의식은 바로 이 제3지대의 신화학자만이 느끼고 향유할 수 있는 것이리라.(그들은 모른다!) 나는 결국 이 문제의식을 고수하여 한국의 동양학자라는 자생적 입장에서 주변문화론에 입각한 제3의 동양학을 구상하였고, 이를 중국신화학에 적용하여 제3의 신화학을 입론하기에 이르렀다.

제3의 신화학은 1993년 『역주 산해경』 개정판 서문에서 처음 취지를 천명한 이후 다수의 논문과 국내외 발표를 거쳐 2010년 『앙띠 오이디푸스의 신화학』에서 체계적 가설과 케이스 스터디를 담은 연구서로서 결실을 보았다. 이 책 『제3의 신화학: 제국의 시각을 넘어 동아시아 신화학으로』는 전작을 그대로 계승한 위에 이후의 보강된 이론, 확충된 논구, 약간의 수정을 거쳐 완성되었으니 사실상 『앙띠 오이디푸스의 신화학』의 전면개정판이라 할 것이다.

처음 제3의 신화학을 제기하였을 때 사계(斯界) 학자들의 많은 주목이 있었고 국내외에서 일부 쟁론이 있은 것도 사실이었다. 그러나 세월이 흐르고 미·중 양대 강국의 각축이 갈수록 심화되고 있는 이즈음, 제3의 신화학 내지 제3의 동양학적 시각은 기존의 신화학과 동양학에 대해 재고를 촉구하고[1] 타 학문의 영역에까지 점차 시의성(時宜性)을 확대해나갈 것으로 믿는다.

출간에 즈음하여 그동안 전인미답(前人未踏)의 거칠고 힘든 학문의 장을 걸어오는 데에 지지와 격려를 보내준 학인, 지인, 독자 들께 이 책을 바친다. 특히 이화여대 상상력 연구팀 제자-학인들의 지속적인 신뢰와 성원이 없었더라면 나는 더욱 신고(辛苦)의 길을 걸었을 것이다. 나의 신화학에 따뜻한 이해와 공감을 보여준 한국신화학의 조현설·최원오 교수, 길은 다르나 오랜 기간 중국신화학의 쇄신에 뜻을 같이해온 중국의 옙서헌(葉舒憲, 예 수셴) 교수 등의 동도(同道)를 걷는 학인으로서의 우정에 고마움을 표한다. 그리고 평소 격의 없는 대화로 질정을 아끼지 않는 외우(畏友) 장경렬 교수, 담론을 통해 급시(及時)에 유익한 시사를 주시는 김욱동 교수님과도 출간의 기쁨을 함께 나누고 싶다.

아울러 잡박(雜駁)한 내용의 이 책이 이토록 정연하고 기품 있는 모습을 갖추게 된 것은 창비 편집부의 마술 같은 능력 덕분이다. 저자의 게으름 탓에 기약도 없었을 출간을 각별한 관심과 노고로 앞당겨준 김새롬, 정편집실 김정혜 두분 선생께 감사드린다.

끝으로, 고단한 신화학의 길에 큰 힘이 되어 내가 가는 길이 틀리지 않았다는 신념을 불어넣어준 존재는 함께 『산해경』의 기이함을 사랑하고,

---

1 기존 동양학에 첫째, 중국 본토, 둘째, 서구 및 이에 준하는 일본의 시각은 있었으나 한국처럼 중국과 국경을 접하고 역사와 문화를 밀접히 공유해온 주변부의 체계화된 시각이 있었던가? 동양학은 사실상 가장 요해(要害)한 시각을 배제해왔던 것이다.

동양적인 것의 슬픔에 개탄하며, 동양 신화 이야기의 즐거움에 매료된 익명의 독자들이었다. 그분들의 성원에 사랑과 감사를 보낸다.

2026년 1월
양주(楊州) 사정동(砂井洞) 옥류산방(玉流山房)에서
옥민(沃民) 정재서 삼가 씀

차 례

서론

"바야흐로 설화와 담론의 시대가 도래했다 싶을 정도로 세간에는 역사의 소설화, 철학의 허구화가 성행하고 있다. 누군가 얘기했듯이 설화적 진리가 근엄한 이성의 억압으로부터 벗어나 제 힘을 되찾기 시작한 것일까?"[1]

오래전 조심스럽게 되뇌었던 이 언급은 오늘날 당연한 명제가 되어 있다. 상상력·이미지와 더불어 스토리는 이미 당대 문화를 지배하는 중요한 화두로 등장했기 때문이다. 상상력·이미지·스토리에 대한 새로운 주목과 함께 이들의 원형이라 할 신화에 대한 관심이 폭주하고 있는 것은 필연적인 현상이라 할 것이다. 그러나 신화의 귀환 혹은 범람이 운위되는 이 시대에 신화의 효용에 대한 찬사가 무성하면 무성할수록 신화의 본질을 정의하고 해석하는 신화학은 신화의 정치학으로부터 벗어나 더욱 엄정해지고 객관화될 필요가 있다.

신화학은 여타 학문 분과에 비해 늦은 시기에 성립된 학문이다. 근대 학문으로서 본격적으로 출발한 실체를 막스 뮐러(Max Müller)에 의해

---

1 졸저 『불사(不死)의 신화와 사상』(민음사 1994)의 「서론」.

주도된 비교신화학파로 본다면 대략 19세기 무렵이라 할 것인데, 서구 제국주의가 절정에 달했던 이 시기에 신화학이 성립되었다는 사실은 의미심장하다. 에드워드 사이드(Edward W. Said)는 서구 근대소설의 형성 시기가 제국주의의 성립 시기와 일치한다는 점에 주목하여 오늘날 고전으로 간주되는 서구 명작소설의 이면에 내재된 종족주의 및 제국주의의 욕망을 분석, 비판한 바 있다.[2] 따라서 우리는 제국주의 절정기에 성립된 신화학 역시 내재적으로 지니게 될 한계를 충분히 예상할 수 있을 것이다. 물론 19세기 이후 많은 세월이 흘렀고 신화학도 엘리아데(Mircea Eliade)·레비스트로스(Claude Lévi-Strauss)·커크(Geoffrey S. Kirk)·링컨(Bruce Lincoln) 등 종교학·인류학·설화학을 포함한 여러 방면의 선각적인 학자들의 자기반성과 비판을 거쳐 상당히 쇄신된 경지에 도달한 것은 사실이다. 그러나 서구 학자들의 반성과 비판은 훌륭한 미덕이긴 하지만 비서구 학자들의 견지에서 본다면 자기제한적인 것이어서 자생적인 전복 역량과는 거리가 있다. 요컨대 비서구 학자들은 밖으로부터 주어진 문제의식이 아니라 그들 자신의 신화적, 문화적 풍토에 기초하여 자말석 문세세기를 힐 필요가 있는 것이디.

한국의 신화학, 특히 중국신화학은 이러한 학문적 사안과 관련하여 중층의 문제를 안고 있다. 무엇보다 한국의 중국신화학은 서구 신화, 즉 그리스신화를 표준으로 성립된 현행 신화학에 대해 이른바 오리엔탈리즘의 견지에서 문제제기를 해야 할 것이다. 이것은 앞에서 주로 언급했듯이 신

---

2 Edward W. Said, *Culture and Imperialism* (New York: Alfred A. Knopf 1993) 참조. 이 책은 디킨스(Charles Dickens)·러스킨(John Ruskin)·디포(Daniel Defoe) 등의 작품에 의도적으로 혹은 무의식적으로 감춰져 있는 제국주의적 지향·장치 등을 탈식민주의적 관점에서 분석하였다.

화학에 내재된 서구의 종족주의 및 제국주의의 욕망을 짚어내는 일이 될 것이다. 그런데 한국의 중국신화학은 한국이라는 입지에서 중국신화를 탐구하느니만큼 오리엔탈리즘과는 다른 층위에서의 프랙털(fractal)한 문제 상황을 의식해야 한다. 그것은 중국과 주변 간의 장구한 정치적, 문화적 관계에서 형성된 동아시아 내부의 종족주의 및 제국주의의 욕망으로서 시노센트리즘(Sinocentrism), 이른바 중화주의(中華主義) 혹은 화이론(華夷論)이라고 하는 이데올로기에서 비롯한다. 우리는 이러한 이데올로기가 중국신화의 민족 주체를 인식하는 입장이라든가 중국과 주변의 상호텍스트화가 일상화된 고대의 신화자료를 해석하는 관점 등을 통해 기존의 중국신화학에 상당한 영향을 미쳤으리라고 추측할 수 있다.

결국 한국의 중국신화학은 크게는 동아시아 신화학의 범주에서 바깥으로 서구신화학에 대해 오리엔탈리즘을, 안으로 중국신화학에 대해 시노센트리즘을 극복해야 하는 중층의 작업을 수행해야만 자생적인, 그리고 기존의 어느 신화학보다 객관화된 학문체계를 수립할 수 있을 것이다. 상술한 과업을 달성하기 위해 이 책에서는 다음과 같은 논구의 과정을 밟고자 한다.

이 책은 크게 서론부 및 5부와 결론 및 부록으로 구성되어 있는데, 제1부 '반오이디푸스의 신화학을 위한 예비 논의'와 제2부 '탈중원의 신화학을 위한 예비 논의'는 자생적 신화학을 위한 문제제기, 개념의 비판과 변별 등 이론 정초(定礎)를 위한 부분이다. 그리고 제3부 '제3의 신화학을 위하여: 제국의 에피스테메를 넘어서'는 제1부와 제2부의 종합으로 제3의 신화학을 제시한다. 이어지는 제4부 '비교학적 관점에서 중국신화 읽기'와 제5부 '상호텍스트적 시각으로 중국신화 읽기'는 앞서 제1, 2, 3부에서 제기한 문제의식과 정초된 개념, 즉 제3의 신화학적 입장에 의해 중국신화를 비롯, 이와 관련된 서구 신화, 한국문화를 기존의 독법과 다르게 읽는 실제 시도를 위한 부분이다. 다시 말해 이 책에서는 문제제기와 실천을 병행하게 될 것이다. 마지막으로 '결론'에서는 이 책의 모든 논의를 매듭짓고 부록인 '대담'에서는 해외 저명 신화학자들과의 생생한 담론을 통해 동양과 서양, 한국과 중국 사이의 다양한 신화학적 현안들을 다루게 될 것이다.

각 부별 논구의 과정을 자세히 서술하면 다음과 같다. 먼저 서론부에서는 이 책의 구성과 내용, 그리고 제3의 신화학을 입론하게 된 동기와 배경, 과정 등에 대해 개술(概述)하였다. 이어서 제1부 '반오이디푸스의 신화학을 위한 예비 논의'에서 반오이디푸스는 들뢰즈(Gilles Deleuze)와 가따리(Pierre-Félix Guattari) 공저 『안티 오이디푸스』(Anti-Oedipus)의 서명에서 착상되었으나 의미 지향이 다르다. 여기서 오이디푸스는 마치 오이디푸스 콤플렉스가 전세계에 통용되는 심리기제로 간주되어왔듯이 전세계 신화의 표준인 양 군림하는 그리스신화를 상징한다. 따라서 반오이디푸스의 신화학이란 그리스신화 중심의 신화학을 비판적으로 극복한 새로운 입장의 신화학을 말힌다. 이를 위한 예비 논의에서 제1장 '오리엔탈리즘과 관련된 쟁점들'의 경우 서구의 동양에 대한 지배론적 편견, 즉 오리엔탈리즘과 관련된 신화학적 쟁점들을 고찰하고, 제2장 '중국신화와 그리스신화 사이의 변별적 관점들'의 경우 동서양 신화의 문화적 토양·종족성 등에서 유래하는 근본적 차이에 대해 검토함으로써 서구의 보편 신화학과 구분되는 차이의 신화학 정립을 위한 논의의 길을 열어놓을 것이다.

다음으로 제2부 '탈중원의 신화학을 위한 예비 논의'에서는 시노센트리즘과 관련된 쟁점들을 다룸에 있어 뿌리 깊은 중원문명론·문화속지주의 등에 대한 비판적 검토와 아울러 주변문화에 대한 새로운 인식, 즉 주변문화론을 통해 현행 중국신화학의 문제들을 짚어보고 나아가 중국과 서구, 일본의 관점을 극복한 보다 객관적인 제3의 시각에서 중국신화를 조망할 수 있는 대안의 신화학을 모색할 것이다.

이어서 제3부 '제3의 신화학을 위하여: 제국의 에피스테메를 넘어서'에서는 앞서 제1부와 제2부에서 진행해온 오리엔탈리즘 및 시노센트리즘 비판 논의를 종합하고, 특히 제2부의 '주변문화론'에서 모색한 제3의 시각을 구체화한 대안을 도출할 것이다. 여기서는 제국의 욕망과 작동 방식에 주목하여 오리엔탈리즘과 시노센트리즘을 망라하는 지배론의 근거를 '제국의 에피스테메'로 규정하고, 이를 극복할 관점과 방책으로 제3의 신화학 내지 제3의 동양학을 제시한다.

다음으로 제4부 '비교학적 관점에서 중국신화 읽기'는 제1부 '반오이디푸스의 신화학을 위한 예비 논의'를 잇는 실천적 독해 부분으로, 여기서는 제1장 '중국과 서구 창세신화, 어떻게 같고 다른가' 제2장 '중국과 서구 신화의 조우와 분기' 제3장 '중국과 서구 신화와 현대문화' 등의 관점에서 다양한 주제를 두고 논의할 것이다. 이 과정에서 서구 신화와의 비교, 대조하에 공통점은 물론 중국신화의 고유성과 숨겨진 의미를 보다 분명히 드러내고자 할 것이다.

이어서 제5부 '상호텍스트적 시각으로 중국신화 읽기'는 제2부 '탈중원의 신화학을 위한 예비 논의'를 잇는 실천적 독해 부분으로, 여기서는 제1장 '중국신화를 어떻게 볼 것인가' 제2장 『산해경』에 대한 새로운 독법' 제3장 '중국신화와 한국문화' 등의 논의를 통해 종래의 중심주의적 접근 방식을 지양하고 다중심적 혹은 주변문화적 관점에서 중국신화를 해체, 재구성하며 한국문화와의 상관성을 호혜적, 상호구성적 관계 속에서 논의하게 될 것이다.

다음으로 '결론'에서는 그간의 논의를 정리하고 '서론'에서 제기한 문제의식에 입각한 총체적 의미를 귀결지을 것이다. 마지막으로 '대담'을 부록하였는데, 나까자와 신이찌(中澤新一) 교수·엽서헌 교수 등 일본과 중국의 대표적 신화학자들과의 대담을 통해 최근의 신화 현상과 현행 신화학의 문제점, 한중 신화논쟁과 동아시아 신화의 지향점 등을 다루게 될 것이다.

앞에서 살펴보았듯이 이 책은 전반부에서 이론, 가설을 제시하고 후반부에서는 그것에 입각한 실제 분석을 겸행(兼行)하여 저자가 추구하는 제3의 신화학이 단순한 선언에 그치지 않는 실증적 연구의 산물임을 입증하고자 하였다. 이 책에서의 문제제기 및 다양한 논의가 중국신화학의 새로운 길을 여는 계기가 되고 동시에 세계 신화학에 대해서도 목소리를 더하여 공평무사한 신화학의 정립에 기여하게 되기를 희망한다.

제3의 신화학을 위한 문제제기

이념의 시대가 종언을 고한 1990년대 이후 한국 사회는 탈주술화에서 재주술화의 시대로 진입하고 있다. 마페졸리(Michel Maffesoli)의 이른바 '부족'(tribe)의 정서가 횡일(橫溢)하면서 각종 양태의 집단주의가 팽배하고 문화산업에서는 종래 비합리의 산물이었던 이미지와 상상력이 만개하여 제철을 구가하고 있다. 물론 이러한 변화는 한국만이 아닌 전 세계적인 현상이다. 그런데 집단주의·이미지·상상력 등의 이면에는 신화의 흥기라는 근본적인 변동 요인이 자리 잡고 있다. 다시 말해서 우리는 90년대 이후의 시대적 징후를 신화라는 코드를 통해 파악해볼 수 있는 것이다. 실제로 서점가에서는 신화 관련 책들이 인기리에 판매되고 있고, '반지의 제왕' '해리 포터' 시리즈 등 신화적 상상력을 바탕으로 만들어진 판타지 소설·영화 등이 공전(空前)의 유행을 한 지 오래이다. 이러한 신화 혹은 신화주의의 부활은 그간 합리주의와 이성주의에 의해 경색되어온 우리의 메마른 심성을 활력 있고 풍요롭게 해준다는 점에서 일단 환영할 만하다.

그러나 신화의 본질적 의의와는 별도로 그것의 생산 및 소비와 관련한 현실의 정치성을 생각해보면 신화는 그렇게 순진무구한 원시인류의 꿈 같은 이야기만도 아니고, 신화예찬론자들이 주장하듯이 구원의 메시지를 함축한 복음 같기만 한 것도 아니다. 실제로 신화학의 세계도 힘의 논리에 따라 서구 신화의 대종(大宗)인 그리스신화가 표준으로 군림하고 있는가 하면, 요즘 중국에서는 신화를 이용해 자국의 역사를 아득한 원시시대까지 끌어올리려는 신화의 역사화, 정치화 작업이 진행 중이기도 하다. 따라서 비록 신화가 흥기했다고는 하지만 신화의 효용만 강조하고 비판이 부재한 오늘의 현실은 신화는 범람하나 진정한 신화학이 없는 상황이라 해도 과언이 아니다. 신화를 모든 상상력의 근원으로 볼 때, 아이러니하게도 전지구화가 진행되고 있는 이 시점에서 상상력은 결코 자유롭다 할 수 없는 것이다.

이 책에서는 상술한 신화 현실의 문제점에 대해 중국신화학의 측면에서 그 원인을 검토하고 극복 방안을 모색하고자 한다. 중국신화학을 문제 삼는 이유는 신화의 정치성과 관련하여 오리엔탈리즘과 시노센트리즘이라는 두 가지 억압기제를 함께 논의함으로써 현행 신화학의 기본 문제를 전면적으로 다룰 수 있기 때문이다. 이러한 논의들을 바탕으로 서구 및 중국의 기존 신화 연구와는 변별되는 제3의 길을 모색하게 될 것이다.

2. 제3의 신화학, 어떻게 입론되었는가

중국신화학은 근대 초기 모순(茅盾, 마오 둔)에 의해 정초되었다. 모순은 그의 노작 『중국신화연구 ABC』에서[1] 서구신화학의 개념과 방법을 도입하여 최초로 중국신화 텍스트를 분석하고 그 의미를 탐구하였다. 그에 의해 비로소 중국신화는 근대적 학문 탐구의 대상이 되었고 이후 대륙은 물론 대만·일본·구미 각국에서 많은 연구자들이 잇달았다.

대륙의 중국신화 연구는 1980년대의 이른바 '신화열(神話熱)'의 시기를 거쳐 바야흐로 본격적인 단계에 돌입했다고 말할 수 있다. 여기에서의 '본격적'이라는 표현은 두가지 측면에서 가능한데, 그 한가지는 자료적인 측면에서 새로운 조사와 발굴이 많이 이루어져 계속 신화자료가 확충되어가고 있다는 사실이고, 다른 한가지는 방법적인 측면에서 과거의 단선적인 맑스주의적 분석을 탈피하여 다양한 신화 관점을 도입, 적용하고 있다는 사실이다. 다시 말해서 중국은 이제 더이상 신화의 빈국(貧國)이 아니고 이론의 고국(古國)도 아니다. 굴지의 신화학자 원가(袁珂, 위안커)가 필생의 노력을 경주해 편찬한 『중국신화전설 상·하』는[2] 분량 면에서 그리스·로마 신화집을 이미 넘어섰으며, 연구자들은 매년 각지에서 채록, 발굴되는 신화자료 및 고고자료들을 정리, 분석하느라 여념이 없다. 요컨대 어제의 신(新)자료가 오늘 문득 구(舊)자료가 되는 현실이다. 이론계의 정황 역시 바쁘게 돌아가기는 마찬가지이다. 중진 학자들은 여전히 맑스주의에 얽매여 있다고 하지만, 결국 앞으로 중국신화학을 이끌어갈 신진 소장학자들은 개방화 이후 일시에 유입된 서구 이론의 홍수 속에서 하루가 다르게 변신하고 있다.

---

1 玄珠 『中國神話硏究 ABC』(上海: 世界書局 1929). 현주(玄珠)는 당시 모순의 또다른 필명이었다. 모순은 이보다 일찍 「중국신화연구」라는 논문을 『소설월보(小說月報)』 第16卷 1期(1925)에 발표한 바 있지만 전적으로 중국신화만을 다룬 최초의 저서는 『중국신화연구 ABC』이다. 모순의 중국신화 연구 업적에 대해서는 潛明玆 『神話學的歷程』(哈爾浜: 北方文學出版社 1989) 178~224면 참조.

2 袁珂 『中國的神話與傳說』 上·下(上海: 商務印書館 1983).

1990년대에 이르기까지 많은 업적과 뚜렷한 관점으로 중국신화학의 면목을 일신한 학자는 원가이다. 우리는 모순 이래 성립된 중국신화학이 거의 반세기 후 원가에 이르러 새로운 경지를 이룩했다고 평가할 수 있다. 원가를 중국신화학의 중흥조로 손꼽는 이유는 다음의 두가지를 들 수 있다. 한가지는 중국신화 텍스트에 대한 철저한 고증·정리 작업으로, 『산해경교주(山海經校注)』는[3] 이 방면의 대표작이다. 또 한가지는 독창적인 신화관이다. 이른바 '광의신화론(廣義神話論)'은 그가 수립한 독특한 관점이다. 모순 이래 반세기 동안 중국 내외의 많은 학자들이 그들 나름대로 주목할 만한 업적을 쌓아온 것은 사실이지만, 어느 누구도 중국신화학에 미친 원가의 전면적이고 근본적인 영향을 부인하긴 어렵다. 한마디로 원가는 맑스주의 중국신화학의 종결자라 할 수 있다.

원가 이후 중국신화학은 새로운 전환기에 당면해 있다. 20세기 말, 원가에 이르기까지 대륙의 중국신화학은 사실 고립된 학문 환경 속에서 자족적인 연구를 수행해왔다고 말할 수 있다. 그러나 21세기 중국신화학의 학문 환경은 단순치 않다. 중국신화학은 이제 전지구화의 엄청난 추세와 맞물린 학제화(學際化)라는 개방석인 학문 현실과, 동아시아 내지 아시아의 지역화 현상과 관련된 고유한 학문 현실이라는 양자 모두를 감당해야만 한다. 신화학은 본래 비교학적 지향이 강한 분야이기 때문에 이 같은 학문 환경은 중국신화학으로 하여금 미증유의 문제의식을 낳게 할 소지가 크다. 이러한 정황에서 최근 중국을 대표하는 신화학자인 엽서헌이 제기한 중국신화학에서의 이른바 '본토주의(本土主義)' 경향에 대한 비판과 반성은 시의적절하다.[4] 엽서헌은 또한 신화학과 고고학을 결합한

---

3 袁珂 『山海經校注』(上海古籍出版社 1980).
4 葉舒憲 「山海經與民族歷史的書寫問題」, 葉舒憲·蕭兵·鄭在書 『山海經的文化尋踪』(武漢: 湖北

'사중증거설(四重證據說)'이라는 독창적인 중국신화 해석 방법을 제창하는 등 원가 이후 최대의 업적을 이룩한 신화학자로 평가되고 있다.

한국의 경우 중국신화는 초창기에 최남선(崔南善) 등 국학자들에 의해 국학 탐구의 일환으로 논급되어오다가 1970년대 이후부터 소수이지만 중국문학 방면의 전공 학자들에 의해 연구되기 시작하였다. 1970, 80년대에 걸친 초기의 중국신화 연구는, 그 개척적인 의의를 무시해서는 안 되겠지만 거개가 대만과 대륙의 입장을 승습(承襲)하여 학문적 독자성을 구현하지는 못하였다.[5] 대륙 신화학계의 역동적인 상황에 비해 한국의 중국신화학은 적막하기 그지없었다. 경학(經學)과 정통 문학의 중압이 여전히 지속되었기 때문에 학문적 위상마저 확보하기 힘든 실정이었다. 1990년대에 들어와 한국의 중국신화학은 획기적인 변모를 이룩한다. 풍부한 자료 유입·이론의 개방·연구자의 증가 등 여러 방면에서의 변모가 있을 수 있겠는데, 자생적, 주체적 신화학과 관련하여 외람되지만 이 책에서 전개하는 논지, 곧 제3의 신화학의 입론을 중심으로 그 변화와 형성의 과정을 개괄한다면 다음과 같다.

1985년 중국신화의 대표적 텍스트인 『산해경』을 역주한 후 저자는 중국 주석가들의 신화자료 해석에 대해 심각한 문제의식을 갖게 되었고, 1993년 「역주 『산해경』 개정판 서문」에서 단원론적 중국문화론에 대한

人民出版社 2004) 3~12면. 엽교수는 여기에서 졸고 「再論中國神話觀念: 以文本的角度來看山海經」(『中國神話與傳說學術研討會論文集(上)』, 臺北: 漢學研究中心 1996)의 논지를 인용하고 있다. 졸고는 「'산해경' 다시 읽기의 전략」(『상상』 1995년 봄호)의 중역본(中譯本)으로 1996년 타이베이 한학연구센터에서 거행된 '중국 신화와 전설 학술토론회'에서 발표된 바 있다.

5 일부 학자들이 재야사학적 견지에서 민족적 자의식을 갖고 연구를 수행하였으나 '신화학'으로서의 객관적 학문체계 수립과는 거리가 있다고 보지 않을 수 없다.

비판과 아울러 극복의 대안으로 다원주의 문화론에 입각한 상호텍스트적 신화론의 밑그림을 제시하였다. 이후 이러한 밑그림은 계간 『상상』에 연재된 일련의 논고들, 즉 「중국, 그 영원한 제국을 위한 변주」(1994) 「'산해경' 다시 읽기의 전략」(1995) 「고구려 고분벽화의 신화적, 도교적 제재에 대한 새로운 인식」(1996)[6] 등을 통해 주변문화론에 입각한 탈중원의 중국신화학으로 확충, 예증되었다. 자생적 중국신화학을 위한 이 새로운 입론은 당시 국내 학계로부터 지지와 호응을 받았을 뿐만 아니라 인접한 국문학·역사학·미술사학·종교학 등의 분야에서도 긍정적인 반응과 자극을 불러일으켰다. 특히 2천년대에 들어와 이른바 '동북공정(東北工程)' 문제가 불거지면서 상술한 논고들의 관점은 예시(豫示)된 대안으로 평가되었다. 처음 제기되었을 때만 해도 도발적인 느낌을 주었던 탈중원의 중국신화학 개념은 오늘날 적어도 국내 학계에서는 기본 인식이 될 정도로 통념화되어 있다.

아울러 계간 『상상』에 발표된 첫 논고인 「동양적인 것의 슬픔」(1994)과 「중국소설의 이념적 정위를 위한 시론」(1994)[7] 등에서는 서구의 중국문명에 대한 지배론 및 편견, 맑스의 아시아적 생산양식 등에 대한 비판을 세기한 바 있었다. 이를 통해 수립된 반오리엔탈리즘적 문화관은 이후 중국신화 대중서인 『이야기 동양 신화』(황금부엉이 2004; 김영사 2010)를 집필할 무렵 중국신화를 그리스신화와 비교, 검토하는 과정에서 양자의 변별성과 차이성을 구체적으로 인식하는 데에 영향을 주었고, 나아가 서구의 그리스신화를 표준으로 한 상상력 및 신화 연구에 대해 심문하는 계기가

---

6 이 논고들은 졸저 『동양적인 것의 슬픔』(살림 1996; 민음사 2010)에 수록되었다.
7 『중국소설논총』 제3집(1994)에 발표되었다가 『동양적인 것의 슬픔』(1996)에 '다시 서는 동아시아 문학: 중국소설의 기원을 찾아서'라는 제목으로 재수록되었다.

되었다. 여기에서 차이의 신화학, 반오이디푸스의 신화학을 착상하게 되었고 이와 관련된 지속적인 연구 작업과 상술한 탈중원의 신화학이 결합하여 제3의 신화학을 표방하게 되는데, 이것이 저술의 형태로 출현한 것이 이 책의 초판에 해당하는 졸저 『앙띠 오이디푸스의 신화학』(창비 2010)이었다.

한국의 중국신화학은 중국신화에 대한 객관적 탐구를 위해 학문 지정학상 매우 중요한 위치에 있다. 서구 학계가 중국신화를 지나치게 타자화해서 보려 하고[8] 중국 학계가 반대로 주관주의에 빠져 있을 때, 한국 학계는 양자를 지양한 입장에 설 수 있다. 가령 원가의 중국신화 재편 작업을 두고 서구 학계는 그 이면의 정치적, 종족적 의도에 대해 별반 관심을 두지 않지만,[9] 한국 학계는 인접 문화, 주변문화의 견지에서 그러한 목적론적 작업이 초래할 위험에 대해 비판의 목소리를 낼 수 있다. 그간 국내외 학계에서 중국신화상의 여러 주제를 두고 많은 논의가 있어왔지만 각각 앞서 말한 지나친 타자화 혹은 주관화의 혐의로부터 자유롭지 못한 것이 사실이었다. 한국의 중국신화학이 그러한 양극적인 관점을 지양한 방향으로 순조롭게 진행된다면, 그 결과는 인접한 한국신화 및 일본신화 그리

---

8 여기서 일본의 동양학은 서구의 그것에 준하는 입장에 있다 하겠다. 근대 일본의 동양학이 제국주의적 입장에서 출발한 것은 서구 모델을 따랐기 때문이다. 그러나 일본의 동양학 성과는 후일 서구의 동양학이 성장할 때 중요한 영향을 미친다. 양자는 이러한 상호 영향관계 때문에 상당한 친연성이 있고 이것은 저자가 서구 및 일본 동양학을 제2세계 동양학으로 규정하는 이유가 되었다. 동양학의 경우 제1세계가 중국이고 제3세계가 한국 등 주변부라고 가정할 때를 전제한 것이다. 일본 동양학이 서구 동양학에 미친 영향에 대해서는 이 책 제2부 3절 '주변문화론' 참조.
9 예컨대 앤 비렐(Anne Birrell)은 "Studies on Chinese Myth Since 1970: An Appraisal, Part I" (*History of Religions* Vol. 33, No. 4, 1994. 5)에서 원가의 업적을 소개하면서 그의 맑스주의적 경향에 대해 잠깐 언급했을 뿐 시종 상찬으로 일관하고 있다.

고 여타 소수민족 신화와의 비교에 원용되어 해석의 폭을 넓힐 뿐 아니라 동아시아 신화학의 정체성 수립에 기여하게 될 것이다.

제1부
반오이디푸스의 신화학을 위한 예비 논의

제1부
반오이디푸스의 신화학을 위한
예비 논의

여기서는 제1장 '오리엔탈리즘과 관련된 쟁점들'의 경우 서구의 동양에 대한 지배론적 편견, 즉 오리엔탈리즘과 관련된 신화학적 쟁점들을 고찰하고 제2장 '중국신화와 그리스신화 사이의 변별적 관점들'의 경우 동서양 신화의 문화적 토양·종족성 등에서 유래하는 근본적 차이에 대해 검토함으로써 서구의 보편 신화학과 구분되는 차이의 신화학 정립을 위한 논의의 길을 열어놓을 것이다.

제1장

오리엔탈리즘과 관련된 쟁점들

에드워드 사이드는 지금은 고전이 된 그의 주저 『오리엔탈리즘』에서 서구 학자들이 그리스신화를 특권화하여 모든 이방적 요소들을 배제함으로써 서구문명이 순수하고 근원적인 것처럼 합리화해왔다고 비판한 바 있다.[1] 아울러 브루스 링컨은 서구의 신화학이 아리안족 혹은 인도·유럽어족의 기원을 탐색하고 그것을 재구성하는 데 열중해왔으며, 이러한 경향이 종족주의·제국주의 등의 욕망과 긴밀한 상관관계에 있음을 논증하고 있다.[2] 근대 이후의 모든 학문 분야가 그러하지만 신화학의 세계도 공평하지가 않다. 신화학은 특정 지역, 곧 그리스 지역의 신화를 바탕으로 개념·분류·특성 등을 규정해왔으며, 이 과정에서 도출된 서구신화학의 이론들은 중국신화를 비롯한 비서구 지역의 신화들에 대해 '표준'으로서의 지위를 누려왔다.[3] 그 결과 이른바 '프로크루스테스의 침대'와도

---

1 Edward W. Said, "Introduction," *Orientalism* (New York: Vintage Books 1979).

2 Bruce Lincoln, *Theorizing Myth: Narrative, Ideology, and Scholarship* (Chicago: University of Chicago Press 1999) 207-16면.

3 엘리아데는 플라톤 이래 서구의 철학자들이 내린 신화에 대한 정의가 모두 그리스신화에 대한 분석을 토대로 삼고 있으며, 이러한 정의가 타당하지 않음을 지적한 바 있다. Mircea Eliade, "Cosmogonic Myth and 'Sacred History'," *Sacred Narrative*, ed.

같은 서구신화학의 재단(裁斷)에 의해 중국신화의 상당 부분이 비신화적인 내용으로 간주되거나 그 의미가 왜곡되기도 했다. 근대 이래 한때 풍미했던 중국의 '창세신화 부재론'은 당시 서구신화학의 편견의 산물이었다. 이러한 편견은 신화학에만 존재했던 것이 아니다. 철학·미학 등의 분야에서도 헤겔 이래 '동양철학 부재론'과 '동양미학 부재론'이 제법 그럴듯한 논리를 갖고 횡행하였으니, 이는 앞서 언급했듯이 근대 이래 서구 학문이 표준으로 군림하면서 가해진 억단(臆斷)이었다.

신화는 인류 문화의 공통 원형이기도 하지만 개별 민족의 문화적 특성을 담지한 서사이다. 비유한다면 인류에게 식욕이라는 보편적인 욕구가 있지만 각 민족마다 그것을 해결하는 그들 나름의 음식문화가 있듯이, 신화는 동일한 원형 심상에서 기인했을지라도 각 민족의 풍토·정서·언어습관 등에 따라 다양한 모습을 취하게 된다. 따라서 한 민족의 신화를 특정한 신화에서 계발된 논리에 의해 정의하고 해석하는 일은 그 신화의 고유한 내용을 오독하거나 사상(捨象)할 위험이 있다.[4]

여기에서 그리스신화 중심의 기존 신화학으로부터 탈피하여 중국, 나아가 동아시아 신화의 토양에 입각한 고유한 신화논리를 구축해야 할 필요성이 대두한다. 물론 이러한 언명이 그간 서구신화학이 이룩한 다양한

Alan Dundes (Berkeley: University of California Press 1984) 138면. 조동일 교수 역시 유럽문명권, 특히 고대 그리스의 서사시를 전범으로 삼아 다른 지역의 서사시를 함부로 재단해온 것을 비판하고 서사시의 본질과 역사를 새롭게 성찰해야 할 것을 역설한다. 조동일 『동아시아 구비서사시의 양상과 변천』(문학과지성사 1997) 6, 12, 499면.

4 가령 오이디푸스 유형의 설화는 세계보편적인 것인가? 이 설화 유형은 유럽 및 근동과 서아시아에서만 현저할 뿐이다. 그렇다면 여기서 도출된 이른바 오이디푸스 콤플렉스라는 코드로 모든 문화를 읽어내려는 시도가 과연 온당한 것인가 의심하지 않을 수 없다. 오이디푸스 설화 유형의 지역적 국한성에 대해서는 Jaan Puhvel, *Comparative Mythology* (Baltimore: Johns Hopkins University Press 1987) 3면 참조.

성취를 전면적으로 부인하는 일종의 학문적 제노포비아(xenophobia)처럼 간주되어서는 안 되겠다. 더욱이 타문화에 대한 깊은 관심과 이해를 바탕으로 신화학에서 편견을 제거하고자 노력한 서구의 여러 선각적 학자들의 값진 시도는 잊을 수 없다. 그럼에도 중국신화학은 서구 신화논리와의 접점을 모색하여 공통의 원형 심상을 확인하는 일도 중요하지만, 고유한 신화적 토양과 자산을 바탕으로 기존 신화학의 동일성에 도전하는 '차이의 신화학'을 수립하는 일 역시 긴요하다.

서구 신화논리에 순응하기보다 상위(相違)를 발견하여 새로운 신화논리를 추가함으로써 기존의 제1세계 중심 신화학의 단성성(單聲性, monophony)을 극복하고 세계 신화학의 내용을 풍요롭게 만드는 일은 이후 중국신화학이 담당해야 할 과제들 중의 하나이다. 이와 관련하여 서구신화학의 중국신화에 대한 편견, 즉 오리엔탈리즘으로부터 유래한 신화학상의 쟁점들을 창세신화 부재론(創世神話不在論), 체계신화 부재론(體系神話不在論), 오이디푸스 콤플렉스, 설화 삼분법(說話三分法)과 A-T 체계 등으로 나누어 살펴보고자 한다.

1. 창세신화 부재론

일찍이 워너(E. T. C. Werner)는 중국에는 서구 신화에 비견할 만한 '위대한 신화'(great myth)가 없음을 단언하고 그 원인을 여러 지면에 걸쳐 언급했다.[5] 특히 중국의 창세신화 존재 여부는 과거 중국학에서 중요

---

5 E. T. C. Werner, *Myths and Legends of China* (London: George G. Harrap & Co. 1922) 60-61, 67-68면.

한 쟁점 중의 하나였다. 탁월한 중국학자 보드(Derk Bodde)조차도 "반고(盤古)신화를 제외한다면 중국의 경우 아마 고대의 주요 문명들 중에서 유일하게 창세신화가 부재한다는 사실이 오히려 두드러진 특징이 될 것이다"라고[6] 단언했을 정도였다.

하지만 반고신화는 자료 출현 시기가 기원 3세기경으로 비교적 늦고 강남 지역에서 채록된 것이기 때문에 변방 이민족 문화의 산물이거나 인도 등 외부에서 전래된 것으로 간주되어 어떤 의미에서는 중국의 토착신화가 아닌 것으로 여겨지기까지 하였다.

근대의 서구 학자들은 그들의 창조론적 신화 관점에 입각, 중국에는 창세신화가 존재하지 않는다고 생각했으며 반고신화조차도 타지역의 거인신체화생(巨人身體化生) 신화와 비교할 때 창조성의 개념에서 차이가 있는 것으로 생각했다. 즉 반고신화의 경우 스스로의 변화라는 자화론(自化論)적인 의미가 농후하여 창조 주체에 의한 변화, 발전의 의미를 지닌 신화로 간주하기 어려웠기 때문이다.

그러나 에르케스(August E. Erkes), 장광직(張光直, 창 쾅츠) 등이 이러한 통념에 이의를 제기하고 초기 도가 문헌 속의 '혼돈 살해'[7] 등 창세신화적 요소에 주목하였다. 이들은 중국의 창세신화적 사유가 반고신화 자료가 출현한 기원 3세기 훨씬 이전부터 상고시대의 우주론으로 존재해왔으며 그것이 초기 도가에 계승되었다고 본 것이다. 이러한 입장은 지라도트(Norman J. Girardot)의 『초기 도가에서의 신화와 의미』(*Myth and*

---

6 Derk Bodde, "Myths of Ancient China," *Mythologies of the Ancient World*, ed. S. N. Kramer (New York: Doubleday 1961) 405면.

7 『莊子』「應帝王」: "南海之帝爲儵, 北海之帝爲忽, 中央之帝爲渾沌. 儵與忽時相與遇於渾沌之地, 渾沌待之甚善. 儵與忽謀報渾沌之德, 曰人皆有七竅, 以視聽食息, 此獨無有, 嘗試鑿之. 日鑿一竅, 七日而渾沌死" 참조.

Meaning in Early Taoism)에 이르러 종교학·어원학·인류학·민속학 등 각 방면에서의 치밀한 논구를 통해 정리되었다.[8]

2. 체계신화 부재론

중국신화가 서구의 그리스신화처럼 완전한 서사체계를 지니고 있지 못하다는 생각은 중국 내부의 학자들에 의해 주로 제기되었다. 중국신화 의 초기 연구자들이 당면했던 곤혹스러운 현실은 중국신화의 자료가 단 편적으로 여러 문헌에 산재해 있으며 내용도 일관된 체계나 구성을 이루 고 있지 않다는 사실이었다.

노신(魯迅, 루쉰)·호적(胡適, 후스)·모순 등 근대의 저명한 문인·학자 들 이 이같은 현상을 적절한 가설로써 설명하느라 부심하였다. 이들은 여러 가지 이유를 제시했다. 공자의 신비주의에 대한 부정적 입장을[9] 근거로 유교의 실용주의 혹은 인문주의 전통이[10] 신화와 같이 허무맹랑한 서사 의 존재를 용납하지 않았다거나 신화가 역사화되는 과정에서 본연의 모 습을 잃게 되었다는 주장은 지금까지도 중국의 신화학자들 사이에서 호 응을 얻고 있다. 심지어 중국인은 현실주의 성향이 너무 강한 반면 상상 력이 부족한 민족이어서 신화의 결핍을 초래하였다는 견해도 있었다.[11]

---

8 이 책의 출간 이전에 지라도트는 이미 "The Problem of Creation Mythology in the Study of Chinese Religion"(*History of Religions* Vol. 15 No. 4, 1976. 5)이라는 논문을 통해 중국의 창세신화 부재론을 집중적으로 논박했다.

9 『論語』「述而」: "子不語怪力亂神."

10 상술한 공자에 관한 언술은 실용적 관점에서 보기도 하나 인간을 중심으로 보는 인 문주의 관점에서 볼 수도 있다.

놀랍게도 우리는 이들 근대 초기 대사(大師)들의 주장과 최초의 서구인 중국신화 편집자 워너의 주장이 상호 공명하고 있음을 발견한다. 워너는 이들보다 앞서 중국신화가 빈곤한 이유로서 공자의 언급, 강한 역사주의, 상상력의 결핍 등을 거론한 바 있다.[12]

실용주의 혹은 인문주의, 신화의 역사화가 유독 중국의 문화 상황에서만 주도적으로 작용해 신화의 발달을 저해했다는 가설은 신화 형성의 보편적 조건이나 각국 문화의 일반적 정황을 고려할 때 납득하기 어렵다. 신화를 허황하게 보는 것은 현대인의 관점이고 신화 자체는 원시인류의 생존 현실에서 생겨난 '진실한' 이야기이므로 실용주의와 배치되지 않는다. 원시인류는 결코 심심풀이로 신화를 생산하지 않았다. 유교 인문주의를 신화 결핍의 요인으로 거론한다면 철학이 발생하고 인문주의가 일찍 싹튼 그리스가 풍부한 신화적 유산을 남긴 것은 어떻게 설명할 것인가? 아울러 신화를 역사와 결합해서 보는 인식도 중국에만 고유한 것이 아니다. 가령 유히메리즘(euhemerism) 현상, 곧 신화사실설(神話史實說)은 중국신화, 그리스신화는 물론 여타 신화에서도 흔히 볼 수 있는 보편적인 것이다.

단적으로, 체계신화 부재에 대한 이러한 문제의식은 근대 초기 서구 문화에 대해 지녔던 중국 지식인들의 콤플렉스에서 비롯한 내부적 오리엔탈리즘의 발현이 아닐 수 없다. 물론 상술한 가설들이 그 나름대로 중국의 문화적 풍토를 고려한 입론임을 부정하진 않는다. 하지만 그것들은 중국신화의 결핍을 방조한 부수적, 지엽적 이유는 될지언정 주도적인 원

---

11 앞서 말한 노신·호적·모순 3인의 견해에 대해서는 玄珠 『中國神話研究 ABC(上)』(上海: 世界書局 1929) 7~13면 참조.
12 E. T. C. Werner, 앞의 책 61, 63, 67-68면.

인으로 볼 수는 없다. 그렇다면 중국신화가 비체계적이고 단편적인 상태로 전해진 결정적 이유는 무엇인가?

그리스 반도가 비교적 제한된 영역과 문화풍토 안에서 일정한 체계를 지닌 신성한 서사를 생산할 수 있었음에 반해 고대 중국대륙의 경우 수십 수백 국가가 공존하고 수많은 문화가 충돌하고 분립했던 상황에서 통일된 신화체계가 산출될 수 없었음은 자명한 이치이다. 사실상 중국신화는 비체계적인 것이 자연스러운 것이다. 그런데 왜 근대 중국의 지식인들은 중국신화가 그리스신화처럼 체계적이지 않은 것을 한탄해야만 했는가? 후술할 바이지만, 이것은 과거 중국의 지식인들이 갖고 있던 중국 문명에 대한 일관된 통념 때문이다. 그 일관된 통념이란 무엇인가? 그것은 시대를 초월하여 중국을 정합적인 하나의 실체로 간주하는 관념으로 이 관념의 배후에는 '황하문명중심론'이 자리하고 있다. 지금은 중국 상고문화를 다원주의적 상황으로 인식하는 것이 정론이 되어 있지만 근대 중국의 지식인들은 의심의 여지 없이 이 관념에 의지하였다.(여전히 중국 학계에는 이 관념이 온존하고 있음을 부인할 수 없다.) 그 결과 중국신화가 그리스신화처럼 체계적이지 않음을 개탄하게 되고 실용주의·인문주의·신화의 역사화·상상력의 빈곤 등 그다지 설득력 없는 가설들을 제기하게 된 것이다. 중국신화가 비체계적인 결정적 이유로는 상고 중국대륙이 다원적, 비정합적 정치·문화 상황에 놓여 있었다는 사실을 들어야 할 것이다.

잘 알려진 바와 같이 오이디푸스 신화는 그리스 테베의 왕 라이오스의 버려진 아들 오이디푸스가 성장하여, 후일 아버지를 몰라보고 살해한 후 왕비인 어머니와 결혼했다가 나중에 사실이 밝혀져서 비극적인 삶을 살게 된다는 이야기이다. 친부살해와 친모에 대한 애착의 모티프가 담지하고 있는 인류의 본성적인 측면에 주목한 프로이트(Sigmund Freud)는 이를 바탕으로 오이디푸스 콤플렉스(Oedipus Complex)라는 심리기제(心理機制) 가설을 생산하였고, 나아가 이것이 정신분석학의 키워드가 되어 전인류의 심리·문화를 해석하는 보편적 이론 툴로 기능하고 있음은 주지의 사실이다. 신화가 지니고 있는 원형성을 상정할 때 특정한 모티프를 개념화, 일반화할 수 있는 근거가 없는 것은 아니지만, 신화도 종족성·풍토성을 무시할 수 없다는 측면을 생각하면 그리스신화의 특정한 이야기인 오이디푸스 신화가 과연 그러한 국한성으로부터 자유로운지 검토해볼 필요가 있을 것이다.[13]

일찍이 탈식민주의의 원조이자 정신과 의사인 프란츠 파농(Frantz Fanon)은 다음과 같이 진술한 바 있다.

오이디푸스 콤플렉스는 검둥이들에게선 거의 나타나지 않는다. 그들[서구 백인 인류학자들]은 말리노프스키와 함께 모권제가 이 콤플렉스

---

13 이에 대해서는 졸저 『사라진 신들과의 교신을 위하여』(문학동네 2007)의 「서문」에서 오이디푸스 콤플렉스가 한국의 문화현상 분석에서도 전가(傳家)의 보도(寶刀)처럼 쓰임을 지적하고, 그 보편성을 의심함과 동시에 신화적 풍토성에 기반한 다양한 콤플렉스의 가능성을 작품 분석을 통해 입증할 것임을 선언한 바 있다.

부재의 원인이라고 반박할 수 있다. 그러나 우리는 자기들 문명의 콤플렉스에 침윤된 인류학자들이 자신들이 연구하는 민족들에게서 그 복제판을 찾으려 골몰하지는 않았는지 묻게 된다. 우리는 프랑스령 앙티예즈의 가정 가운데 97퍼센트에서는 오이디푸스 신경증이 생겨날 수 없다는 점을 비교적 쉽게 보여줄 수 있다. 이 무능력을 우리는 드러내놓고 자축한다.[14]

파농은 카리브해 흑인들의 경우 오이디푸스 콤플렉스가 거의 없는데도 불구하고 백인 학자들은 자신들만의 오이디푸스 콤플렉스를 흑인에게 적용하려 한다고 시니컬하게 꼬집는다.

프로이트가 입론한 오이디푸스 콤플렉스 가설에 대해서는 정신분석학 내부에서도 이견이 발생해 카를 융(Carl Gustav Jung)·멜라니 클라인(Melanie Kline)·카렌 호르나이(Karen Horney) 등에 의해 보완되거나 다른 길을 걷기도 하지만, 결국 오이디푸스 콤플렉스 자체를 전복하는 작업은 들뢰즈와 가따리에 의해 대대적으로 이루어진다. 이들에 의하면 오이디푸스 콤플렉스는 욕망을 가족주의(부-모-아이의 이른바 오이디푸스 삼각형)의 틀 안에 가두고 억압하는데, 이것은 욕망을 포획하는 자본주의 체제에서 탄생한다.[15] 문제는 이러한 오이디푸스 제국이 현재의 우리를 지배하여 자유롭고 생산적인 욕망을 억압하고 자본주의의 모순을 심화시키는 데 있다.

프로이트 정신분석학은 오이디푸스 콤플렉스를 시원적, 인류보편적인 것으로 보지만, 들뢰즈와 가따리는 다양한 민족학적, 인류학적 증거를 들

---

14 프란츠 파농 『검은 피부, 하얀 가면』, 노서경 옮김(문학동네 2014) 150면.
15 질 들뢰즈·펠릭스 과타리 『안티 오이디푸스』, 김재인 옮김(민음사 2014) 316~17면.

어 가족이 역사·사회의 장(場)과 외연이 같은 원시 구성체의 경우 그것이 존재하지 않는다고 본다.[16] 이와 같은 입장에서 본다면 인간과 자연의 합일을 추구하고 공동체적 의식이 강한 중국 등의 동양 사회도 오이디푸스 콤플렉스가 존재하기 어려운 경우에 해당할 것이다.

다만 들뢰즈와 가따리는 이러한 경우와 관련하여 미개·야만 등 종족주의 색채가 짙은 표현을 여과 없이 사용하고 '아시아적 생산양식'을 적합한 예로 들어 분석하였는데,[17] 맑스의 이 가설은 실상 헤겔의 편집증적 이성주의와 동양 사회에 대한 편견 위에 성립된 문명 5단계설을 그대로 가져와 물적 토대 위에 입힌 것으로 이제는 새로울 것도, 주목할 가치도 없는 전형적 오리엔탈리즘의 소산이다.[18] 게다가 들뢰즈 등은 여기서 한 걸음 더 나아가 중국에서 왜 과학이 발달하지 못했는지 그 이유를 상정하기까지 했는데, 뛰어난 선견을 제시한 이들조차도 전형적 오리엔탈리즘의 하나인 (동양 사회의) '정체성 이론'을 벗어나지 못했다는 사실이 놀랍기 그지없다.

아무튼 상술한 파농, 들뢰즈와 가따리의 주장에서 보듯이 오이디푸스 신화 및 이에서 유래한 오이디푸스 콤플렉스는 모든 민족에게 공통적인 것이 아니다. 르네 지라르(René Girard)는 오이디푸스 콤플렉스가 서구적이고 현대적인 갈등 상황에서 프로이트 등의 정신분석학에 의해 창안

---

16 같은 책 308면.

17 같은 책 334~43면.

18 헤겔은 자유의식의 발달 단계를 ①중국(유년기) ②중앙아시아(소년) ③그리스(청년) ④로마(장년) ⑤게르만(최정상)의 5단계로 구분했는데, 맑스는 이를 계승하여 사회적, 경제적 발달 단계를 ①동양적 또는 아시아적 형태 ②그리스·로마적 형태 ③게르만적 형태의 3단계로 통합, 정리한다. 양자의 가설에 대한 비판은 졸저 『동양적인 것의 슬픔』(살림 1996) 26~27면 참조.

된 것으로 보았으며,[19] 비교신화학자 얀 푸벨(Jaan. Puhvel)도 오이디푸스 신화 유형이 유럽 및 근동 지역에서 주로 발견될 뿐 세계보편적인 것은 아니라고 밝힌 바 있어 이를 뒷받침한다.[20]

아닌 게 아니라 중국신화에서 전형적인 오이디푸스 신화 유형은 찾아보기 힘들다. 굳이 찾는다면 홍수신화에 등장하는 곤(鯀)-우(禹) 부자의 관계에서 그 흔적을 짐작해볼 수 있을 것이다. 곤-우신화의 내용을 정리하면 다음과 같다.

요임금 시절 대홍수가 일어났을 때 곤은 치수(治水)의 책임을 지고 온 힘을 다했으나 엄청난 물길을 막을 수 없었다. 고민 끝에 그는 천제(天帝)의 보물 창고에서 무한히 증식하는 흙 '식양(息壤)'을 훔쳐내어 둑을 쌓았다. 그러나 이 일은 곧 발각되었고 진노한 천제는 불의 신 축융(祝融)을 시켜 그를 죽였다. 곤은 죽었으나 이상하게도 시체가 삼년 동안 썩지 않았다. 천제가 다시 사람을 시켜 명검으로 그의 배를 가르자 한마리 용이 튀어나왔다. 그 용이 사람으로 변하니 곧 곤의 아들 우였다. 우는 아버지 곤의 뒤를 이어 치수에 종사하였다. 곤이 주로 둑을 쌓아 물길을 막으려 했다면, 우는 그와 반대로 물길을 여러 갈래로 터주어 치수에 성공하였다.

곤-우신화를 보면 전통적인 부자상속 관계가 표면상 나타나 있음에도 내면적으로는 양자가 대립관계에 있음을 알 수 있다. 우는 아버지 곤의 죽음을 통해 세상에 모습을 드러내며, 아버지와는 정반대 방식을 통

---

19 르네 지라르 『폭력과 성스러움』, 김진식·박무호 옮김(민음사 1993) 282~83면.
20 Jaan Puhvel, 앞의 책 3면 참조.

해 치수에 성공한다. 이를 통해 우리는 곤-우신화에 오이디푸스적인 의미의 친부살해 모티프가 은폐, 변형된 것은 아닌가 추리해볼 수 있다.[21]

중국신화의 경우 한대(漢代) 이후 인문화, 역사화가 본격적으로 진행되었던 만큼, 서구와는 다른 특유한 문화적 풍토 안에서 인류의 본성적인 경향을 함축한 신화 내용들이 일부 은폐, 변형되었을 가능성을 충분히 고려해볼 수 있다. 그러나 이러한 언급이 현전 신화 텍스트의 지역적 국한성을 무시하고 오이디푸스 콤플렉스와 같은 특정한 신화 유형에 근거한 가설을 타지역의 문화 해석에 일방적으로 적용해도 좋다는 것을 의미하지는 않는다. 설사 은폐와 변형의 이면에서 본성적인 내용을 공유하고 있을지라도 그러한 조정을 가능케 한 종족적, 문화적 풍토야말로 더욱 강력한 신화 텍스트적 현실이기 때문이다.

4. 설화 삼분법과 A-T체계

사물을 수집하고 분류하는 작업은 인류 생존을 위한 원초적 행위였으나 후대에는 제국의 통치와 밀접한 관련을 맺는 작업이 된다. 그리하여 서구에서는 박물지(博物志), 동양에서는 유서(類書)의 편찬이 이루어졌다. 특히 근대 제국주의 시기 서구의 박물학은 린네(Carl von Linné)의 분류법을 낳았고 이것이 전세계 사물을 하나의 분류체계에 귀속시키면서 자연의 체계화, 나아가 서구의 비서구 세계에 대한 인식론적 획일화를 추진하였다. 왜냐하면 사물의 분류란 세계관과 문화적 풍토 등의 기

---

21 이에 관한 자세한 논의는 이 책 제4부 2장 1절 '중국신화의 파격적 상상력' 참조.

반 위에서 이루어지는 것인데 단일한 분류체계의 적용은 사실상 일방의 기본 관념을 타자에게 주입하는 것과 마찬가지 행위이기 때문이다. 프랫(Mary L. Pratt)은 이러한 의미에서 린네의 분류법과 제국의 관료제 및 군국화를 병치한다.[22]

린네의 분류법과 같은 상황이 서사학에서 구현된 모습은 그림(Grimm) 형제의 신화·전설·민담의 설화 삼분법과, 아르네(Antti Aarne)와 톰슨(Stith Thompson)이 『민담의 유형들』(*The Types of the Folktale*)에서 수립한 A-T체계를 통해 볼 수 있다.

서구 설화를 바탕으로 귀납해 얻어진 설화 삼분법은 한때 신화를 다른 서사물과 구분하는 준칙처럼 여겨졌고, 이에 따라 서구처럼 신인관계(神人關係)가 엄격하지 않아 신화와 전설 혹은 민담의 구분이 확연하지 않은 중국신화 내지 동아시아 신화는 엄격한 의미에서 신화로 간주되지 않은 경우도 있었다. 결국 설화 삼분법의 무차별적 적용은 설화 분류상 문제를 야기하였고 특히 한국 등 동아시아권에서 많은 비판이 뒤따랐다. 실제로 배스컴(William Bascom)의 광범위한 조사에 의하면 대다수 민족은 신화와 전설을 통합해서 인식하는 것으로 밝혀졌다. 즉 배스컴은 지구상의 많은 지역에서 신화·전설·민담의 삼분법보다 신화와 전설을 포괄하는 '참된 이야기'(true tales)와 '꾸며낸 이야기'(fictional tales)의 이분법이 더 통용되고 있다고 증언한 바 있다.[23] 이렇게 본다면 서구의 삼분법은 보편적인 것이 아니라 오히려 국지적 사례에 속한다고 볼 수 있다.

아울러 유럽과 서아시아 중심의 설화를 기반으로 주제·모티프 등에

---

22 메리 루이스 프랫 『제국의 시선』, 김남혁 옮김 (현실문화 2015) 89면.

23 William Bascom, "The Forms of Folklore: Prose Narratives," *Sacred Narrative*, ed. Alan Dundes, 17-23면.

따라 설화 유형을 제시한 A-T체계도, 비록 후일 타지역의 설화를 보완하였다고는 하나 여전히 유럽 중심의 설화 인식과 그에 따른 분류체계라는 편향성을 불식하지 못하고 있다.[24] 여기서 생기는 심각한 문제는 우선 중국설화의 풍토성을 제대로 수용할 수 있느냐 여부이고, 더 근본적인 문제는 A-T체계가 분류 기준을 주로 '행위' 및 '기능'에 두고 있음에 비해 중국설화의 전통 분류법은 (『태평광기太平廣記』의 경우에서 볼 수 있듯이) 인간 및 사물 등 '행위 주체'에 두고 있다는 점으로, 양자는 극명한 차이를 보인다.

A-T체계 및 이를 준용한 에버하르트(Wolfram Eberhard), 김영화(金榮華, 진 룽화), 정내통(丁乃通, 딩 나이퉁) 등의 중국설화 분류의 문제점에 대해 저자는 오래전 신선설화(神仙說話) 분류와 관련하여 응분의 비판을 가함과 동시에 중국설화의 풍토성을 반영한 독자적인 분류법을 모색할 것을 제안한 바 있다.[25]

맺는말

이 글에서는 창세신화 부재론·체계신화 부재론·오이디푸스 콤플렉스·설화 삼분법과 A-T체계 등을 중심으로 중국신화에 가해진 오리엔탈

---

24 Antti Aarne and Stith Thompson, *The Types of the Folktale* (Bloomington: Indiana University Press 1973) 7면. 아르네와 톰슨은 서문에서 이 책이 유럽 및 서아시아 지역의 설화를 위주로 편찬되었음을 밝히고 있다. 이 책이 동아시아권 설화에 대해 갖는 한계에 대해서는 졸저 『불사의 신화와 사상』(민음사 1994) 14, 123~28면 참조.

25 『불사의 신화와 사상』 123~28면. 근래 영가우(寧稼雨, 닝 자위) 교수도 A-T체계의 편향성을 비판하며 동 분류법을 기반으로 하되 중국의 설화적 풍토성을 반영한 새로운 분류법을 제시한 바 있다. 寧稼雨 編著 『先唐敍事文學故事主題類型索引』(天津: 南開大學出版社 2011) 참조.

리즘에 대해 살펴보았다.

창세신화 부재론의 경우, 근대 초기 서구가 중국문명에 대해 가졌던 부당한 편견들 중의 하나로 창조 주체를 전제한 서구의 창조론적 관점에 입각해 중국이 창세신화를 갖고 있지 않다는 논단이었다. 이는 세계를 절대자에 의한 창조-발전의 결과로 규정하는 서구의 변증법적 창조론과 달리 자생적 변화론이 우세한 중국 창세신화의 고유성을 외면한 결과라 할 것이다.

체계신화 부재론의 경우, 근대 초기 중국의 대표적 지식인들이 한탄했던 중국의 체계신화 부재 현상과 그 원인에 대한 여러가지 해명은 내재적 오리엔탈리즘에 기인한, 서구문명에 대한 콤플렉스의 소산이었다. 신화 형성 당시 대륙의 정치·문화 상황이 다원적이었으므로 중국신화는 비체계적인 것이 당연한데, 중화주의에 의해 대륙의 문화를 일관되고 정합적인 것으로 간주해온 통념으로 인해 초기 지식인들이 중국신화가 비체계적인 것을 안타까워하고 그 원인을 실용주의·인문주의·역사화 등 다른 곳에서 찾으려 했던 것이다.

오이디푸스 콤플렉스의 경우, 이제는 세계보편적 사실이 된 이 심리 기제의 모태인 오이디푸스 신화가 파농의 진술, 푸벨의 비교신화학적 조사, 들뢰즈와 가따리의 『안티 오이디푸스』 등을 통해 결코 보편적이지 않다는 것을 확인할 수 있었다. 특히 인간과 자연의 합일 추구, 강한 공동체 의식은 중국에 오이디푸스 신화가 존재하기 어려운 중요한 이유로 생각된다. 따라서 오이디푸스 신화 및 콤플렉스의 비서구권에 대한 무차별적 적용은 지양되어야 할 것이다. 그럼에도 불구하고 곤-우신화의 경우처럼 오이디푸스 신화소(神話素)가 은폐 혹은 왜곡된 형태로 일부 중국신화에 존재할 가능성을 배제하지는 않았는데, 이는 오이디푸스 콤플렉스에 대한 동서양의 비교 결과가 유무의 이분법적 관계가 아니라 상대적 차이의 관계라는 사실을 알려준다. 아울러 이는 다른 의미에서 신화 원본을 변형 혹은 조정하려는 중국의 고유한 종족적, 문화적 풍토성을 입증하는 것이라 하겠다.

설화 삼분법과 A-T체계의 경우, 그림 형제와 아르네·톰슨의 설화 분류법은 서구의 세계관과 문화적 토양에 근거한 분류 기준에 의해 설화의 장르와 유형을 규정하였는데, 이 분류법은 마치 린네의 분류법이 전세계 생물 분류의 준칙이 되어왔던 것처럼 중국을 비롯한 비서구권의 설화에도 지배적으로 적용되어왔다. 그러나 신화·전설·민담의 삼분법은 서구와 달리 신인관계가 엄격하지 않은 중국의 경우 신화와 전설의 경계가 애매하여 잘 들어맞지 않았고, A-T체계는 여러 학자들이 적용을 시도했으나 중국설화의 현실을 충분히 반영하지 못한다는 한계에 봉착하였다. 결국 서구의 기존 설화 분류법을 참작하면서 중국의 설화적 토양에 입각한 독자적인 분류체계 수립을 모색해야 하는 것이 향후 중국설화학의 과제라 할 것이다.

결론적으로, 서구의 동아시아에 대한 편견 혹은 지배론은 중국신화에 대해 상술한 바와 같이 다양한 쟁론을 야기하였으나, 이는 오리엔탈리즘을 내함(內含)한 서구신화학의 일방적 규준이 낳은 폐단이라 볼 수 있다. 따라서 이에 대해서는 중국신화학의 입장에서 도전적으로 문제를 제기하고 서구신화학의 오리엔탈리즘적 요소를 극복한, 정체성을 지닌 신화학을 지향해야 할 것이다.

제2장
중국신화와 그리스신화 사이의 변별적 관점들

중국신화학을 비롯한 동아시아 신화학의 정립을 위해 그리스신화 중심의 서구신화학에 대한 비판은 필연적이다. 이러한 비판 작업의 일환으로 서구신화학의 기본 전제들, 즉 오리엔탈리즘과 관련된 창세신화 부재론·체계신화 부재론·오이디푸스 콤플렉스·설화 삼분법과 A-T체계 등에 대해 앞장에서 검토한 바 있다. 이 글에서는 한걸음 더 나아가 양자의 좀더 개별적인 신화 내용의 차이성에 대해 분석을 시도하고자 한다. 다만 앞장의 오리엔탈리즘 관련 쟁점 항목들과 여기서의 변별력 관점 항목들 간의 구분이 일부 항목들의 경우 절대적인 것은 아니라는 점을 밝혀둔다.

신화학 성립 초기 서구의 신화학자들은 주로 그리스신화와 비서구 신화의 공통성을 찾는 데 주력하였고, 이렇게 해서 얻어진 결과들을 귀납하여 신화학의 일반이론을 수립하고자 하였다. 이 과정에서 그리스신화를 표준으로 삼아 양자의 차이성이 간과되거나 사상되면서 서구 중심의 신화학이 성립되었다. 따라서 동아시아 신화학의 정립을 도모하고자 한다면 오히려 공통성보다 차이성에 주목해 변별적 자질을 드러낼 필요가 있다. 그리하여 궁극적으로 하나의 일반신화학이 아닌 복수의 신화학을 건립하고자 하는 것이 이 책의 목적이다. 다음에서는 이러한 목적을 염두에 두고 신인관계·인본주의·변형(變形) 관념·타자에 대한 인식 등의 관점에서 그리스신화와 중국신화의 변별점에 대해 검토해보고자 한다. 그러나 유념할 것은 이러한 차이가 결코 통약(通約) 불가능하며 이분법적인 것이 아니라 어디까지나 상대적이라는 점이다.

1. 신인관계

그리스신화와 중국신화에서 신과 인간의 관계는 극명한 차이를 보인다. 그리스신화에서 신들은 비록 인간의 모습을 하고 있으나 인간과는 넘을 수 없는 간극이 있다. 이 때문에 인간의 신에 대한 도전, 반항은 결코 용납되지 않는다. 예컨대 신의 권능을 시험하려 했던 탄탈로스는 아들을 요리해 신들을 대접했다가 들통이 나서 그 자신이 영원한 벌을 받았을 뿐만 아니라 자손인 니오베·아가멤논 등도 앙화를 입었다. 베짜기의 명수 아라크네는 어떤가? 재주를 믿고 오만했던 그녀는 여신 아테나와의 게임에서 정당한 승리를 거두었음에도 불구하고 신을 능멸했다는 이유로 거미가 되는 악형을 받는다.

그리스신화에서 대부분의 영웅들이 불행한 최후를 맞는 것도 엄정한 신인관계에 원인이 있다. 예컨대 영웅 벨레로폰은 날개 돋친 말 페가수스를 타고 괴물을 퇴치하는 등 많은 난제를 해결했으나 나중에 자부심이 지나쳐 신들이 사는 하늘에까지 오르려다가 추락하여 중상을 입고 만다. 영웅들은 대개 젊을 때 승승장구하다가 막판에 오만하여 신들의 노여움을 사서 불행의 나락에 굴러떨어지고 만다. 영웅은 어떤 존재인가? 인간으로서 최고의 능력을 갖춘 자이다. 이러한 영웅의 좌절은 결국 인간의 신적 지위에 대한 한계를 의미한다.

그러나 중국신화에서 신과 인간의 관계는 그리 엄정하지 않다. 예컨대 염제(炎帝) 신농(神農)의 작은딸은 대신(大神)의 일족이므로 불사의 존재이겠으나 요절하여 요초(瑤草)라는 풀로 거듭났다가 다시 무산신녀(巫山神女)로 태어나 이루지 못한 애욕을 초회왕(楚懷王)을 통해 실현한다. 이뿐만이 아니다. 황제(黃帝)·염제·치우(蚩尤)·요(堯)·순(舜)·우(禹)·탕(湯) 등조차도 비록 역사화되긴 했지만 그 행위는 신적인 초월성을 띠면서 동시에 인간적인 한계를 보여준다. 가령 우는 태생부터가 비범한 신적 존재이나 그가 홍수를 다스리는 과정은 노력하는 인간의 삶, 그것이다. 이들의 반인반신성(半人半神性)은 중국신화에는 그리스신화나 성경에서 이야기하는 것과 같은 의미의 절대적 신이 없다는 것을 말해준다.

신화시대 이후의 중국에서도 신은 절대적 존재가 아니라 인간이 꾸준한 노력 끝에 도달할 수 있는 경지라는 관념이 지배적이었다.[1] 그 대표적 예로서 도교의 신선을 들 수 있다. 신선은 본래 인간이었으나 수련을 통해 신과 같은 경지에 도달한 존재이다. 물론 신선실화는 신화라기보다 전설이나 민담의 성격을 띤 것이지만, 이러한 유형의 이야기는 설화의 집대성이라 할 『태평광기』에서 가장 비중 있게 자리매김되어 서구의 요정 이야기와 대비되는 동아시아 설화의 한 특징을 보여준다.[2]

앞서 말했듯이 그리스신화를 비롯한 서구 신화의 엄정한 신인관계에

---

1 푸엣은 서구의 신관(神觀)과는 다른 중국 특유의 이러한 관점에서 신과 성인, 신선 등을 논의한다. Michael J. Puett, "Introduction," *To Become a God: Cosmology, Sacrifice, and Self-Divinization in Early China* (Cambridge: Harvard University Press 2002) 1–29면.
2 졸저 『불사의 신화와 사상』(민음사 1994) 14면.

기초해 건립된 설화 분류체계가 그림 형제의 그 유명한 신화·전설·민담의 삼분법이다. 그러나 중국을 비롯한 세계의 상당수 민족은 설화를 삼분법보다는 신화 및 전설-민담의 이분법으로 인식하고 있다. 신화와 전설의 경계가 모호하다는 것은 신인관계를 엄정하게 느끼지 않는다는 것을 의미한다.

신화 속 인간의 지위에 대해 동서양은 차이를 보인다. 인류 탄생 신화를 두고 동서양을 비교해보기로 한다. 그리스신화에 의하면 천지가 개벽되고 온갖 동식물이 번성한 후 프로메테우스가 비로소 강물로 흙을 반죽하여 신의 형상을 좇아 인간을 빚어냈다고 한다. 그러나 인간은 나약하기 그지없어서 프로메테우스는 인간에게 천문·의약·문자·점술 등을 비롯한 각종 기예를 가르쳐주고, 마지막에는 제우스의 반대를 무릅쓰고 문명을 이루는 데 꼭 필요한 불을 전해주기까지 한다.

질베르 뒤랑(Gilbert Durand)은 이 내용에 주목하여 기술문명이 발달한 근대 산업사회를 '프로메테우스의 시대'로 지칭했는데, 여기에는 '인간을 위한 인간의 시대'라는 의미도 함축되어 있다. 이처럼 그리스신화에서 인간의 창조는 마치 신의 모든 창조 행위 중 최종 단계인 것처럼 각별하게 다루어진다. 비록 인도·유럽어족 계통은 아니지만 후대에 서구 정신의 큰 원천을 이루는 히브리신화, 곧 성경의 창세기에서도 인류 창조는 그러한 의미를 지닌다. 주지하듯이 하느님 역시 동식물 등 모든 피조물을 창조한 후 최후에 신의 형상을 좇아 진흙으로 인간을 빚었고 그에게 생육하고 번성하여 세상을 지배하라는 특권까지 부여한다.

그러나 중국신화에서 인간의 창조는 상대적으로 가볍게 다루어진다. 우선 반고신화에서 인간은 거인의 신체 속에 사는 벌레가 변화한 것이다. 반고는 사실상 대우주인 자연을 의미하는데, 이로 볼 때 고대 중국에서 인간을 자연의 기생충과 같은 존재로 인식했던 것임을 알 수 있다. 이러한 인식은 오늘날 생태주의, 특히 가이아(Gaea) 가설에서 보는 지구상의 인간 존재에 관한 생각과 상통하여 흥미롭다. 또다른 버전은 여신 여와(女媧)가 황토로 인간을 빚어냈다는 신화이다. 여와는 어느 날 '심심하여' 인간을 만들기로 한다. 그것도 그리스신화와 히브리신화에서처럼 모든 피조물을 창조한 후가 아니라, 초하루부터 엿새째까지는 가축을 만들고 이레째 사람을 만든 후 다시 여드레부터 열흘째까지 곡식을 만든다. '심심하여' 인간을 만들던 여와는 피곤을 느끼자 하나하나 만들던 것을 멈추고 새끼줄에 진흙을 묻혀 사방에 뿌려댔는데 흩어진 흙 조각들도 사람으로 변했다고 한다. 중국신화에서 인류는 이처럼 성의 없이 창조된다. 오죽하면 시인 이백(李白)이 다음과 같이 노래했겠는가?

女媧戲黃土, 여와가 진흙으로 장난을 쳐,
團作愚下人. 어리석은 인간을 빚어냈다네.[3]

동서양 신화를 비교할 때 중국신화에서 인류 창조는 그리스신화나 히브리신화에서처럼 피조물 창조의 최종 단계 혹은 최종 목적으로 간주되지 아니하며, 인간은 신으로부터 불[火]과 세상의 지배권 등 어떠한 특권

---

3 李白 「上雲樂」.

도 부여받지 못한다. 이것은 고대 중국의 경우 인간 역시 자연의 일부로
서 그것에 귀속된 존재라는 관념이 지배적이었고 그것이 후대에까지 지
속되었기 때문이다. 반면 그리스신화와 히브리신화의 인류 창조에 대한
각별한 주목은 중국에 비해 상대적으로 일찍 자연과 분리의 길을 걷게 되
면서 인간 존재에 대한 비중이 커짐에 따른 당연한 귀결이라 할 것이다.

3. 변형 관념

　신화의 세계에서는 수많은 변형이 일어난다. 그런데 우리는 이 변형 현
상에서도 그리스신화와 중국신화 사이에 차이가 존재한다는 점을 주목
하지 않을 수 없다. 변형 현상은 크게 두가지 측면에서 고찰해볼 수 있다.
한가지는 변형하는 행위의 측면이고, 또 한가지는 변형 상태의 측면이다.
전자를 문자 그대로 형체를 바꾼다는 의미에서 변형(變形), 후자를 독특
하고 이상한 형체라는 의미에서 이형(異形)이라고 부를 수 있다.[4]
　변형의 밑바탕에는 신화적 존재는 개체의 본질을 훼손하지 않고 영원
히 반복한다는 '영원회귀'의 관념이 있다. 영원회귀를 위해 변형이 필요
하다. 다시 말해 신화적 존재는 변형을 통해서 영속할 수 있는 것이다. 이
러한 사유는 두 신화에 공통적이라 하겠다. 다만 변형 동력의 주체가 누
구인가 하는 점에서 그리스신화와 중국신화는 약간의 차이를 보인다. 신
화적 존재 자신이 극한 상황에서 동식물 등 다른 존재로 변형하는 것은

---

4 대만 학자 악형군(樂衡軍, 러 헝쥔)은 동물 변형에 대해 변형을 동태변형(動態變形), 이
　형을 정태변형(靜態變形)이라 부르기도 한다. 변형에 대한 자세한 논의는 김선자 『중
　국 변형신화의 세계』(범우사 2001) 참조.

두 신화 모두 공통적이다. 그러나 그리스신화에서 변형은 징벌이나 축복 등 신의 개입에 의해서도 자주 일어난다. 가령 아폴론에게 쫓긴 다프네는 궁지에 몰려 아버지인 강의 신 페네이오스에게 호소하여 월계수로 변하고, 미소년 아도니스는 멧돼지에게 물려 죽은 후 그를 총애한 여신 아프로디테에 의해 꽃으로 거듭난다. 이에 비해 중국신화에서는 변형 사건에 신이 관련되었더라도 개입하는 양상을 보이지 않는다. 다음의 예를 보자.

다시 서북쪽으로 420리를 가면 종산이라는 곳이다. 그 [산신의] 아들을 고라고 하는데, 형상은 사람의 얼굴에 용의 몸을 하고 있다. 이것이 흠비와 함께 곤륜의 남쪽에서 보강을 죽이니, 천제가 이에 종산의 동쪽 요애라고 하는 곳에서 그를 죽였다. 흠비는 큰 독수리로 변화하였는데, 생김새가 수리 같으며 검은 무늬에 머리가 희고 붉은 부리에 호랑이 발톱을 하였다. 그 소리는 물수리 같은데 이것이 나타나면 큰 전쟁이 일어난다. 고도 또한 준조로 변화하였는데, 그 생김새는 솔개 같고 붉은 발에 곧은 부리, 노란 무늬에 흰 머리를 하고 있다. 그 소리는 고니 같으며 이것이 나타나면 그 고을이 크게 가문다.

又西北四百二十里, 曰鍾山. 其子曰鼓, 其狀如人面而龍身, 是與欽䲹殺葆江于昆侖之陽. 帝乃戮之鍾山之東曰嶇崖, 欽䲹鳥化爲大鶚, 其狀如雕而黑文白首, 赤喙而虎爪, 其音如晨鵠, 見則有大兵. 鼓亦化爲鵕鳥, 其狀如鴟, 赤足而直喙, 黃文而白首, 其音如鵠, 見則其邑大旱.[5]

---

5 『山海經』「西次三經」. 이하 이 책의 『산해경』 번역은 정재서 역주 『산해경』(민음사 1985)을 따름.

신화적 존재에게 영원한 죽음이란 없다. 고(鼓)와 흠비(欽鴉)는 천제에게 죽임을 당했지만 각각 큰 독수리와 준조(鵔鳥)라는 또다른 존재로 변하여 개체를 영속시킨다. 그들이 천제에게 죽임을 당한 일과 변신한 일은 순차적으로 일어났지만 동일한 힘의 작용은 아니다. 변형은 천제의 의지와는 상관없이 고와 흠비 내부의 동력에 의해 자발적으로 일어난 것이다.

다음으로 이형이란 반인반수나 괴물같이 일상적이지 않은 모습을 말한다. 이형은 다시 상이한 것들이 합쳐진 혼종형(混種形, hybrid)과 개체 스스로가 변형된 변종형(變種形, mutant)으로 나눠볼 수 있다. 흥미로운 것은 같은 동아시아권인데도 중국에서는 혼종형, 일본에서는 변종형의 요괴가 많다는 사실이다. 여기서는 혼종형을 중심으로 그리스신화와 중국신화의 차이점을 알아보자.

신화에서 혼종형은 사실상 반인반수형(半人半獸形)으로 표현된다. 대부분의 신화에는 반인반수의 존재가 많이 출현한다. 가령 그리스신화에서는 인신우수(人身牛首)의 미노타우로스, 인면조신(人面鳥身)의 세이렌, 인면마신(人面馬身)의 켄타우로스 등이 반인반수인 것으로 유명하다. 중국신화에서는 인신우수의 염제, 인면사신(人面蛇身)의 여와, 인면용신(人面龍身)의 뇌신(雷神) 등을 비롯해 허다한 반인반수의 존재들이 등장한다. 그런데 그리스신화에서 반인반수의 존재는 대부분 부정적으로 인식되고 있는 반면, 중국신화에서는 그들이 긍정적으로 여겨지고 있음을 알수 있다. 예컨대 똑같이 인신우수의 형체를 한 미노타우로스와 염제를 보자. 미노타우로스는 크레타섬 미노스 왕의 비(妃) 파시파에가 황소와 교접하여 낳은 사생아이다. 태생부터 기이하게 설정된 미노타우로스는 식인 괴물로서 미궁에서 희생물을 잡아먹다가 결국 아테네의 영웅 테세

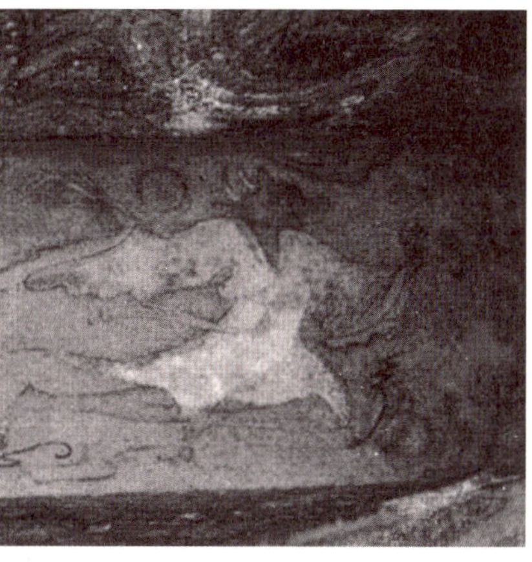

우스에게 살해된다. 염제는 어떠한가? 그는 농업을 개창하고 의약 지식을 전수하여 인류에게 큰 도움을 준 선신(善神)이다. 이 뚜렷한 대비에서 볼 수 있듯이 그리스신화에서는 미노타우로스를 비롯해 세이렌·스핑크스·메두사 등 반인반수의 존재들이 대부분 사악하고 위험한, 그리하여 결국에는 영웅에 의해 퇴치될 운명을 지닌 괴물들이다. 중국신화에도 흉악한 반인반수의 괴물이 없는 것은 아니나 그리스신화에 비해 상대적으로 많지 않다. 이러한 상위는 어디에서 오는 것일까?

그리스신화는 일찍이 철학 및 인문정신이 싹튼 그리스의 풍토에서 인간 중심으로 조정되었다. 그리고 호메로스(Homeros) 등 다수의 작가들에 의한 문학적 윤색이 이러한 조정을 강화했다. 이에 따라 완전한 형상은 완전한 인간의 모습을 지향하게 된다. 그리스신화에 등장하는 신들이 한결같이 미남 미녀의 모습을 하고 있는 것은 완전한 신을 완전한 인간의 모습으로 구현하였기 때문이다. 이와 같은 인간 중심의 사고에서 동물성은 저열한 것으로 간주된다. 결국 동물성이 섞인 반인반수의 존재는

사악한 괴물로 취급될 수밖에 없다.[6]

중국신화는 그리스신화에 비해 원시성을 더 많이 보존하고 있다. 자연과의 합일, 곧 천인합일(天人合一) 관념이 우세한 중국의 문화적 풍토에서 중국신화는 그래도 인간 중심으로의 개편 과정을 덜 거친 것이다. 아울러 후대에 인문화, 역사화되었다고는 하지만 전업 작가에 의해 총체적인 개편의 과정을 거칠 기회가 상대적으로 적었기 때문에 오히려 소박한 면모를 간직하게 된 것이다.[7] 원시적 사고에서 동물성은 결코 열등한 것이 아니다. 위대한 자연의 본질에 가까운 그것은 신성함과 아울러 월등한 능력을 의미한다. 따라서 중국신화에서 반인반수의 형상은 훌륭하고 전능한 신의 모습이기도 하다. 황제·염제·소호(少暤)·복희(伏犧)·여와 등의 대신들이 모두 반인반수의 모습을 한 것은 거의 미남 미녀로 표현된 그리스신화의 대신들과 현저한 대조를 이룬다.

반인반수, 그것은 신성한 토템 동물과의 합일, 나아가 거룩한 자연과의 일체감을 표상한다. 그리스·로마의 신들도 원시적인 모습은 반인반수였을 것이지만 이후 완전히 인간화된 모습을 취한 데 비해, 중국신화의 신들은 후대에 인간화되었다고는 하나 『산해경』처럼 본래의 모습을 간직한 텍스트가 공존하고 있는 것이 현실이다. 이는 신화학의 입장에서 볼 때 어떤 텍스트가 더 신화의 진상을 말해주고 있는가의 문제를 제기하여 그리스신화를 표준으로 한 기존의 서구신화학에 대해 심문의 여지를 제공한다.

---

6 르네 지라르는 "동물과 인간이 뒤섞여 있는 것이야말로 신화에 나타나고 있는 악마의 가장 두드러진 중요한 양상이다"라고 말한다. 여기서 말하는 '신화'는 주로 서구 신화일 것이다. 르네 지라르 『희생양』, 김진식 옮김(민음사 1998) 87면.
7 앤 비렐의 『중국신화』에 대한 원가의 서문 중의 언급. Yuan K'o, Foreword to *Chinese Mythology* by Anne Birrell (Baltimore: Johns Hopkins University Press 1993) xii면.

4. 타자에 대한 인식

이방인은 언제나 굴절된 모습으로 재현된다. 그 이유를 사이드는 거리가 차이를 극화(劇化)시켜 '상상 지리학'(imaginative geography)을 낳아 그것이 이방인에 대한 차별을 조성한다고 설명하였고,[8] 움베르또 에꼬(Umberto Eco)는 주변부의 비정상인은 중심부의 사람(유럽인)이 정상이라는 것을 강조하기 위해 의도적으로 만들어진 것이라고 주장하였다.[9] 엘리아데에 의하면 인간은 항상 자신이 처한 곳을 세계의 중심으로 간주하는 본능이 있는데, 사이드와 에꼬의 견해는 이러한 의미에서 설득력을 지닌다. 즉 동서양의 어느 민족이든 이방인에 대한 본능적인 편견은 피할 수 없다고 본다.

그러나 그러한 편견을 감안하더라도 그리스신화를 비롯한 서구의 서사전통에서 이방인에 대한 인식과 태도는 중국의 그것과 다르게 나타난다. 지라르는 속죄양 혹은 희생양이 되기에 십상인 존재로 이방인을 꼽았는데,[10] 이는 서구 전통에서 이방인을 결코 환영할 만한 존재로 여기지 않았다는 이야기가 될 것이다. 그리스신화는 이것을 잘 말해준다. 가령 여인족 아마조네스의 여전사들은 남자아이를 낳으면 죽여버리고 활을 쏠 때 방해가 된다고 하여 젖가슴을 잘라낼 정도로 호전적이며 그리스인들에게 적대적이다. 그뿐인가? 오디세우스는 트로이 전쟁이 끝나고 정절 깊은 아내 페넬로페이아가 기다리는 이타케로 귀향하는 길에 허다한

---

8 Edward Said, "Introduction," *Orientalism* (New York: Vintage Books 1979).
9 움베르트 에코 『글쓰기의 유혹』, 조형준 옮김(새물결 1994) 105~13면.
10 르네 지라르, 앞의 책 44~47, 60면.

왼쪽부터 아테네 출토 항아리에 묘사된 헤라클레스와 싸우는 아마조네스(B.C. 520년경, 테라코타, 메트로폴리턴예술박물관 소장), 에리트레아의 단지에 묘사된 배에 묶인 오디세우스와 세이렌(B.C. 6세기 후반, 아테네 국립고고학박물관 소장)

이방적 존재들을 만나며 생사가 걸린 투쟁을 해야만 했다. 외눈박이 거인 키클롭스와 식인 거인족에게 잡아먹힐 뻔했고 마녀 키르케를 만나 돼지가 될 뻔하기도 했으며 바다의 괴물 세이렌·스킬라·카리브디스 등에 의해 익사할 뻔하기도 한다. 여행길에 만난 거인족·마녀·괴물 등 이러한 이방적 존재들은 신화 서사적으로는 오디세우스의 지혜와 영웅적 행동을 부각하는 장치이지만 이방인에 대한 그리스인의 집단인식을 드러내는 것일 수도 있다. 즉 이방인은 위험한, 적대적 존재인 것이다.[11]

그리스신화 고유의 인간 중심 사고에 헬라인과 주변인을 준별하는 종

---

11 다른 지역 영웅신화에도 으레 괴물이나 적대자가 등장하는데 오디세우스의 경우와 무슨 차이가 있느냐는 질문이 있을 수 있다. 소통이 일상화된 현대와 달리 고대의 경우 낯선 이방인에 대해 대부분 우호적이지 않았다는 점은 인정하지 않을 수 없다. 다만 앞서 전제했듯이 여기서의 비교는 전반적 성향에 대한 상대적 비교임을 감안해야 할 것이다. 그럼에도 불구하고 더 많은 사례에 대한 심도 있는 비교의 필요성은 부인할 수 없다.

족적, 지역적 국한성이 결합되면 이러한 타자에 대한 오해와 편견은 증폭된다. 그리스신화에서부터 이미 엿보인 인본주의 전통을 계승한 서구 문명에서 타자는 주체를 위협하는 위험한 대상으로 간주되어 엄격히 배제되거나 적대시된다. 예컨대 외계인은 그룹 퀸(Queen)의 노래 가사에도 등장하듯이[12] 언제나 지구를 침공하고 우리를 멸망시킬 존재로 상상되지, 우호적인 미소를 띠고 드라마 「별에서 온 그대」(2013~14)처럼 연애 가능한 손님으로 그려지지 않는다. 포스트휴먼 시대의 공민(公民)이 될 가능성이 많은 AI·사이보그·유전자 복제인간 등에 대한 SF 소설이나 영화도 이들 타자에 의해 초래된 두렵고 음울한 정조가 기본이다. 그들은 언제 나라는 주체를 위협할지 모르니까.

그렇다면 중국신화에서 타자에 대한 묘사는 어떠한가? 『산해경』에는 중원에서 멀리 떨어진 이방인들에 대한 신화가 다수 실려 있다. 조너선 스위프트(Jonathan Swift)의 『걸리버 여행기』의 원조 격이라 할 이 책은 먼 나라 인종들의 기이한 모습과 괴상한 풍속 등을 소개하고 있다. 가령 관흉국(貫胸國)이라는 나라의 사람들은 그들의 선조가 스스로 가슴을 찔러 죽은 후 대대로 그렇게 가슴이 뚫린 채 태어났다고 한다. 그러나 이들은 상하 질서가 분명한 종족이었다. 존귀한 이가 행차할 때면 아랫사람들이 장대로 높으신 분의 가슴을 꿰어 가마를 태운 것처럼 모시고 다녔다. 또 장비국(長臂國)이라는 나라의 사람들은 팔이 엄청나게 길었다. 그래서 물가에 꼿꼿이 선 채로 긴 팔을 물속으로 뻗어 고기를 잡았다고 한다. 효양국(梟陽國)이라는 나라의 사람들도 괴상한 인종이었다. 그들은 원숭이같이 생겼고 사람을 보면 씩 웃는데 그때가 도망갈 기회였다. 웃

---

12 퀸의 노래 「라디오 가가」(Radio Ga Ga, 1984)의 가사 중 ‘화성 침공’(invaded by Mars)이 나온다.

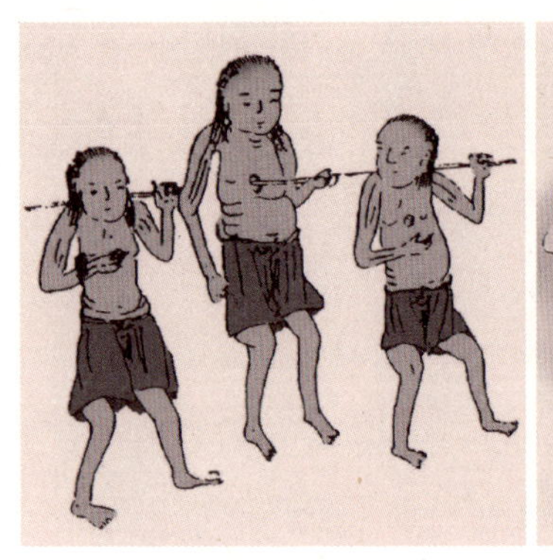

왼쪽부터 『산해경』의 관흉국 사람, 장비국 사람, 섭이국 사람

느라고 긴 입술이 위로 말려올라가 눈을 가릴 때 잽싸게 도망가야만 그
들의 공격을 피할 수 있기 때문이었다. 또 섭이국(聶耳國)이라는 나라의
사람들처럼 이상한 풍속을 지닌 종족도 없을 것이다. 섭이국은 귀가 큰
사람들이 사는 나라였다. 이 나라 사람들은 귀가 하도 크고 무거워 두 손
으로 받치고 다니는데 그런 귀도 나름대로 쓸모가 있었다. 이들은 잠잘
때 한쪽 귀는 요로 깔고 다른 한쪽 귀는 이불로 덮고 잔다고 하였다.

　신기하게도 『산해경』에는 아마조네스에 해당하는 여자국(女子國)이라
는 나라도 있다. 이 나라는 아마조네스처럼 여자들만 살았지만 여러 가
지 면에서 달랐다. 이들은 아이를 낳고 싶으면 황지(黃池)라는 연못에 가
서 목욕하는데 그렇게 하면 절로 임신이 되었다고 한다. 그리고 남자아
이를 낳으면 죽이지 않아도 세살을 넘기지 못해 자연히 여자아이만 기
를 수 있었다고 한다. 여자국의 풍토가 그렇게 만든 것이리라. 이들은 결
코 호전적이지 않았고 남자들에 대해 적대적이지도 않았다. 『산해경』에
는 키클롭스와 똑같은 외눈박이의 나라인 일목국(一目國)에 대한 짧은 기
록도 있다. 하지만 이들은 키클롭스처럼 흉포하지 않으며 아무런 말썽도

부리지 않는 조용한 사람들이었다.

이상 살펴본 바와 같이 중국신화의 이방인들은 대부분 독특한 신체를 지니고 기이한 행동을 하는 등 외견상 그리스신화의 이방인과 별 차이가 없어 보인다. 그러나 이미지는 낯설고 이상할지라도 그들에 대한 묘사에서 적대적인 감정은 찾아보기 어렵다. 평론가 고 김현 역시 그들에 관한 이야기를 읽고 적대감을 느끼기는커녕 "아름다운 시보다도 더 많은 꿈을 꾸게 한다"라고[13] 영탄한 바 있다. 다시 말해 그들은 나라는 주체를 위해 배제되어야 할 대상이 아니라 세상의 다양성을 위해 함께 어우러져 살아가야 할 존재로 인식되고 있는 것이다.[14] 중국신화에서 이방인은 비록 희화화되어 있긴 하지만 그들만의 정체성을 간직한 채 사해동포의 일원으

---

[13] 김현 「1986년 2월 12일자」, 『행복한 책 읽기』(문학과지성사 1992).

[14] 타자에 대한 이러한 통합적 인식은 같은 동양권인 한국에도 현재까지 이어져 내려온다. 웹툰의 이물교구(異物交媾) 모티프를 분석한 결과는 흥미롭다. 이물은 배척해야 할 타자가 아닌 '또다른 자아'로 인정받으면서 인간과의 결합 가능성을 드러낸다. 정유경·한혜원 「한국설화 기반 웹툰에 나타난 이물교구 모티프의 포스트휴먼적 가치 연구」, 『만화애니메이션 연구』 제52호(2018) 279~80면.

강원도 삼척 소재 「척주동해비」 비문 탁본

로 이 세계의 구성에 참여하고 있다.

조선 현종 때 부사(府使) 허목(許穆)은 삼척 지역의 해일을 막기 위해 건립한 「척주동해비(陟州東海碑)」에서 부상국(扶桑國)·흑치국(黑齒國)·저인국(氐人國) 등 『산해경』에 등장하는 변방의 이국(異國)들에 대해 언급한 후 다음과 같이 노래한다.

海外雜種, 바다 밖의 여러 종족들,

絶儻殊俗, 인종도 다르고 풍속도 다르지만,

同囿咸育. 한 울타리 안에서 함께 살아간다네.

여기에 이방인을 배척하거나 동화시키고자 하는 의도는 없다. 허목은 '한 울타리', 곧 같은 세계 안에서 다양한 이타적 존재들이 공존하는 삶을 노래하고 있는 것이다.[15]

---

[15] 졸고 「'척주동해비'에 표현된 『산해경』의 신화적 이미지들: 정치성인가? 주술적 현실인가?」, 『영상문화』 제29호(2016) 15~16면.

맺는말

이 글에서는 신인관계·인본주의·변형 관념·타자에 대한 인식 등을 중심으로 중국신화와 그리스신화 사이의 변별점에 대해 살펴보았다.

신인관계의 경우 양자는 극명한 차이를 보였는데, 중국신화에서는 신과 인간을 연속적 관계로 파악하는 데 비해 그리스신화에서는 신과 인간 사이의 절대적 간극을 전제하고 있고 이러한 차이가 설화 분류상의 상이함으로 나타남을 알 수 있었다.

인본주의의 경우, 인류 탄생 신화를 비교해보았을 때 그리스신화, 혹은 후일 서구문명의 모태가 된 히브리신화에서는 인류가 창조의 최종 목적으로 여겨질 정도로 큰 비중을 부여받고 있으나 중국신화에서는 자연계의 다른 피조물보다 특권을 지닌 존재로 인식되지 않는 경향을 보인다. 여기에서 서구의 인본주의가 일찍이 그리스신화에서부터 싹텄음을 알 수 있다.

변형 관념의 경우, 양자는 기본 관념을 공유하면서도 차이를 보였나. 변형 동력의 주체를 두고 말한다면, 중국신화에서는 인간이나 사물이 자발적으로 변형을 이룩하지만 그리스신화에서는 신의 의지가 개입하는 경우도 적지 않았다. 아울러 반인반수 등 혼종적 존재에 대한 인식에서 중국신화는 긍정적, 그리스신화는 부정적으로 큰 상위를 보였는데, 이러한 상위는 인간과 자연의 관계에서 어느 쪽에 중심을 두었느냐의 차이에 기인한 것으로 생각된다.

타자에 대한 인식의 경우, 그리스신화에서는 이방인이 그리스인을 위협하는, 제거해야 할 대상으로 그려지고 있는 데 비해 중국신화에서는 그들이 주변화, 희화화되어 있기는 하나 함께 세계를 구성하는 일원으로 인식되고 있음을 알 수 있었다. 타자에 대한 인식은 결국 주체의식과 상관되는데, 그리스 시대 이래 인간 주체를 추구해온 서구 전통에서 타자는 주체를 위협하는 위험한, 배제해야 할 존재로 간주된 반면 자연과의 합일을 추구하고 공동체 의식이 강한 중국에서는 타자에 대한 인식이 상대적으로 호혜적이었다고 말할 수 있다.

결론적으로 중국신화와 그리스신화 사이의 상술한 변별점들은 중국문명과 서구문명 사이의 신관·인간관·자연관·윤리관 등의 차이에서 유래한 것이라고 볼 수 있다. 이러한 사실은 우리로 하여금 각 신화의 종족적, 문화적 풍토성이 각 신화의 특성을 규정한다는 자명한 이치를 새삼 인식하게 해주며 나아가 차이의 신화학이 필요하다는 사실을 실감하게 한다.

탈중원의 신화학을 위한 예비 논의:

시노센트리즘과 관련된 쟁점들

여기서는 시노센트리즘과 관련된 쟁점들을 다룸에 있어 뿌리 깊은 중원문명론·문화속지주의 등에 대한 비판적 검토와 아울러 주변문화에 대한 새로운 인식, 즉 주변문화론을 통해 현행 중국신화학의 문제들을 짚어보고 나아가 중국과 서구, 일본의 관점을 극복한 보다 객관적인 제3의 시각에서 중국신화를 조망할 수 있는 대안의 신화학을 모색할 것이다.

중국신화학이 서구신화학에 대해 발언해야 할 점을 살펴본 다음 시선을 중국신화학 내부로 돌릴 경우 문제가 되는 것은 시노센트리즘, 이른바 중화주의이다. 근대 이래 중국이 창세신화 부재론 등 서구의 터무니없는 편견에 시달려왔다는 이야기는 이미 했다. 그런데 중국문명에 대한 가장 심각한 도전과 위협은 인도 기원설 내지 서방 기원설이었다. 서구 학자들에 의해 제기된 한자의 이집트 기원설, 중국신화의 바빌론 기원설 등 각종의 서방 기원설은 중국문명의 정체성을 말소하려는 기도로까지 비쳐졌다.[1] 이에 대해 중국 내의 일부 근대주의자 및 전반서화(全般西化) 경향의 지식인들은 동조하는 모습까지 보였지만, 대부분의 학자들은 문명의 동시발생론 및 다원주의를 옹호하며 일원론적 문명론에 격렬히 반발하

---

1 이렇게 극단적인 의미에서는 아니지만 중국문명의 외래설을 입증하려는 서구 학자들의 시도는 여전히 계속되고 있다. 호로(葫蘆)신화에 대한 빅터 메어의 음운학 방면의 집요한 추적을 보라(Victor H. Mair, "Southern Bottle-Gourd(hu-lu 葫蘆) Myths in China and Their Appropriation by Taoism," 『中國神話與傳說學術研討會論文集(上)』, 臺北: 漢學硏究中心 1996, 185~228면). 그의 이같은 경향은 Victor H. Mair, *Painting and Performance: Chinese Picture Recitation and Its Indian Genesis* (Honolulu: University of Hawaii Press 1988)에서 이미 엿보인다.

였다.[2] 그런데 시각을 동아시아 내부의 문명론으로 전환할 때 중국의 학자들은 다원론을 거부하고 중국 주변의 모든 문명이 중원으로부터 기원한다는 일원론의 상반된 입장을 취하였다. 전통적 중화주의, 곧 시노센트리즘으로부터 유래하는 이러한 모순된 입장은 신화학상에서 중원문명론(中原文明論)과 문화속지주의(文化屬地主義) 같은 편견들로 표현된다. 이를 비판적으로 극복하기 위해서는 타자의 중립된 시각이 요청되는데, 서구와 같은 먼 타자가 아니라 중국과 밀접한 타자인 주변부 한국 등에서 응시하는 입장, 즉 '제3의 시각'을 거론할 필요가 있다.

1. 중원문명론

근대 이래 중국의 지식인들은 세계문명론에 있어서 서구의 일원론에 견결히 반대하여 다원론을 주장하면서도 동아시아 문명론에서만큼은 '황하문명중심론'이라는 일원론적 입장을 고수해왔다. 황하문명중심론은 황하 중·하류 지역, 이른바 중원이 중국문명, 나아가 동아시아 문명의 요람이라는 가설이다. 이러한 모순된 입장은 1970년대 이후 황하 이외 변경 지역에서 중원과 최소한 비슷하거나 보다 이른 시기에 문명이 존재했었다는 고고학적 증거가 속속 발견되면서 근거를 상실했지만, 장구한 기간 동안 화이론-황하문명중심론으로 연계, 구축되어온 일원론적 문명인식체계는 아직까지 중국학 전반에 깊은 영향을 드리우고 있는 것이 현실이다.

신화학은 특히 문명론과 내밀한 관련을 맺는다. 노신·호적 등 근대 초

---

2 이의 대표적 예로 하병체(何炳棣, 허 빙디)의 저작을 들 수 있다. Ping-ti Ho, *The Cradle of the East* (Chicago: University of Chicago Press 1975).

기의 지식인들을 무던히도 괴롭혔던 이른바 '체계신화 부재론'은 끈질기게 유전되어 급기야 현대의 신화학자 원가로 하여금 한족(漢族) 중심의 새로운 신화 쓰기를 결행하게 하였다.[3] 왜 중국의 지식인들은 중국신화가 꼭 체계적이어야만 한다고 생각하는가? 이 사고의 이면에는 바로 일원론적 문명인식체계가 있다. 우리는 적지 않은 중국신화 연구자들의 학문적 보고에서 이러한 관념의 반영을 어렵지 않게 찾아볼 수 있다. 가령 1970년대의 신화학자 인순법사(印順法師)는 다음과 같이 천명한다.

황하 유역은 중화민족의 문화가 성장한 온상이다. 중화민족은 여기서 우수한 문화를 창조하여 주변 민족들을 월등히 뛰어넘어 문화의 중심을 형성하였는데, 그것을 화(華) 혹은 화하(華夏)라고 부른다. 화하문화의 구역은 곧 황하의 중·하류 지역이다.[4]

이러한 언명이 역사적인 측면에서 그릇된 것만은 아니다. 그러나 현대의 고고학이 입증했듯이 상고시대 중국대륙에서 문화의 온상은 황하 유역, 곧 중원만이 아니었다. 인순법사와 비슷한 시기에 핀란드학파에 속하는 정내통은 아르네와 톰슨이 마련한 민담 유형 체계, 이른바 A-T체계를 적용하여 중국 민담 유형의 색인을 작성하면서 이렇게 단언한다.

설화는 일반적으로 높은 문화수준을 지닌 사람들로부터 낮은 문화

---

3 그의 『중국의 신화와 전설(中國的神話與傳說)』 상·하(上海: 商務印書館 1986)는 실로 중국신화를 그리스신화와 비견할 수 있는 이야기 체계로 만들고자 기도한 야심작이다. 이러한 의도에 대한 비판은 이 책 제5부 1장 1절 '중국신화의 개념적 범주에 대한 검토' 참조.

4 印順法師 『中國古代民族神話與文化之研究』(臺北: 華岡出版公司 1975) 10면.

수준을 지닌 사람들에게로 확산된다. (…) 허다한 설화 유형은 분명히 한족으로부터 시작되었다. 중국의 소수민족은 다만 설화의 전달자였을 뿐이다.[5]

만약 그의 말대로라면 반고신화도 중원의 한족이 창안했어야 한다. 그러나 잘 알려져 있듯이 반고신화는 삼국시대 무렵 남방에서 채록된 것이다. 우리는 인순법사의 문명인식과 정내통의 설화학적 진단이 긴밀히 상응하고 있음을 한눈에 알 수 있다. 이들의 발언을 다원주의 문명론이 본격적으로 흥기하기 전인 1970년대의 낡은 관점의 소산으로만 간주할 수는 없다. 이들과의 일관성은 이후의 학자에게서도 발견된다. 가령 왕효렴(王孝廉, 왕 샤오롄)은 중국과 한국·일본 등의 왕권신화를 비교 분석한 후 다음과 같은 결론에 도달한다.

신검(神劍)의 전수를 통한 왕위계승 의례는 다수 민족에게서 보이는데 앞에서 얘기한 여러 신검 전설들로부터 우리는 고대 중국·한국 및 일본에 모두 이러한 의례가 존재했다는 사실을 알게 된다. 이것은 또한 한국·일본 등 중국 주변의 민족들이 중국의 전적(典籍)에 있는 신화·전설의 기록을 흡수한 위에 자기 민족의 제의를 더하여 신화를 성립시켰기 때문이기도 하다.[6]

---

5 Ting Nai-Tung, *A Type Index of Chinese Folktales* 〔*Folklore Fellows' Communications* No. 223〕 (Helsinki: Suomalainen Tiedeakatemia Academia Scientiarum Fennica 1978) 8면.

6 王孝廉 『中國的神話世界(上)』 (臺北: 時報文化出版公司 1987) 129면.

중국의 전적에 기록된 신화가 주변 민족의 신화에 대해 연원성을 지닌다는 통념이 논의의 당연한 전제로서 깔려 있음을 엿볼 수 있다. 그는 애초 주변 민족의 신화가 중국에 흘러들어와 중국신화를 형성했을 가능성은 염두에 두지 않는다.

우리는 우선 근래의 고고학적 발굴 결과에 의해 중국문명의 다원기원설이 정론이 된 점을 중시, 상고문명의 서사적 표현인 신화 역시 다원적인 관점에서 파악할 필요가 있다. 이에 따라 『산해경』과 같은 신화 텍스트는 다수 종족의 신화 내지 문화가 교직된, 상호텍스트성이 구현된 자료로서 읽어야 할 것이다. 중국 신화자료는 한 개인에 의해 창작된 저작(work)이 아니라 누구에게나 해석의 가능성이 열려 있는 원전(text)의 개념으로 이해되어야 한다.[7]

2. 문화속지주의

우리가 현재 사용하고 있는 '중국'이라는 접두이는 근대 이후의 배타적이고 자기동일적인 국민국가의 속성으로부터 유래하여 다원적인 고대의 문화 상황을 언급할 때 기만적인 효과를 야기한다. 즉 우리는 중국의 신화 혹은 문화를 운위할 때 무의식중에 그것을 단일한 총체로서 상상한다든가, 속지주의적인 차원에서 오늘의 중국 경내에 존재하는 것이면 모두 내적 일관성을 지닌 것으로 간주하는 경향이 있다. 오늘의 '당위'로서 과거의 '존재'를 재단하려는 이러한 오류는 상고의 중국대륙을 근대 이

---

7 이러한 구분법은 롤랑 바르뜨로부터 빌려왔다. Roland Barthes, *Image-Music-Text*, tr. Stephen Heath(New York: Noonday Press 1977) 155–64면 참조.

후의 영토 개념이 아니라 다수 종족이 공존하며 활동했던 공간 개념으로 파악함으로써 불식될 수 있다. 즉 상고의 중국대륙을 각종 문화의 경연장인 일종의 '무대'로서 인식할 필요가 있는 것이다.

우리는 중국신화와 중국 내부의 소수민족 신화, 그리고 주변 민족 신화의 관계성에 대해서도 발상을 전환해야 한다. 중국신화와 소수민족 신화 및 주변 민족 신화의 관계는 물이 위에서 아래로 흐르는 것과 같은 일방적 영향관계가 아니라 각자 대등한 가치를 지니는 신화 독립체들 간의 상호교섭 관계로 파악해야만 한다. 신화의 세계에서 고급 신화와 저급 신화라는 차별은 있을 수 없다. 오히려 현존하는 중국신화의 조형(祖型, prototype)이 소수민족 신화나 주변 민족 신화에 보존되어 있을 가능성도 염두에 두어야 한다.

끝으로 문화속지주의가 초래할 심각한 위험은 오늘의 중국 영토에 존재하는 '과거의 모든 것'을 '오늘의 중국 것'으로 간주함에 그치지 않고 그것을 예의 일원론적, 자기동일적 사고에 따라 내적 체계에 편입하려는 시도이다.[8] 이러한 시도는 역사적으로 중국과 부단한 정치적, 문화적 교섭을 해온 주변부의 정체성을 크게 잠식하고 위협하는 행위가 될 것이다.

다원주의와 무대공간의 관점에서 중국신화를 인식할 때 자연스럽게 우리는 중국신화가 하나가 아닌 수많은 문화계통의 산물이며, 결국 동아시아라는 지역 차원에서 성찰해야 할 대상임을 깨닫게 된다.[9] 다시 말해서 중국신화를 중국이라는 국가 차원의 인식을 넘어 사실상 동아시아 여

---

8 '동북공정'을 대표적 사례로 들 수 있다.
9 저자의 이러한 관점은 근현대사적 견지에서 동아시아 담론을 주도하며 '동아시아적 시각'을 강조해온 백영서 교수의 견해와 먼 거리에 있지 않다. 관련 논의는 백영서 『동아시아의 귀환』(창작과비평사 2000) 참조.

러 민족 공유의 자산으로서 파악할 필요가 있는 것이다. 중국신화는 오늘의 중국문화의 뿌리일 뿐만 아니라 동아시아 문화의 뿌리이기도 하다. 따라서 중국신화 연구는 그 자체 필연적으로 비교학적이 되지 않을 수 없다.

　전통적으로 주변부 혹은 타자는 중심과 주체에 의해 지배되고 형성되는 수동적이고 모방적인 존재라는 인식이 고정적이었다. 이러한 인식에 반전이 생긴 것은 중심과 주체의 지배적인 위상에 근본적 회의를 던진 탈근대 사조가 발흥하고 이에 따라 다원주의·상호텍스트성·탈식민주의 등의 이론이 힘을 얻게 된 저간의 사정과 관련이 깊다.

　수천년간 고정불변한 실체로 여겨왔던 중국의 황하문명중심론이 흔들리기 시작한 것은 앞절에서 상론했듯이 직접적으로는 변경 지역의 새로운 고고학적 발굴 성과에 기인한 것이지만, 이 성과는 상술한 이론들과도 긴밀히 조응한다. 즉 "어떠한 텍스트도 인용의 모자이크로 구성되어 있으며 어떠한 텍스트도 다른 것의 흡수이자 변형이다"라든가[10] "단일한 총체성으로 존재하지 않으면서도 여러 텍스트들을 하나로 유지하고 있는 상태"라는[11] 언명은 중국의 문화 현실을 그대로 설명해주고 있는 것이다. 일찍이 에버하르트는 이른바 '지방문화'(Local Culture) 개념을

---

10 Marc Eigeldinger, *Mythologie et Intertextualité* (Genèbe: Editions Slatkine 1987) 9-12
　면.

11 Julia Kristeva, *Desire in Language* (New York: Columbia University Press 1980) 66면.

제창하여 중국문명의 형성에 대한 상호텍스트적 입장을 선취한 바 있는데, 그는 중국문명을 다양한 지방문화의 상호구성체로 간주하였다.[12] 이에 따라 중국신화 역시 단일한 총체로서 보지 않고 다양한 주변 신화의 통합과 변형의 체계로[13] 파악할 필요가 있을 것이다. 여기서 주목해야 할 것은 주변부가 지닌, 중심의 구성에 참여하는 자질과 그 자질에 근거하여 중심을 보는 눈, 곧 주변부의 시각이다.

우리는 (신화를 포함한) 중국의 문화 텍스트를 해석할 때 세가지 시각을 상정할 수 있다. 첫번째는 후대에 형성된 단원론적 중국문명사관과 이에 근거한 자기동일적 중국문명론에 입각하여 중국문화를 읽는 전통적 입장으로, 이는 중화제국의 이념에 갇힌 시각이라 할 수 있다. 이러한 시각에 의거하면 중국문화에 담긴 풍부한 주변문화적 요소를 간과, 사상하거나 일방적 영향론에 의해 주변문화를 왜곡하기 쉽다.

두번째는 근대 서구 중국학의 시각으로, 여기에는 장단점이 존재한다. 먼저 장점 중의 한가지는 서구인의 시선에서 중국의 문화적 기득권을 인정하지 않기 때문에 비교적 객관적으로 중국문화 텍스트를 볼 수 있다는 것이다. 아울러 인문·사회 각 학문 분과에서 성립된 그들의 다양한 방법론을 원용하여 중국문화 텍스트를 치밀하게 분석할 수 있다는 장점도 있다. 그러나 장점의 이면에는 심각한 단점도 존재한다. 그 한가지는 제1부에서 이미 논급한 바 있듯이 오리엔탈리즘·동서양 세계관의 차이 등으로 인해 중국문화를 오독 및 왜곡할 위험이 있다는 것이다. 가령 조지프 니덤(Joseph Needham) 같은 중국과학사의 대가도 도교 내단(內丹) 수련

---

12 Wolfram Eberhard, *The Local Cultures of South and East China*, tr. Alide Eberhard (Leiden: E. J. Brill 1968) 24면.
13 졸저『불사의 신화와 사상』(민음사 1994) 18면.

에서의 정신 경지를 이산화탄소 중독 현상으로 설명하는 어이없는 오류를 범하기도 했다.[14] 또한 서구 학자들이 중국 및 동양의 근대사를 기술할 때 적용했던 충격(Impact)-반응(Response) 도식도 서구의 도전에 대해 동양을 수동적 처지에 놓고 보는 다분히 지배론적인 의도를 담고 있다.[15] 다른 한가지 중요한 단점은 서구 학자들이 중국문화를 연구할 때 동아시아 내부의 오리엔탈리즘, 주변문화의 중국문명 형성에 대한 기여와 정체성 등에 대해서는 관심을 결여하고 있다는 것이다. 가령 서구의 중국신화학자 앤 비렐(Ann Birrel)은 원가의 업적을 논평함에 있어 그의 저작이 지닌 맑스주의적 관점에 대해 언급했을 뿐 내부의 오리엔탈리즘, 즉 중화주의에 대해서는 침묵하고 있다.[16] 아울러 서구 동양학의 교과서라 할 라이샤워(Edwin O. Reischauer)와 페어뱅크(John K. Fairbank)의 『동양문화사』 초판에서 그들은 고대사는 중국 중심으로, 근대사는 일본에 비중을 두고 기술했으나, 한국·베트남 등에 대해서는 중국의 복사판으로 인식할 정도로 문화적 정체성을 폄하해서 본다.[17]

서구 중국학과 같은 위상에 있는 것이 일본의 중국학이다. 일본의 중국학 내지 동양학은 가히 세계 최고 수준이라 할 만하고 여전히 배워야 할 점이 많지만, 서구의 경우와 마찬가지로 그대로 긍정하고 넘어갈 수 없는 내재적 문제점이 엄존한다. 일본의 근대 학문은 후꾸자와 유끼찌

---

14 Joseph Needham, *Science and Civilisation in China* Vol. II (Cambridge: Cambridge University Press 1956) 143-44면.

15 이 도식에 대한 반성적 논의는 Paul A. Cohen, *Discovering History in China* (New York: Columbia University Press 1984) 1-7면 참조.

16 Anne Birrell, "Studies on Chinese Myth Since 1970: An Appraisal, Part I," *History of Religions* Vol. 33 No. 4 (1994. 5).

17 라이샤워와 페어뱅크의 『동양문화사』에 대한 비판은 졸저 『제3의 동양학을 위하여』 (민음사 2010) 55~56면 참조.

(福澤喩吉)의 소망대로 일찍이 탈아입구(脫亞入歐)하여 기본상 서구 근대 학문의 제국주의적, 지배론적 성격을 그대로 답습하였기에 이데올로기적으로 일본의 중국학은 서구의 그것과 동궤(同軌)에 둘 수 있다고 생각한다. 하지만 실제 내용에 있어서는 오히려 일본의 중국학이 서구의 중국학에 지대한 영향을 미쳤다는 점에서 간과할 수 없는 학문 내용상의 문제점도 있다. 가령 앞서의 『동양문화사』 초판 한국 부분에서는 고대에 한반도 남부를 지배했다는 임나일본부(任那日本府)를 기입하여 일본 식민사학의 견해를 충실히 반영한 바 있다.[18] 아울러 일본의 동양학은 불교학 중심의 성향을 지니고 있는데, 이는 도교에 대한 불교의 비교우위적 입장으로 이어진다. 가령 일본의 도교학자들은 원시 도교 경전인 『태평경(太平經)』에 대한 불교 영향론을 주장하지만 여영시(余英時, 위 잉스)를 비롯한[19] 중국의 학자들은 토착성을 강조하고 이를 받아들이지 않는다. 반면 막심 칼텐마르크(Maxime Kaltenmark) 등 서구의 도교학자들은 대체로 일본의 입장을 긍정하는 경향이다. 이러한 불교학 중심의 일본 동양학은 경성제국대학 관방(官方) 학문을 통해 한국의 미술사학에도 영향을 미쳐, 고구려 고분벽화의 경우 1990년대 이전까지 불교를 통한 이해에 치중했을 뿐 신화, 도교 방면의 접근은 거의 없었다고 해도 과언이 아니다. 상술한 현상들을 조금 과장한다면 서구는 일본을 통해 동아시아를 인식했다는 느낌이 들 정도로 일본 동양학이 서구에 미친 영향은 막대하다. 과거 서구 한국학자의 경우 대부분은 처음부터 한국학 전공자가 아니고 전신(前身)이 일본학 또는 중국학 전공자였다는 사실도 서구에서

---

18 같은 곳 참조.

19 여영시의 『태평경』 연구에 대해서는 Yü Ying-shih, "Life and Immortality in the Mind of Han China," *Harvard Journal of Asiatic Studies* Vol. 25 (1965) 참조.

주변부에 대한 학문이 어떠한 선입견을 갖고 출발했는지 잘 보여준다. 물론 이런 사례들은 과거의 일일 뿐 지금은 그렇지 않다고 말할 수도 있다. 하지만 만근(晚近)에 부쩍 관심이 커진 서구의 한국학 혹은 주변부 학문만 보고 근대부터 긴 세월 서구 동양학에 미친 일본 동양학의 영향력이 지금 갑자기 사라졌다고 말할 수는 없다. 한 시절 유행 품목이면 몰라도 집적된 학문 역량은 그리 간단히 쇠퇴하지 않기 때문이다.

마지막으로 세번째이다. 지금까지 중국과 서구 및 일본의 중국문화 연구 시각 및 경향을 살펴보았을 때 그들의 시야에 주변은 부재함을 알 수 있다. 중국의 중화주의적 시각은 말할 것도 없지만, 중국의 주변을 중국의 복사판 정도로 보는 서구의 시각으로는 장구한 시기 중국과 영역을 접하고 교섭해오면서도 동화되지 않은, '비슷함 속의 다름'을 구현한(이는 진정 힘든 일이다!) 주변문화의 정체성을 파악하기 어렵고 그러한 주변부의 시각을 갖기도 힘들 것이다. 주변부는 특유의 문화적 정체성과 지정학적 위상을 바탕으로 중국과 서구 양자의 지배론을 대표하는 각각의 입장, 곧 시노센트리즘과 오리엔탈리즘을 극복하기 용이하며, 이를 통해 획득한 제3의 눈으로 양자가 잘못 본 부분과 보지 못한 부분을 읽어낼 수 있다. 특히 지정학적 위상을 바탕으로는 중국이 상실했거나 망각한 부분을 읽어낼 수도 있을 것인데, 그것은 가령 석전제(釋奠祭)처럼 중국은 잃어버렸으나 주변부에 온존해 있는 문화유산 같은 것일 수도 있고, 아득한 시절 중국 대륙에서 수많은 종족과 공존했다가 주변부로 이주하며 유전해온 기억과 같은 것일 수도 있다. 그러나 무엇보다 중요한 것은 중국문명의 형성에 상호텍스트적 일원으로 참여해온 이러한 주변문화의 자질을 바탕으로 『산해경』과 같은 선진(先秦) 시기의 고전 및 상고문화에 대해 탈중원의 시각에서 '다시 읽기'를 경험할 필요가 있다는 점이다.

주변문화론을 통해 입론된 이 제3의 시각은 결코 중국문화의 위업을 손상하려는 의도에서 출발한 것이 아니라, 중국문화를 해석하는 또 하나의 길을 열어놓음으로써 풍요롭고 다양한 해석의 가능성을 제고하는 데에 목적이 있음을 유념해야 하겠다. 그동안 성립된 적 없는 이 고유한 주변부의 시각을 우리는 학문 범주에 따라 각기 제3의 동양학, 혹은 제3의 중국학이나 제3의 신화학이라고 부를 수 있을 것이다.

맺는말

이 글에서는 시노센트리즘, 곧 중화주의의 문제를 중원문명론과 문화속지주의 그리고 주변문화론을 통해 비판적으로 검토하고 대안을 제시하였다.

중국이 서구문명 중심주의에 대해 다원론을 주장하고 지배론을 비판하면서 동아시아 내부에서는 중국문명 중심주의를 강조하고 주변문화에 대해 패권적 자세를 취하는 것은 이중적이고 모순적인 행태이다. 물론 중국문명이 정치적 지배력에 힘입어 역사적으로 주변에 대해 막대한 영향을 미친 것은 사실이지만, 그럼에도 불구하고 중국문명이 시초부터 지금에 이르기까지 주변문화와의 상호텍스트적 관계 속에서 형성되었다는 사실은 부인하지 못한다.

중원문명론, 곧 황하문명중심론의 경우, 근래 중국문명의 다원적 기원론이 통설이 됨에 따라 폐기되었다고는 하나 여전히 중화주의의 기반이 되어 신화학은 물론 학술 전반에 의식적, 무의식적으로 작용하고 있는 실정이다.

문화속지주의의 경우, 오늘의 중국을 기준으로 은연중 고대 중국을 통일된 실체로 상정하여 다원적 상태의 신화나 문명 텍스트를 일원론적, 자기동일적으로 해석한다든가 중국 경내에 존재하는 '과거의 모든 것'에 대해 내적 체계화를 시도해온 것 역시 부인할 수 없다.

주변문화론의 경우, 중국문명의 형성에 상호텍스트적 일원으로 참여했던 주변문화의 자질을 긍정한다면 중국신화를 단일한 총체로서 보지 않고 다양한 주변 신화의 통합과 변형의 체계로 파악할 수 있을 것이다. 아울러 주변부는 특유의 문화적 정체성과 지정학적 위상을 바탕으로 중국, 서구 및 일본의 중국학이 함장(含藏)한 시노센트리즘과 오리엔탈리즘을 극복할 제3의 시각을 제공할 수 있을 것으로 기대된다.

결론적으로 중원문명론과 문화속지주의에 의해 형성되고 강화된 시노센트리즘은 중국의 주변 국가에 대한 정치적, 문화적, 학술적 지배론으로 기능해왔는데, 앞서의 오리엔탈리즘과 더불어 이들에 대한 비판과 문제 제기는 보다 공평한 중국신화학의 건립을 위해 불가결한 것이라 하겠다. 아울러 이는 중국 자신과 서구·일본 등 제1, 제2의 동양학이 아닌, 주변 문화의 역량에 입각한 제3의 동양학이 감당해야 할 소임이기도 하다.

제3의 신화학을 위하여:

제국의 에피스테메를 넘어서

여기서는 그간 진행해온 오리엔탈리즘 및 시노센트리즘 비판 논의를 종합하고 제2부의 '주변문화론'에서 모색한 제3의 시각을 구체화한 대안을 도출할 것이다. 즉 제국의 욕망과 작동 방식에 주목하여 서구와 중국의 지배론의 근거를 '제국의 에피스테메'로 규정하고 이를 극복할 관점과 방책으로 제3의 신화학 내지 제3의 동양학을 제시할 것이다.

중국은 위대한 문명의 고국(古國)이다. 중국은 장구한 기간 찬란한 문명을 단절 없이 존속시켜왔으며 역사시대 이후 그것을 동아시아 전역에 확산시켜 큰 영향을 미쳐왔다. 한마디로 중국이 서구문화와 대척적 지위에 있는 동양 문화의 요람임은 누구도 부인하지 못한다. 중국문학에 입문했을 때 선배들은 이 위대한 중국문화의 유산을 연구하는 것에 큰 자부심을 느끼는 것 같았다. 하지만 그것의 양은 호한(浩瀚)하고 그깃의 깊이는 막측(莫測)해서 주변부 일개 소국의 학자로서 중국 본토의 학문에 도달하는 것은 불가능하다고 토로하는 것을 자주 들었다. 아닌 게 아니라 생전 듣도 보도 못한 이름의 헤아릴 수 없이 많은 고전 자료와 기라성 같은 역대 주석가들의 치밀한 주소(註疏)와 고증은 변방의 연소한 연구자를 압도해 한계를 절감하게 하고도 남음이 있었다. 더구나 당시 중국과는 절연 상태로 주로 대만과 학문적 교류를 하던 한국 중국학의 곤핍한 현실에서 그러한 무력감은 이례적이지 않다고도 볼 수 있다. 그렇다면 한국의 중국학자는 중국학의 영광을 위하여 복무해야 하는가? 그럴 수도 있겠다. 중국학 자체에 매료되어 평생 자족적인 공부를 할 수도 있을 것이다. 그러나 한국의 학자로서 자의식을 갖고 중국학을 하는 것은 한국 중국학의 정체성을 위해 바람직할 뿐 아니라 중국학의 입장에서도 해석의 다양성을 더한다는 점에서 중국학의 영광에 배치되는 일은 아닌 것 같았다. 여기에서 '강대국의 학문 사이에 끼인 주변부 제3지대의 학자는 과연 무엇을 말할 수 있는가? 아니, 발언을 할 수 있기는 한 것인가?' 하는 의문이 생겼다. 이것이 막 공부를 시작한 대학원 시절 저자가 끊임없이 해답을 모색했던 화두였다.

그런데 도교 공부를 하다가 그것의 근원을 탐색하기 위해『산해경』역주를 시작했을 때 심중에 큰 변화가 생겼다. 주지하듯이『산해경』은 오래된 신화서이니만큼 해석이 어려운 의난처(疑難處)가 많기로 유명한 책이다.[1] 따라서 거의 절대적으로 기존 주석에 의지하여 번역을 해나가야 하는데,『산해경』의 대표적 주석가인 곽박(郭璞)·학의행(郝懿行)·원가 등의 주석을 따라 번역을 하던 중 도처에서 해석상의 충돌을 경험하게 된 것이다. 그것은 중국이나 서구 혹은 일본의 학자라면 순순히 주석대로 받아들일 수도 있었겠지만 저자 같은 주변부 한국 학자의 눈으로 볼 때 도저히 수긍할 수 없거나 회의하지 않을 수 없는 해석상의 문제점들이 현전(現前)하는 경험이었다. 이러한 시각 차이의 경험에서, 저자를 압도했던 중국 고전학의 그 막대한 질량감은 멀어지기 시작했다. 물론 이러한 언급이 중국 고전학의 위업을 무시해도 좋다는 의미는 결코 아니지만 적어도 주변부 학자로서 고전의 어떤 부분의 해석에 대해 동의하지 않을

---

1 국내에서 저자 이전 오랫동안 이 책에 대한 국역이 시도되지 않았던 것은 신화 분야가 생소하기 때문이기도 하지만『산해경』텍스트 자체를 해독하기 어렵다는 사실도 큰 이유를 차지할 것이다.

때만큼은 대사(大師)들의 주석이 의심스럽게 느껴졌다는 말이다.

『산해경』 텍스트에 대한 이러한 자발적 '거슬러 읽기'(reading against the grain)를 통한 해석상의 일탈 혹은 반란(?)은 두가지 방향에 대한 탐색으로 향하게 된다. 그 한가지는 『산해경』 같은 중국 상고문명의 실체가 과연 중국 주석가들이 구성한 것과 같은 모습인가에 대한 것이고, 다른 한가지는 주석가들의 본질이 무엇인가, 즉 그들의 작업과 궁극적 역할에 대한 것이었다. 첫번째 방향에 대한 탐색은 당시의 고고학적 성과를 인지하고 황하문명중심론의 몰락과 중국문명의 다원적 기원론에 대한 새로운 인식으로 나아갔는데, 이는 일찍이 에버하르트가 제기한 중국문명의 지방문화 상호구성체론을 추인하는 것이기도 했다. 아울러 중국문명을 하나의 텍스트로 상정한다고 할 때 상호텍스트성 이론의 훌륭한 예시로서 보편성, 타당성을 입증할 수 있는 현상이었다. 황하문명중심론의 몰락은 필연적으로 일원론적 중국문명 인식체계, 중국문명의 자기동일성에 대한 부정으로 이어지며 이것은 전통적인 화이론 및 중화주의라는 지배론, 곧 시노쎈트리즘의 근거를 해체하는 것이나 다름없다.

두번째 방향에 대한 탐색은 중국의 중심주의가 성립된 한대 이후 역대 주석가들이 당위론, 곧 시노쎈트리즘에 의해 다원적 중국문명이라는 존재론을 불식(拂拭)하고 제국을 획일화하는 이념을 구성, 유지, 옹호해왔다는 사실에 대한 깨달음으로 나아갔다. 롤랑 바르뜨(Roland Barthes)의 표현을 빌리면 제국의 치세(治世)는 곧 주석가들의 치세인 셈이다.[2] 역대 제국의 이념은 표면상 한대의 고전 경학, 위진·남북조 시대의 신선 도교

---

2 바르뜨는 "역사적으로 작자의 치세는 또한 비평가의 치세였다"라고 말한 바 있다. Roland Barthes, *Image-Music-Text*, tr. Stephen Heath (New York: Noonday Press 1977) 146-47면.

학, 송대의 도학, 명대의 실용 경학, 청대의 고거학(考據學) 등을 들 수 있지만[3] 이들을 일관하는 이념 중의 이념, 곧 제국의 이념은 시노센트리즘, 곧 중화주의이다. 『산해경』과 같은 고전 및 상고문화에 대한 해석은 바로 이 주석가들이 구성한 제국의 이념에 의해 지배되었던 것이다.

2. 제국의 이념에서 제국의 에피스테메로

중국신화학, 나아가 동양학에 대한 획일화된 이념의 세례는 시노센트리즘에 의해서만 이루어지는가? 중국문학을 전공하다보니 중국신화와 아울러 중국소설 등 서사학·문학 전반에 대한 공부를 겸행하면서 서구 문학·그리스신화 등과 비교하는 경우가 많아졌고, 여기서 중화주의라는 내부의 지배론과는 다른 차원의 서구의 동양, 특히 중국에 대한 외부의 지배론인 오리엔탈리즘에 주목하게 되었다. 사이드가 제기한 오리엔탈리즘은 원래 주로 서구의 중동에 대한 것이었으나, 이러한 시각을 중국으로 전유했을 때 오히려 중동의 경우보다 더 심각한 편견과 오해가 역사시대 이후 누적되어왔고 그것이 현대의 학문에까지 심각한 영향을 미쳐왔다는 것을 깨닫기까지는 오랜 시간이 걸리지 않았다. 당연한 말이지만 중화주의가 그릇되었다고 해서 중국문명에 대한 서구의 부당한 침해를 방관할 수 있는 것은 아니었다. 헤겔, 맑스에 이어 들뢰즈에게까지 계승된 '아시아적 생산양식론'을 비롯해 철학 부재론·미학 부재론·소설 기원

---

3 진연산(陳連山, 천 롄산)은 『산해경』 해석에 영향을 미친 시대별 학술 사조와 주석가들의 경향을 이렇게 제시한다. 陳連山 『山海經學術史考論』(北京: 北京大學出版社 2012) 참조.

론 등 서구의 철학·문학상의 오리엔탈리즘은 동서양의 문화적 차이를 오해와 편견으로 왜곡했는데, 이것은 신화학상으로는 오이디푸스 콤플렉스·창세신화 부재론·설화 삼분법 등으로 나타났고 현대에 이르러 그리스신화와 안데르센 동화를 중심으로 한 상상력의 획일화 현상으로[4] 변주되었다. 아이러니하게도 동아시아 문명의 주체로 군림했던 중국은 이 대목에서 타자의 위치에서 대등하지 못한 학문적 처우를 감수하고 있는 것이다.

결국 앞의 논의를 통해 객관적으로 공평무사한 학문 세계를 구현하기 위해 목전의 중국신화학 내지 동양학에서 극복해야 할 과제는 시노센트리즘과 오리엔탈리즘이라는 것이 자명해졌는데, 우리는 중국과 서구가 갖고 있는 이 두가지 지배론이 공유하는 특성, 다시 말해 이 두가지의 타자를 지배하고자 하는 욕망에 주목해야 한다. 그것은 무엇인가? 바로 '제국(帝國)'의 욕망이다. 중국은 물론 고대부터 근대까지 가장 오래 존속해온 제국이었다. 근대의 서구 강대국과 일본 역시 제국이었다. 그러나 안또니오 네그리(Antonio Negri)와 마이클 하트(Michael Hardt)는 현대의 제국을 운위하며 그것을 "주권이 단일한 지배논리하에 통합된, 일련의 일국적 기관들과 다국적 기관들로 이루어진 새로운 전지구적 주권 형태"로[5] 정의한다. 이 현대의 제국으로 미국·중국 등이 거론된다. 제국은 결코 소멸하지 않는다. 그것은 아마도 세계국가가 성립될 때까지 존속하면서 지배욕을 과시할 것이다. 네그리와 하트는 우리가 직면하게 될 제국이 억압과 파괴의 권능을 휘두를 것으로 진단하면서 제국의 전횡에 대한 효과적 저항과 대안을 모색한다.

---

4 저자는 이 현상을 '상상력의 제국주의'로 명명한 바 있다.
5 안토니오 네그리·마이클 하트 『제국』, 윤수종 옮김(이학사 2001) 16면.

‘주변부 제3지대의 학자는 과연 무엇을 말할 수 있는가?’라는 화두에서 비롯된 학문 정체성 탐구의 여정은 결국 고대부터 현대까지 이르는 중화제국 혹은 서구 제국의 존재론에 이르렀다. 물론 우리는 ‘중국의 제국 이념과 서구의 제국주의가 동일한가?’ 하는 또다른 근본적인 질문을 던질 수도 있다. 이것은 별도의 논의가 되겠지만, 서둘러 말하자면 양자는 개념·성립 동기·지배 방식 등에서 동일하지 않다.[6] 그럼에도 불구하고 앞에서 양자가 공유하는 특성으로 타자를 지배하고자 하는 욕망을 들었다. 그렇다면 동서 제국의 욕망으로서 타자에 대한 지배욕의 본질은 무엇인가? 그것은 차이와 다양성을 제거하여 획일화, 자기화하고자 하는 욕망이다. 우리는 시노센트리즘과 오리엔탈리즘에서 이와 같은 제국 욕망의 속성을 명백히 목도한 바 있다. 이 제국의 욕망은 통치자와 주석가들이 고안한 제국의 이념에 의해 이론화, 조직화되고 추동된다. 그 이념의 양상들은 과거에는 시노센트리즘과 오리엔탈리즘으로, 현대에는 지배적 관념을 형성하고 있는 서구의 인본주의, 합리주의 또는 변형된 시노센트리즘과 오리엔탈리즘으로 나타난다.

실상 이러한 이념태들은 그 자체로서는 존립 근거가 있고 간과할 수 없는 나름의 가치와 정당성이 있다. 가령 시노센트리즘은 광대한 영토와 수많은 종족을 포괄한 중국이 자기 정체(政體)를 보전하기 위해 직조한 구심적 이데올로기이자 신화일 수 있다. 그러나 이것이 자족적인 차원에 그치지 않고 확대주의와 지배론으로 변질되어 주변부의 정체성을 위협할 때 문제가 된다. 인본주의와 합리주의는 그리스 이래 유럽인의 기본

---

6 중국의 제국은 근대 제국주의의 폭력적, 일방적 지배관계와 달리 상호 교감하고 반응하는 문화체계가 내부에 존재한다는 것을 보여준다. 졸고 「원유(苑囿), 제국 서사의 공간」, 『중국문학』 제38집(2002) 13~14면.

관념을 이루는 두 축으로 유럽은 이를 통해 중세의 종교적 질곡을 벗어나는 데 성공하였고, 두 이념은 근현대 인권과 과학의 획기적 발전의 모태가 되어 결코 마멸될 수 없는 가치를 지닌다. 하지만 이의 과잉된 관념인 인간중심주의·유럽중심주의·이성중심주의 등이 동물 및 자연, 비유럽인 및 타자와의 관계성을 파괴하고 나아가 인류의 파멸까지 초래할 위험이 있다면 비판의 대상이 되지 않을 수 없다.

여기서 우리는 '제국의 이념' 대신 보다 지배론적 실제에 핍근한 개념을 환기하는 '제국의 에피스테메(episteme)'라는 용어를 사용하고자 한다. 가야트리 스피박(Gayatri C. Spivak)은 푸꼬(Michel Foucault)의 '에삐스떼메'(épistémè, 시대별 인식구조)를 탈식민주의적, 페미니즘적으로 전유하여 '제국주의의 에피스테메적 폭력'(epistemic violence of imperialism)이라는 개념을 제기한다.[7] 다시 중국신화학 내지 동양학으로 돌아가서, 우리는 스피박의 개념을 재전유하여 '제국의 에피스테메'라는 용어로써 시노센트리즘·오리엔탈리즘·인간중심주의·이성중심주의 등을 포괄하는 중화제국 혹은 서구, 현대의 인식구조를 표현하고, 그것이 『산해경』과 같은 고전 및 상고분화에 가한 해석학석 폭틱 및 왜곡을 시사하고자 한다.

네그리와 하트도 이미 천명한 바 있지만, 미·중 양대 제국이 각축하는 시대에 주변부 제3지대의 학자로서 '제국의 에피스테메'에 순응하지 않고 이를 비판, 극복하는 일이야말로 제국의 학문적 전횡에 대한 효과적 저항과 대안이 될 것이다. 시노센트리즘과 오리엔탈리즘의 본질에 대한

---

7 스피박의 언명에 대해서는 Gayatri C. Spivak, "Can the Subaltern Speak?" *Marxism and the Interpretation of Culture*, ed. Cary Nelson and Lawrence Grossberg (London: Macmillan 1988) 27-28면 참조.

깊은 숙고 없이 이러한 자발적, 생존적 저항을 단순히 낡은 이분법적, 이항대립적 사고의 소산으로 규정하는 안일한 논단은 다수의 정체성을 긍정하는 진정한 통합을 위한 필요조건으로서의 저항조차 포기하는 무장해제 행위임을 노파심에 부기(附記)하고자 한다.

비교학적 관점에서
중국신화 읽기

제1부 '반오이디푸스의 신화학을 위한 예비 논의'를 잇는 실천적 독해 부분으로 여기서는 제1장 '중국과 서구 창세신화, 어떻게 같고 다른가' 제2장 '중국과 서구 신화의 조우와 분기' 제3장 '중국과 서구 신화와 현대문화' 등의 관점에서 다양한 주제를 두고 논의할 것이다. 이 과정에서 서구신화와의 비교, 대조하에 공통점은 물론 중국신화의 고유성과 숨겨진 의미를 보다 분명히 드러내고자 할 것이다.

제1장

중국과 서구 창세신화, 어떻게 같고 다른가

1. 중국과 서구 창세신화의 특성 및 문화적 변용 비교: 거인신체화생 신화를 중심으로

신화는 일반적으로 세계의 성립, 신과 인간의 기원, 그리고 동식물 같은 여타 사물과 제도 등이 어떻게 형성되었는지를 말해주는 서사로 특징화된다. 다시 말해서 신화가 지닌 '창조'의 내용이야말로 신화를 다른 서사와 구분해주는 특징으로 간주되는 것이나. 물론 신화의 이러한 규정화에 반대하는 논의도 있다. 가령 커크는 신화에 대한 보편주의적 담론을 경계하면서 창세신화가 갖는 '성스러운 이야기'로서의 성격은 여타 서사에서도 찾아볼 수 있는 것이라고 주장한다.[1] 그러나 커크의 이러한 논점에 동의한다 하더라도 우리는 신화 내부에서 세계창조 신화가 갖는 독특한 지위를 인정하지 않을 수 없다. 세계창조 신화는 세계의 창조가 신화의 다른 어떤 내용보다 선행한다는 사실 때문에 특별한 위치를 차지한

---

1 G. S. Kirk, "On Defining Myths," *Sacred Narrative*, ed. Alan Dundes (Berkeley: University of California Press 1984) 57면.

다. 동·식물과 인간의 창조는 세계의 존재를 전제하므로 세계창조 신화는 모든 기원신화의 모델을 제공해주기 때문이다.[2]

그런데 세계창조 신화가 모든 기원신화의 모델을 제공해준다는 언급은 상당히 중요한 이차적 의미를 함축한다. 세계창조 신화는 여타 신화뿐만 아니라 신화에 뿌리를 둔 후대의 모든 문화에 대해서도 연원성을 지닌다는 의미로 넓게 해석될 수 있기 때문이다. 이러한 관점에서 우리는 세계창조 신화를 통해 문명화된 후대의 주요한 사유구조, 제도 등의 남상(濫觴)을 확인해볼 수 있을 것이다.

이 글에서는 이른바 '신화 중의 신화'라 할 수 있는 세계창조 신화, 그중에서도 거인신체화생 신화를 중심으로 중국과 서구[3] 창세신화의 내용을 비교 분석하고, 그것의 후대 문화로의 변용을 살펴보고자 한다. 기존 연구는 주로 양자의 공통점을 확인하는 데 그쳤지 차이점에는 주의를 기울이지 않았다. 우리는 중국과 서구 창세신화의 내용적 차이성이 어떻게 각자의 후대 문화에서 중요한 사유구조나 제도상의 차이를 낳았는지 주목할 것이다. 이러한 차이에 대한 인식은 궁극적으로 동아시아 신화학, 나아가 동아시아 문화의 정체성을 확보하기 위한 전제로서 기능하게 될 것이다.

---

2 Mircea Eliade, *The Quest: History and Meaning in Religion* (Chicago: University of Chicago Press 1969) 92면.

3 여기서의 서구는 지역적 구분에만 한정되지 않는다. 인도처럼 동양에 위치해 있지만 언어·종족·신화의 측면에서 인도·유럽어족 계통에 속하면 서구의 범주에 넣었다.

1) 기본자료에 대한 검토

(1) 중국의 경우

반고신화를 대표적 예로 들 수 있겠다. 혈통상 몽골리언으로 추정되는 북미 원주민의 창세신화에서도 거인신체화생 모티프가 발견된다.[4] 3세기경 오(吳)나라 서정(徐整)이 지은 『삼오력기(三五歷記)』와 『오운역년기(五運歷年記)』에 실린 것이 가장 오래된 반고신화 자료이다. 그러나 이 두 책은 실전되었고, 해당 내용들은 『예문유취(藝文類聚)』 『태평어람(太平御覽)』 『광박물지(廣博物志)』 『역사(繹史)』 등 후대의 책에 실려 있다. 그 내용들은 다음과 같다.

A. 『삼오력기』에 담긴 반고신화

천지가 혼돈스러움이 달걀과 같았는데 반고가 그 속에서 생겨나 1만 8천년이나 살았다. 천지가 개벽하여 밝고 맑은 것은 하늘이 되고, 어둡고 탁한 것은 땅이 되었다. 반고가 그 속에서 하루에 아홉번을 변화하였으니 하늘보다도 신령하고 땅보다도 성스러웠다. 하늘은 날마다 1장씩 높아지고, 땅은 날마다 1장씩 두꺼워지고, 반고는 날마다 1장씩 커졌다. 이와 같이 1만 8천년이 지나니 하늘은 지극히 높아지고, 땅은 지극히 두꺼워졌으며, 반고도 지극히 커졌다.

天地混沌如鷄子, 盤古生其中, 萬八千歲. 天地開闢, 陽淸爲天, 陰濁爲地. 盤古在其中, 一日九變, 神於天, 聖於地. 天日高一丈, 地日厚一丈, 盤古日長一丈. 如此萬八千歲, 天數極高, 地數極深, 盤古極長.[5]

---

4 Anna Birgitta Rooth, "The Creation Myths of the North American Indians," *Sacred Narrative*, ed. Alan Dundes, 178-79면.

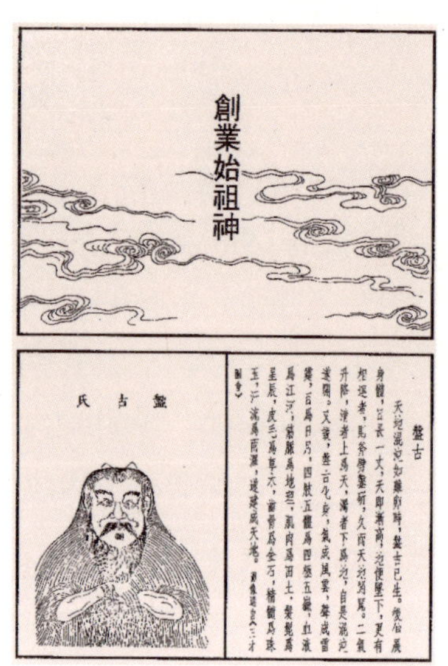

명대의 백과사전 『삼재도회』(三才圖會, 1607)에서 반고의 형상

B. 『오운역년기』에 담긴 반고신화

원초적 기운이 혼돈 상태에 있을 때 그 시초가 여기에서 비롯하여 마침내 천지가 나뉘어 처음 건곤의 범주가 성립되고 음양의 기운이 발생했다. 원초적 기운이 퍼져나가 중간의 조화로운 존재를 잉태하니 이것이 사람이다. 처음 반고가 태어났는데 죽음에 임하여 몸을 변화시켰다. 그 기운은 바람과 구름이, 소리는 우레가, 왼쪽 눈은 해가, 오른쪽 눈은 달이, 사지오체는 사방 끝과 오악이, 피는 강이, 힘줄은 지형이, 살은 농토가, 머리털은 별이, 솜털은 초목이, 이와 뼈는 쇠와 돌이, 골수는 보석이, 땀은 비와 호수가 되었고 몸속의 벌레들은 바람을 맞고 백성들로 화하였다.

元氣濛鴻, 萌芽始兹, 遂分天地, 肇立乾坤, 啓陰感陽. 分布元氣, 乃孕中和,

---

5 『藝文類聚』卷1 및 『太平御覽』卷2에 실려 있음.

是爲人也. 首生盤古, 垂死化身. 氣成風雲, 聲爲雷霆, 左眼爲日, 右眼爲月, 四肢五體爲四極五嶽, 血液爲江河, 筋脈爲地理, 肌肉爲田土, 髮髭爲星辰, 皮毛爲草木, 齒骨爲金石, 精髓爲珠玉, 汗流爲雨澤, 身之諸蟲因風所感, 化爲黎甿.[6]

두 책에 실린 내용은 모두 동일한 작가가 채록한 것이므로 한가지 이야기의 단편들로 보인다. 따라서 둘을 합쳐 하나의 이야기로 재구성해도 무방하겠다. 그렇게 하면 '혼돈-반고의 탄생-천지 분리-반고의 성장-반고의 죽음-반고 신체의 변화'로 반고신화의 서사를 재구성할 수 있다.[7]

(2) 서구권의 경우

인도·유럽 신화에 속하는 인도의 푸루샤 신화, 게르만 종족의 이미르 신화 등을 들 수 있다. 바빌로니아의 티아마트 신화는 인도·유럽어족 계통의 신화는 아니지만 내용상 유사한 점이 많고 자료 면에서 오래되었기에 푸루샤(Purusha)·이미르(Ymir) 등과의 영향관계를 생각할 수 있어 서구권 자료로 함께 묶었다. 보다시피 거인신체화생 모티프는 동양에 비해 서양에서 상대적으로 출현 빈도기 높기 때문에 이 신화의 발원지가 인도·유럽어족에 있는 것으로 생각되기까지 하였다. 이들의 원전은 분량이 많기 때문에 내용을 요약하여 정리하면 다음과 같다.

A. 『에누마 엘리시』(*Enuma Elish*)에 담긴 티아마트 신화[8]

바빌로니아 태초의 아버지 신 압수와 어머니 신 티아마트(Tiamat)

---

6 『廣博物志』卷9 및 『繹史』卷1에 실려 있음.

7 반고신화 자료의 상세한 정리 과정에 대해서는 이 책 제4부 1장 2절 '반고신화의 변이 양상과 그 의미' 참조.

바빌로니아의 원통형 인장에 새겨진 마르두크의 티아마트 살해 장면 선묘

는 많은 신들을 낳았다. 그런데 젊은 신들이 태초의 신들에 대해 소동을 일으켰다. 티아마트가 이에 노하여 장군 킹구와 함께 그들을 없앨 계획을 하자 젊은 신들은 마르두크를 우두머리로 삼고 대항하였다. 마침내 마르두크가 티아마트와의 결투에서 이겨 그녀를 살해하였다. 그후 마르두크는 티아마트를 둘로 갈라 반으로 하늘을 만들고, 반은 대지의 기둥을 만들었다. 이어서 그는 그녀의 머리 위에 산을 쌓았고, 그녀의 눈을 뚫어 유프라테스강과 티그리스강의 근원이 되도록 하였다. 또한 비슷한 산을 그녀의 유방 위에 쌓았고, 그것을 뚫어 동쪽 산들로부터 티그리스강으로 흘러드는 강들을 만들었다. 그녀의 꼬리를 굽혀 하늘로 올려 은하수가 되게 하였고, 그녀의 가랑이는 하늘을 받치는 데에 사용하였다. 끝으로 그는 장군 킹구를 죽여 그의 피로 신에게 봉사시킬 인간을 만들었다.

---

8 내용 정리는 배철현 「에누마 엘리쉬: 마르둑신과 바빌론시에 대한 찬양시」(신화아카데미 『세계의 창세신화』, 동방미디어 2001)에 실린 원전 번역 및 해설에 의거함.

B. 『리그베다』(*Rig-Veda*) 10-90, 「푸루샤 찬가」(Purusasukta)에 담긴 푸루샤 신화[9]

푸루샤는 세계 사방을 두루 덮고도 남는 거대한 존재이며 지고한 존재로서 과거에서 지금까지, 그리고 미래에도 존재한다. 최초의 푸루샤의 신체는 4분되어 있는데, 4분의 3은 불멸의 존재(신들, deva)를 이루고 나머지 4분의 1은 이 세계의 창조에 사용된다. 그전에 푸루샤는 비라즈(Viraj)라는 존재를 낳고, 이 비라즈로부터 그 4분의 1은 '새로운 푸루샤'로 탄생한다. 신들은 이 '새로운 푸루샤'를 제물 삼아 희생제를 지낸다. 세계의 창조는 이 희생제에서 비롯한다. 그 창조의 과정을 노래한 시는 다음과 같다.

그 푸루샤를 나누었을 때, 얼마나 많은 부분으로 분배했는가.

그의 입은 무엇이 되었나. 그의 두 팔은 무엇이었는가. 두 다리와 발은 무엇이라 불렸는가.

그의 입은 브라만이 되었고, 두 팔은 라잔냐(크샤트리아)로 만들어졌다.

그의 두 다리는 바이샤라고 하는 것이 되었고, 수드라는 발로부터 탄생했다.

달은 그의 마음에서 탄생했으며, 태양은 그의 눈으로부터 태어났다.

입으로부터는 인드라와 아그니가, 그리고 호흡으로부터 바유가 탄생했다.

배꼽으로부터 허공이 나왔고, 머리에서 하늘이 존재하게 되었다.

발로부터 땅이, 귀로부터 방향이 〔생겨났다〕. 이와 같이 〔신들은〕 세상

---

9 내용 정리는 심재관 「고대 인도의 창세신화와 제의적 이미지 읽기: 푸루샤 찬가」(같은 책)에 실린 원전 번역 및 해설에 의거함.

을 배열했다.

C. 『그림니스말』(*Grímnismál*) 40-41에 실린 이미르 신화[10]

태초에 거인 이미르가 있었는데 젊은 신들의 생활에 방해가 되었다. 신 중의 우두머리 오딘(Odin)은 그를 살해하여 세계를 창조한다. 그 창조의 과정을 노래한 시는 다음과 같다.

> 이미르의 살로 땅이 만들어졌고,
> 그의 땀(혹은 피)으로 바다가 만들어졌다.
> 산들은 그의 뼈로, 나무는 그의 머리카락으로,
> 그리고 하늘은 그의 두개골로(만들어졌다).
> 그의 이마로 우아한 신들은 인간의 자손들을 위한 미드가르드(인간의 영역)를 건설했다.
> 그리고 그의 뇌수는 굳어져 모두 구름이 되었다.

이밖에도 오딘은 밤과 낮을 만들었고, 이미르의 머리카락에서 돋아난 물푸레나무로 남자를, 느릅나무로 여자를 만든다.

2) 중국과 서구 거인신체화생 신화의 비교 분석

(1) 공통점

중국과 서구 거인신체화생 신화의 공통점에서 우선 주목해야 할 것은

---

10 내용 정리는 Bruce Lincoln, *Myth, Cosmos, and Society* (Cambridge: Harvard University Press 1986) 1-40면에 실린 원전 번역 및 해설에 의거함.

인간 신체와 자연 간의 상동관계성(homology)에 대한 인식이다. 반고 사후에 신체 각 부분이 자연의 각 요소로 변화하는 양상은 **표1**과 같다.

표1 반고 신체의 변화

신체	기운	소리	왼쪽 눈	오른쪽 눈	사지	오체	피
자연	바람과 구름	우레	해	달	사방 끝	5개의 명산	강물

힘줄	살	머리털과 수염	솜털	이와 뼈	골수	땀	벌레
지형	농토	별	초목	쇠와 돌	보석	비와 호수	사람

브루스 링컨은 인도·유럽어족의 거인신체화생 신화에서의 상동관계를 **표2**와 같이 정리한 바 있다.[11]

표2 소우주론적 상동형태(소우주→대우주)

	살	뼈	터럭	피	눈	마음	뇌	머리	호흡
Grímnismál	땅	산	나무	바다	–	–	구름	하늘	–
Rig-Veda 10–90	–	–	–	–	태양	달	–	하늘	바람
"Poem on the Dove King"	땅	돌	–	–	새벽	달	–	–	바람
Škend Gumānīg Wizār	땅	산	식물	–	–	–	–	하늘	–
Metamorphoses	–	돌	숲	–	–	–	–	우주적 산의 정상	–
II Enoch 30.8	땅	돌	풀	이슬	태양	–	구름	–	바람
Code of Emisig	땅	돌	풀	물	태양	–	구름	–	바람
British Museum MS.4783 fol.7a	땅	돌	–	바다	태양	–	구름	–	바람
Discourse of Three Saints	세계의 빛	돌	–	바다	태양	–	구름	–	바람
Aitreya Upaniṣad	–	–	식물	·	태양	달	–	–	바람
Greater Bundahišn	땅	산	식물	바다	태양과 달	·	끝없는 빛	하늘	바람

---

11 같은 책 21면.

양자를 비교해보면 링컨이 제시한 9개 상동관계 중 6개가 반고신화의 그것과 일치함을 알 수 있다. 그것은 반고신화에는 살-농토, 이와 뼈-쇠와 돌, 솜털-초목, 피-강물, 왼쪽 눈-해, 기운-바람과 구름의 상동관계이고, 서구 신화에서는 살-땅, 뼈-돌 혹은 산, 터럭-풀, 나무 혹은 숲과 식물, 피-바다, 이슬 혹은 물, 눈-새벽, 태양 혹은 달, 호흡-바람의 상동관계이다.

메리 더글러스(Mary Douglas)에 의하면 고대문화는 그 자체가 우주론적으로서 고대인들은 완벽한 신체가 이상적인 신정(神政)을 상징한다고 생각했다.[12] 즉 완벽한 신체는 곧 조화로운 세계인 것이다. 우리는 이러한 천인합일적인 사고가 고대 동서양에서 보편적이었음을 알 수 있다. 앤 비렐은 중국에서 천지인(天地人) 삼재(三才) 관념이 전한(前漢)의 동중서(董仲舒)에서 비롯한다고 보고 반고신화의 성립을 전한 이후로 추정하였다.[13] 한대의 우주론이 후한 시기에 채록된 반고신화를 수식했을 가능성을 배제할 수 없지만 근원적 측면에서는 오히려 채록 이전 반고신화의 원형 및 상고 중국신화에 담긴 천인합일적 사고가 후일 체계화, 철학화되어 동중서의 사상을 성립시켰다고 보는 것이 옳을 것이다.

그런데 중국과 서구의 거인신체화생 신화는 비슷한 상동관계성을 보여주면서도 뚜렷한 차이가 한가지 있다. 서구 신화의 9개 상동관계 중 반고신화와 일치하지 않는 3개가 그것이다. 그것들은 마음-달, 뇌-구름 혹은 끝없는 빛, 머리-하늘 혹은 우주적 산의 정상의 상동관계로서, 이들은 대체로 인간의 정신적인 영역을 가리키는 듯하다. 반고신화에는 전혀 보

---

12 Mary Douglas, *Purity and Danger* (New York: Routledge & Kegan Paul 1988) 4면.

13 Anne Birrell, *Chinese Mythology* (Baltimore: Johns Hopkins University Press 1993) 40면.

이지 않는 이 정신적 영역의 항목들과의 상위를 우리는 어떻게 설명해야 할까?

반고신화에는 서구 신화의 정신과 관련된 3개 상동관계 항목들이 없는 대신 사지-사방 끝, 오체-5개의 명산, 힘줄-지형, 머리털과 수염-별, 땀-비와 호수 등 신체의 세세한 부분과 자연현상의 긴밀한 조응이 두드러진다. 특히 왼쪽 눈을 해에, 오른쪽 눈을 달에 관계지은 것만 보아도 서구 신화에 비해 훨씬 세밀한 신체와 자연의 대응이 이루어지고 있음을 알 수 있다.

우리는 일반적으로 그리스신화를 비롯한 서구 신화의 인문화된 경향을 지적해왔다. 예컨대 반인반수적 존재에 대한 중국과 서구 신화의 긍정적 혹은 부정적 인식의 차이에 대해서는 이미 논의한 바 있다. 서구 신화의 인간의 정신적 영역에 대한 관심은 아마 그들 특유의 인문적, 인간중심적 경향을 표현하는 것일 수 있다. 이에 비해 반고신화는 인간과 자연의 불가분리한 관계성을 좀더 강조하는 것으로 읽힐 수 있을 것이다.

(2) 차이섬

중국과 서구 거인신체화생 신화의 차이점은 창조 주체, 거인 죽음의 방식, 신체화생의 방식 등 여러 측면에서 살펴볼 수 있다.

우선 창조 주체 혹은 절대적 주재자가 있느냐 없느냐를 놓고 볼 때 중국과 서구 거인신체화생 신화는 큰 차이를 보인다. 대부분의 중국신화학자들은 반고신화에 창조 주체가 결여되어 있다고 본다.[14] 서양의 거인신

---

14 프레더릭 모트(Frederick W. Mote), 앤 비렐, 빈미정 등이 이에 견해를 같이한다. 후레드릭 W. 모오트 『중국문명의 철학적 기초』, 권미숙 옮김(인간사랑 2000) 33면; Anne Birrell, 앞의 책 24면; 빈미정 「중국 고대기원신화의 분석적 연구」(서울대 중문

체화생 신화에서는 티아마트·푸루샤·이미르 등의 거인을 죽여 세계를 창조하는 주체가 외부에 존재한다. 티아마트에게는 마르두크가, 푸루샤에게는 다른 강력한 신들이, 이미르에게는 오딘이 창조 주체가 된다. 이러한 차이는 중국신화 연구 초창기에 서구 학자들로 하여금 자신들의 경우를 표준으로 삼아 중국에는 창세신화가 없다고 논단하게 한 근거가 되었다.

다음으로 거인 죽음의 방식에도 중대한 차이가 있다. 반고는 스스로 노쇠해서 죽는 자연사 방식을 택한다. 그러나 티아마트 등은 모두 다른 신들에게 살해당한다. 여기에서 중국 창세신화의 고유성을 강조할 수도 있다. 다만 우리는 같은 동양권 종족인 일본과 북미 원주민의 신체화생 신화 유형에도 살해 모티프가 강력히 나타나는 것으로 보아,[15] 이 계통 신화의 최초 형태는 살해가 일반적이었을 것으로 추측해볼 수 있다. 즉 기원 3세기경 발견 당시의 반고신화는 자연사 형태를 취하고 있을지라도 훨씬 오래된 시기의 원형은 다른 신체화생 신화들과 마찬가지로 살해 형태를 취하고 있었을 것이라는 뜻이다. 이후 반고신화는 한대의 세련되고 조화론적인 우주론의 시기를 거치면서 살해가 은폐되고 자연사의 형태로 조정되었을 것이다.[16]

끝으로 신체화생의 방식에서도 양자는 큰 차이를 보인다. 반고신화에서 반고는 죽은 후 그의 신체가 전체 모습을 유지한 상태에서 각 부분이 다른 사물로 변화한다. 그러나 링컨은 서구 거인신체화생 신화의 경우 살해된 후 몸이 잘리거나 토막나는 절단과 분리의 방식으로 변화하는 것

과 박사학위논문 1994) 71면 등 참조.

15 일본신화에서는 살해당한 신 오호께쯔히메(大宜都比賣)의 몸에서 곡물이 나온다(安萬侶『古事記』, 노성환 역주, 예전사 1991, 92면 참조). 북미 원주민의 신체화생 신화는 이미르 유형인 것으로 알려져 있다(Anna Birgitta Rooth, 앞의 글 178-79면 참조).

16 이에 대한 자세한 논의는 이 책 제4부 1장 2절 '반고신화의 변이 양상과 그 의미' 참조.

이 특징이며, 이러한 신화 내용은 인도·유럽어족의 희생 제의를 반영한다고 지적한 바 있다.[17]

우리는 중국과 서구 거인신체화생 신화의 이 움직일 수 없는 차이들이 후대에 이르러 양자의 관념과 제도 등을 어떻게 특징화하는 동인이 되었는지 다음에서 살펴보기로 하자.

3) 중국과 서구 거인신체화생 신화의 문화적 변용

(1) 자화론과 변증법

반고신화에서의 자연사와 서구 신화에서의 살해는 다른 어떤 내용보다 양자의 차이를 극명하게 보여준다. 프레더릭 모트는 반고를 "궁극적인 원인이나 의지를 가지지 않고 자발적으로 자기생성하는(self-generating) 우주의 중심적 인물"로[18] 보았다. 반고의 자연사와 이후의 분화는 "도는 하나를 낳고, 하나는 둘을 낳으며, 둘은 셋을 낳고, 셋은 만물을 낳는다(道生一, 一生二, 二生三, 三生萬物)"는[19] 노자(老子)적 언술과 상응한다. 이러한 자화론에서 사물의 발전을 추동하는 힘은 외부 세력과의 갈등이 아니라 내부의 상보적인 관계이다. 즉 음이 극에 달하면 양이 생기고, 양이 극에 달하면 다시 음이 생기는 음양상보론(陰陽相補論)은 이러한 자화론적 사고에 기초를 두고 있다.

서구 신화에서의 살해, 그리고 그후의 분화는 외부로부터의 충격과 갈등에 의해 발전이 이루어진다는 변증법적 사고의 단초를 보여준다. 즉

---

17 Bruce Lincoln, 앞의 책 41면.
18 후레드릭 W. 모오트, 앞의 책 33면.
19 『道德經』 42장.

이항대립적인 갈등구조에서 발전의 동력이 생긴다고 보는 인식이다. 서구의 학자들이 동양 근대사를 기술할 때 즐겨 사용한 충격-반응 도식의 근저에 이러한 사고가 깔려 있음은 물론이다.

여기서 한가지 의문이 생긴다. 앞에서 우리는 반고신화도 초창기에는 서구 신화와 마찬가지로 살해 모티프를 지녔을 것이라고 추정한 바 있다. 그런데 양자는 후대에 이르러 왜 사유의 길을 달리했던 것일까? 중국 대륙은 산맥과 사막 등이 사방을 에워싼, 거대한 도가니 같은 형국의 폐쇄적인 순환구조를 이루고 있다. 이러한 지리적 환경은 자기생성적, 자기조직적 사고에 익숙하도록 만들고, 반고신화는 점차 자화론으로 조정되어갔을 것이다. 이에 비해 서구는 개방적인 지리 환경에서 외부와의 갈등과 투쟁을 통해 부단히 자기 존재를 확인하지 않으면 안 된다. 여기에서 변증법적 사고가 대세를 점한다. 물론 이러한 비교는 거칠고 다분히 환경결정론적인 요소를 지니고 있다. 앞서와 같은 견해를 긍정한다 하더라도 중국적 사유의 특색을 지나치게 강조하여 그것을 특권화, 신비화하는 것은 온당치 못하다. 신화적 사유의 측면에서 모든 인간은 동일하다. 정체성 혹은 고유성은 그 이후의 역사적 과정에서 형성되는 것이다.

링컨은 거인신체화생 신화를 우주론으로서뿐만 아니라 더욱 심층적인 차원에서 사회적 체계 혹은 이데올로기적 체계로 읽을 것을 제안한다.[20] 이러한 측면에서 우리는 자화론과 변증법이라는 두가지 사유가 지니는 사회적, 정치적 함의에 대해서도 생각해볼 필요가 있다. 비교신화학자 푸벨은 부친 혹은 모친 살해 등으로 특징지어지는 오이디푸스 유형의 인도·유럽 신화는 집단 내부의 격렬한 투쟁, 축출, 계승의 현실을 반영하

---

20 Bruce Lincoln, 앞의 책 4-5면.

는 것으로 보았다.[21] 가령 우리는 『에누마 엘리시』에서 모신(母神) 티아마트와 젊은 신 마르두크 사이의 전쟁을 신구 세력 간 충돌 및 세대교체로 읽을 수 있다. 그러나 자화론이 우세한 중국의 경우 이러한 격렬한 투쟁관계는 은폐된다. 우리는 신화시대의 성군(聖君)들이 폭력에 의해서가 아니라 점잖은 양보에 의해서 왕권을 교체했다는 선양(禪讓)신화를 알고 있다. 선양은 폭력의 은폐된 형식이다. 물론 후세에 맹자(孟子) 등에 의해 폭력적인 수단이 불가피하다는 방벌론(放伐論)이 제기되기도 했지만, 중국의 역대 왕조는 그들의 정권교체기에 명분상 선양의 형식을 즐겨 채택했던 것이 사실이다.[22]

(2) 전일적 사고와 분석적 사고

신체화생 방식에서 반고는 전체인 상태에서 몸의 기관 하나하나가 만물로 분화되고, 서구 신화의 거인들은 한결같이 절단, 분리되어 만물로 만들어진다는 차이점이 인지된다. 여기서 알 수 있는 것은 고대 중국인들에게 있어서 세계는 하나의 유기적인 조직체로 간주되었다는 점이다. 유기적인 조직체란 부분 부분이 전체와 관련하여 의미를 지니며, 전체 속에서 그물망처럼 긴밀하게 상호의존적으로 작용하는 체계를 의미한다. 반고의 신체 각 부분은 이러한 관계 속에서만 변화의 힘을 갖는다. 가령 반고의 신체가 절단되었다고 할 때 절단된 그 부분은 전체 속에서 아무런 의미가 없고 변화의 힘을 지니지 못하는 것으로 간주된다. 우리는

---

21 Jaan Puhvel, *Comparative Mythology* (Baltimore: Johns Hopkins University 1987) 24면.

22 『삼국연의(三國演義)』에서 조비(曹丕)가 한(漢)의 왕권을 찬탈할 때 마지막 황제인 헌제(獻帝)를 강요하여 행했던 선양의 장면을 상기할 것.

이러한 사고를 전일적(全一的, holistic) 사고라고 부를 수 있다.

서구권의 거인신체화생 신화에서 국외의 창조자들은 그들의 희생물인 거인을 죽인 후, 절단하고 분리하여 만물을 창조한다. 여기서 주목해야 할 것은 서구 신화의 경우 절단과 분리의 행위가 창조의 행위를 낳는다는 점이다. 절단과 분리는 사물 간의 유기적 관계성을 파괴하는 행위이다. 그러나 이 행위를 통해 사물은 외견상 우리에게 더욱 명징한 모습을 보여준다. 사물은 우리에게 분명히 다가올 때 통제하고 이용할 수 있다. 창조의 힘은 여기서 배태된다. 우리는 서구의 분석적 사고의 맹아를 거인신체화생 신화에서 발견할 수 있다. 또한 서구 신화에서 정신적 영역에 관심을 두었던 이유도 생각해볼 수 있다. 고대사회에서 전체성과의 분리는 자연과의 결별을 의미하며, 그것은 인간 존재에 대한 반사적 숙고로 나타난다. 신화적 거인은 그래서 '마음'과 '뇌'를 지닐 수 있었던 것이다.

전체성, 곧 자연과의 유기적 관계를 고려하는 중국의 전일적 사고는 오늘날 생태학의 흥기에 따라 새롭게 각광받고 있다. 아울러 생태주의 문학론에서도 중국의 전통 문학이론에 대해 관심을 표명하고 있다. 중국의 전통 문학비평에서는 풍격론(風格論)이 주류를 이룬다. 풍격이란 작가의 인품, 작품의 내용과 형식이 유기적으로 어우러져 나타나는 전체적인 미감(美感)으로, 전일적 사고가 문예미학에 미친 영향의 좋은 예이다. 이에 비해 서구 문학비평은 작가와 작품의 내용과 형식을 분리해서 보려하는 분석비평의 전통이 강하여 중국의 문학비평과 좋은 대조를 이룬다.

(3) 유교의 덕목과 기독교의 성찬식

앞에서 우리는 양자의 우주론적 의미의 차이가 어떻게 후대에 들어서 사고와 관념의 차이를 가져왔는지 간략히 논해보았다. 이제 거인신체화생 신화를 사회적, 이데올로기적 체계로 읽어야 한다는 링컨의 언명으로 다시 돌아가고자 한다. 링컨은 거인신체화생 신화가 희생 제의의 구술적 상관물이라는 견해를 피력한 바 있다. 이러한 의미에서 이들 살해된 거인들을 프란츠(Marie-Louise von Franz)가 "최초의 희생자"(the First Victim)라고 규정한 것은 적절했다.[23] 왜냐하면 그들은 세계창조를 위한 첫 희생자들이었기 때문이다.

다시 링컨에 의하면, 고대인들은 희생자의 몸을 절단하는 희생 제의를 통해 우주창조 행위를 반복하였다. 그들은 살해된 희생자의 살을 분배하는 과정에서 동포애를 강화하고 위계질서를 공고히 하고자 했다.[24] 아울러 희생자의 살을 나눠먹는 행위는 창조의 원초적 기운과 힘을 공유하는 것으로 믿어졌다. 여기에서 식인(食人)의 우주론적 의미가 자명해진다. 저명한 식인문화 탐구자인 레이 태너힐(Reay Tannahill)은 식인 행위의 모델이 티아마트 신화 등 거인신체화생 신화에 있다고 단언한다.[25] 그리고 이후 사람의 피와 살을 먹는 식인 행위가 미신·관습·종교·제도 등의 은폐와 엄호 속에서 역사적으로 자행되어왔음을 기술한다.

우리는 거인신체화생 신화로부터 비롯한 식인의 우주론적 의미가 중국과 서구의 문화 속에서 어떻게 교묘하게 탈바꿈하여 두 문화의 중심 개념

---

23 프란츠에 의하면 세계는 최초의 희생으로부터 창조되는데 이 희생물은 혼돈, 태고의 거인 등의 결백한 존재들로, 이들의 본질은 사실 전의식(pre-consciousness)이다. Marie-Louise von Franz, *Patterns of Creativity Mirrored in Creation Myth* (Zürich: Spring Publications 1972) 96-99면.

24 Bruce Lincoln, 앞의 책 41-44면.

25 Reay Tannahill, *Flesh and Blood: A History of Cannibal Complex* (Boston: Little, Brown and Company 1975) 2면.

으로 자리 잡았는지 살펴볼 필요가 있다. 노신은『광인일기(狂人日記)』에서 중국의 전역사를 사람을 잡아먹어온 식인의 역사로 규정한다. 이때 식인 행위의 실체가 중국의 고루한 봉건주의적 전통이며 그것이 유교문화로 대표된다는 사실은 잘 알려진 해석이다. 물론 유교문화를 식인적이라 규정한 것은 문학적, 상징적 장치이지만 현실적인 맥락도 간과할 수 없다. 우리는 충효 등 유교적 덕목을 구현하기 위해 동원된 식인의 숱한 역사적 사례를 매거(枚擧)하기 어렵다. 가령 제(齊) 환공(桓公)의 요리사 역아(易牙)는 자신의 충성심을 보이기 위해 아들을 잡아 요리해 바쳤으며, 진(晉) 문공(文公)의 문객 개자추(介子推)는 주군의 배고픔을 해결하기 위해 자신의 넓적다리 살을 베어 먹인다. 소설『삼국연의』에서 산골로 도피한 유비(劉備)를 대접하기 위해 가난한 사냥꾼은 아내를 죽여 요리한다. 효행과 관련된 식인 행위는 이와 비교할 수 없을 정도로 많다. 병든 부모를 위해 손가락을 잘라 피를 마시게 하는 단지(斷指), 넓적다리 살을 베어 먹이는 할고(割股) 등의 행위는 시골 어디든지 가면 볼 수 있는 효자문(孝子門) 혹은 효자비(孝子碑) 건립의 기본 조건이 되었을 정도이다. 사람의 피와 살을 먹는 것이 창조의 우주적 기운을 흠향(歆饗)하는 것이라는 식인의 우주론적 의미는 중국의 경우 충효 등 유교적 덕목의 실천과 관련하여 변용되었으며, 나아가 유교 제도를 더욱 공고히 하는 작용을 하게 된다.

시선을 서구로 돌릴 때, 우리는 오늘날에도 거행되는 기독교의 성찬식에서 식인의 우주론적 의미가 내면화, 제도화되어 있음을 쉽사리 확인할 수 있다. 구세주 예수가 흘린 피와 찢긴 살은 단순한 피와 살이 아니라 영생의 엘릭시르(elixir)로서의 힘을 지닌다. 성찬식에서 예수가 최후의 만찬에서 행한 유언에 따라 그의 살로 의제(擬製)된 빵과 피를 대신하는 포도주를 마시는 행위는 우리를 예수와 같은 완전한 몸으로 거듭나게 해주는 의례이다. 이처럼 우리는 엄숙한 기독교 전례(典禮) 안에서 거인신체화생 신화로부터 비롯한 식인의 우주론적 의미가 여전히 살아 있음을 살펴볼 수 있다.[26]

맺는말

지금까지 우리는 중국과 서구 거인신체화생 신화의 의미를 비교 분석하고, 양자의 의미상의 차이점들이 후대 중국과 서구 문화를 어떻게 특징지었는지 살펴보았다. 반고신화의 경우 자연사는 자화론으로, 전체로서의 변화는 전일적 사고로, 식인성은 유교문화로 변용되었음에 비하여, 서구권 신체화생 신화의 경우 살해는 변증법으로, 절단은 분석적 사고로, 식인성은 기독교 의례로 변용되었음을 살필 수 있었다. 물론 이러한 논의는 지나친 단순화와 거친 일반화의 위험을 안고 있고, 이를 피하기 위해 후속적으로 좀더 정교한 논의가 뒷받침되지 않으면 안 될 것이다. 그러나 논의 과정에서 창세신화가 지닌 문화의 원형 모델로서의 의미를 다시 한번 확인할 수 있었던 것도 사실이다. 아울러 이러한 논의를 통해 얻게 된 또 하나의 소중한 깨달음은, 각 신화는 신화 일반이 공유하는 의미의 바탕 위에서 각 종족의 고유한 문화가치를 표현한다는 점이다. 따라서 특정한 종족 신화의 의미를 지나치게 확대하여 그 신화에서 계발된 문화논리로 타문화를 설명할 수 있다고 믿는 태도가 얼마나 무리한 일인지 알 수 있을 것이다.

모든 것이 획일화되는 전지구화 시대에 상상력 분야도 예외일 수는 없

---

26 서구에서 식인 의례가 기독교의 성찬식으로 자리 잡기까지의 과정에 대해서는 Reay Tannahill, 앞의 책 77-86면 참조.

다. 그러나 다양성을 생명으로 하는 상상력의 세계가 특정한 지역과 종족의 상상력에 의해 주도된다면 그것처럼 소망스럽지 못한 일은 없을 것이다. 우리는 바로 이러한 문제의식을 통해 동아시아 신화의 정체성을 새롭게 발견하고 재정의하지 않으면 안 될 것이다.

2. 반고신화의
변이 양상과 그 의미

반고신화는 중국의 창세신화 중에서 비중 있게 다루어진다. 세계적 유형에 속하는 신화이기도 하고, 후대에는 도교에 의해 전유되어 연속성을 지닌 중국문화의 일부가 되었기 때문이다. 앞에서 반고신화를 서구 거인 신체화생 신화와 비교하여 주로 양자의 차이성에 주목했다면, 이 글에서는 반고신화 자체의 서사적 변이와 신화소를 분석함과 동시에 그것이 갖는 보편적 의미 탐구에 집중할 것이다. 신화자료는 본민족인 한족의 문헌자료를 바탕으로 하였는데, 이는 다수를 차지하는 한족의 신화에 대한 분석을 통해 중국신화 중 비교적 큰 조성 부분의 면모를 파악하고자 하는 의도에서이다. 고찰 방식은 우선 반고신화의 시대별 문헌자료들을 비교하여 서사적인 변이 양상을 집약하고 공통의 신화소를 추출하는 것이다. 다음에서는 변이 양상을 중심으로 반고신화의 통시적 특성을, 신화소를 중심으로 그 심층 의미를 살펴보게 될 것이다.

1) 반고신화의 서사적 변이에 대한 검토

이 글에서 분석 대상으로 삼을 반고신화 관련 자료는 최초로 채록이
이루어진 삼국시대부터 명대(明代)에 이르기까지의 한족 문헌자료이다.
이 글에서 취택한 반고신화가 실린 중요한 문헌자료들은 다음과 같다.

    A. 오(吳) 서정의 『삼오력기』

    B. 오 서정의 『오운역년기』

    C. 동진 갈홍(葛洪)의 『침중서(枕中書)』

    D. 양(梁) 임방(任昉)의 『술이기(述異記)』 권상(卷上)

    E. 송(宋) 장군방(張君房)의 『운급칠첨(雲笈七籤)』 「천존노군명호역
겁경략(天尊老君名號歷劫經略)」

    F. 명(明) 유기(劉基)의 「이귀(二鬼)」

이 중에서 A·B 두 자료, 즉 서정의 『삼오력기』와 『오운역년기』에 실린
내용은 기록상 반고신화의 가장 이른 면모를 반영한다. 즉 삼국시대 무
렵 오 지역의 민간에서 유행하던 신화가 최초로 문헌화된 모습인 것이
다. 우선 A·B 두 자료의 내용을 살펴보자.[27]

    A.

천지가 혼돈스러움이 달걀과 같았는데 반고가 그 속에서 생겨나
1만 8천년이나 살았다. 천지가 개벽하여 밝고 맑은 것은 하늘이 되고,

---

[27] 분석의 필요상 앞서 나온 자료들을 다시 제시함.

어둡고 탁한 것은 땅이 되었다. 반고가 그 속에서 하루에 아홉번을 변
화하였으니 하늘보다도 신령하고 땅보다도 성스러웠다. 하늘은 날마
다 1장씩 높아지고, 땅은 날마다 1장씩 두꺼워지고, 반고는 날마다 1장
씩 커졌다. 이와 같이 1만 8천년이 지나니 하늘은 지극히 높아지고, 땅
은 지극히 두꺼워졌으며, 반고도 지극히 커졌다.

天地混沌如鷄子, 盤古生其中, 萬八千歲. 天地開闢, 陽淸爲天, 陰濁爲地. 盤
古在其中, 一日九變, 神於天, 聖於地. 天日高一丈, 地日厚一丈, 盤古日長一丈.
如此萬八千歲, 天數極高, 地數極深, 盤古極長.[28]

B.

원초적 기운이 혼돈 상태에 있을 때 그 시초가 여기에서 비롯하여
마침내 천지가 나뉘어 처음 건곤의 범주가 성립되고 음양의 기운이 발
생했다. 원초적 기운이 퍼져나가 중간의 조화로운 존재를 잉태하니 이
것이 사람이다. 처음 반고가 태어났는데 죽음에 임하여 몸을 변화시켰
다. 그 기운은 바람과 구름이, 소리는 우레가, 왼쪽 눈은 해가, 오른쪽
눈은 달이, 사지오체는 사방 끝과 오악이, 피는 강이, 힘줄은 지형이,
살은 농토가, 머리털은 별이, 솜털은 초목이, 이와 뼈는 쇠와 돌이, 골
수는 보석이, 땀은 비와 호수가 되었고, 몸속의 벌레들은 바람을 맞고
백성들로 화하였다.

元氣濛鴻, 萌芽始玆, 遂分天地, 肇立乾坤, 啓陰感陽. 分布元氣, 乃孕中和,
是爲人也. 首生盤古, 垂死化身. 氣成風雲, 聲爲雷霆, 左眼爲日, 右眼爲月, 四肢
五體爲四極五嶽, 血液爲江河, 筋脈爲地理, 肌肉爲田土, 髮髭爲星辰, 皮毛爲草

---

28 『藝文類聚』卷1 및 『太平御覽』卷2에 실려 있음.

木, 齒骨爲金石, 精髓爲珠玉, 汗流爲雨澤, 身之諸蟲因風所感, 化爲黎甿.[29]

A.『삼오력기』의 신화 서사를 이야기 요소에 따라 간추려보면 ①혼돈 ②반고의 탄생 ③천지 분리 ④반고의 성장의 줄거리가 된다. B.『오운역년기』의 경우는 ①혼돈 ②천지 분리 ③반고의 탄생 ④반고의 죽음 ⑤반고 신체의 변화로 요약할 수 있을 것이다. 그런데『삼오력기』와『오운역년기』가 서정이라는 한 작자에 의해 지어진 책들이고 보면 A·B 두 자료는 사실상 동일한 시기에 동일한 지역에 유포되어 있던 이야기의 단편들인 셈이므로 하나로 합쳐도 무방하다고 생각된다. 두 신화를 합쳐보면 결국 서사의 전모는 ①혼돈 ②반고의 탄생 혹은 천지 분리 ③천지 분리 혹은 반고의 탄생 ④반고의 성장 ⑤반고의 죽음 ⑥반고 신체의 변화로 정리할 수 있다.

다만 A·B 두 자료의 이야기 진행에 있어서 반고의 탄생과 천지개벽은 순서가 서로 반대이다. 이는 두 신화가 모두 문헌화될 때 고급 문인에 의해 철학적으로 윤색되는 과정에서 빚어진 상위이다. 두 자료는 모두 한 대 이후의 음양사상과 수비학(數祕學)에 의해 윤색되어 있나. A사료에서 '양청(陽淸)' '음탁(陰濁)' '구변(九變)' '신(神)' '성(聖)' 등, B자료에서 '원기(元氣)' '건곤(乾坤)' '음(陰)' '양(陽)' '중화(中和)' 등의 어휘가 그 표징이다. 그러나 B자료의 경우 철학적 윤색의 강도가 더욱 세다. 정연한 천지인 삼재 관념이 전개되고 있기 때문이다. 그렇다면 A자료의 반고의 탄생-천지 분리의 순서가 좀더 원형에 가까운 모습일 수도 있겠다.

C.『침중서』와 D.『술이기』는 모두 육조(六朝)시대의 반고신화 자료를

---

29 『廣博物志』卷9 및 『繹史』卷1에 실려 있음.

담고 있지만 두 책 사이에는 200여년의 시간적 거리가 있어 굳이 함께 고려해야 할 이유가 없다. 먼저 C.『침중서』의 내용을 보기로 하자.

옛날 천지가 갈리기 전, 기운이 뒤섞여 아직 형체를 이루지 않아 천지와 일월이 갖춰지지 않았다. 그 모습이 마치 달걀과 같아 천지는 혼돈 상태인데 이미 반고진인이 존재해 있었다. 그는 천지의 정화(精華)로서 스스로를 원시천왕이라 불렀고, 자연의 기운 속에서 노닐기를 4겁이나 하였다. 하늘의 형체는 거대한 뚜껑과 같아 위로는 매일 데가 없고 아래로는 의지할 데가 없었다. 천지 바깥으로는 끝 간 데 없이 텅 비어 있었고 아무 소리도 없었으며 원초적 기운만이 마치 물처럼 질펀하게 깔려 있었다. 아래로는 산이 없고 위로는 별이 없었으며 강한 기운과 부드러운 기운이 교차하는데 천지는 그 가운데에 떠서 끝없이 돌아가고 있었으니 만약 이 기운들이 없었다면 천지는 생겨나지 못했을 것이다. 하늘은 마치 구름 속에서 빙글빙글 돌듯이 했다. 다시 4겁을 지나자 천지가 비로소 갈렸으니 그 사이의 거리가 3만 6천리였다.

昔二儀未分, 溟涬鴻蒙, 未有成形, 天地日月未具, 狀如鷄子, 混沌玄黃, 已有盤古眞人, 天地之精, 自號元始天王, 遊乎其中, 溟涬經四劫. 天形如巨蓋, 上無所係, 下無所依, 天地之外, 遼屬無端, 玄玄太空, 無響無聲, 元氣浩浩, 如水之形, 下無山岳, 上無列星, 積氣堅剛, 大柔服維, 天地浮其中, 展轉無方, 若無此氣, 天地不生. 天者如龍, 旋廻雲中. 復經四劫, 二儀始分, 相去三萬六千里.[30]

C.『침중서』의 이야기는 ①혼돈 상태 ②반고진인의 존재 ③혼돈 상태

---

[30] 『說郛』卷7에 실려 있음.

에 대한 부연설명 ④천지 분리로 간단히 정리된다.『침중서』의 저자 갈홍은 저명한 신선가(神仙家)로, 그의 글에서 신화적 거인 반고는 도교상의 완성된 존재인 '반고진인(盤古眞人)'과 신격적 존재인 '원시천왕(元始天王)'으로 변모해 있다. 반고신화의 모티프와『노자(老子)』『장자(莊子)』등 초기 도가 문헌 사이의 상관성은 에르케스 이래 지라도트에 이르기까지 여러 학자들에 의해 논증되었지만, 아마 명시적으로 반고 자신이 도교상의 인물로 등장한 것은『침중서』가 처음일 것이다. 이 현상을 통해 우리는 후세 도교의 신화에 대한 적극적인 전유를 확인할 수 있다.

C.『침중서』의 이야기에서 한가지 더 주목할 것은 반고가 천지 분리 현상 이전에 존재했다는 사실이다. 이 사실은 앞서 A·B 두 자료의 상위점에 대한 논의에서 결국 A자료의 반고의 탄생-천지 분리의 순서가 정설임을 암시한다.

다음으로 D.『술이기』에 실린 반고신화 관련 내용을 살펴보자.

옛날 반고씨가 죽어서 머리는 네개의 산이, 눈은 해와 달이, 기름은 강이, 모발은 초목이 되었다. 진나라, 한나라 무렵의 속설에 의하면 반고씨의 머리는 태산이, 배는 숭산이, 왼팔은 형산이, 오른팔은 항산이, 발은 화산이 되었다고 한다. 옛날의 학자가 말하길 반고씨의 눈물은 강이, 기운은 바람이, 소리는 우레가, 눈동자는 번갯불이 되었다고 한다. 옛말에 이르기를 반고씨가 기뻐하면 날이 맑고, 성을 내면 흐리다고 한다. 오나라, 초나라 일대에서는 말하기를 반고씨 부부가 최초의 남녀라 한다. 지금 남해군에는 반고묘가 있는데 300여리에 달한다. 속설에는 후인이 반고의 넋을 기려 장사 지낸 것이라 한다. 계림에는 반고씨의 사당이 있어 지금 사람들이 제사를 드린다. 남해군 지역에는 반고국이 있는데 지금 그 사람들은 모두 반고로써 성을 삼고 있다. 내가 생각건대 반고씨는 천지만물의 조상이다. 그런즉 생명 있는 것들은 반고에게서 기원한 것이다.

昔盤古氏之死也, 頭爲四嶽, 目爲日月, 脂膏爲江河, 毛髮爲草木. 秦漢間俗說, 盤古氏頭爲東岳, 腹爲中岳, 左臂爲南岳, 右臂爲北岳, 足爲西岳. 先儒說, 盤古氏泣爲江河, 氣爲風, 聲爲雷, 目瞳爲電. 古說, 盤古氏喜爲晴, 怒爲陰. 吳楚間說, 盤古氏夫妻, 陰陽之始也. 今南海有盤古墓, 亘三百餘里, 俗云後人追葬盤古之魂也. 桂林有盤古氏廟, 今人祝祀. 南海中盤古國, 今人皆以盤古爲姓. 昉案, 盤古氏, 天地萬物之祖也. 然則生物始于盤古.

D.『술이기』의 이야기는 ①반고씨의 죽음 ②반고씨 신체의 변화 ③반고씨에 대한 여러 속설 ④논평으로 간추릴 수 있다. D자료의 내용은 주로 반고의 죽음 이후의 변화로서, 앞서 A·B 두 자료로 구성된 반고신화 전모의 뒷부분, 즉 B자료의 내용을 계승하고 있다. 세부 전개에서는 약간 차이가 있지만 기본적으로는 반고의 죽음-반고 신체의 변화라는 이야기 요소를 유지하고 있는 것이다. 우선『술이기』에서 '진한간속설(秦漢間俗說)' '선유설(先儒說)' '고설(古說)' '오초간설(吳楚間說)' 등의 표현은 기록자인 임방 당시 반고신화의 유전 경로가 서정의『삼오력기』나『오운역년기』이외에도 여럿 있었으며, 신화의 출현 시기도 삼국시대 훨씬 이전부터임을 시사하고 있다.

한편 A·B 두 자료에는 없는 ③반고씨에 대한 여러 속설의 내용은 다른 각도에서 고찰할 필요가 있다. 반고가 최초로 혼인을 했으며 '오초간' '남해(南海)' '계림(桂林)' 등 남방 지역에서 묘와 사당 등을 통해 국조(國祖)로서 숭배되고 있다는 내용은 반고신화가 후대에 와서 민간신앙화된 사실이라든가 반고신화의 발생 토대가 남방이라는 사실을 확증하는 것일 수 있다. 그러나 속설들은 서정이 채록한 반고신화와는 본래 계통이 다른 신화일 수도 있다. 내용으로 미루어 남방의 소수민족인 요(瑤)·묘(苗)·여(黎)족의 족원신화(族源神話)인 반호(盤瓠) 혹은 반왕(盤王)신화와 상관이 깊은 듯한데, 고신씨(高辛氏)의 애견(愛犬)이 공을 세워 공주와 결혼해서 한 종족을 이루었다는 줄거리의 이 신화는 종래 서정의 반고신화와 한 계통으로 여겨져왔으나 최근 별도의 계통으로 취급하는 경향이 짙어지고 있기 때문이다. 아마 임방이 처한 남조(南朝)시대에는 한족이 대거 장강(長江) 이남에 이주해 살았고, 따라서 서정의 삼국시대보다 훨씬 더 많이 남방의 풍물과 신화, 전설에 접할 수 있게 되었을 것이다. 이 과정에서 임방의 『술이기』에는 계통이 다른 반고신화들이 함께 채록되었을 가능성이 크다.

이제 시대를 훨씬 내려와 송대에 이르러 반고신화의 변이 양상이 어떠한지를 E.『운급칠첨』「천존노군명호역겁경략」에서 살펴보기로 하자.

신인씨가 출생하였는데 그 모습이 신령스러워 마치 반고진인과 같았고 역시 반고라 이름하였으니 곧 온갖 생명과 만물의 시조이다. 자신의 형상으로 비슷한 모습을 지어 천지·일월·별·음양·사시·오행·구궁·팔괘·육갑·산천·강과 바다를 분별해내고자 하였으나 결정짓지 못하고 천상의 원년 7월 1일에 태극에 올라 원시태상천존께 다시 『신보삼황내경』과 『영보오부경』을 내려주시길 청하였다. 노군께서 하강하여 신인씨에게 이 경전들을 주니 하계에서 그것에 의거해 천지를 구분하였다. 전겁고상진인, 곧 반고가 새롭게 세상을 열고 시절을 만들어냈으며 고매전황성인, 곧 노군이 그 위에 노력을 더하여 재창조를 이룩해낸 것이다. 그러나 세상 사람들은 그저 오늘의 반고만 있는 줄 알지 지금 이전의 시초에 또 반고가 있는 것을 모른다! 이 반고가 도로써 세상을 다스린 지 1만 9,999년 만에 한낮에 신선이 되어 곤륜산에 오르고 허공에 이르니 천상에서 이름을 내리기를 원시천왕이라 하였다.

神人氏出生, 其狀神異, 若盤古眞人亦號盤古, 即是無劫蒼生萬物之所承也. 以己形狀類象, 分別天地·日月·星辰·陰陽·四時·五行·九宮·八卦·六甲·山川·河海. 不能決定, 故以天中元景元年七月一日, 上登太極, 天王上啓元始太上天尊, 更授神寶三皇內經幷靈寶五符經. 老君下降, 授神人氏得斯經, 下世則按經圖分畫天地名, 前劫高上眞人, 更新開乎, 造化時事, 故昧前皇聖人, 功用所以于此, 而爲更始. 但世人相聚, 只知有此盤古, 豈明今天前始之初, 復有盤古者哉! 所以, 自斯盤古, 以道治世, 萬九千九百九十九載, 白日升仙, 上昆侖, 登太淸, 天中授號曰元始天王.

E. 「천존노군명호역겁경략」의 이야기 전개는 ①신인씨(神人氏), 곧 반고의 탄생 ②천지만물을 몸에 유추하여 만들어낼 계획을 함 ③원시태상천존(元始太上天尊)께 도움 요청 ④노군(老君)으로부터 경전을 받음 ⑤천지만물 창조 ⑥신선이 되어 승천의 순서로 정리할 수 있다. 같은 도교 계통 문헌인 C.『침중서』에 비해서도 도교적 윤색이 철저하게 느껴지는 것은 『침중서』의 작자인 갈홍 당시보다 훨씬 후대인 송대에 이르러 도교가 제도적으로 완전히 관방화(官方化)되고 도그마가 확립되기 때문이다.

도교적으로 윤색된 반고는 독립적인 존재가 아니고 도교의 한 신명(神明)으로서 원시태상천존과 노군의 명을 받아 천지만물을 창조한다. 그런데 주목할 것은 반고의 천지만물 창조에 노군, 곧 노자가 적극적으로 개입하고 있다는 사실이다. 이는 노자로 하여금 반고의 창조신적 이미지를 전유하게 함으로써 신성성을 제고하고자 하는 의도와 상관된다. 여하튼 「천존노군명호역겁경략」에는 A·B 두 자료의 반고 탄생-천지 분리와 반고 신체의 변화 이야기 요소가 표현 방식만 달라졌을 뿐 기본적으로 여전히 유지되고 있음을 알 수 있다.

마지막으로 F. 「이귀」에 실린 명대의 반고신화 관련 자료에 대해 검토해보자.

옛날 반고가 처음 하늘을 열었을 때 흙으로써 살을, 돌로써 뼈를, 물로써 핏줄을, 하늘로써 피부를, 곤륜산으로써 머리를, 강과 바다로써 위와 장을, 숭산으로써 척추를, 그밖의 사악으로써 사지를 삼았다. 사지백체가 모두 위치를 정하자 해와 달로써 두 눈을 삼고, 360개의 뼈마디와 8만 4천개의 털구멍을 두루 비춰 사악함으로 인해 병이 생기지 않도록 하였으니 두 눈이 감시함에 쉼이 없었다.

憶昔盤古初開天時, 以土爲肉, 石爲骨, 水爲血脉, 天爲皮, 昆侖爲頭顱, 江海爲腸胃, 嵩岳爲背脊, 其外四岳爲四肢. 四肢百體咸定位, 乃以日月爲兩眼, 循環照燭三百六十骨節, 八萬四千毛竅, 勿使淫邪發洩生瘡痍, 兩眼相逐走不歇.[31]

F. 「이귀」 자료의 이야기 전개는 ①반고의 천지개벽 ②자연물로 반고의 신체 구성 ③두 눈으로 질병 감시의 순서로 이루어져 있다. 이 자료에서 흥미로운 것은 반고 신체의 변화 이야기 요소가 앞의 자료들과 완전히 반대 방향을 취하고 있다는 점이다. 그러나 이 역시 표현 방식의 차이이지 우주적 거인의 신체를 자연으로 간주하는 신화적 사유에는 변함이

---

31 『古今圖書集成』「神異典」 卷6에 실려 있음.

없다 할 것이다.

지금까지 삼국시대부터 명대까지 6종에 이르는 반고신화 관련 대표적 문헌자료들의 내용·이야기 요소·시대적 특징 등을 검토해보았다. 우선 각 자료의 이야기 요소들을 종합해본 결과, 자료별로 서사적 변이에 따라 다소 출입은 있지만 대체로 ①혼돈 ②반고의 탄생 혹은 존재 ③천지개벽 ④반고 신체의 변화 등의 네가지 기본 요소를 추출할 수 있었다. 이 네가지 요소는 가장 이른 A.『삼오력기』 자료와 B.『오운역년기』 자료의 중심 내용으로, 결국 이들 자료가 후대 반고신화 자료의 연원적 근거가 되고 있음을 알 수 있다.

흥미로운 사실은 오늘날 다수 학자들이 동일한 신화계통으로 간주하고 있는 반호 혹은 반고왕 이야기는 『술이기』에만 일찍이 출현할 뿐 후대의 문헌자료에는 거의 보이지 않는다는 점이다. 이는 반호 혹은 반고왕 이야기가 A·B 두 자료의 반고신화와는 다른 계통임을 입증하는 유력한 증거라 할 것이다.

또 한가지, 반고신화가 후대에 이르러 도교 전설과 강하게 융합되는 현상은 반고신화가 종래 간주되어왔듯이 중국신화의 별종이 아니라 후대의 중국문화에 대해 연속성을 갖는다는 사실을 시사한다. 그러나 이러한 언급이 최근 중국의 일부 학자들이 주장하는 반고신화의 중국토착설, 즉 중원기원설을[32] 지지하는 것은 아니다. 반고신화를 채록한 초기 자료

---

[32] 장진리(張振犁, 장 전리)는 반고신화가 유전되고 있는 하남(河南, 허난)성 동백(桐柏, 퉁바이)현의 반고산(盤古山)과 제원(濟源, 지위안)현의 반고사(盤古寺) 일대를 조사한 결과 해당 지역의 지리적 정황과 신화 내용의 상합(相合), 고문헌상의 언급 등의 이유를 들어 반고신화는 종래 알려진 것처럼 남방에서 채록되어 북방으로 전파된 것이 아니라 중원에서 발생하여 남방으로 확산된 것이라고, 통설과는 정반대의 주장을 한다. 張振犁 「盤古神話新論」, 『中原古典神話流變論考』(上海文藝出版社 1991) 23~43면 참조.

집들이 오·양 등 남방 왕조 시대에 성립된 것들이며, 반고신화와 문화적 연속관계에 있는『노자』『장자』등 초기 도가 문헌들의 성립 기반도 중원이 아닌 남방 초(楚) 지역이기 때문에, 반고신화는 중원의 한족 문화가 아닌 남방의 이민족 문화에서 유래하여 토착화된 것으로 봄이 옳을 것이다. 아울러 반고신화의 근원을 더욱 탐구해본다면 살해 모티프가 원형적으로 존재하는 인도·유럽어족 계통의 거인신체화생 신화가 원고(遠古) 시기에 서방으로부터 전래되어 중국 남방에 정착한 것으로 추측된다.

2) 반고신화의 통합적 의미

앞에서 반고신화의 시대별 변이 요소에 대한 검토를 통해 그 역사성을 탐구했다면, 여기서는 통시적으로 존재하는 불변 요소들의 의미에 대해 논의할 것이다. 불변 요소들이란 다름 아닌 신화소인데, 반고신화의 신화소는 이미 ①혼돈 ②반고의 탄생 혹은 존재 ③천지개벽 ④반고 신체의 변화의 네가지로 파악된 바 있다.

우선 ①혼논의 신화소는 세계의 창세신화에서 흔히 키오스라는 태초의 상황으로 표현된다. 어둡고 무정형인 이 상태는 표면상 혼란스러운 것 같지만 무질서 속의 질서, 유(有)를 잉태한 무(無)와 같이 동일성 아래 이원성을 함장하고 있으며 창조의 기운을 배태하고 있다. 그렇기 때문에 혼돈의 모습은 자주 달걀로 묘사되었다. A.『삼오력기』의 "천지가 혼돈스러움이 달걀과 같았는데(天地混沌如鷄子)"라는 표현이 그것이다. 이 우주란(宇宙卵, cosmic egg) 모티프는 혼돈의 신화소와 동반해 나타난다. 그런데 초기의 철학이나 관념체계는 표면상 신화의 부정 위에 성립된 것 같지만 사실상 신화적 주제를 기본 모델로 하고 있다. 예컨대 한대의 혼천설(渾天說)은 우주란의 신화적 관념을 그대로 천문학에 반영한 것이다. 혼천설에 의하면 땅은 마치 달걀 속의 노른자처럼 하늘 한가운데에 떠 있다. 잘 알려진 바와 같이 태극의 이미지 역시 우주란으로부터 유래한 것이다.

②반고의 탄생 혹은 존재 신화소는 여러 창세신화 속의 우주적 거인의 모티프와 동일시된다. 이러한 우주적 거인은 양성구유(兩性具有)적 존재이며 혼돈 그 자체로 간주되기도 한다. 반고신화에 관한 또다른 문헌자료를 보면 반고를 '혼돈씨(混沌氏)'라고 부르는 경우도 있다.[33] 이렇게 보면 반고는 무정형의 혼돈이 인간의 모습으로 형태화된 최초의 상태라 할 것이다. 여기에서 반고는 서구의 카발라(kabbālā) 전승 및 연금술(鍊金術, alchemy)에서의 원초적 인간 아담 카드몬(Adam Kadmon)과 비교되기도 한다.[34] 16세기의 카발라 전승에 의하면 창조신 아인 소프(Ein Sof)로부터 발산된 빛을 신비스럽게 내포한 원초적인 텅 빈 공간을 짐줌(Zimzum)이라고 부른다. 이 짐줌의 태아 형태와도 같은 자루 안에서 최초의 인간 아담 카드몬이 태어난 것이다. 짐줌과 아담 카드몬의 관계는 그대로 혼돈과 반고의 관계에 상응하여 무척 흥미롭다. 그러나 반고신화의 경우 배후에 모든 창조의 과정을 주관하는 절대 유일의 신격이 존재하지 않는 점이 서구 카발라 전승의 우주창조론과 비슷하면서도 크게 다

---

33 『古今圖書集成』「歲功典」卷83에 인용된 『補衍開闢』: "天人誕降大聖, 曰渾敦氏 卽盤古氏, 初天皇氏也."

34 자세한 비교 내용은 N. J. Giradot, *Myth and Meaning in Early Taoism* (Berkeley: University of California Press 1983) 298-300면 참조. 사실 중국의 신화·도교 등과 서구 신비주의의 비교는 융(C. G. Jung)의 *Psychology and Alchemy* (tr. R. F. C. Hull, London: Routledge & Kegan Paul 1974)[독일어 원본 1944] 및 *Alchemical Studies* (ed. and tr. Gerhard Adler and R. F. C. Hull, London: Routledge & Kegan Paul 1967)[독일어 원본 1929 외] 등의 노작에서 이미 본격적으로 행해진 바 있다.

른 점이다.

　③천지개벽의 신화소 역시 세계의 창세신화에서 일반적으로 발견되는, 아니, 요건처럼 존재하는 모티프이다. 혼돈이나 우주적 거인을 창조의 첫 단계라 한다면 천지개벽은 제2 단계에 해당할 것이다. 이 제2 단계를 통해 우주는 다음 창조물을 위한 공간을 마련할 수 있다. 천지개벽은 우선 A.『삼오력기』에서처럼 "밝고 맑은 것은 하늘이 되고 어둡고 탁한 것은 땅이 되(陽淸爲天, 陰濁爲地)"듯이 혼돈으로부터 자연스럽게 두개의 기운이 분화되어 이루어진다. 그러나 이것은 천지개벽의 시초이지 완성이 아니다. 다음 과업이라 할 천지개벽의 완성, 즉 천지의 완전한 분리는 일반적으로 태초의 창조신 혹은 반신반인의 존재자에 의해 행해진다. 그것은 성경의 창세기에서처럼 야훼의 일방적인 명령에 의해 이루어지기도 하고, 마오리족의 랑기파파 신화에서처럼 천부(天父)·지모(地母)의 자신(子神)들에 의해 강제로 이루어지기도 한다.

　A.『삼오력기』에서는 거인 반고가 천지와 더불어 매일 1장(丈)씩 성장하면서 저절로 천지개벽이 이루어지는 것으로 되어 있다. 이러한 내용은 앞서의 의도적인 천지 분리와는 다른 경우이다. 그러나 명대의 통속소설에서는 반고가 끌과 도끼를 사용해 천지를 분리하는 것으로 되어 있다.[35] 통속소설의 표현이 보다 인간 본래의 심태(心態)를 반영하는 것으로 생각한다면, A.『삼오력기』의 내용도 처음에는 반고의 의도적인 개벽이었던 것이 고급 문인의 엄숙한 필치에 의해 자화론적인 방향으로 조정되었을 가능성이 크다. 저자 서정의 시대에 중국의 우주론은 이미 합리적, 인문적인 체계를 갖춘 지 오래였고, 따라서 『삼오력기』와 『오운역년기』의

35　周遊『開辟演義通俗志傳』第1回: "〔盤古〕將身一伸, 天卽漸高, 地便隆下, 而天地更有相連者. 左手執鑿, 右手持斧, 或用斧劈, 或以鑿開, 自是神力. 久而天地乃分, 二氣升降."

반고신화는 앞서 살폈듯이 문장에서도 이미 변개(變改)된 흔적이 역력하기 때문이다.

마지막으로 ④반고 신체의 변화 신화소는 이른바 거인신체화생 모티프로서 천지개벽 단계에 이어 인간과 만물을 빚어내는 창조의 마지막 과정에 해당한다. 거인 반고의 죽음, 그리고 그 사체가 각기 변화하여 온갖 자연물과 인간이 된다는 신화 내용은 인도신화의 푸루샤, 바빌로니아신화의 티아마트, 북유럽 신화의 이미르 등 우주적 존재의 신체화생 모티프와 기본적으로 동일한 구조에 있다.

그러나 앞에서 말했듯이 대부분의 신체화생 모티프가 '최초의 살해' 형식을 취하고 있는 반면 반고신화는 자연사를 이야기하는 점이 다르다. 이 점과 관련하여 우리는 중국의 서사전통에서 반고의 죽음 모티프와 상응하는 설화를 찾아 비교해볼 필요가 있다. 예컨대 『장자』「응제왕(應帝王)」편에는 남해의 숙(儵)과 북해의 홀(忽)이 중앙의 벗 혼돈을 위해 일곱개의 구멍을 뚫어주었더니 혼돈이 죽고 말았다는 우화가 있다.[36] 이 우화와 반고신화의 우주론적 상관성은 유추 가능한 일이지만, 여기서 주목하고자 하는 것은 변방문화적 기원을 갖는 초기 도가 문헌 속 '최초의 살해' 모티프의 흔적이다. 이로 미루어 아득한 시절 서방으로부터 중국의 남방 이민족에게 전래되었을 반고신화도 초기에는 거인살해 모티프를 온존했다가 중국 고유의 문화 현실 속에서 변형되었거나 기록자인 한족 지식인에 의해 은폐, 조정되었을 가능성을 충분히 생각해볼 수 있을 것이다.

---

36 『莊子』「應帝王」: "南海之帝爲儵, 北海之帝爲忽, 中央之帝爲渾沌. 儵與忽時相與遇於渾沌之地, 渾沌待之甚善. 儵與忽謀報渾沌之德, 曰人皆有七竅, 以視聽食息, 此獨無有, 嘗試鑿之. 日鑿一竅, 七日而渾沌死."

이제 네가지 신화소의 개별 의미에 대한 검토를 종합해 반고신화 전체를 일관하는 의미에 대해 성찰해야 할 시점에 이르렀다. 우리가 이미 살펴보았듯이 반고신화의 네가지 신화소는 세계의 허다한 창세신화에서 공통적으로 발견되는 혼돈·우주적 거인·천지개벽·신체화생 등의 모티프와 그대로 상응하여 반고신화가 창세신화의 일반적인 의미범주에서 거의 벗어나지 않는 표준적인 내용을 갖추고 있음을 보여준다.

앞에서 분절적으로 이해한 네가지 신화소의 의미를 계기적인 관계로 통합하여 반고신화를 태초의 '신성한 역사'로 간주할 때 혼돈에서 만물 창조에 이르는 창세의 전과정은 시간과 공간, 물질의 극적 변환을 경험하는, 빅터 터너(Victor W. Turner)의 이른바 임계적(臨界的, liminal) 상황의 연속체로 읽힌다. 임계적 상황은 구조적으로 불안정하지만 역동성과 변화의 기운이 넘치는 순간이다.[37] 그것은 무정형의 혼돈이 거인 반고로 육화되고, 공간이 분할되면서 천지가 개벽되고, 반고가 해체되면서 만물이 탄생되는, 파괴와 창조가 짝패처럼 수행되는 창세의 매 단계의 상황이다. 우리의 정신 깊숙이 각인된 바로 이 파괴와 창조의 드라마로부터 무극(無極)이자 태극(太極)이 양의(兩儀)를 낳고, 다시 양의에서 오행(五行)이 나와 만물이 비롯한다는 도교의 우주생성 도식이 고안된다.

그러나 반고신화를 우주론적인 차원에서만 읽는 것은 신화가 지닌 다층적 의미를 몰각하는 일이 될 수 있다. 그것은 범박하게는 카오스에서 코스모스로의 이행 과정에서의 자연과 인간의 관계로 읽을 수 있고, 융을 따르면 혼돈과 동일시되는 무의식 상태에서 분화된 의식의 세계로 나

---

[37] 탈구조공동체인 코무니타스(communitas)가 갖는 임계성, 곧 리미널리티(liminality)에 대해서는 Victor W. Turner, *The Ritual Process* (New York: Aldine de Gruyter 1995) 94-133면 참조.

아가는 이른바 '개성화' 과정에서의 무의식과 의식의 관계로 읽을 수도 있으며, 다시 질베르 시몽동(Gilbert Simondon)에 의하면 형상과 질료가 구분되지 않은 미정형의 상태에서 양극성을 지닌 구조가 생성되는 '개체화' 과정에서의 전(前) 개체적 실재(réalité préindividuelle)와 개체 및 환경의[38] 구조적인 관계로 읽을 수도 있다. 다시 말해 "태초에 관한 특별한 이야기는 인간의 모든 의미 있는 행위의 본보기가 되는 모델로서 기능한다"라는[39] 언명을 긍정한다면 반고신화가 갖는 의미의 층위는 훨씬 더 다양해질 것이다.

맺는말

이 글에서는 반고신화를 중심으로 중국 창세신화의 탐색이라는 과제에 접근해보았다. 중국신화학에서 창세신화의 존재 여부에 대한 논의는 역래(歷來)로 쟁점이 되어왔는데, 반고신화는 중국 고대문화와의 연속성과 관련해 이 논쟁에서 관건적인 지위를 차지한다. 이 글에서는 한족의 문헌자료를 토대로 반고신화의 변이와 의미에 대해 논의한 결과 다음과 같은 내용에 도달하였다.

첫째, 『삼오력기』『오운역년기』『침중서』『술이기』「천존노군명호역겁경략」「이귀」 등 6종의 문헌자료에 실린 반고신화를 서사적 변이 양상에 따라 고찰해보았을 때 후대 도교에 의한 전유가 두드러진 현상으로 나타

---

38 황수영 『시몽동, 개체화 이론의 이해』(그린비 2017) 53, 59~61면. 시몽동의 'L' individuation'은 융의 '개성화'(Individuation)와 구별하여 '개체화'로 번역된다.

39 N. J. Giradot, "The Problem of Creation Mythology in the Study of Chinese Religion," *History of Religions* Vol. 15 No. 4 (1976. 5) 292면.

났다. 이는 늦은 시기 남방에서 채록되어 중국신화의 별종으로 간주되었던 반고신화가 중국 고대문화에 대해 연원성을 갖는다는 사실을 확증한 것이다. 아울러 반고신화의 기본 신화소로서 ①혼돈 ②반고의 탄생 혹은 존재 ③천지개벽 ④반고 신체의 변화 등의 네가지 모티프가 추출되었다.

둘째, 앞서 추출된 네가지 신화소의 개별 의미 및 통합적 의미에 대한 고찰에서 이들은 우선 창세신화의 일반적 의미범주에서 크게 벗어나지 않음이 확인되었다. 다만 천지개벽과 반고 신체의 변화, 이 두 신화소의 경우 자연사 및 자화론의 취지가 후대의 인문화된 관점에 의해 조정된 것일 가능성을 배제할 수 없다. 아울러 네가지 신화소의 분절적 의미를 통합해 보았을 때 창조의 전과정은 시간과 공간, 물질의 변혁을 경험하는 임계적 상황의 연속체로 읽히며, 나아가 그 과정은 자연과 인간, 무의식과 의식, 전개체적 실재와 개체 및 환경 등 다양한 층위의 관계로 해석될 수 있다.

이 글에서는 이상과 같이 반고신화에 대한 사례적 탐구를 통해 중국 창세신화의 일단을 엿볼 수 있었다. 한족 문헌자료 이외에도 한족 및 소수민족 구전자료까지 범위를 확대하여 더욱 포괄적이고도 주밀한 반고신화 이해를 도모하는 일은 이후에 남은 과제가 될 것이다.

제2장

중국과 서구 신화의 조우와 분기

1. 중국신화의
파격적 상상력

　여러 상상력 중에서도 신화적 상상력은 가장 기괴하고 황당하여 파격의 극치를 이룬다. 신화 속에서는 친부살해와 근친상간, 이류교구(異類交媾) 등 상식적인 차원에서 도저히 용납하기 어려운 패륜·불륜 및 변태적인 행위가 심심치 않게 일어나기 때문이다. 이러한 내용을 접할 때 우리는 불편한 마음을 금치 못하면서도 한편 안도하게 된다. 꿈속에서 혹은 일상의 어느 한순간에 품었던, 그러나 행여 누가 알세라 급급히 묻어두었던 불온한 욕망과 상념들이 특별히 나에게만 있는 것이 아니고 누구에게나 있을 수 있는 본성이라는 사실을 확인하게 됨으로 해서이다.

　고대 중국에서는 사물들의 양태를 정(正)과 기(奇)의 범주로 구분했는데, 정상적인 모습을 정이라 할 때 이에서 일탈한 상태를 기로 표현하였다. 그러나 정과 기는 고정불변하지 않고 내부의 본질, 즉 기(氣)의 변화에 따라 유동하는 것으로 보았다.[1] 즉 사물을 포함한 우리 모두는 정과 기의 양면성을 지닌 존재라 할 것이다.

중국의 가장 오래된 신화집『산해경』은 고래로 '기서(奇書)'로 운위되어온 만큼 '기의 박물지'라 할 정도로 기괴하고 황당한 내용으로 가득 차 있다. 파격적 상상력은 정과 기의 범주에서 기에 속한다 할 것인데, 이에 따라 중국의 상상력 중에서 가장 파격적인 내용을 찾아보고자 할 때 당연히 기서『산해경』을 펼쳐보지 않을 수 없다.

그러나 파격적인 상상력을 말하기 이전에 우리는 무엇이 파격적인 것인가에 대해서 정의할 필요가 있다. 파격을 말하려면 정격(正格)이 전제되어야 하는데, 파격의 상상력을 말할 수 있는 배후로서 정격의 상상력은 무엇인가 하는 점을 물어야 할 것이다. 결국 이러한 문제의식은 상상력의 정치학과 결부되는데, 이와 관련하여 우리는 두가지 사례를 검토하고자 한다.

첫째, 중국신화의 파격적 상상력을 논하고자 하면 고대 중국문화상의 통념적, 지배적 관념에서 크게 일탈한 상상력을 문제 삼아야 할 것이다. 이와 관련하여 이 글에서는 유교문화에서 파격적이라 할 내용인 친부살해 의식을 내포한 곤-우(鯀禹)신화를 다루고자 한다.

둘째, 현행 신화학이 그리스신화를 표준으로 삼아 성립되고 유년기부터 우리의 상상세계가 안데르센 동화와 서양 마법 이야기에 적지 않이 침윤되어 있다면, 우리는 일상화된 이러한 상상력에서 일탈한 낯선 상상력을 접할 때 파격의 묘미를 느낄 것이다. 아이러니하게도 이때의 낯선 상상력은 동아시아의 잃어버린 상상력일 수 있다. 이와 관련하여 여기서는 친숙한 인어 '공주'가 아니라 인어 '아저씨'인 저인(氐人)신화를 다루고자 한다.

---

1 干寶『搜神記』卷6: "氣亂於中, 物變於外."

이 글에서는 곤-우신화와 저인신화, 이들 두가지 중국신화를 분석하여 중국신화와 서구 신화 양자가 어떤 점에서 의미를 공유하고 어떤 점에서 의미를 달리하는지 살펴보게 될 것이다. 중국신화 중에서도 파격적인 느낌을 불러일으키는 이 두 신화는 서구 신화 및 그것을 배태한 문화와의 대조점을 더욱 극명하게 보여줄 것으로 기대된다.

1) 곤-우신화와 오이디푸스 콤플렉스

홍수를 막으려 했으나 실패한 곤, 그의 뒤를 이어 마침내 치수에 성공해 왕조를 세운 아들 우의 신화는 중국신화의 여러 스토리 중에서도 인기 있게 언급되고 많은 연구자들에 의해 즐겨 다루어진 바 있다. 『산해경』에는 곤-우신화 전반에 대한 요약된 기록이 있다.

큰물이 져 하늘에까지 넘쳐흐르자 곤이 천제의 저절로 불어나는 흙을 훔쳐다 큰물을 막았는데, 천제의 명령을 기다리지 않았다. 천제가 축융에게 명하여 우산의 들에서 곤을 죽이게 했는데 곤의 배에서 우가 생겨났다. 천제가 이에 우에게 명하여 땅을 갈라 구주를 정하는 일을 끝마치게 했다.

洪水滔天, 鯀竊帝之息壤以堙洪水, 不待帝命. 帝令祝融殺鯀於羽郊. 鯀復生禹. 帝乃命禹卒布土以定九州.[2]

엽서헌은 홍수와 저절로 불어나는 흙인 식양, 대지 구획 등의 모티프

---

2 『山海經』「海內經」.

왼쪽부터 우의 형상 탁본 및 선묘

에 주목하여 이 신화의 원형이 북미 원주민 신화에서도 발견되는 이른바 '대지 잠수자'(earth diver)형 창세신화임을 주장한 바 있다.[3] 그러나 역사적, 인문적 관점에서 곤은 백성들의 재난을 극복하기 위해 천제의 보물을 훔쳐냈다가 처벌을 받은 희생적 영웅으로 자주 찬미되고, 그리스신화의 도화신(盜火神) 프로메테우스에 비견되기도 한다.[4]

파격의 내용과 관련해 이 신화에서 우리가 주목하고 싶은 부분은 "곤의 배에서 우가 생겨났다(鯀復生禹)"는[5] 내용이다. 이 부분에 대해서는 좀더 부연된 설명이 전한다.

곤이 처형당해 죽은 지 삼년이 지나도 시체가 썩지를 않아 예리한 오나라의 칼로 잘랐더니 우가 나왔다.

---

3 葉舒憲 『中國神話哲學』(北京: 中國社會科學出版社 1992) 330~45면.

4 이와 관련해서는 高連鳳 「鯀: 中國的普羅米修斯」, 『時代文學』 第14期(2008); 傅藝 「從鯀治水和普羅米修斯盜火看東西文化差異」, 『江西師範大學學報(哲學社會科學版)』 第6期(2006) 참조.

5 여기서 '복(復)'은 '복(腹)'의 가차자(假借字)이다.

鯀殛死, 三歲不腐, 副之以吳刀, 是用出禹.[6]

죽은 아버지의 배를 가르고 우가 태어났다는 내용은 살모사가 태어나는 과정을 연상시켜 엽기적인 느낌을 주고, 무엇보다도 가부장적인 유교문화의 정서와 크게 배치된다. 이 괴이한 탄생은 신화학적, 인류학적으로 어떻게 설명될 수 있을까? 곤이 신성한 양성구유적 존재이기에 단독으로 우를 낳은 것으로 볼 수도 있고,[7] 모계사회에서 부계사회로 넘어가는 과도기에 존재했던 습속인 산옹제(産翁制)의 흔적으로 볼 수도 있을 것이다.[8]

그러나 우의 탄생을 야기한 곤의 죽음의 원인에 대해서는 "천제의 명령을 기다리지 않았다(不待帝命)"는 단순한 문구보다 훨씬 현실적인 사정이 있었다는 해석들이 존재한다. 가령 『여씨춘추(呂氏春秋)』에는 곤과 요(堯)에 관한 다음과 같은 내용이 전한다.

요가 천하를 순에게 넘겨주었다. 곤은 제후였는데 노해서 요에게 말했다. "하늘의 도를 얻은 자는 임금이 되고 땅의 도를 얻은 자는 삼공이 됩니다. 지금 저는 땅의 도를 얻었는데 저를 삼공으로 삼지 않으셨습니다." 그러고는 요의 처사가 잘못되었다 하면서 삼공이 되고자 맹수처럼 노하여 난을 일으킬 태세였다. (…) 마침내 그를 우산에서 처형하고 예리한 오나라의 칼로 시체를 잘랐다.

堯以天下讓舜. 鯀爲諸侯, 怒於堯曰, 得天之道者爲帝, 得地之道者爲三公.

---

6 丁福保『全上古三代秦漢三國六朝文』「全上古三代文」卷15『歸藏』「啓筮」.
7 森雅子「中國古代の神統記: 鯀禹啓三代の神話」,『宗教研究』第339號(2004. 3) 264면.
8 霍然「鯀禹啓家族的崛起與母權制向父權制的過渡」,『浙江社會科學』第3期(2000) 53, 72면.

今我得地之道, 而不以我爲三公. 以堯爲失論, 欲得三公, 怒甚猛獸, 欲以爲亂.
(…) 於是, 殛之於羽山, 付之以吳刀.[9]

이 글에 의하면 곤은 식양을 훔친 죄목으로 죽은 것이 아니라 요임금이 순에게 선양하는 것을 반대했다는 정치적 이유로 처형당한 셈이 된다.[10] 이보다 더 현실적인 해석도 있다. 식양을 통해 물길을 막으려 한 곤의 신화적 행위의 이면에는 신석기시대 후기 황하 중류 지역에 거주하던 곤 부족이 홍수에 당면했을 때 제방을 쌓았던 현실이 있고, 이 때문에 하류 지역에 거주하던 축융 부족에게 피해를 입혀 야기된 부락 간의 투쟁이 곤의 죽음을 초래했다는 가설이 그것이다.[11] 그러나 지나치게 역사적, 현실적인 이러한 해석들을 곤의 주검에서 비롯된 우의 괴이한 탄생과 관련짓기에는 상당한 거리가 있다.

우리는 여기서 중국의 전통 관념상 파격적인 내용에 걸맞게 파격적인 시각을 도입해볼 필요가 있다. 즉 아버지의 주검에서 비롯된 아들의 탄생을 부자간의 갈등을 바탕으로 한 친부살해 의식, 곧 오이디푸스 콤플렉스의 견지에서 바라볼 수 있지 않나 하는 가능성이다. 원래 오이디푸스 신화 모티프는 지중해 연안을 비롯한 유럽 지역에서는 현저하지만 동아시아를 포함한 여타 지역에서는 드물게 나타나는 것으로 보고되어 있다.[12] 중국의 경우 명대의 소설 『봉신연의(封神演義)』에 묘사된 나타(那

---

9 『呂氏春秋』「行論」.

10 이와 관련해서는 倉林忠「關于堯舜殛鯀千古隱秘的探析」, 『中南民族學院學報(哲學社會科學版)』第1期(1997) 참조.

11 이와 관련해서는 王青「鯀禹治水傳說新探」, 『南京師範大學文學院學報』第3期(2003) 참조.

12 이에 관한 자세한 논의는 이 책 제1부 1장 3절 '오이디푸스 콤플렉스' 참조.

吒)의 친부살해 의식이 특유한 사례로 언급될 정도이다. 그러나 실제 역사에서 왕자가 부왕을 시해하거나 아들이 아버지를 살해하는 사건은 간혹 발생한다. 가령 수(隋) 양제(煬帝)가 아버지 문제(文帝)를 시해한 경우와 안록산(安祿山)이 아들에게 죽임을 당한 경우가 그것이다. 그럼에도 실제와 문헌자료 간에는 엄청난 차이가 존재하는데, 그것은 지배이념이나 전통적 신념에 의한 은폐 작용 때문이다.

곤이 절박할 정도로 식양, 곧 저절로 불어나는 흙을 필요로 했다는 사실은 그가 제방을 쌓아 물길을 막는 방식에 주력했다는 것을 의미한다. 우는 이와 다른 방식을 취한다.

우가 홍수를 다스릴 때 응룡이 꼬리로 땅을 그으면 곧 물길이 트였다. 우는 이렇게 해서 홍수를 다스렸다.
禹治水, 有應龍以尾畫地, 卽水泉流通. 禹因而治之.[13]

곤이 물길을 막는 방식을 채택해 치수에 실패했고 우가 물길을 터주는 방식을 통해 성공했다는 일화는 후세에 정치적 교화 방식에 대한 우화로 자주 인용되며, 심지어는 유교의 예악(禮樂) 관념이 여기에서 유래했다고 보는 견해까지 있다.[14] 그러나 곤-우 부자가 당면 과제인 홍수에 대처하는 방식에서 완전히 상반된 입장을 취했다는 이야기는 더 넓게는 세계관과 현실인식에 있어 부자간, 세대 간의 갈등을 반영한다. 그리고 원시사회에서 이러한 갈등은 폭력적인 상황으로 연계되기 십상이었다.[15]

---

13 吳任臣『山海經廣注』「山海經佚文」.
14 이와 관련해서는 馬小龍「從鯀禹治水看儒家思想中禮樂精神的形成」,『西北民族大學學報(哲學社會科學版)』第6期(2004) 참조.

우리가 주목해야 할 것은 곤의 죽음 이후 아버지의 유업을 계승한 우의 행보이다. 우는 치수를 잘 마무리했을 뿐 아니라 선양시대를 매듭짓고 처음으로 가부장 왕권을 확립한다. 즉 하(夏)왕조를 수립하고 아들 계(啓)에게 전위(傳位)한 것이다. 이 대목에서 상기되는 것은 프로이트가 토템의 기원과 관련하여 제기한 가설이다. 아버지 살해 후 속죄 의식에서 토템이 제정되고 여러 금기가 생겨나는 등 사회제도와 규약이 설립된다는 관점이[16] 그것인데, 라깡의 어투를 빌리자면 죽은 아버지 곤은 살해당한 후 '아버지의 이름'(the name of the father)의 상징적 대리자로 하왕조를 다스림으로써 상징계에 통합된다 할 것이다.[17] 이러한 관점을 원용해서 우리는 곤 살해 후 우에 의한 가부장 왕권의 확립을 유추 해석해볼 수 있을 것이다.

원시사회에 친부살해 같은 현실이 존재하여 그것이 신화로 구전되었을 경우, 후대 중국의 문화적 상황을 고려할 때 문헌자료로 정착되는 과정에서 상당한 개변(改變)을 겪었을 것이다. 치수의 영웅으로 이른바 수력국가(水力國家)의[18] 개창자인 우는 성군으로 추앙되었던 만큼 그와 관련한 친부살해 이미지는 당연히 은폐되어야 했을 것이나. 그 결과 "곤의

---

15 장개염(張開炎, 장 카이옌)은 창세신화의 관점에서 곤과 우가 천지창조의 기본 모형과 실천 방식을 달리한 끝에 우가 아버지 곤을 살해한 것으로 본다. 저자와 비슷한 관점이지만 '살해'는 극히 현실적 행위인 데 비해 '살해 동기'가 극히 추상적이어서 설득력이 약하다. 관련 내용은 張開炎「鯀禹創世神話類型再探」, 『民族文學研究』(2007. 3) 참조.
16 지그문트 프로이트『토템과 금기』, 김현조 옮김(경진사 1993) 207~10면.
17 슬라보예 지젝『삐딱하게 보기』, 김소연·유재희 옮김(시각과언어 1995) 57면.
18 비트포겔(Karl Wittfogel)의 고대 중국에 대한 언급으로, 대규모 치수사업을 바탕으로 성립된 강력한 전제국가라는 의미이다. 맑스의 '아시아적 생산양식론'을 계승한, 오리엔탈리즘의 취지가 풍기는 발언이지만 우의 치수 및 하왕조의 개창과 관련해서는 적절한 표현으로 느껴진다.

배에서 우가 생겨났다”는 각색이 이루어진 것으로 보인다. 중국신화에서 이러한 각색은 도처에서 발견할 수 있다. 오래전 서방에서 중국 남방으로 전입된 것으로 간주되는 반고신화의 말미가 한대 문인에 의해 ‘살해’가 아닌 ‘자연사’로 조정된 것이나,[19] 고대의 폭력적인 왕권교체가 후대의 유교관념에 의해 요-순-우로 이어지는 선양신화로 미화된 것[20] 등이 좋은 예이다.

2) 저인과 인어 공주

『산해경』에는 중국권 밖 머나먼 곳에 사는 이방인들에 대한 기록이 있다. 그중에는 대인국·소인국 등이 있어 마치 『걸리버 여행기』를 읽는 듯 낯설지 않지만, 인어들의 나라인 저인국(氐人國)에는 인어 아저씨가 살고 있어 안데르센 동화의 인어 공주에 익숙해진 우리의 통념에 충격을 준다. 차제에 우리는 저인신화를 비롯해 중국의 인어 이야기에 대해 검토해볼 필요가 있다.

『산해경』만 보더라도 고대 중국에서 인어에 대한 인식이 다양했음을 알 수 있다. 우선 인어가 서식하는 지역이 여러 곳에 달하는데, 모두 강이다.

> 다시 서쪽으로 52리를 가면 죽산이라는 곳인데, (…) 단수가 여기에서 나와 동남쪽으로 낙수에 흘러드는데 그 속에는 수정과 인어가 많다.
>
> 又西五十二里, 曰竹山, (…) 丹水出焉, 東南流注于洛水, 其中多水玉, 多人魚.[21]

---

19 이에 관한 자세한 논의는 이 책 제4부 1장 2절 ‘반고신화의 변이 양상과 그 의미’ 참조.
20 이에 관한 자세한 논의는 이 책 제5부 1장 3절 ‘중국 왕권신화 해체하기: 선양인가, 찬탈인가’ 참조.

다시 동북쪽으로 200리를 가면 용후산이라는 곳인데, (…) 결결수가 여기에서 나와 동쪽으로 황하에 흘러든다. 그 속에는 인어가 많은데 생김새는 제어 같으나 네개의 발이 있고 소리는 어린애 같다. 이것을 먹으면 어리석음증이 없어진다.

又東北二百里, 曰龍侯之山, (…) 決決之水出焉, 東流注于河, 其中多人魚, 其狀如鯑魚, 四足, 其音如嬰兒, 食之無癡疾.[22]

이밖에도 「중차십일경(中次十一經)」 조가산(朝歌山)의 형수(滎水)와 침산(葴山)의 여수(汝水)에도 인어가 산다. 이들 중 황하의 인어만이 모습을 남기고 있는데, 동일한 명칭으로 미루어 이들 강에 사는 인어들의 모습은 대략 물고기 형상에서 크게 벗어나지 않은 것으로 보인다. 따라서 어류로 인식된 이들 강의 인어는 식용 혹은 약용의 대상이었다. 그럼에도 낙수의 인어는 수정과 공존하여 주옥(珠玉)을 동반한 후세의 인어 이미지와 상응한다.[23] 다음으로 강의 인어에 이어 바다의 인어를 살펴보자.

능어는 사람의 얼굴에 팔다리가 있고 몸뚱이는 물고기인데 바다 한가운데에 산다.

陵魚人面, 手足, 魚身, 在海中.[24]

---

21 『山海經』「西山經」.
22 『山海經』「北次三經」.
23 이에 대해서는 뒤에 나오는 교인(鮫人) 설화와 워터하우스의 인어 그림을 참조할 것.
24 『山海經』「海內北經」.

왼쪽부터 『산해경』의 황하의 인어와 바다의 저인

바다의 인어인 능어는 오늘날 우리가 상상하는 반인반어인 인어의 모습에 가깝다. 그리하여 이들 중 일부는 강의 인어처럼 어류로 취급되지 않고 먼 지역의 인종인 양 간주된다.

저인국이 건목의 서쪽에 있는데, 그들은 사람의 얼굴에 물고기의 몸을 하고 있고 발이 없다.
氐人國在建木西, 其爲人人面而魚身, 無足.[25]

저인에 이르러 우리는 평소 상상해온 인어의 모습과 완전히 동일한, 그러나 성별이 다른 인어를 만나게 된다. 이러한 능어·저인 등 바다의 인어에 대한 소박한 상상력은 후대에 이르러 더욱 풍부해져서 흥미로운 이야기를 구성해낸다. 위진(魏晋) 시기에 유행했던 교인(鮫人)이라는 인어에 대한 설화가 그것이다.

---

25 『山海經』「海內南經」.

남해의 바깥쪽에 교인이 있는데, 물속에서 물고기처럼 살며 쉬지 않고 베를 짠다. 그가 눈물을 흘리면 곧 구슬이 나온다.

南海之外有鮫人, 水居如魚, 不廢織績. 其眼泣, 卽能出珠.[26]

교인은 물에서 나와 인가에 머물며 며칠이고 비단을 팔러 다닌다. 떠날 즈음에 주인한테 그릇 한개를 달라고 해서 울면 눈물이 구슬이 되어 그릇에 가득 차는데 그것을 주인에게 준다.

鮫人從水出, 寓人家, 積日賣絹. 將去, 從主人索一器, 泣而成珠滿盤, 以與主人.[27]

여기서 교인은 거의 인간의 한 종족으로 간주되고 있다. 그들은 베를 짜는 기술을 갖고 있으며 비단 장사를 통해 인간과 직접 교류도 한다. 교인을 인종으로 간주한다면 여기까지는 사실적이다. 그러나 그들이 눈물을 흘려 구슬을 만든다는 대목은 환상적이다. 중국의 지괴(志怪) 서사는 이처럼 현실과 환상이 아무렇지도 않은 듯이 공존하고 있는 것이 하나의 특징이다.

인어를 인종으로 보긴 하지만 그것이 인간과의 평등한 관계를 의미하지는 않는다. 당(唐)·송(宋) 시기에 이르러 인어는 인격보다는 동물적인 속성을 지녔다는 점에서 인간의 종속물이 되기도 한다.

바다의 인어가 동해에 살고 있다. 큰 것은 길이가 5, 6척인데 모습이 사람과 같다. 눈썹·눈·코·입·머리가 모두 아름다운 여인과 같으며 그

---

26 干寶『搜神記』卷12.
27 『太平御覽』卷803에 인용된『博物志』.

어느 하나도 갖추지 않은 것이 없다. 피부는 희기가 옥 같고 비늘이 없다. 가느다란 털이 나 있는데 오색 빛이 나고 부드러우며 길이는 1, 2촌이다. 머리카락은 말총 같고 길이가 5, 6척이다. 생식기는 인간 남자, 여자의 그것과 다를 바 없다. 바닷가에 사는 홀아비나 과부 들이 이들을 많이 얻어다가 연못에 넣어 기르는데, 교접할 때 사람과 차이가 없고 해가 되지도 않는다.

海人魚, 東海有之. 大者長五六尺, 狀如人. 眉目口鼻手爪頭, 皆爲美麗女子, 無不具足. 皮肉白如玉, 無鱗. 有細毛, 五色輕軟, 長一二寸. 髮如馬尾, 長五六尺. 陰形與丈夫女子無異. 臨海鰥寡多取得, 養之于池沼. 交合之際, 與人無異, 亦不傷人.[28]

아름답게 생긴 동해의 인어는 암수 모두 인간 남녀의 성적 파트너로서의 역할을 담당한다. 그들은 인종이긴 하지만 잡혀서 사육되고 일정한 노역을 감당해야 한다는 점에서 노예를 닮았다. 인어의 이러한 역할은 『아라비안나이트』에서 인간의 성적 대역(代役)으로 등장하는 동물인 비비(狒狒)를 연상케 한다. 인어에 대한 성적 상상은 동물성을 긍정했던 원시시대 수간(獸姦)의 흔적일 수도 있고, 봉건사회에서 성적 소외계층의 욕망과 현실을 반영하는 것일 수도 있다.

중국에는 이처럼 다양한 종류의 인어가 존재한다. 끝으로 우리는 서구의 인어 공주를 염두에 두면서 중국의 여성 인어를 살펴보기로 하자.

시제 사도가 고려에 사신으로 갈 때 저녁 무렵 한 섬에 배를 대고 머

---

28 『太平廣記』卷464에 인용된 『洽聞記』.

무르고자 하였다. 멀리 모래밭 위에 한 부인이 앉아 있는 것을 보았는데, 붉은 치마를 입고 두 어깨를 드러냈으며 흐트러진 트레머리에 팔에는 살짝 붉은 지느러미 같은 것이 있었다. 사도가 뱃사람에게 명해 상앗대를 물속에서 움직여 놀래지 않도록 했다. 부인은 물에 들어가 자맥질을 하더니 몸을 돌이켜 사도를 쳐다보았다. 그러곤 두 손을 모아 질을 하고 느꺼워 춤을 추더니 물속으로 들어갔다. 뱃사람이 말하였다. "소인은 바다에 살아도 저게 무엇인지를 모르겠사옵니다." 사도가 말하였다. "저것은 인어일세. 사람과 교접도 할 수 있다네. 물에 살지만 인성을 닮았지."

侍制查道奉使高麗, 晩泊一山而止. 望見沙中有一婦人, 紅裳雙袒, 髻鬟亂, 肘微有紅鬣. 查命 水工以篙擔水中, 勿令傷. 婦人得水偃仰, 復身望查, 拜手感舞而投水. 工曰, 某在海上, 未省 此何物. 查曰, 此人魚也. 能與人奸, 處水類人性.[29]

내용으로 미루어 이 인어는 앞서 소개한 동해의 여성 인어인 듯하다. 중국의 동해는 우리의 서해인데 고려로 오는 뱃길이 서해이기 때문이나. 아울러 동해 인어의 성적 대역으로서의 기능이 이 설화에도 계승되고 있기 때문이다. 이 글의 인어 아가씨, 아니, 인어 부인(?)은 서구의 인어 공주와는 이미지에서 많은 차이를 보인다. 인어 부인 역시 고혹적인 자태를 보여주지만 반라의 인어 공주와는 달리 치마를 입고 머리에 쪽을 쪘으며 예의범절을 지킬 줄 안다. 중국의 전통 관념에서 인간과 동물을 구분하는 기준은 무엇인가? 그것은 예를 아는가에 있다. 의관을 갖추고 예

---

29 『天中記』 卷56에 인용된 『徂異志』.

를 아는 인어, 그래서 사도는 "인성을 닮았(類人性)"다고 말한 것이다. 그러나 이 글의 예의 바른 인어 부인은 사실 송대라는 역사적 현실을 외의(外衣)로 걸쳤다. 이학(理學)이 발달하고 인문화, 중국화 경향이 농후했던 시기의 상상력이 빚어낸 인어 부인은 앞서 고찰한 바 있는 원시시대의 저인, 고대의 교인 등 인어 아저씨의 이미지와는 필연적으로 달라질 수밖에 없는 것이다.

중국의 다양한 인어 이미지는 기본적으로 이방인에 대한 상상력의 소산이다. 에드워드 사이드는 거리가 차이를 극화하여 상상 지리학이 성립되고, 이것이 이방인에 대한 차별을 낳는다고 주장한 바 있다.[30] 아울러 이방인은 사실상 중국의 정체성, 즉 중화문명을 위해 상상된 허구일 수 있다. 이러한 의도에서 이방인은 항상 왜곡된 모습으로 그려지게 마련이고, 저인국을 비롯한 인어들의 세계 또한 희화화된 것이리라. 그러나 역설적으로 이방인은 중국이 투사한 바람직하지 못한 현실일 수도 있고, 우리 내면의 어두운 속성일 수도 있다. 왜냐하면 상호의존적 관계에 있는 나와 이방인은 궁극적으로 하나이기 때문이다.[31] 우리는 이미 동해의 인어 이야기에서 성적 소외를 읽어내지 않았던가?

워터하우스(John W. Waterhouse)의 인어 그림과 저인국 사람의 모습에서 단적으로 느껴지듯이 서구의 인어 공주와 중국의 인어 아저씨 혹은 인어 부인은 앞에서 논급한 정치적 관점들을 공유하면서도 문화적 풍토 차이에서 오는 간극이 있다. 인성과 동물성을 교호적(交互的) 관계에서

---

30 Edward W. Said, "Introduction," *Orientalism* (New York: Vintage Books 1979).

31 커니(Richard Kearney)는 괴물이 우리 자신의 일부이며, 우리가 우리 자신에게 이방인이라는 진리를 받아들여야 한다고 역설한다. 리처드 커니 『이방인, 신, 괴물』, 이지영 옮김(개마고원 2004) 22면.

워터하우스 「인어」(1900, 캔버스에 오일, 97×
67cm, 런던 로열 아카데미 오브 아츠 소장)

인식하는 경향이 강했던 고대 중국에서 인어는 수중동물이라기보다 변방의 인종으로 간주된다. 부지런히 베를 짜고 장사를 하는 등 생업에 충실한 교어의 모습에서 사랑에 빠진 수중왕국의 인어 공주를 상상하기는 어렵다. 따라서 인어 종족이 사는 나라인 저인국의 인물 표상은 근직(謹直)한 중년 남성으로 그려진다. 서구의 경우 고대부터 근내에 이르기까지 해양을 통한 여행·탐험·교역 등이 빈번해지면서 남성들만의 활동 영역인 해양에서 인어에 대한 상상은 억압된 성적 욕망과 관련해 여성 인어에 집중되었을 가능성이 크다. 서구 인어의 형상이 주로 젊은 여성으로 그려진 것은 이러한 이유에서일 것이다.

맺는말

이 글에서는 중국신화의 파격적 상상력을 고찰함에 있어 특별히 곤–

우신화와 저인신화를 대상으로 논구하였다. 그것은 파격의 개념을 고대 중국의 문화전통에서 일탈한 경우와 근대 이후 우리의 상상세계로부터 멀어진 경우의 두가지 관점에서 취했기 때문이다.

곤-우신화 검토에서 우리는 곤의 죽음과 우의 계승을 오이디푸스 콤플렉스를 원용해 해석하였다. 오이디푸스 신화 모티프가 현저하지 않은 중국에서 곤-우신화는 그것의 은폐, 각색을 보여주는 드문 사례로 생각된다. 이러한 검토의 목적은 오이디푸스 콤플렉스라는 해석기제의 일반화에 일조하고자 하는 것이 아니라 문화적 풍토에 따른 신화의 변용을 확인함으로써 보편성과 지역성을 다 함께 강조하고자 하는 데에 있다. 우리는 세계의 모든 문화가 오이디푸스 콤플렉스로 해석될 수 있다는 환상에 동참하고 싶지 않지만 중국문화만이 고정불변한 실체라는 오만에도 동의할 수 없기 때문이다.

저인신화 검토에서 우리는 서구 인어의 이미지를 의식하면서 중국의 인어를 계보학적으로 살펴보고 그것의 시대별 변이 양상을 추적하였다. 그 결과 두 문화권에서 상상된 인어가 정체성·타자성 등의 문제를 공유하면서도 동물성에 대한 인식·해양문화 등 문화적 풍토의 차이에 의해 대표적 표상이 남성과 여성으로 각기 달리 나타났음을 확인할 수 있었다.

이상 두가지 신화를 중심으로 중국신화의 파격적인 면모를 살펴보았는데, 아무리 보아도 인어 아저씨 저인의 낯선 모습은 우리의 전도된 상상세계에 뿌리를 둔 파격이어서 씁쓸한 여운을 남긴다. 정격을 파격이 되게 하고 파격을 정격이 되게 하는 상상력의 제국주의가 횡행하는 한 우리는 스스로를 계속 소외시키게 될 것이다. 이러한 형국에서 지금 엉뚱하게만 느껴지는 인어 아저씨는 우리의 슬픈 자화상이 아닐 수 없다.

2. 반인반수 신화 이미지의 귀환과
그 문화적 의미

저자가 2016년 여름 산띠아고 순례길 800km를 걸을 때 자주 눈에 들어온 것은 도처의 건물과 지하도 벽면에 그려진 낙서들이었다. 종일 걷는 지루한 도보 여행의 무료함을 달래고자 그렸을 그 낙서들에서 저자는 반인반수 이미지의 연속을 발견하고 놀라움을 금할 수 없었다. 그리스신화의 식인 괴물 미노타우로스 이래 반인반수는 모두가 기피하는 사악한 괴물의 형상이었는데 지금은 그것이 마치 인간과 휴수동유(携手同遊)하는 존재인 양 그려지고 있는 것이다. 산띠아고 순례길은 세계 각지로부터 온 각양각색 인종들의 발길로 붐비는 곳이니만큼 이 낙서들의 일관된 흐름은 나름 현하(現下) 세계인의 심태를 반영한다 할 것인데, 이러한 변화에 대한 착상은 귀국 후 서울 인사동의 한 대중음식점에 갔다가 또다시 발견한 반인반수의 낙서 형상으로 인해 거의 확신의 지경에 이르렀다.

왜 낙서 따위에 주목하는가 하고 물을 사람도 있겠으나 제도화된 정통 예술 외곽에 존재하는 낙서는 오히려 그렇기 때문에 우리의 마음속에 내재한 불온한 혁명적 기운을 뿜어낸다. 낙서가 드러내는 이러한 징후는 일찍이 사이먼 앤드 가펑클(Simon & Garfunkel)이 「사운드 오브 사일런스」(The Sounds of Silence)에서 "선지자의 말씀은 지하철 벽에 씌어져 있다네"(The words of the prophets are written on the subway walls)라고 노래했듯이 후일 공식 문화가 될 트렌드를 반영하는 중요한 역사적 지표라 할 것이다.[32]

왼쪽 아래부터 시계 방향으로 저자가 산띠아고 순례길(2016)에서 발견한 물고기와 주먹, 인면조, 수두인(獸頭人) 및 서울 인사동에서 만난 인면구(人面狗, 2016)

　그렇다면 이 시기 반인반수 낙서의 전지구적 편재성(遍在性)이 의미하는 것은 무엇인가? 편재성 자체를 시대적 징후의 표출 혹은 마페졸리의 이른바 역능(力能, puissance)의[33] 발현으로 본다면, 이러한 반인반수 이미지의 전면적 도래는 신화의 귀환과 궤를 같이하며 동물성의 복권은 물론 인간과 동물, 나아가 인간과 자연의 합일 현상의 부활을 의미한다고 할 수 있다. 그러나 이들 이미지의 귀환은 이에 그치지 않고 포스트휴먼 시대에 이르러 부상한 중요한 사회적, 문화적 현상들을 함축한다.

32　Johannes Stahl, *Street Art* (Potsdam: H. F. Ullmann Publishing 2013) 8면.

33　마페졸리는 역능을 모든 실재가 근거하는 원초적 요소 혹은 사회 속 삶의 영속성을 보장해주는 비공식적인 지하의 중심성으로 규정한다. Michel Maffesoli, *The Time of the Tribes*, tr. Don Smith (London: Sage Publications 1996) 4면.

이 글에서는 우선 반인반수 이미지의 기원과 원형 의미를 선사시대의 암각화와 중국의 대표적 신화서인『산해경』을 통해 살펴본 후, 이어서 반인반수 이미지의 변천을 고대에서 근현대까지 살펴보고자 한다. 그리고 이들 고찰을 바탕으로 포스트휴먼 시대 반인반수 이미지의 문화적 의미를 확인한 후 논의를 맺고자 한다.

1) 반인반수 이미지의 기원과 원형 의미

(1) 선사시대의 반인반수 이미지

반인반수 이미지의 기원을 살핌에 있어 현존하는 가장 오래된 자료는 암각화라 할 것이다. 선사시대에 나타난 예술의 문법적인 측면과 통사론적 구조는 전세계적으로 동질적이며 보편적인 패러다임을 갖고 있기에 암각화를 통해 우리는 지금까지 동면 상태에 있던 인류의 내면을 재발견할 수 있다.[34] 즉 암각화는 호모사피엔스의 심리적 원형에 대한 단서를 제공한다. 그 일환으로 우리는 암각화를 통해 선사시대 인류의 동물에 대한 원초적 관념, 즉 인류와 동물의 근원적 관계성을 살펴볼 수 있다.

예컨대 B.C. 35000~30000년 사이 오리냐크 문화기에 제작된 사자 머리에 인간의 형상을 한 상아 조각상, 후기 구석기시대의 동물의 머리를 한 여인, 신석기시대의 동물의 머리를 하고 활을 쏘는 사람 등은 전형적인 반인반수 형태인데, 신석기시대의 고양잇과 짐승 속의 인간은 동물 속에 인간이 내재해 있어 오히려 동물이 인간의 모태임을, 혹은 동물이 인간의 속성을 지니고 있음을 표현한다. 신석기시대의 동물과 교접하는

---

34 엠마뉘엘 아나티『예술의 기원』, 이승재 옮김(바다출판사 2008) 546면.

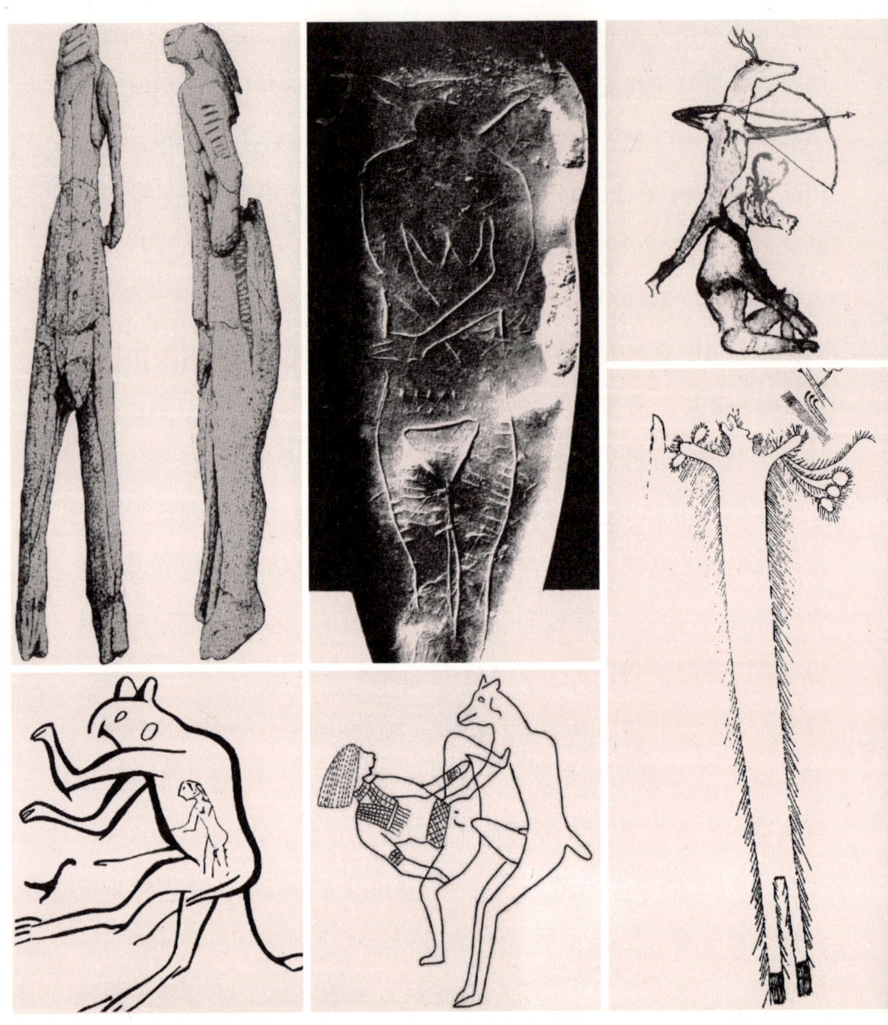

위 왼쪽부터 사두인신(獅頭人身) 상아 조각상(독일 바덴뷔르뎀베르크, B.C. 3000~30000년), 수두(獸頭) 여신 석조상(이딸리아 마르께스 똘렌띠노, 후기 구석기시대), 활을 쏘는 수두인신(獸頭人身) 암채화(岩彩畵, 알제리 타실리나제르, 신석기시대)
아래 왼쪽부터 고양잇과 짐승 속의 인간 암각화(리비아 페잔, 신석기시대), 동물신과 교접하는 여인 암각화(리비아 타드라르트 아카쿠스, 신석기시대), 동식물 복합 인간 암채화(미국 세미놀 캐니언, 후기 구석기시대)

여인상은 반인반수의 다른 형태로, 동물과의 친연성 및 합일을 추구하는 심성에서 비롯한 수간의 습속을 반영한다. 다만 몸에 특별한 장식을 한 이 여인은 여성 사제 혹은 샤먼으로 고귀한 신분의 존재였을 것이다. 따라서 이러한 행위는 단순한 수간이 아니라 토템 동물과의 교합을 통해 토지의 비옥함, 나아가 다산을 기원했던 원시신앙적 행위일 것으로[35] 추측된다. 마지막으로 후기 구석기시대의 동식물 복합 인간은 몸은 인간의 모습에 머리는 동물, 팔은 식물로 되어 있고 전신에서 빛과 같은 기운을 발산하고 있다. 이 형상은 인간과 동물의 합일을 넘어 식물까지 하나가 된, 즉 전자연과의 일체감을 표현하고 있다.

이들 다양한 반인반수 형상 암각화의 이면에는 물활론(物活論)을 근간으로 공감주술(共感呪術)·대모신 숭배·생식 숭배·토테미즘·샤머니즘 등의 원시 관념이 깔려 있는데, 궁극적으로 원시인류는 이 모든 형상과 관념을 통해 인간과 동물, 나아가 인간과 자연의 조화와 합일을 추구하고 있음을 알 수 있다. 이것은 우리의 원형 심상에 인간과 동물이 둘이 아니라 하나이며 함께 살아가는 동반자적 관계라는 인식이 각인되어 있음을 말해준다.

(2) 『산해경』의 반인반수 이미지

이미지의 제국인 『산해경』에는 반인반수 이미지가 다수 수록되어 있다. 『산해경』의 성립 시기는 전국시대 중후기로 추정되지만 실제 반영하고 있는 내용은 이르게는 은대(殷代) 문화와 상관되는 것으로 보아 이들 자료는 대체로 청동기시대에서 철기시대에 이르는 시기 인간과 동물의

---

35 같은 책 530면.

관계성을 보여주고 있다 하겠다. 그러나 음산(陰山) 암각화와 『산해경』 반인반수 이미지의 상관성도 논의된 바 있어[36] 일부가 더 이른 시기의 자료일 가능성을 배제할 수는 없다

『산해경』의 반인반수 이미지 중 예컨대 사람의 얼굴에 호랑이 꼬리를 한 화산(和山)의 신 태봉(泰逢), 사람의 얼굴에 뱀의 몸을 한 창조의 여신 여와, 호랑이 머리에 사람의 몸을 한 북극천궤산(北極天櫃山)의 신 강량(彊良) 등은 전형적인 반인반수의 모습으로 모두 동물을 신성시했던 관념의 표현이다. 사람의 몸에 양손에 뱀을 잡고 있는 비의 여신 우사첩(雨師妾)은 후대에 변형된 반인반수의 형상으로 보다 인간화된 모습이 아닌가 한다. 이어서 사람의 얼굴에 물고기의 몸을 한 저인국 사람, 사람의 얼굴에 날개가 있고 새의 부리를 한 환두국(讙頭國) 사람, 개의 머리에 사람의 몸을 한 환구(環狗), 사람의 얼굴과 원숭이의 몸에 개의 꼬리를 한 엄자산(崦嵫山)의 인면효(人面鴞) 등 역시 전형적인 반인반수의 모습이나 신성(神性)을 지니지 않은 평범한 존재들이고, 다시 사람의 얼굴에 호랑이의 몸을 한 만거산(蔓渠山)의 마복(馬腹), 사람의 얼굴에 새의 몸을 한 거산(柜山)의 인면조 주(鴸) 등은 사람을 잡아먹거나 귀양 갈 것을 예고하는 흉한 존재들이다. 특히 주는 동물이 우주의 기운이나 하늘의 징조를 예시한다는 생각에서 비롯한 것이다.

이 사례들은 반인반수 이미지의 다양한 양상을 보여주는데, 시대의 추이에 따른 인간의 동물에 대한 관념의 변모를 읽을 수도 있다. 즉 처음에 동물은 신의 현현(顯現, epiphany)으로 간주되어 신성시된다. 이는 동물신 혹은 반인반수화된 신의 형태로 표현된다. 인간을 신성한 동물과 일

---

36 蓋山林「陰山岩畵與山海經」, 『內蒙古社會科學』 第3期(1981) 참조.

위 왼쪽부터 화산의 신 태봉, 창조의 여신 여와, 북극천궤산의 신 강량
둘째 줄 왼쪽부터 비의 여신 우사첩, 사람 얼굴에 물고기 몸의 저인국 사람
셋째 줄 왼쪽부터 날개가 있고 새의 부리를 가진 환두국 사람, 개의 머리를 한 환구
넷째 줄 왼쪽부터 원숭이 몸에 개의 꼬리를 한 인면효, 인면호 마복, 인면조 주

치시키기 위해 부족의 조상을 동물에서 유래한 것으로 여기는 수조신(獸祖神)이 여기에서 등장할 것이다. 이후 반인반수의 신들은 역사화, 인문화되어 인간의 모습으로 변모한다. 즉 동물신-반인반수화된 신-동물을 동반하거나 매개로 하는 인간신-인간신 형태로의 변모 과정을 추리해 볼 수 있다. 그러나 이는 우리의 이성적, 합리적 구획일 뿐 인간의 동물에 대한 관념이 이 도식을 전적으로 따른다고 믿기는 어렵다. 마이클 로이(Michael Loewe)는 중국의 경우 이 과정이 동시에 모순적으로 진행된 것으로 보기도 한다.[37]

2) 반인반수 이미지의 변천: 고대에서 근현대까지

반인반수 이미지는 고대에서 중세를 거쳐 근현대까지의 시기 동안 어떻게 변모했을까? 먼저 서구의 경우를 살펴보자. 예컨대 로마 시대의 모자이크에 표현된 미노타우로스는 서구 고대에 이르러 반인반수 이미지에 담긴 동물관의 극적인 변화를 알리는 표지이다. 미노타우로스는 영웅 테세우스에 의해 처단될 운명의 사악한 식인 괴물이다. 그리스 시대 이후 인본주의가 흥기하면서 동물성은 저열한 것으로 평가되기 시작한다. 따라서 인간의 몸에 깃든 동물성을 표현하는 반인반수는 괴물로 인식되고야 만다. 위대한 자연의 표상으로 간주되어 원시시대에 신성한 존재로 외경(畏敬)되었던 동물의 지위는 그리스 시대 이후 결국 한순간에 나락으로 떨어진 것이다. 이후 그리스의 반인반수관은 기독교에 의해 계승된다. 사탄을 동물성과 연계하여 파악하는 기독교의 영향으로 반인반

---

37 Michael Loewe, "Man and Beast: The Hybrid in Early Chinese Art and Literature," *Numen* Vol. XXV (1976) 100면.

수에 대한 부정적 인식은 더욱 강화된다. 지라르는 "동물과 인간이 뒤섞여 있는 것이야말로 (…) 악마의 가장 두드러진 중요한 양상이다"라고[38] 지적한다. 14세기에 저술된 『맨더빌 여행기』(*The Travels of Sir John Mandeville*) 속 개의 머리를 한 사람은 이방인에 대한 묘사인데, 그들을 신성화한 그림이 아님은 물론이다. 이방인에 대한 비하를 동물을 빌려 표현한 것이다. 이방인·마녀 등은 반인반수의 괴물로 간주되었다. 중세 이래 근대에 이르기까지 이러한 반인반수관은 지속된다. 푸꼬에 의하면 18세기 무렵 괴물은 종의 혼합, 성의 혼합, 형태의 혼합으로 자연적 한계를 위반하고 분류를 위반한 존재로 정의되었다.[39]

동물을 영혼이 없는 기계로 규정한 데까르뜨(René Descartes)의 뒤를 이어 린네는 그의 분류체계에서 인간, 곧 호모사피엔스에게 다른 동물과 분별되는 독립된 지위를 부여함으로써[40] 학문적으로도 인간과 동물은 다

---

38 르네 지라르 『희생양』, 김진식 옮김(민음사 1998) 87면.
39 미셸 푸코 『비정상인들』, 박정자 옮김(동문선 2001) 86면.
40 메리 루이스 프랫 『제국의 시선』, 김남혁 옮김(현실문화 2015) 81~82면.

른 범주에 놓이게 된다. 이후 막스 셸러(Max Scheler)는 이성주의적 입장에서 동물과 인간의 본질적 차이를 논하여 린네의 분별을 철학적으로 완성한다. 나아가 인간은 동물뿐만 아니라 자연과도 결별하고 우주 최고의 지위에 등극하게 된다.[41]

인간과의 유대감을 잃고 나락으로 떨어진 동물성이 부정적인 이미지로 집중 출현하는 것은 1870년대 로트레아몽(le Comte de Lautréamont)의 시 『말도로르의 노래』(*Les Chants de Maldoror*)에서이다. 로트레아몽은 내면으로부터 용출하는 동물 이미지들을 공격적, 파괴적으로 활용하여 신과 인생과 사회에 대한 반항을 수행하였다.[42] 그러나 바슐라르(Gaston Bachelard)는 로트레아몽 상상력의 근원에 있는 '동물화하는 욕구'(besoin d'animaliser)를 포착하고 그의 시가 '원초성'(primitif)을 보여주는 시이며 창조적인 언어로 충만한 '원초적인 시'(poésie primitive)라고 극찬한다.[43]

동양의 경우 반인반수 이미지의 행로는 어떠했던가? 결론부터 말하자면 고대에서 근대 이전까지 큰 굴곡 없이 전통적인 동물관을 유지해왔다고 볼 수 있다. 예컨대 고구려 덕흥리 고분벽화 속 사람의 얼굴에 새의 몸을 한 만세(萬歲)는 장수와 벽사(辟邪)의 기능을 지닌 길조이며, 오회분 고분벽화에 그려진 동양의 미노타우로스, 즉 소 머리에 사람의 몸을 한 염제 신농은 농업을 창시하고 의약 지식을 전수한 길신이다. 흥미로운 점은 이 무렵 동물이 인체의 내부 장기에 좌정한 신이 되기도 한다는 것인데, 도교 경전에 실린 머리 둘 달린 사슴 현록(玄鹿)이 그것이다. 현

---

41 막스 셸러 『우주에서 인간의 지위』, 진교훈 옮김(아카넷 2001) 78~79면.
42 로트레아몽 『말도로르의 노래』, 윤인선 옮김(청하 1999) 14면.
43 G. 바슐라르 『로트레아몽』, 윤인선 옮김(청하 1995) 54~56면.

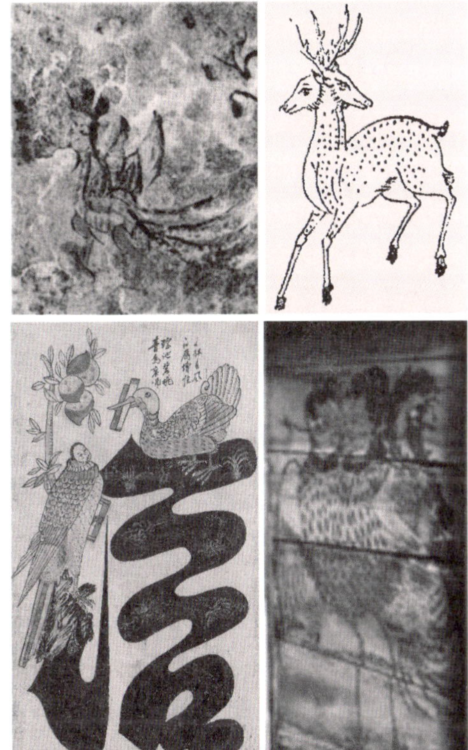

위 왼쪽부터 고구려 덕흥리 고분벽화에 보이는 인면조 만세(5세기), 『도장(道藏)』「황정내경오장육부도(黃庭內景伍臟六腑圖)」에 나오는 콩팥에 거주하는 신 현록(4~5세기)
아래 왼쪽부터 조선 후기 문자도 「신」의 인면조, 경기도 남양주시 흥덕사의 인면조

록은 콩팥의 신으로, 도교에서는 이러한 인체 내부의 신들을 체내신(體內神)이라고 부른다. 반인반수의 변형된 이미지인 이것은 선사시대 암각화 중 동물의 몸 안에 자리한 인간의 모습과 대조되어 주목된다. 인간 내면의 동물성 내지 자연성을 상징하는 것이리라. 이는 반인반수 이미지 내에서도 동물 중심에서 인간 중심으로 관점이 이동함을 보여주는 것으로 해석될 여지가 있는데, 동서양 공히 선사시대에는 수두의 반인반수가 많았다가 후대로 갈수록 인면의 반인반수가 증가하는 현상과도 상응한다. 동양의 반인반수 이미지는 근대 전야에 이르러서도 우호적인 동물관의

연속성을 유지한다. 조선 후기 민화의 일종인 문자도 「신(信)」과 남양주 흥덕사 법당 천장에서도 길상(吉祥)의 의미를 내포한 인면조가 등장하는 것을 예로 들 수 있다.

앞의 사례들을 통해 동양에서는 서구와 마찬가지로 역사화, 인문화가 진행되었음에도 불구하고 동물성에 대한 기본적인 외경의 끈을 놓지 않았음을 알 수 있으며, 특히 중국의 경우 신화에 이어 상상력의 맥을 잇는 도교 전통 속에서 그것이 잘 존속했음을 볼 수 있다. 그러나 이러한 장구한 연속성도 현대에 들어와 그리스신화를 토대로 한 서구의 상상력이 표준의 지위를 차지하자 동양의 반인반수에 대한 긍정적인 인식이 급격히 하락, 괴물이라는 인식이 전세계적으로 획일화되면서 종언을 고하게 된다.

3) 포스트휴먼 시대, 반인반수 이미지와 그 문화적 의미

당대에 이르러 반인반수에 대한 인식은 다시 대반전을 이룩한다. 그것은 해체주의·포스트모더니즘·후기구조주의 등 서구의 탈근대 사조가 그리스 이래 전통적 인문주의의 독주에 제동을 걸었고 생태학·환경과학의 부상으로 인간과 동물, 자연과의 관계에 대해 심각한 재고를 요청했기 때문이기도 하다. 이렇게 되기까지 깡길렘(Georges Canguilhem)·푸꼬·들뢰즈·뒤랑·마페졸리 등 선각적인 학자들의 문제제기가 큰 역할을 했음은 물론이다. 푸꼬는 일찍이 비정상적 개인의 계보학에 대한 관리를 목적으로 근대 정신의학이 탄생했고 이것이 창의성과 반항성을 억압했다고 보는 관점에서 비정상적인 것의 복권을 강력히 주장했다. 이 비정상적인 것의 계보학에 괴물로 인식된 반인반수가 포함된 것은 물론이다. 들뢰즈는 푸꼬의 뒤를 이어 동물을 존재의 변형과 생성의 가능성으로 보고 '동물 되기'(becoming-animal)를 제창하기에 이른다.[44] 이 대목에서 우리는 바슐라르의 영향도 감지할 수 있다. 아닌 게 아니라 들뢰즈는 바슐라르의 『로트레아몽』을 두고 "매우 아름다운 융(Jung)적인 책"이라고 상찬한 바 있다.[45] 들뢰즈와는 결이 다르지만 마페졸리는 바슐라르-뒤랑의 상상력 연구를 계승하여 그가 명명한 '부족의 시대' 곧 당대에는 어떤 의미에서 동물적인 삶이 사회성의 다양한 표현들 속에 깊이 뿌리박혀 있다고 갈파한다.[46] 이제 포스트휴먼 시대로 진입하면서 동물성은 복권의 단계에 이르렀고 이와 동시에 귀환한 반인반수 이미지가 사회·문화 도처에 범람하고 있음을 우리는 목도한다.

예컨대 2018년 평창 동계올림픽 전야제에 출현한 인면조는 마치 이러한 복권 선언의 상징처럼 보인다. 그것은 그동안 온존해온 반인반수-괴물 이미지에 균열을 주는 신선한 충격이었다. 이어서 남이섬의 게스트하우스에 걸린 개의 머리를 한 구두인(狗頭人)과 TV 예능 프로그램에서 고등학생이 그린 반인반마(半人半馬)의 친구 모습, 커피 회사의 사자 머리를 한 사두인(獅頭人) 로고, 웹툰에 등장한 인면조, 퍼포먼스 중에 제시된 얼굴 반이 새인 조인(鳥人), 지하철 공익광고 속의 고슴도치 인간 등은 신사시대 반인반수 이미지의 편재성을 재현하는 듯하다. 이들 이미지 중 지하철 공익광고 속 고슴도치 이미지는 민폐를 끼치는 사람에 대한 묘사로서 유일하게 동물성을 비하하는 취지를 담고 있다. 공식 담론 일각에 남아 있는 동물성 및 반인반수에 대한 편견이 노출된 사례로 보아야 하

---

44 다만 들뢰즈는 '동물-되기'가 분자적 차원에서이지 모방적인 것은 아니라고 말한다. 이는 인간이 실제로 동물이 되지 않으면서도 존재하는 동물-되기의 실재성을 의미한다. 질 들뢰즈·펠릭스 가타리 『천 개의 고원』, 김재인 옮김(새물결 2001) 516~42면 참조.
45 같은 책 448면.
46 Michel Maffesoli, 앞의 책 3면.

위 왼쪽부터 평창 동계올림픽 전야제에 등장한 인면조(2018, 저자 캡처), 남이섬 게스트하우스의 구두인(2018)
둘째 줄 왼쪽부터 Mnet 예능 프로그램 「고등래퍼」의 반인반마(2018, 저자 캡쳐), 커피 회사 로고의 사자 인간(2018)
셋째 줄 왼쪽부터 퍼포먼스 '동물시국선언'의 얼굴 반이 새인 사람(2020, ⓒ프레시안 최형락), 지하철 공익광고 중의 고슴도치 인간(2017)

겠다. 그러나 넓게 보면 긍정적이든 부정적이든 이러한 동물적 표현 자체가 동물성이 대두된 문화 트렌드에 침윤되어 있다는 증좌이다.

그렇다면 이 시대 반인반수 이미지의 귀환은 어떤 의미를 지니는가? 그것은 일차적으로는 동물애호적, 자연친화적 정서와 상관되지만 문화적으로는 타자와의 공존·혼종성·융복합 등을 추구하는 집단심성을 반영하는 징표이다. 그리고 심층적으로는 그동안 억압되어왔던 물활론·생명의 연대성·탈인간중심주의 등의 분출과 깊이 관계된다. 궁극적으로 반인반수 이미지의 귀환은 태초부터 우리에게 내재하던 근원적 힘 혹은 본성의 부활을 의미하며, 이는 탈신화화(demythologization)에서 재신화화(remythologization)로의 도약을 상징한다 할 것이다.

맺는말

반인반수는 종래 괴물로 여겨져왔다. 이것은 상식처럼 받아들여진 생각이다. 그런데 근래 이러한 이미지들이 아무렇지도 않은 듯이 우리 주위에 출현하기 시작하였다. 이는 동물의 복권을 의미하는 지표로, 상대적으로는 근대 이래 극성했던 인본주의의 퇴조 혹은 반성을 말해주는 것이기도 하다. 그렇다면 반인반수 이미지의 귀환은 단순히 인본주의 퇴조의 반사적 현상인가, 아니면 우리 의식의 근저에 이를 정당화해줄 심후한 소인(素因)이 있는 것인가? 이러한 징후는 현재 우리의 삶 및 문화와 어떤 내밀한 관련이 있는가? 이 글은 이러한 두가지 문제의식을 탐문해볼 필요성에서 시작되었다.

먼저 반인반수 이미지의 귀환을 정당화해줄 우리 내면의 소인을 선사시대 암각화를 통해 찾아본 결과, 원시인류는 암각화에 편재된 각양의 반인반수 이미지를 통해 인간과 동물, 나아가 인간과 자연의 조화와 합일을 추구했음을 알 수 있었다. 이것은 우리의 원형 심상에 인간과 동물은 둘이 아니라 하나이며 함께 살아가는 동반자적 관계라는 인식이 각인되어 있음을 말해준다. 아울러 『산해경』의 경우에는 반인반수 이미지의 다양한 양상을 보여주는데, 시대의 추이에 따른 인간의 동물에 대한 관념의 변모도 읽을 수 있다. 즉 처음에 동물은 신의 현현(epiphany)으로 간주되어 신성시된다. 이는 동물신 혹은 반인반수화된 신의 형태로 표현된다. 이후 반인반수의 신들은 역사화, 인문화되어 인간의 모습으로 변모한다. 즉 동물신→반인반수화된 신→동물을 동반하거나 매개로 하는 인간신→인간신의 형태로의 변모 과정을 추리해볼 수 있을 것이다.

다음으로 반인반수 이미지의 변천을 고대에서 근현대까지 살펴보았다. 서구의 경우 미노타우로스가 예시하듯이 그리스 시대 이후 인본주의가 흥기하면서 동물성은 저열한 것으로 평가되기 시작한다. 따라서 인간의 몸에 깃든 동물성을 표현하는 반인반수는 괴물로 인식되고야 만다. 중세 이후 사탄을 동물성과 연계하여 파악하는 기독교의 영향으로 이러한 인식은 더욱 강화된다. 근대에 이르러 린네의 분류체계에서 인간, 곧 호모사피엔스는 다른 동물과 분별되는 독립된 지위를 부여받고 마침내 동물뿐만 아니라 자연과도 결별하여 우주 최고의 지위에 등극하게 된다. 동양의 경우 서구와 달리 반인반수 이미지는 고대에서 근대 이전까지 큰 굴곡 없이 우호적인 동물관을 유지해왔다고 볼 수 있다. 주목해야 할 것은 동물 내부의 인간 이미지가 인체 내부의 동물 이미지로, 수두의 반인반수에서 인면의 반인반수로, 이미지 내부에서도 동물 중심에서 인간 중심으로 관점이 이동했다는 사실이다. 그러나 이러한 장구한 연속성에도 불구하고 현대에 들어와 그리스신화를 토대로 한 서구의 상상력이 표준의 지위를 차지하면서 동양의 반인반수에 대한 긍정적인 인식도 급격히 하락, 괴물로의 인식이 획일화된다.

당대에 이르러 반인반수에 대한 인식은 다시 대반전을 이룩한다. 이른바 포스트휴먼 시대로 진입하면서 동물성은 복권의 단계에 이르렀고, 이와 동시에 귀환한 반인반수 이미지가 사회·문화 도처에서 범람하고 있음을 목도하게 된다. 이는 우리의 심층에 각인되어 있던, 인간과 동물이 둘이 아니라 하나이며 함께 살아가는 동반자적 관계라는 원형 심상이 오랜 억압 끝에 귀환한 것을 의미한다. 아울러 반인반수의 이러한 원형 심상은 오늘날 자연과의 합일·타자와의 공존·혼종성·융복합 등을 추구하는 집단심성으로 표출되고 있다.

제3장

중국과 서구 신화와 현대문화

1. 「겨울왕국 2」의 다층적 의미와 그 지향*

신화는 문화의 원형이면서도 시대마다 새로운 옷을 갈아입고 나타난다. 애니메이션은 작동 방식 자체가 물활론적이어서 신화적 원형을 민감하게 반영하는 장르이다. 그럼에도 시대의 변화와 발전에 따라 애니메이션이 담아내는 담론 또한 달라졌다. 대표적으로 디즈니 스튜디오의 경우, 과거에 여성 캐릭터를 수동적으로 그려내며 오리엔탈리즘과 제국주의적 함의를 내포하는 애니메이션을 재생산한다는 지적을 받아왔다. 물론「포카혼타스」(1995)「뮬란」(1998) 등 유색인종 여성을 주인공으로 하는 애니메이션도 존재했지만, 타자를 할리우드 혹은 아메리카 스타일로 변용하여 재생산한다는 한계가 있었다. 그러나 최초로 흑인 여성을 주인공으로 채택한「공주와 개구리」(2009)를 기점으로 인종의 다양화를 시도한 바 있

---

* 이 글은 정재서·정유경「〈겨울왕국 2〉의 다층적 의미와 그 지향」(『만화애니메이션연구』 제58호, 2020)을 수정 보완한 것이다.

으며, 특히 「모아나」(2017)의 경우 유색인종의 정체성을 살리면서도 여성 주체의 지위를 잃지 않도록 각색했다는 점에서 긍정적 평가를 받은 바 있다. 이처럼 디즈니 스튜디오는 시대의 변화에 발맞춰 여성 영웅을 주인공으로 한 애니메이션을 꾸준히 시도해왔다.[1]

디즈니 스튜디오의 신작 「겨울왕국 2」(2019)는[2] 전편만큼 괄목할 흥행 성적을 기록하진 못했으나 여전히 절찬리에 종영되었고, 속편이 닦지한 다층적 의미는 오히려 전편을 능가하여 단순히 아동물로 평가하기 어려울 정도이다. '겨울왕국' 시리즈의 서사적 기반은 본래 북유럽 신화에서 유래한 '눈의 여왕' 이야기이다.[3] 주인공 엘사는 그리스신화의 타율적 여신 속성에서 벗어나 주도적으로 문제를 해결하고 세상을 구하는 여성 영웅의 성격을 지닌다. 이에 따라 전편에서 이미 남성을 보조자, 여성을 문

---

1 디즈니 애니메이션의 영웅서사에 관한 대표적 연구들은 다음과 같다.
김지연 「디즈니 애니메이션 「모아나」의 여성 영웅과 서사성 연구」, 『인문사회 21』 제8권 2호(2017. 4) 955~70면.; 김세훈·이혜원 「영웅서사를 활용한 디즈니 애니메이션의 전략」, 『한국콘텐츠학회논문지』 제14권 9호(2014. 7) 76~84면; 이혜원 「디즈니 애니메이션의 영웅 이야기」, 『애니메이션연구』 제12권 2호(2016. 6) 158~74면; 「애니메이션에서 나타나는 여성 영웅 캐릭터의 변화 연구: 디즈니 애니메이션의 여성 캐릭터를 중심으로」, 『만화애니메이션연구』 제57호(2019. 12) 187~209면.
2 「겨울왕국 2」는 '겨울왕국' 시리즈의 두번째 작품으로 2013년 개봉한 「겨울왕국」의 후속작이다. 크리스 벅·제니퍼 리 감독, 피터 델 베초 제작, 제니퍼 리 각본으로 미국에서는 2019년 11월 21일에, 한국에서는 11월 22일에 개봉했다.
3 '겨울왕국' 시리즈의 서사적 기반인 '눈의 여왕' 설화는 주인공 게르다와 카이가 본래 살던 도시에서 눈의 여왕의 성으로, 그리고 다시 도시로 돌아오는 과정을 그리고 있다. 이때 흔히 분리·탐색·모험·과제의 부여와 수행 등 통과의례를 거치는 성장서사를 연상하지만, 궁극적으로는 주체의 내적 변화와 성장이 아닌 모험 전의 상태, 곧 순수한 동심의 상태를 긍정하는 서사이다. '겨울왕국' 시리즈 또한 '눈의 여왕' 설화와 같이 모험과 회귀의 서사구조를 차용하지만, 모험이 주체의 성장을 촉발하는 계기가 된다는 점에서 원형과 차이를 보인다. 고영화 「〈눈의 여왕〉과 〈겨울왕국〉의 주제에 대한 비교 연구」, 『인문학연구』 제50집(2015) 462~69면.

제 해결자로 재현하며 모험가 남성과 기다리는 존재인 여성이라는 전통적인 남녀 캐릭터의 관계를 역전시킨 바 있다. 「겨울왕국 2」는 이에서 더 나아가 여성과 자연, 인종의 문제를 작품 속에 교직하여 더욱 풍부한 함의를 구현했는데, 이 과정에서 기존의 서구 서사 및 세계관과 대척점에 있는 비서구, 특히 동아시아의 서사적 상상력을 과감하게 도입하거나 조우시킨다.

따라서 이 글에서는 상술한 「겨울왕국 2」의 특성에 주목하여 해당 작품이 내함한 의미를 신화/여성학·이데올로기·생태주의의 세가지 층위로 나누어 밝혀보고자 한다. 신화와 여성학적 층위는 주인공 엘사를 중심으로 캐릭터 자체가 내포하는 신화적 의미를 먼저 도출한 뒤, 서사구조를 중심으로 「겨울왕국 2」가 기존의 서구 서사와는 다른 고유의 여성 영웅서사를 생산했음을 밝힌다. 또한 이데올로기적 층위는 탈식민주의적 관점에서 아렌델과 노덜드라의 관계를 중심으로 그것이 지니는 근대 서구 제국과 식민지 타자의 의미를 분석한다. 마지막으로 생태주의적 층위에서는 아렌델을 인간(문명), 노덜드라를 자연으로 상정하고 물활론적 세계관의 부활을 중심으로 논의를 진행한다. 끝으로 맺는말에서는 이렇게 해서 밝힌 「겨울왕국 2」의 다층적 의미가 금후의 포스트휴먼 시대에 대해 지니는 의의와 한계를 언급하고자 한다.

「겨울왕국 2」의 의미 층위

(1) 신화/여성학적 층위

물을 통한 여성성의 강화

신화에서 여신은 근원적 힘의 존재를 상징한다. 다시 말해 가부장적 의식이 침투하기 이전의 신화에서 여신은 독립적, 생산적, 치유적 특성을 지닌 생명력의 근원을 표상한다.[4] 이러한 맥락에서 「겨울왕국 2」의 주인공이 여성 영웅이라는 점은 신화적 의미와 맞닿아 있다. 그리스에서는 가이아, 동양에서는 여와 혹은 서왕모(西王母) 같은 신화 속 여신의 속성이 이 영화에서는 여성 캐릭터 엘사를 통해 구현되기 때문이다. 가령 『목천자전(穆天子傳)』에서 주목왕(周穆王)은 무너진 세상을 갱신할 수 있는 근원적 힘을 얻고자 곤륜산(崑崙山)의 서왕모를 찾아간다. 「겨울왕국 2」에서는 왜곡된 과거의 진실을 바로잡기 위해 정령들이 엘사를 소환한다. 즉, 신화 속 여신의 역할을 하기 위해 엘사는 신적인 존재로 거듭난다.

인간에게는 어머니의 자궁과 같이 모든 것을 생산하는 근원적 힘, 원천으로 돌아가고 싶어하는 모태회귀 본능이 존재한다. 그렇기에 가부장 사회로 이행하여 지배자가 남성 신으로 변모하기 이전인 초기 신화에서는 생명력을 상징하는 대모신을 숭배하는 양상을 보인다. 이러한 견해에 따르면 「포카혼타스」부터 「뮬란」 「모아나」 '겨울왕국' 시리즈 등 디즈니 영화에서 여성 영웅의 잦은 등장은 시대 변화에 따라 인간 내면에 잠복했던 여신 숭배라는 신화 원형이 소멸되지 않고 점차 부상하고 있는 징표라고도 할 수 있다.

나아가 제5의 정령이 된 엘사는 인간과 자연을 이어주는 매개, 즉 샤먼(무당)으로서 존재하게 된다. 이때 샤먼의 의미는 이 영화에 등장하는 자작나무를 통해 추측할 수 있다. 자작나무는 북방 샤머니즘에서 샤먼이 천계에 오르는 통로로 간주되어왔다. 「겨울왕국 2」에서 노덜드라인들은 자연을 숭배하고 자작나무 숲에서 생활한다. 더불어 추장이 나이 든 여

---

4 졸저 『이야기 동양 신화』(김영사 2010) 74면.

성이라는 설정은 노덜드라가 모계 중심 사회이며 여성 샤먼이 지배하는 질서에 따라 살아가는 종족임을 암시한다. 이에 따라 제5의 정령이 된 엘사는 인간과 자연을 중재하는 샤먼이 된다. 샤먼으로서의 엘사의 모습은 그녀가 물·불·대지·바람의 정령을 잠재우고 그들에게 말을 걸며 소통하는 장면을 통해 찾아볼 수 있다.

이때 정령이 다섯명이라는 설정은 이 작품에 동아시아의 음양오행 사상이 반영되었음을 보여준다. 이 영화는 물·불·바람·대지의 4원소에 더해 이들과 인간을 연결해주는 제5의 정령인 얼음으로 엘사를 내세운다. 본래 서양의 자연철학은 만물이 물·불·공기·흙으로 이루어져 있다는 4원소설에 한정된다. 반면 동양철학에서는 물·불·공기·흙·나무의 다섯가지 요소가 상호작용하며 변화를 만들어나간다고 본다. 세상을 구성하는 요소가 다섯가지라는 논리는 4원소를 중재해주는 요소가 필요하다는 생각에 기인한다. 고대 동아시아에서는 이러한 5개의 큰 기운을 신격화하여 숭배했는데, 여기서 다른 원소들을 중재해주는 원소는 바로 흙이다. 중국신화에서 흙은 황토, 즉 최고 신인 황제(黃帝)를 상징한다.[5]

그런데 「겨울왕국 2」에서는 엘사의 속성을 흙이 아니라 보다 여성성이 강하게 나타나는 물, 곧 얼음으로 설정한다. 물론 흙(대지)도 신화에서 대지모신 등 여신을 상징하기는 하나, 동양 신화에서는 황제, 곧 세계의 중심인 중국제국이자 가부장적 황권을 표상한다. 반면 이 작품에서 끊임없이 강조되는 물은 신화에서 창조와 생성, 파괴를 상징하는 동시에 여성성을 내포한다. 엘리아데에 따르면 수면으로의 부상은 창조로, 침수는 해체 행위로 해석된다. 즉 물은 죽음과 재생을 모두 함축하는데,[6] 이는 물의

---

5 같은 책 107면.
6 미르치아 엘리아데 『이미지와 상징』, 이재실 옮김(까치 1998) 165~66면.

순환론적 특성을 보여준다. 한편 신화 속의 여신 또한 자연과의 친밀한 연관성을 지니며 영원한 생명력과 창조력을 소유한다. 여성의 출산 역시 죽음과 재탄생의 생태적 순환과 동일시되기 때문이다.[7] 이렇듯 얼음, 곧 물을 속성으로 하는 여성 영웅 엘사는 자연과 일체화된 존재로 간주할 수 있다. 이러한 맥락에서 「겨울왕국 2」는 여성성을 강조하기 위해 본래 오행의 중재자인 흙을 물로 바꾸었고, 이로써 남성이 아닌 여성이 세계의 중재자가 되었음을 보여준다.

모녀관계를 통한 여성 영웅서사 재현

크리스토퍼 보글러(Christopher Vogler)는 캠벨의 영웅의 여정을[8] 구체화하여 12단계로 나눈 바 있다.[9] 「겨울왕국 2」에서 영웅 엘사의 서사구조를 살펴보면 보글러의 여정을 차용하되 일부 변형하였는데, 그 양상은 **표3**과 같다.

이처럼 「겨울왕국 2」는 전형적인 영웅서사를 차용하고 있지만 결말 부

---

[7] 정재서 외 『신화적 상상력과 문화』(이화여대 출판부 2008) 180면.

[8] 캠벨은 그의 저서 『천의 얼굴을 가진 영웅』에서 영웅의 여정을 크게 출발-입문-귀환으로 나누고 이를 다음과 같이 세분화한 바 있다(조셉 캠벨 『천의 얼굴을 가진 영웅』, 이윤기 옮김, 민음사 2004).

단계	출발	입문	귀환
세부 여정	1. 모험에의 소명 2. 소명의 거부 3. 초자연적인 조력 4. 첫 관문의 통과 5. 고래의 배	1. 시련의 길 2. 여신과의 만남 3. 유혹자로서의 여성 4. 아버지와의 화해 5. 신격화 6. 궁극적인 홍익	1. 회귀의 거부 2. 불가사의한 도주 3. 외부로부터의 원조 4. 회귀 관문의 통과 5. 두 세계의 주인 6. 살기 위한 자유

[9] 크리스토퍼 보글러 『신화, 영웅 그리고 시나리오 쓰기』, 함춘성 옮김(무우수 2005) 53면.

표3 「겨울왕국 2」가 재현하는 영웅서사

	영웅의 여정	「겨울왕국 2」
1	일상 세계	아렌델에서 안나·크리스토프·올라프와 평화로운 일상을 보내는 엘사
2	모험에의 소명	정령의 소리를 듣는 엘사
3	소명의 거부	정령의 소리를 무시하려는 엘사
4	정신적 스승과 만남	정령에 응한 후 트롤족 족장을 만나 소명을 다하기를 결심하는 엘사
5	첫 관문의 통과	불의 정령을 잠재운 엘사
6	시험, 협력자, 적대자	시험: 정령들의 시험 협력자: 안나·크리스토프
7	동굴로의 접근	아토할란으로 향하는 엘사
8	시련	물의 정령과 고군분투하는 엘사
9	보상	아토할란에 도달해 과거의 진실을 찾은 엘사
10	귀환의 길	귀환하지 않음(안나에게 진실을 알리고 얼음이 된 엘사)
11	부활	안나에 의해 부활하는 엘사
12	영약과 함께 귀환	댐 붕괴로부터 아렌델을 지키지만 귀환을 거부하는 엘사

분에서 귀환을 거부한다는 특이점을 지닌다. 엘사가 다시 여왕으로서 아렌델을 통치하는 것이 아니라 노덜드라로 회귀하기 때문이다. 물론 영웅서사구조의 원형을 제시한 캠벨에 따르면 귀환의 거부 항목이 존재하지만, 이는 서구 서사에서는 예외적인 것으로 취급된다. 그러나 영웅서사구조를 지닌 동아시아 신선설화의 경우 귀환의 거부가 일반적이다.[10] 아울러 「겨울왕국 2」의 엘사처럼 여성 영웅이나 여신이 등장하여 자신의

---

10 졸저 『불사의 신화와 사상』(민음사 1994) 152~53면.

소명을 다하고 세상을 구한다는 서사구조는 서구 신화에서보다 동양 신화에서 잘 나타난다. 가령 한국 무속신화 '바리데기'의 경우, 바리데기는 시련을 거쳐 생명수를 구해 죽음의 위기에 처한 부왕의 생명을 살린다. 이 부왕은 곧 가부장 사회를 상징한다. 여기서 바리데기는 딸이라는 이유로 버림받은 가부장제 규범의 희생양이다. 그러나 그녀는 자기극복과 희생을 통해 시련을 이겨내고 신적 존재로 거듭난다.[11] 이때 주목해야 할 것은 바리데기가 현세의 통치자로서 군림하는 것이 아니라, 지하 세계를 주관하는 길을 택했다는 점이다. 역시 귀환을 거부한 것이다. 엘사를 주인공으로 하는 「겨울왕국 2」의 서사구조는 이러한 동아시아의 신선 및 여성 영웅 설화의 그것과 유사성을 보인다고 하겠다. 이러한 사실은 디즈니 내지 할리우드 서사구조의 중요한 변화로 간주된다.

한편 엘사의 조부는 서구의 근대과학 내지 이와 공모관계에 있는 가부장 권력을 상징한다. 이에 이 작품에서는 가부장 권력의 과오로 인한 대가를 왕국, 곧 아렌델의 붕괴로 현시하며, 이것을 복구하고 아렌델과 노덜드라를 위험으로부터 지키는 역할은 여성 영웅 엘사가 맡게 된다. 이러한 엘사의 소명은 몰아가신 부모님의 배를 발견하고 자신을 탓하는 그녀에게 건네는 안나의 대사를 통해 직접적으로 드러난다. "언니의 마법은 선물이야. 아렌델을 구하고 마법의 숲을 되돌리게 하기 위해 언니한테 마법의 힘을 준 거라구."

한편 소명을 다하기 위한 시련의 과정에서 엘사는 자신의 정체성과 근원을 찾는다. 영웅이 자신의 근원을 찾아가는 여정은 영웅서사의 핵심 중 하나이기도 하다. 「겨울왕국 2」의 초반부에 엘사는 아렌델이 자신이

---

11 이유경 「여성 영웅 형상의 신화적 원형과 서사문학사적 의미」(숙명여대 국문과 박사 학위논문 2006) 79~81면.

있어야 할 곳이 아니라고 말하며 아렌델의 여왕이라는 자신의 정체성에 혼란을 느낀다. 그리고 자신의 진정한 자아를 얼음으로 이루어진 강인 아토할란에서 찾는다. 아토할란은 과거의 진실을 담고 있는 곳이자 엘사의 근원을 찾게 하는 공간이다. 엘사는 여기에 도달해 자신의 마법의 힘이 노덜드라 태생의 어머니로부터 왔으며, 인간과 자연을 매개하는 제5의 정령이라는 자신의 정체성을 깨닫는다. 이는 아토할란에서 엘사가 자신의 과거 기억 조각들 가운데 유년 시절 자장가를 불러주던 어머니와 마주하는 장면을 통해 드러난다. 어머니 이두나는 엘사에게 "집으로 돌아오라"고 말하고, 엘사는 "내가 찾았죠"라고 답한다. 아토할란이 바로 집, 엘사가 있어야 하는 공간이자 엘사의 근원임을 의미하는 것이다. 그리고 이러한 아토할란은 물은 모든 것을 기억한다며 아토할란을 신격화하는 노덜드라와 밀접한 관련이 있다. 이는 「겨울왕국 2」 영웅서사의 축이 모녀관계에 있음을 의미한다.

보편적인 영웅서사는 부자관계가 서사의 중심으로, 주인공이 아버지를 계승하여 모험을 시작하고 왕위를 물려받는 결말로 귀결된다. 신화에서부터 현대의 대중문화 콘텐츠까지 여성 영웅서사를 살펴보면 대부분의 주인공은 아버지의 딸로서 남성과 동일한 영웅의 여정을 답습한다.[12] 이에 모녀관계가 서사의 중심이라는 것은 「겨울왕국 2」가 기존의 남성중심적 영웅서사와 구별되는 지점이다.

나아가, 자신의 근원을 찾은 엘사는 아렌델의 왕으로 남지 않고 왕위

---

12 대표적으로 그리스신화에서 아테나는 아버지 제우스의 딸이기 때문에 강력한 힘을 부여받은 것으로 설명된다. 아테나 본인도 어머니와의 연대감보다 가부장제 원리를 중시하고 옹호한다. 디지털 게임 「라라 크로프트」의 여성 영웅 캐릭터 라라 크로프트 역시 자신을 아버지의 딸로 명명하며 아버지의 법을 추종하는 모습을 보인다. 한혜원 『앨리스 리턴즈』(이화여대 출판문화원 2016) 52~53면.

를 안나에게 물려준 뒤 어머니의 부족인 노덜드라로 회귀한다. 앞서 언급한 바와 같이 신화에서 자연과 여성과 물은 순환적이라는 측면에서 궤를 같이한다. 이러한 맥락에서 속성이 얼음, 곧 물을 상징하는 엘사가 가부장 질서에 편입되지 않고 어머니, 자연으로 돌아간다는 결말 또한 기존의 남성 영웅서사와는 차이점을 보인다.[13] 더불어 엘사가 안나의 남편 크리스토프가 아닌 여동생 안나에게 왕위를 물려주었다는 점도 현세의 아렌델이 가부장제 사회에서 여성중심적이며 자연과의 조화를 중시하는 모계사회로 이행했음을 드러낸다. 이는 최근 사회의 여성주의적 성향 혹은 여권의 부상을 반영하는 것이기도 하다.

캠벨과 보글러가 제시한 영웅의 여정은, 여성이 영웅으로 거듭나기 위해서는 남성 누군가의 여성으로 속해 있거나 가부장제 질서와 논리 아래 남성성을 답습한 영웅으로만 인정받을 수 있었기에 온전한 여성 영웅이 탄생하기 어렵다는 한계가[14] 존재했다. 「겨울왕국 2」는 보글러의 영웅서사 구조를 차용하되 동아시아의 서사적 상상력을 원용하여 엘사가 얼음(물)의 화신이라는 설정과 귀환의 거부, 어머니 자연으로의 회귀를 통해 그 한계를 극복하고 온전한 여성 영웅을 만들어냈다. 따라서 「겨울왕국 2」는 영웅의 성별만 여성이고 남성 영웅서사를 답습한 콘텐츠가 아니라, 고유의 여성 영웅서사를 생산하고자 노력한 작품이라 볼 수 있다.

---

13 실제로 디즈니는 「포카혼타스」 「뮬란」 「모아나」 등 여성 영웅을 주인공으로 한 애니메이션을 다양하게 시도해왔으나 영웅의 성별만 여성일 뿐 디즈니 애니메이션의 전형적 남성 영웅서사를 답습했다는 지적을 받은 바 있다. 김지연, 앞의 글 964면.
14 한혜원, 앞의 책 24~26면.

(2) 이데올로기적 층위

사이드에 따르면 서구는 실제 동양의 모습과 관계없이 동양에 대한 편견을 생산하고 이를 통해 식민 지배를 합리화했다. 즉 서구와 동양을 문명과 야만으로 이분화하고, 열등하고 여성적인 성향으로 동양이라는 지식체계를 형성했다. 이러한 서구의 왜곡된 동양론을 오리엔탈리즘이라 말한다.[15] 이같은 관점에 입각할 때 「겨울왕국 2」에서 엘사의 조부가 통치하던 과거의 아렌델은 서구 제국주의, 노덜드라는 식민지 타자로 상정할 수 있다. 다만 아렌델의 경우 엘사의 조부-아버지 아그나르-엘사의 순서로 통치자에 따라 노덜드라를 바라보는 관점에 차이가 있기에 이를 구분하여 논의를 전개하고자 한다.

우선 아렌델과 노덜드라가 나타내는 인종적, 문화적 차이는 인물의 외양과 거주 환경 등에 대한 묘사를 통해 알 수 있다. 엘사를 비롯한 아렌델 국민과 노덜드라 부족의 외양을 비교해보았을 때, 엘사의 조부와 엘사의 외양은 흰 피부, 뚜렷한 이목구비, 금발 등 백인의 전형을 따른다. 반면 노덜드라인들은 째진 눈, 두툼한 입술에 황색 피부를 지녔다는 점에서 유색인종의 외양을 보여준다. 유색인종, 특히 황인종의 외양에 대한 이러한 전형적 묘사가 오리엔탈리즘의 소산이라는 비판은 디즈니의 전작 「뮬란」에 대해서와 마찬가지로 피해갈 수 없다. 이들 종족은 자작나무·순록 등의 요소로 보아 좀더 구체적으로는 북방 라플란드계 종족, 에스키모인 혹은 북미 원주민 등으로 추측해볼 수 있다.

한편, 거주 환경을 비교해보았을 때 아렌델은 기술의 발전에 따른 도시 문명의 전형을 보여준다. 교역의 중심인 항구는 근대 제국주의 국가

---

15 Edward Said, "Introduction," *Orientalism* (New York: Vintage Books 1979).

를 상징한다. 반면 노덜드라는 움막을 지어 순록들과 함께 살아가며 나무를 활용해 불을 피우는 등 원시적, 유목적인 삶의 방식을 따르는 촌락 공동체 그 자체이다.

엘사의 과거 회상에서 그녀의 조부는 신하에게 "마법 같은 것은 사람들의 마음을 현혹시키고 교만하게 만든다"고 강변하며 노덜드라를 공격할 것을 명령한다. 이러한 대사에는 자연과 마법을 믿으며 그 속에서 살아가는 노덜드라를 열등하다고 보는 사고가 내포되어 있다. 따라서 엘사의 조부가 지배자였던 과거의 아렌델은 합리성·이성·문명 등으로 표상되는 제1세계를 상징한다. 반면 노덜드라는 제1세계에 의해 주술성·신비스러움·미개함 등의 특성으로 타자화된 비서구권 국가 내지 종족을 의미한다.

서구의 동양에 대한 지배는 물리적 폭력에 전적으로 의존하기보다 자발적 순응을 유도하여 지배로 고착화시키고자 했다.[16] 이러한 서구 제국주의의 식민지 지배 방식은 영화 속에서 엘사의 조부를 통해 재현된다. 엘사의 조부는 노덜드라에 친교관계를 위한 평화의 선물이라는 명목으로 댐을 건설해준다. 그러나 여기에는 노덜드라를 정복하려는 의도가 깔려 있다. 이는 엘사의 조부가 신하에게 노덜드라를 방문할 때 병력을 준비하라고 명령하며 덧붙인 말에서 잘 드러난다. "댐으로 인해 지반이 약해지면 그들은 아렌델에 의지할 것이다."

따라서 댐은 문명이라는 이름으로 식민지를 정복하고자 하는 서구 제국주의 열강의 수단이라 할 수 있다. 이처럼 엘사의 조부는 식민지 타자를 상징하는 노덜드라를 비문명적이며 아렌델보다 미개한 종족으로 간

---

16 고부응 「에드워드 사이드와 탈식민주의 이론」, 『역사비평』 2004년 가을호 364면.

주하고 그들을 정복하려 한다. 이런 태도로 인해 아렌델과 노덜드라의 대립은 불가피했다. 그러나 그 후대인 엘사의 아버지 아그나르는 노덜드라 출신의 이두나와 결혼한다. 여기에서 결혼은 주체와 타자, 즉 이질적 양자의 결합을 상징한다. 하지만 아그나르는 노덜드라가 먼저 아렌델을 공격했다는 왜곡된 진실을 믿었고 이를 바로잡지 못했다. 이러한 맥락에서 보면 엘사의 아버지 세대는 노덜드라, 곧 식민지 타자와의 화해를 시도하지만 철저한 자기반성과 완전한 이해가 결여된 과도기적 시기라 할 수 있다.

엘사의 아버지 세대를 거쳐 그 후손인 엘사와 안나의 세대에 이르면 이들은 자기 손으로 직접 댐을 부숨으로써 노덜드라와의 완전한 화해와 공존을 이루어낸다. 댐을 부수자 정령들은 마법의 숲에 드리운 안개를 거두고, 노덜드라와 아렌델 군인들의 기나긴 싸움은 완전히 끝난다. 물론 이와 관련하여 궁극적으로는 디즈니가 백인에게 영웅 역할을 부여했다는 비판도 가능하다. 그러나 아렌델 통치자의 댐에 대한 인식 변화, 곧 서구 주체의 타자에 대한 인식 변화에 주목한다면 엘사와 안나가 댐을 부순 행위는 근대 서구의 과오를 인정하고 철저한 자기반성을 거쳐 타자와 화합하려는 시도를 보여준 것으로 해석할 수 있다.

호미 바바(Homi K. Bhabha)는 제국주의 국가와 식민지 국가의 관계를 환원 불가능한 동시에 분리 불가능한 관계로 정의하며, 주변화된 타자의 특수하고도 복잡한 역사와 정체성을 보존하고 존중해야 한다고 강조한 바 있다.[17] 「겨울왕국 2」에서 노덜드라가 엘사의 어머니 부족이라는 설정과 더불어 자신의 정체성을 찾은 엘사가 과거를 바로잡고 댐을 부순

---

17 바트 무어-길버트 『탈식민주의! 저항에서 유희로』, 이경원 옮김 (한길사 2001) 293면.

후 그들과 화해를 이루는 행위는 식민지 타자를 온전히 받아들이려는 의지를 표현한다. 아울러 화해를 이룬 뒤 엘사는 노덜드라를 아렌델의 방식대로 개발하는 것이 아니라 그대로 마법의 숲, 즉 자연 속에서 살아가도록 한다. 문명과 기술로 이루어진 환경이 아니더라도 그것을 열등하게 보지 않고, 자연을 숭배하고 따르며 그 속에서 살아가는 노덜드라인들만의 삶의 방식을 존중하여 그들과 공존하는 것이다. 상술한 양상은 디즈니가 과거 제국주의 시대 아메리카 원주민 등 식민지 타자를 억압하고 지배를 합리화했던 서구의 행태를 반성하며 인종과 국가의 경계를 넘어선 화합을 지향한다는 식의 긍정적인 취지로 읽힐 수 있다. 그러한 견지에서 영화 「아바타」(2002)는 「겨울왕국 2」의 선례가 될 수도 있다. 그러나 신자유주의 세계경제체제라는 근본적 구도를 염두에 두고 사유할 때 이러한 탈종족적, 탈영토적 기획이 디즈니 문화산업의 영역 확장과 일정한 상관관계가 있으리라는 해석도 떨치긴 어렵다 할 것이다.

(3) 생태주의적 층위

생태계에서 생명은 인간을 포함한 모든 종류의 생명체를 포함한다. 이는 모든 생명의 뗄 수 없는 상호의존성을 강조하는 일원론적 형이상학에 기인한다.[18] 일찍이 에른스트 카시러(Ernst Cassirer)는 이를 '생명의 연대성'이라고 부른 바 있다.[19] 이러한 관점에서 자연은 가장 포괄적인 개념으로서 인간을 포함한 모든 존재를 총괄적으로 지칭하기에 인간과 자연은 구별할 수 없이 밀접하게 얽혀 있는 하나의 전체를 구성한다.[20]

---

18 박이문 『문명의 미래와 생태학적 세계관』(당대 1997) 71~72면.

19 Ernst Cassirer, *An Essay on Man* (New Haven: Yale University Press 1947) 82면.

20 박이문, 앞의 책 75~76면.

인간과 자연을 분리된 관점에서 보았을 때 아렌델은 기술 발전으로 인해 문명화된 도시로서 자연과 절연된 인간을 상징한다. 과거 아렌델의 통치자인 엘사의 조부는 문명화되지 않고 자연을 따르는 노덜드라를 비과학적으로 간주하며 타자화한다는 점에서 인본주의적 인물이다. 반면 자연에 귀의한 노덜드라인들은 자신들을 태양의 자손이라 칭하며 자연을 숭배하고 자연의 변화에 귀 기울인다고 말한다.

정령들은 이러한 자연을 인위적으로 파괴하고 정복하려는 아렌델에 경고를 내린다. 그 경고는 정령의 저주라 표상되는 안개를 통해 가시화된다. 이는 실제로 댐을 건설했을 때 해당 지역에 안개가 자주 끼고 기후 및 지형 변화, 종의 감소 등으로 자연이 파괴되는 현상을 반영한 것이기도 하다. 그러므로 조부가 건설한 댐은 생태학적 관점에서 자연 파괴를 의미하기도 한다. 이는 엘사가 과거의 진실을 보는 장면에서 노덜드라의 추장이 엘사의 조부에게 댐을 건설한 이후 오히려 지반이 더 불안정해졌다고 이야기하는 데에서도 알 수 있다. 그러나 인간과 자연은 불가분의 관계에 있기에 환경이 파괴되었을 때 인간의 삶 또한 영위하기 어렵다. 댐을 파괴했을 때 정령들이 안개를 거두고 아렌델과 노덜드라에 안정이 찾아왔다는 것은 자연에 가급적 인위적인 힘을 가하지 않고 있는 그대로 보존해야 함을 시사한다.

인간과 자연의 조화를 강조하는 메시지는 영화 후반부에서 정점을 찍는다. 안나가 댐을 파괴한 후 부활한 엘사는 안나에게 왕위를 물려주며 말한다. "어머니는 우리 자매를 낳으셨어. 아렌델과 노덜드라를 잇는 다리는 두개가 필요한데, 하나는 나고 다른 하나는 바로 너, 안나야. 난 내가 있어야 할 곳을 알았어." 마법의 힘을 지닌 제5의 정령인 엘사와 마법의 힘은 없지만 현세의 통치자 자리를 계승하는 안나는 혈연으로 이루어진 자매관계이다. 즉 엘사와 안나는 각각 자연과 인간을 뜻하며, 양자가 불가분의 관계에 있음을 자매관계로 암시한 것이다. 영화는 마지막 부분에서 안나가 비둘기를 매개로 노덜드라에 있는 엘사와 끊임없이 교류하는 장면을 통해 자연과의 단절을 극복하고 소통해야 함을 다시 한번 강조한다.

이와 같은 상황은 신화의 기본적 세계관인 물활론적 사고와 맞닿아 있다. 만물은 살아 있으며 서로 연결되어 있다고 보는 물활론은 신화적 세계관이자 생태주의의 기본 관념이다. 따라서 물활론은 자연계의 모든 사물에 영적인 것이 깃들어 있다고 믿는 애니미즘(animism)과 동궤(同軌)에 속하는 생각이다.[21]

물활론은 근대 데까르뜨의 인본 철학과 과학이 등장한 이후 사멸된 듯했으나 최근 신과학의 물질실재론(matter realism)·신유물론 등을 통해 입증되고 있으며 포스트휴먼 존재론이 대두하면서 부활하고 있다. 가령 로시 브라이도티(Rosi Braidotti)는 현재까지의 역사는 인간 중심으로 흘러왔으며 '인간'에 대한 휴머니즘적 강조가 자연에 대한 지배, 착취와 연결되어 있다고 수상한 바 있다.[22] 이에 모든 생명체의 던일성과 존재적 자유로움을 전제하는 일원론을 탈인간중심주의의 방안으로 제시한다. 보다 구체적으로, 인간 아닌 '생기적 힘'(vital force)을 '조에'(zoe)로 코드화하여 조에 중심의 평등주의가 탈인간주의적 선회(旋回)의 핵심이라 말한다.[23]

---

[21] 영화 속에서 노덜드라인들은 물·불·바람·대지의 4원소에 각각 정령이 깃들어 있다고 믿으며 그들을 숭배한다. 이는 모든 사물에 정령이 있다고 믿으며 숭배하는 애니미즘의 양상과 유사하다.

[22] 로지 브라이도티 『포스트휴먼』, 이경란 옮김(아카넷 2015) 26면.

[23] 같은 책 82면.

「겨울왕국 2」에서도 인간을 포함한 모든 사물들이 살아 있다.[24] 우선 이 작품에서는 서사 초반부부터 결말 부분까지 물은 모든 것을 기억한다고 말하며 물을 강조한다. 즉, 물을 살아 있는 것으로 간주한다. 가령 엘사가 과거에 대한 질문을 하면 물은 얼음 조각의 형태로 과거의 주요 사건을 그대로 재현해낸다. 물의 생명력에 대한 이러한 묘사는 사실 서구 문학에도 선례가 있다. 너새니얼 호손(Nathaniel Hawthorne)의 『주홍 글씨』를 보면 어머니 헤스터와 어린 딸 펄이 시냇물을 두고 다음과 같은 대화를 나눈다.

시냇물은 아이들이 재잘대듯 쉴 새 없이 소리를 내며 흘렀다. 사람의 마음을 다정하고 부드럽게 쓰다듬어 주는 소리였다. "시냇물아, 넌 어쩜 그렇게 슬퍼 보이니? 기운을 좀 내 봐. 그렇게 한숨을 쉬며 중얼거리지만 말고!" 잠시 시냇물 소리에 귀를 기울이던 펄이 시냇물과 이야기라도 나누듯 소리쳤다. "이 슬픈 시냇물이 뭐라고 그러는 거야, 엄마?" "우리한테 어떤 슬픈 일이 일어나면 시냇물은 그 슬픔에 관한 이야기를 해 주는 걸 거야."[25]

주술적 정조가 다분한 호손의 작품에서 물은 살아 있는 존재처럼 그

---

[24] 실제로 「겨울왕국 2」의 감독 제니퍼 리는 "물의 정령이 말로 등장하거나 불의 정령이 도롱뇽으로 등장하는 것은 실제 북유럽 민담과 신화 속에 존재하는 부분"이라 전했으며, "핀란드 등 북유럽을 방문했을 때 거센 바람과 거대한 바위의 모습을 많이 발견했고 거기서 소재를 얻었다"라고 덧붙인 바 있다. 이처럼 「겨울왕국 2」는 물활론에 기반한 신화적 서사를 수용하고 있다. 「'겨울왕국 2' 알고 보면 더 흥미로운 제작 비하인드 대방출」, 서울경제 2019. 12. 3.

[25] 너새니얼 호손 『주홍 글씨』, 한은선 옮김(지경사 2011) 124~25면.

려졌다. 「겨울왕국 2」에서 물을 비롯한 불·대지·바람은 정령으로 구현된다. 대지는 바위 거인으로, 물은 얼음으로 이루어진 말로 재현되고, 올라프와 안나는 바람의 정령에게 '게일'이라는 이름도 붙여주며 살아 있는 존재로 대한다. 이러한 비인간(non-human) 자연은 의지를 가지고 행동하고 자신을 둘러싼 환경과 상호작용하는 미적-정동적(aesthetic-affective) 존재이며 "우리와 우리의 주변을 통과하며 흐르는 생기적 물질성"으로[26] 충만하다.

지금까지 자연에 대한 서구의 관점은 "생육하고 번성하여 (…) 땅을 지배하라"는 창세기의 선언이 시사하듯이 인간 주체를 위해 모든 것을 이용하고 착취할 수 있다는 생각을 당연시해왔다. 이에 고무되어 자연 파괴와 환경 악화 등의 문제가 심화되어온 것이 사실이었다. 그러나 「겨울왕국 2」는 인간과 자연의 조화를 추구하는 동양의 일원론적 세계관을 수용하여 기존 관념과 행태를 비판하고 반성한다. 「겨울왕국 2」의 이러한 세계관은 영화 「아바타」의 생태주의적 지향과도 상당히 겹치는 부분이 있다. 아울러 두 작품 모두 이러한 선한 의도에도 불구하고 백인을 생태 위기의 메시아로 재현했다는 점에서 한계를 드러냈다는 비판도 있을 수 있다.[27] 그러나 엘사가 지배자로의 복귀를 거부하고 자연을 상징하는 노덜드라에 안착했다는 점에서 「겨울왕국 2」는 한층 진전된 의식을 갖고 인간과 자연, 나아가 비인간 존재와의 공존을 지향하고 있는 것으로 보인다.

---

26 제인 베넷 『생동하는 물질』, 문성재 옮김(현실문화 2020) 13면.
27 강성률 「영화 〈모노노케 히메〉와 〈아바타〉에 나타난 이데올로기 연구」, 『현대영화연구』 제15권(2013. 5) 138~39면.

맺는말

"물은 모든 것을 기억한다."

"기술은 인류의 구원이자 저주다."

이 두 대사는 영화 속에서 등장인물들의 입을 빌려 끊임없이 반복된다. 이는 곧 두 대사가 「겨울왕국 2」가 전달하는 메시지를 함축하고 있음을 의미한다. 여기에서 '순환론적인 물'과 '인간과 기술'이라는 두가지 주제의식을 확인할 수 있다. 이에 이 글에서는 먼저 주인공 엘사 캐릭터와 영웅서사 구조 분석을 통해 「겨울왕국 2」가 지니는 신화적, 여성학적 의미를 밝혔다. 더불어 이데올로기적 관점에서 아렌델과 노덜드라의 정치적 관계를 중심으로 분석한 뒤, 이어서 생태주의적 관점에서 이 작품의 인간과 자연의 관계성을 도출하였다.

우선 「겨울왕국 2」의 여성 영웅 엘사는 물을 상징한다는 점에서 일차적으로 신화적 속성을 지닌다. 그녀는 제5의 정령이 되면서 인간과 자연을 매개하는 샤먼이자 위기에 빠진 현세를 구원하는 영웅으로 거듭난다. 나아가 현세를 구원했음에도 귀환을 거부하고 어머니의 근원인 노덜드라로 회귀함으로써 전통적인 남성 중심 영웅서사에서 탈피하였다. 이를 통해 이 글에서는 「겨울왕국 2」 서사의 축이 모녀관계에 있다는 특성을 도출하였다. 물론 이 작품은 모계사회를 함의하는 모녀관계 외에도 자매애, 모험하는 존재와 기다리는 존재의 전통적 도식을 역전한 안나와 크리스토프의 관계 등 주변 인물과 관련해 여성학적 측면에서도 해석될 여지가 많다. 다만 이 글에서는 이 작품이 지닌 신화적 의미를 도출하기 위해 신화적 인물인 주인공 엘사와 그와 관련한 서사구조를 중심으로 분석하였다.

한편 이데올로기적 관점에서는 아렌델과 노덜드라의 정치적 관계를 인물의 외양과 거주 공간의 비교를 통해 서구 열강과 식민지 타자의 관계로 치환하여 논의를 전개하였다. 이에 「겨울왕국 2」는 제국주의를 상징하는 엘사의 조부로부터 아버지 아그나르를 거쳐 엘사에 이르러 서구 열강이 식민지 타자와 화해와 공존을 이루는 과정을 그리고 있다고 보았다. 이는 디즈니가 식민지 타자를 열등한 존재로 간주하고 지배했던 과거 서구 문화권의 과오를 반성하는 모습으로도 해석 가능하다.

마지막으로 생태주의적 관점에서 아렌델은 기술 발전으로 문명화된 도시 내지 인간을, 노덜드라는 자연을 상징한다고 해석했다. 영화 속에서 댐은 자연에 인위성을 가하여 정복하려는 인간 및 문명의 수단이다. 이에 자연을 표상하는 숲의 정령들은 안개를 통해 경고를 내리고, 댐이 파괴되었을 때 아렌델과 노덜드라는 안정을 되찾는다. 이러한 서사를 통해 이 작품은 인간과 자연이 불가분의 관계에 있으며, 자연을 있는 그대로 수용해야 함을 강조한다. 아울러 이 작품은 숲의 정령들을 살아 있는 존재로 구현함으로써 신화의 기본 세계관인 물활론적 관념을 함축하고 있음을 보여준다. 나아가 이러한 비인간 및 자연이 의지를 갖고 행동하는 양상을 재현함으로써 이른바 신유물론적 평등주의를 지향한다.

「겨울왕국 2」의 상술한 의미들은 근대 폐해를 극복하기 위해 서구의 전통 신화관을 탈피하고 비서구, 특히 동아시아 서사적 상상력과의 조우를 통해 효과적으로 표현되었다. 그 결과 「겨울왕국 2」는 오리엔탈리즘으로 도식화된 타자 재현과 신자유주의 세계체제하의 서사전략이라는 한계에도 불구하고 인간과 자연, 여성과 타자, 나아가 비인간과의 공존을 지향하는 포스트휴먼 시대의 신개념에 상응하는 의미를 제시했다는 점에서 전향적으로 평가될 여지를 지닌다.

2. 항공의 신화적 기원과 상상력의 전개: 비행에서 비상으로

새처럼 창공을 나는 것은 인류의 숙원이었다. 이러한 소망은 결국 기술적으로 실현되어 오늘날 우리는 비행기라는 기기(機器)에 힘입어 공중을 자유롭게 다닐 뿐 아니라 우주로까지 활동 영역을 확대하고 있다. 여기서 주목해야 할 것은 상상력이 지닌 힘이다. 비행에 대한 상상이 그것을 가능케 하는 비행기의 등장을 초래했다는 엄연한 사실은 비행에 대한 최초의 상상을 담은 스토리, 곧 신화를 떠올리게 함과 동시에 이 비행의 신화적 상상력이 물리적 구현에 만족하지 않고 또다른 차원에서 영속할 것이라는 전망으로 우리를 이끈다.

이 글에서는 이와 같은 취지에 입각하여 항공(航空)의 신화적 기원을 살펴보고, 그러한 상상력이 테크놀로지 차원과 별도로 문학예술에서 어떻게 전개되었는지 그 양상을 탐구하면서 항공이 갖는 의미를 물리적 '비행'이 아닌 내면의 '비상'이라는[28] 인문학적 관점에 주목하여 논의하고자 한다. 이에 따라 이 글에서는 우선 항공의 신화적 기원을 동서양 신화의 사례들을 통해 탐색하고 그 의미를 분석할 것인데, 이를 위해 주로 중국신화와 그리스신화의 사례들을 원용할 것이다. 이어서 항공의 상상력이 역사시대를 통해 동양과 서양에서 어떻게 변천해 오늘에 이르렀는

---

28 '비행(飛行)'과 '비상(飛翔)'은 본래 '낢'(flight)이라는 의미에서 큰 차이가 없으나, 이 글에서는 두 어휘의 일반적 용례에 비추어 비행을 물리적으로 날아오르는 행위로, 비상을 정신세계의 고양 혹은 승화로 구분해 사용하고 있음을 일러둔다.

지 살펴보고 그 차이가 갖는 의미를 논할 것이다. 다음으로는 항공의 상상력이 문학예술 방면에서 내면의 비상 차원으로 잘 구현된 작품들을 예석(例析)할 것인데, 이를 위해 샤갈(Marc Chagall)·이상(李箱)·생떽쥐뻬리(Antoine de Saint-Exupery) 등의 작품을 선별할 것이다. 당연히 비상 이미지와 관련된 작품들이 많겠으나 제한된 지면에서 모두 다룰 수 없어 케이스 스터디가 불가피한데, 이 중 세 작품이 그러한 취지를 잘 보여줄 수 있으리라는 판단하에 임의로 채택한 것이다.

1) 항공의 동서양 신화적 기원

원시인류는 동물을 토템으로 숭배하였고 그중에서도 조류는 비행 능력 때문에 신성시되었으며, 많은 민족들이 이에 관한 신화를 남기고 있다. 동양의 경우 중국의 신화집『산해경』에는 인간이 새가 되기를 염원하는 조인일체(鳥人一體) 관념을 보여주는 신화들이 남아 있다. 가령 우민국(羽民國)과 환두국에 대한 기록이 그것이다.

> 우민국이 그 동남쪽에 있는데, 그 사람들은 머리가 길고 몸에 날개가 나 있다.
> 羽民國在其東南, 其爲人長頭, 身生羽.[29]

> 환두국이 그 남쪽에 있는데, 그 사람들은 사람의 얼굴에 날개가 있고 새의 부리를 하고 있으며 지금 물고기를 잡고 있다.

---

29 『山海經』「海外南經」.

讙頭國在其南, 其爲人人面有翼, 鳥喙, 方捕魚.[30]

우민국과 환두국은 아마 중국 대륙 동남방에 위치해 조류를 숭배하던 종족집단에 대한 상상일 것으로 추정된다. 이들 종족은 보통 '동이(東夷)'로 불렸는데, 새 토템과 샤머니즘을 특징으로 하는 문화를 지니고 있었다. 조인일체 관념은 또한 사람의 얼굴에 새의 몸을 한 인면조에 대한 상상을 낳는다. 『산해경』에는 전쟁·가뭄·귀양 등 흉한 일을 예고하는 부혜(鳧傒)·옹(顒)·주(鵸) 등의 인면조가 등장하는데, 고구려 덕흥리 고분벽화에 그려진 만세는 천년만년 산다는 길조로서 이러한 인면조의 계보를 잇는다.

사람들은 새처럼 날개가 달려 날아간다는 환상에 만족하지 않고 비행할 수 있는 장치를 상상하기도 하였다. 서쪽 변방에 사는 기굉국(奇肱國) 사람은 팔이 하나이고 눈이 셋이며 암수한몸의 존재인데,[31] 비거(飛車)라는 날 수 있는 기계를 만들어 바람을 타고 멀리 다니기도 했다고 한다. 성

---

30 『山海經』「海外南經」

31 『山海經』「海外西經」: "奇肱之國在其北, 其人一臂三目, 有陰有陽."

왼쪽부터 『산해경』의 주, 평안남도 남포시 덕흥리 소재 고구려 고분벽화의 만세, 『산해경』의 기굉국 사람

군인 탕(湯)임금 때 이 비거를 중국 땅에서 발견했으나 즉각 부수고 백성들에게 보여주지 않았다가 10년후 서풍이 불었을 때 다시 조립하여 기굉국으로 돌려보냈다는 신화가 있다.[32] 여기서 우리는 고대 중국인의 테크놀로지에 대한 불신을 엿볼 수 있다.

서양의 경우 비행과 관련된 유명한 이야기로 그리스의 이카로스 신화를 들 수 있다. 미노스 왕의 미궁에 갇혀 있던 명장(名匠) 다이달로스와 아들 이카로스는 봄에 새의 깃딜을 밀랍으로 붙여 날개를 만든 후 새처럼 날아 미궁을 탈출한다. 그러나 이카로스는 신이 난 나머지 끝없이 올라갔다가 태양열에 밀랍이 녹아 날개가 떨어지는 바람에 추락해 죽고 만다.

이 신화는 비행의 욕망 및 그것의 달성과 관련된 조인일체 관념을 표현하고 있다. 이카로스의 탈출과 죽음에서 테크놀로지에 대한 양가적 감정을 엿볼 수 있는데, 기술은 이로울 수도 있지만 위험할 수도 있다는 생각이 그것이다. 그럼에도 이카로스 신화는 중국의 조인일체 신화에 비해

---

32 앞의 기사에 대한 곽박의 주석: "其人 (…) 能作飛車, 從風遠行, 湯時得之於豫州界中, 即壞之, 不以示人. 後十年西風至, 復作遣之."

왼쪽부터 이딸리아 뽐뻬이의 프레스꼬 벽화에 그려진 이카로스의 추락(40~80년경, 나뽈리 국립고고학박물관 소장), 아테네 출토 항아리에 묘사된 헤르메스(B.C.480~470, 테라코타, 11.4x34cm, 메트로폴리턴미술관 소장)

테크놀로지를 긍정하는 측면이 있다. 탕임금은 기공국의 비거라는 기계를 아예 백성들로부터 차단하지 않았던가!

그리스신화에서 비행과 관련된 존재로는 또 헤르메스가 있다. 헤르메스는 제우스 신의 전령으로서 날개 달린 신발을 신고 어디든 돌아다닌다. 질베르 뒤랑은 상업과 교역, 이동이 활발한 지금 시대를 '헤르메스의 시대'로 명명한 바 있는데, 세계 모든 곳으로의 비행이 가능한 오늘에 걸맞은 존재가 바로 헤르메스라는 점에서도 뒤랑의 명명은 설득력이 있다 할 것이다. 지금 우리는 마치 헤르메스의 날개 달린 신발을 신고 다니듯이 비행기를 타고 전세계를 돌아다닌다.

2) 항공 상상력의 역사적 변천

동서양 신화의 비교에 이어 항공의 상상력이 역사시대에 들어와 어떠한 변천을 거쳐 오늘에 이르렀는지 살펴보고자 한다. 동양의 경우 테크

놀로지에 대한 불신이 깊어[33] 조인일체의 상상력은 물리적으로 잘 추구
되지 않고 내면의 비상이라는 정신적 차원으로 계승된다. 여기에는 조인
일체 신화의 주체인 동이계(東夷系) 종족의 원시종교인 샤머니즘의 영향
도 무시할 수 없는데, 샤머니즘에서는 '주술적 비상'(magical flight)을[34]
추구하기 때문이다. 다시 말해서 조인일체의 상상력은 비행이 가능한 고
도의 정신적, 육체적 능력을 지닌 완전한 존재를 지향하게 되는데, 이러
한 존재가 바로 신선(神仙)이다. 신선은 우인(羽人), 우사(羽士)라는 별칭
을 지니고 있어 앞서 언급한 신화적 존재인 우민, 환두로부터 계승된 것
을 알 수 있는데, 고구려 고분벽화 등의 도상에서 확인되듯이 흔히 새를
타고 다니거나 스스로 날개가 있어 비행할 수 있는 존재로 표현되었다.
후세에 신선은 도교에 통합되어 유교의 성인, 불교의 부처와 더불어 도
교의 가장 이상적 인물로 추구된다. 도교의 궁극적 목표는 육신의 완성
뿐 아니라 내면적 비상을 달성한 완전한 인간 곧 신선이 되는 것, 융의 표
현을 빌리면 의식과 무의식이 통합되어 진정한 개성화를 이룩한 인격체
가[35] 되는 것이다.

　기술적 방면을 도외시하고 내면화의 길을 걸었던 동상과 달리 서양에
서는 항공의 신화적 상상력이 현실화, 과학화 노선을 추동한다. 이는 동
양에 비해 테크놀로지에 대한 인식이 상대적으로 긍정적인 데 기인한다
할 것이다. 물론 서양에도 외형상으로는 동양의 신선 같은 존재로서 날
개 달린 천사가 있긴 하나, 이는 천부적, 자연적 존재로 상상된 것이지 자

33　졸고「사이보그 서사의 기원, 역사 그리고 비교학적 성찰」,『사라진 신들과의 교신을
　　위하여』(문학동네 2007) 257~63면.

34　Mircea Eliade, *Shamanism*, tr. Willard R. Trask (Princeton: Princeton University Press
　　1974) 4-5면.

35　올란디 야코비『칼 융의 심리학』, 이태동 옮김(성문각 1982) 171~75면.

평안남도 남포시 소재 고구려 강서고분 벽화 속 새를 탄 신선

기완성적 존재가 아니라는 점에서 큰 차이가 있다. 서양의 경우 비행의 신화적 상상력은 실제 비행 기기의 제작을 촉발하였고, 릴리엔탈(Otto Lilienthal)의 글라이더 비행 시험[36] 등 수많은 시행착오 끝에 라이트(Wright) 형제의 역사적 성공 이래 오늘에 이르기까지 눈부신 발전을 이룩해왔다. 이는 마치 영생불사라는 신화적 꿈을 달성하기 위해 동서양이 연금술에 매진했지만, 동양에서는 이것이 후일 명상과 호흡을 통해 신체 내부의 불사약, 곧 내단(內丹)을 추구하는 방향으로 내면화되었음에 반해 서양에서는 과학과 기술의 발달로 외면화되었다는 현실과 상응하여 흥미롭다.

3) 문학예술에서 항공 상상력의 내면화

기술의 발달로 비행기가 제작되고 우주로 향하는 수준에 이르렀다고

---

36 독일 항공의 개척자 릴리엔탈은 조류의 비행을 관찰하여 글라이더를 만들었고, 활공(滑空)에 성공했으나 시험 중 강풍을 만나 추락사했다. 그러나 그로 인해 비행기 제작이 진일보했다는 평가를 받는다.

해서 인류의 신화적 숙원이 충족된 것은 아니다. 그것은 물리적인 비행에 도달한 것이지 내면의 비상을 이룩한 것은 아니기 때문이다. 이 글에서는 근대 이후 비행의 이미지를 통해 내면의 비상을 추구한 경우를 문학예술 방면에서 찾아보고자 한다.

먼저 미술 쪽에서 뚜렷한 사례로 거론할 수 있는 작가는 샤갈이다. 러시아 태생의 샤갈은 목가적 고향에 대한 추억과 연인이자 아내인 벨라(Bella)에 대한 지고한 사랑, 유대교 신비주의인 하시디즘(Hasidism), 초현실주의 등을 바탕으로 환상적이고 초월적인 독특한 작품 세계를 구현하여 많은 사람들의 사랑을 받는 작가이다. 샤갈은 "〔그림이란〕 그것을 통해 내가 또다른 세계로 날아가게 될 창이다"라고[37] 진술한 바 있는데, 그의 작품은 실제로 "공중에서 부유하는 사람, 하늘을 나는 양과 물고기, 하늘 한가운데 떠 있는 시계, 뒤집혀진 가옥 등 중력과 논리를 부정하는"[38] 비상의 이미지들로 가득 차 있다. 예를 들어 「도시 위에서」(1915~18)는 샤갈이 연인 벨라와 결혼한 후 그 기쁨을 담은 그림으로, 여기서 두 연인은 포옹한 채 그들이 살던 마을 위를 새처럼 유유히 날고 있다.

샤갈은 첫 만남에서 벨라를 운명적 여인으로 직감했다고 한다. 그러나 처가의 반대로 오랜 기다림 끝에 결혼하게 되었고, 그 기쁨을 이와 같이 하늘을 나는 두 사람의 모습으로 표현했던 것이다. 그러나 「도시 위에서」에 표출된 사랑의 기쁨을 작가의 현실에 기반한 개인적 감정으로만 읽는 것은 피상적 독해이다. 심층적으로 벨라는 샤갈의 작품 세계에 내재한

---

37 마리 엘렌 당페라·실비 포레스티에·에릭 드 샤세이 『샤갈』, 이재형 옮김(창해 2000) 16면.

38 박숙영 「샤갈의 그림에 나타난 종교적 이미지의 이중성」, 『현대미술사연구』 제20집 (2006) 188~89면.

여성 원리, 곧 아니마(anima)를 상징하는데, 샤갈의 예술에 드러난 아니마는 물질주의에 토대를 둔 서구문명이 야기한 의식의 일방성을 보상하려는 무의식의 작용으로 이해된다.[39] 서구 물질주의 폐해의 범주에는 유대인, 디아스포라(diaspora) 등 당시 샤갈의 불안한 종족적 지위도 포함될 것이다. 이러한 불균형, 부조화의 의식 상황은 (유대교 신비주의에 의해 강화되었을) 벨라의 여성성으로 상징되는 무의식과 결혼이라는 융합 기제에 의해 통합, 고양되면서 함께 마을 위를 날아가는 비상의 이미지로 묘사된다. 바로 이 지점에서 우리는 괴테가 『파우스트』에서 말한 "영원히 여성적인 것이 우리를 구원한다"라는 언명을 상기할 수 있을 것이다. 「도시 위에서」 이외에도 「생일」(1915) 「산책」(1918) 등 일련의 작품에서 샤갈은 아내 벨라와의 사랑을 공중에 부양(浮揚)하거나 날아가는 모습으로 묘사했는데, 이 역시 비행이라는 가시적 장면을 통해 내면의 초월, 승화된 의식 상태를 표현한 것으로 보아야 할 것이다.

다음으로 문학 방면에서는 국내의 경우 이상을 예로 들 수 있다. 이상은 「오감도」(烏瞰圖, 1934) 「지비(紙碑) — 어디갓는지모르는안해」(1936) 「날개」(1936) 등의 작품에서 보듯이 조류 모티프를 즐겨 활용하여 여성 혹은 식민지 근대 지식인의 내면을 묘사한 것으로 알려져 있다.[40] 이 중 「날개」는 자전적 요소가 다분한 소설로, 화류계의 아내에게 의존해 살아가는 무기력한 남성의 모습을 통해 1930년대 식민지 지식인의 암울한 현실과 이를 탈주하고자 하는 심정, 혹은 근대적 자아로의 도상에서 갈등

---

39 강미화 「샤갈(Chagall) 작품에 나타난 무의식의 상징에 관한 연구」, 『예술심리치료연구』 제7권 4호(2011) 92면.

40 관련 논구로는 이형진 「이상의 새 모티프에 대한 일고찰」, 『한국현대문학연구』 제32집(2010); 조대한 「이상 문학의 동물 및 새 변신 연구」, 『반교어문연구』 제50집(2017) 등 참조.

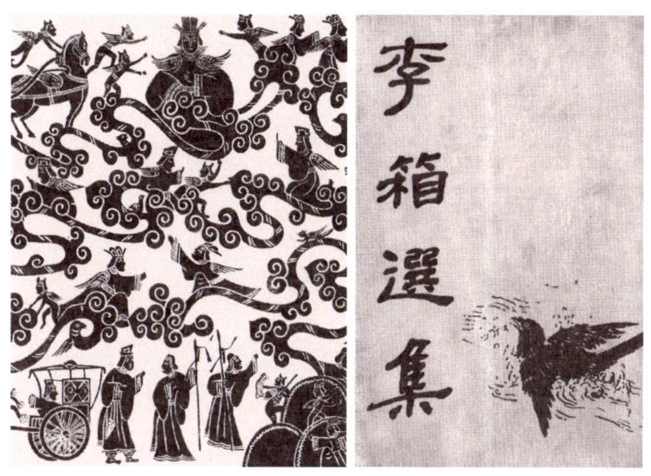

왼쪽부터 중국 산둥성 무량사 화상석에 그려진 날개 돋은 우인들 탁본의 세부(국립중앙박물관 소장), 이상의 『날개』 초판본(1949).

하는 지식인의 고뇌를 담고 있다. 주목할 것은 이 소설에서 전통적인 '우화등선(羽化登仙)' 모티프를 변용하고 있다는 사실이다.[41] 이 모티프는 조인일체 신화를 계승한 것으로 말 그대로 '날개가 돋쳐 신선이 되어 올라간다'는 뜻이다. 전통적이라는 것은 이 모티프가 고전문학이나 일상 담화에서 자주 활용되어왔다는 의미이다. 예를 들이 정철(鄭澈)의 「관동별곡」(關東別曲, 1580)에는 다음과 같은 구절이 보인다.

잠깐만 가지 마오. 이 술 한잔 먹어보오.

---

41 이와 달리 김규광은 「날개」가 한국 전래의 아기장수 설화를 상승의 구도로 패러디한 것으로 본다. 김규광 「박탈된 존재의 '인공의 날개': 「날개」의 상승 구도와 가치 전도」, 『현대문학이론연구』 제82집(2020) 참조. 한국 민간설화에서 모티프의 기원을 찾는다면 충분히 그럴 가능성이 있다고 본다. 다만 아기장수 설화는 실상 하강의 구도를 취하고 있다. 이 글에서는 『산해경』의 조인일체 신화에서 유래한 우화등선 모티프가 보다 시원적인데다 상승의 구도를 지녀 「날개」 분석에 적합할 것으로 생각하였다.

북두성(北斗星) 기울어 창해수(滄海水) 부어내어,

저 먹고 날 먹거늘 서너잔 기울이니,

화풍(和風)이 습습(習習)하여 양액(兩腋)을 추켜드니,

구만리 장공(長空)을 잠깐이면 날리로다.[42]

천상의 신선이 정철에게 신선의 술을 권한다. 정철이 그것을 서너잔 마셨더니 따뜻한 산들바람에 겨드랑이가 추켜들려 창공을 날 것 같다는 내용이다. 겨드랑이가 추켜들린다는 것은 날개가 생겼다는 것을 암시하는데, 이것이 바로 우화(羽化)이다. 정철은 바야흐로 우화등선의 순간에 있는 것이다. 다시 이상의 「날개」로 돌아가보자.

나는 불현듯이 겨드랑이가 가렵다. 아하 그것은 내 인공의 날개가 돋았던 자국이다. 오늘은 없는 이 날개, 머릿속에서는 희망과 야심의 말소된 페이지가 딕셔너리 넘어가듯 번뜩였다.

겨드랑이가 가려운 것은 사라진 날개가 소생하려 하기 때문이다. 이 날개는 희망과 야심의 상징으로 제시된다. 겨드랑이가 가려운 것, 곧 날개의 소생은 '나'에게 우울과 권태의 나락에서 날아오를 의욕이 생긴 것을 말한다. 이러한 의욕은 결국 다음과 같은 절규로 이어진다.

나는 걷던 걸음을 멈추고 그리고 어디 한번 이렇게 외쳐보고 싶었다. 날개야 다시 돋아라.

---

[42] 「관동별곡」 원문을 저자가 현대어로 윤문함.

날자. 날자. 날자. 한번만 더 날자꾸나.

한번만 더 날아보자꾸나.[43]

이 외침이야말로 식민지 지식인 혹은 근대적 자아의 분열된 심리 상태
를 극복하고자 하는 의지, 곧 내면의 비상에 대한 절실한 욕구의 발현이
아닐 수 없다.

문학 방면에서 다음으로 살펴볼 생떽쥐뻬리는 비행을 몸으로 체현하
면서 동시에 작품으로 내면화한 유일한 작가라는 점에서, 또한 항공문학
의 아버지라는 점에서 특별히 기억해야 한다. 비행사였던 생떽쥐뻬리에
게 비행이란 인간과 세계를 감지하고 이해하는 행위였고, 비행기는 차
디찬 쇳덩어리가 아니라 그와 늘 교감하는 살아 있는 생명체와 같았다.[44]
다음과 같은 글을 보라.

고무관이 배꼽처럼 필연적으로 나를 비행기와 연결시킨다. 비행기
가 내 피의 흐름으로 들어온다. 비행기가 나와 인간적인 소통 관계에
들이긴다.[45]

나를 둘러싼 모든 기계장치가 제자리를 잡고 그 신호를 받으면 나는
평화를 느낀다. (⋯) 나는 비행기의 한 기관이 된다. 스위치를 돌려 내
옷과 내 산소가 따뜻해지면 비행기는 나의 어머니가 된다. (⋯) 비행

---

43 최원식 외 엮음『20세기 한국 소설』9(창비 2005)에 따름.
44 생떽쥐뻬리는 비행기 엔진을 인간의 심장에 비유하고 비행기를 말이나 기사, 아름다
   운 여인으로 표현하기도 했다. 장성욱「생떽쥐뻬리 비행기의 이미지 연구」,『프랑스학
   연구』제69호(2014) 53~55면.
45 같은 글 63면에서 재인용.

전에는 비인간적이었으나 지금은 나를 양육하고 있다. 신생아의 애정을 느낀다.[46]

이러한 묘사로 볼 때 생떽쥐뻬리는 신화적 맥락에서 조인일체를 실현한 현대인이었다고 말할 수 있을 것이다. 아울러 기계를 살아 있는 실체로 간주하고 교감하는 그는 인간과 물질이 겹쳐지고 서로에게 미끄러져 들어간다는 오늘의 신유물론적 믿음을 선취한다. 이 믿음에서 물질-기계는 피동적 존재가 아니라 세계 속에서 활동하는 생기적 참여자이다.[47]

비행할 때 창공에서 지상을 관조하거나 하늘의 신비한 경상(景象)을 접할 때 고독 속에서 그의 우주적 몽상은 발효한다. 『어린 왕자』(1943)는 이와 같은 사색의 과정에서 빚어진 생떽쥐뻬리의 초절(超絶)한 우주관과 인생관을 표현한 작품으로, 여기에서 그는 '영원한 아이'이자 자신의 원형적 분신이기도 한 어린 왕자로부터 삶의 비의(秘義)와 갱신의 힘을 길어와[48] 현대의 진부한 물신주의적 삶에 찬란한 계시를 던진다. 이렇게 보면 어린 왕자는 노자가 찬미한 '영아(嬰兒)'의 속성을 닮았다 할 수 있다. 노자는 다음과 같이 말한다.

남성다움을 알고 여성스러움을 지키면 천하의 계곡이 되며, 천하의 계곡이 되면 영원한 덕이 떠나지 않아 어린아이로 되돌아간다.

知其雄, 守其雌, 爲天下谿. 爲天下谿, 常德不離, 復歸於嬰兒.[49]

---

46 같은 곳에서 재인용.
47 제인 베넷 『생동하는 물질』, 문성재 옮김(현실문화 2020) 40면.
48 고혜영 「어린 왕자 연구」, 『동화와 번역』 제25집(2013) 29~30면.
49 『道德經』 28장.

노자는 무구한 영아를 도를 체현한 존재로 보고 그와 같은 경지로 돌아갈 것을 주장했는데, 어린 왕자를 통해 본성 회복을 갈망하는 생떽쥐뻬리의 취지도 노자의 그것과 상통하는 점이 있다 할 것이다. 궁극적으로 비행이 물리적 활공 행위에 그치지 않고 그 자체 지속적인 각성을 통한 내면의 비상임을 입증했다는 점에서 생떽쥐뻬리는 비행의 인문학적 의의 추구에 큰 족적을 남긴 인물이라 하지 않을 수 없다.

맺는말

이 글에서는 항공의 기원을 신화 속에서 찾아보고, 그러한 상상력이 테크놀로지의 차원과 별도로 문학예술에서 어떻게 구현되었는지 샤갈과 이상, 생떽쥐뻬리 등의 작품을 통해 살펴봄으로써 비행에 대한 인문학적 탐색을 시도하였다.

동서양 신화에서 항공의 기원과 관련된 사례로는 중국신화의 경우 날개 돋친 사람들이 사는 우민국과 환두국이라는 나라의 존재가 있는데, 이는 조인일체의 상상력이 빚어낸 것이다. 이러한 상상력은 고구려 고분 벽화의 인면조 만세에서도 엿볼 수 있다. 아울러 팔이 하나인 기굉국 사람들은 비거를 만들어 날려보냈다고 하는데, 조선 선조 때 정평구(鄭平九)가 발명한 비거의 신화적 기원이라 할 수 있다. 그리스신화의 경우 날개를 달고 태양 가까이 갔다가 추락했다는 이카로스와 날개 달린 신발을 신고 어디든 돌아다녔다는 헤르메스를 사례로 들 수 있다.

그러나 동서양 공통의 항공에 대한 신화적 상상력은 이후 다른 길을 걷는다. 즉 서구의 경우 부단한 기술적 시도를 거쳐 물리적으로 날 수 있는 기기, 곧 비행기의 완성을 보았지만, 동양의 경우 그러한 상상력이 내면화되어 비행 가능한 완전한 인간인 우인, 곧 신선의 추구로 방향을 달리했던 것이다. 기술의 발달로 비행기가 제작되고 우주로 향하는 수준에 이르렀다고 해서 인류의 신화적 숙원이 해결된 것은 아니다. 그것은 물리적인 비행에 도달한 것이지 내면의 비상을 이룩한 것은 아니기 때문이다.

근대 이후 비행 이미지를 통해 내면의 비상을 뚜렷이 표현한 작가로는 미술 쪽에서 샤갈을 들 수 있다. 유대교 신비주의에 경도된 샤갈은 「도시 위에서」 「생일」 「산책」 등 일련의 작품에서 아내 벨라와의 사랑을 공중에 부양하거나 나는 모습으로 묘사하였는데, 이는 비행이라는 가시적 장면을 통해 내면의 초월, 승화된 감정을 표현한 것으로 볼 수 있다.

문학 방면에서는 국내의 경우 이상을 예로 들었다. 이상은 「날개」에서 전통적인 '우화등선'의 모티프를 변용하여 식민지 근대 지식인의 분열된 심리 상태와 이를 극복하고자 하는 내면의 의지를 묘사하였다. 소설 말미의 "날자. 날자. 날자. 한번만 더 날자꾸나"라는 절규는 내면의 비상에 대한 강렬한 욕구의 표현이다.

끝으로, 비행을 몸으로 체현하고 이를 작품으로 내면화한 유일한 작가가 생떽쥐뻬리이다. 그는 비행사로서 비행기와 일체가 된 현대적 조인일체의 삶을 살았으며, 비행에서의 다양한 경험과 소회를 우주적 명상으로 녹여낸 후 고양된 정신의 경지를 『어린 왕자』『야간 비행』(1931) 등의 작품으로 풀어냈다. 이러한 의미에서 생떽쥐뻬리를 진정 물리적 비행에서 내면의 비상을 이룩한 작가로 규정할 수 있을 것이다.

향후 항공에 대한 의미 추구가 기술적, 공학적 발전과는 다른 차원에서 인류 내면의 비상과 관련된 인문학적 탐구로 활발히 이어지기를 기대하며 논의를 맺는다.

3. 스토리의 시대, 동양 신화는 귀환하고 있는가

어렸을 적에 할머니께 이야기를 조르다가 흔히 듣는 말이 있다. "얘야, 옛날이야기 좋아하면 가난해진다." 귀여운 손주에게 재미있는 이야기를 해주고 싶은 심정이야 굴뚝같지만 체력에 한계가 있고 초저녁 잠이 많은 노령이다보니 이런 말이 나오는 것이다. 하긴 요즈음에는 과외 수업 받느라 지친 손주 붙들고 굳이 한밤중에 옛날이야기 해주는 할머니도 없을 것 같긴 하지만 말이다. 그런데 산업화, 근대화 시대에 나왔음직한 이 말은 피곤한 할머니의 넋두리로 듣기에는 뜻밖에도 깊은 함의를 지닌다. 발터 베냐민(Walter Benjamin)이 애도한 '이야기하는 기술의 종언'을[50] 상기시키는 이 말은 사실상 근대 시기에 감성적 영역, 즉 상상력·이미지·스토리 등에 대한 억압에서 유래한 것으로 보이기 때문이다.

할머니의 저 말씀은 오늘날에 이르러서는 완전히 실득력을 상실했다. 상상력-이미지-스토리의 성삼위(聖三位)가 복권된 이 시기에는 옛날이야기 좋아하면 가난해지기는커녕 부자가 되기 십상이다. 가난한 작가 조앤 롤링(Joanne K. Rowling)이 켈트신화의 마법 이야기를 '해리 포터' 시리즈로 잘 풀어내서 거부(巨富)가 된 것만 보아도, 「포켓몬 고」가 동양 신화의 고전 『산해경』에 등장하는 괴물들을 캐릭터로 소환해 대박을 터뜨

---

50 발터 베야민 『서사, 기억, 비평의 자리』, 최성만 옮김(길 2012) 422면. 베냐민의 이 말은 근대 초기 소설의 발흥과 관련한 것이므로 이 글에서 논하는 스토리 전반의 경우에 해당하지는 않지만 할머니를 이야기꾼으로 간주할 때 적용에 무리는 없다고 본다.

린 것만 보아도 옛날이야기는 이제 부와 지근거리에 있다.

바야흐로 스토리의 시대가 도래한 것이다! 문화산업을 필두로 스토리는 이제 모든 영역에서 맹위를 떨치고 있으며, 마치 우리가 걸쳐야 하는 의복처럼 모든 인간과 사물의 외양과 품격, 심지어 내용까지 좌우하는 관건이 되었다. 이렇다보니 과거의 이야기 전승에서 중요한 역할을 담당했던 할머니의 존재가 새삼 부각되어 목하(目下) 정부는 상당한 예산을 들여 수천명의 '이야기할머니' 양성 프로젝트를 실행하고 있을 정도이다.[51] 손주에게 옛날이야기 좋아하면 가난해진다고 엄포 놓던 시절과 얼마나 큰 상위인가!

1) 스토리 옹호의 이론들

스토리 시대의 도래에 발맞추어 그것의 본질 혹은 당위성을 논하거나 순기능을 강조하는 등 스토리를 옹호하는 이론들이 유례없이 쏟아지고 있는 현상도 요즈음의 일이다. 일찍이 프레드릭 제임슨(Fredric Jameson)은 스토리를 "실재에 대한 우리의 가장 기본적인 경험의 내용 없는 형식"으로[52] 규정하였고, 리오따르(J.-F. Lyotard)는 지식을 과학적 지식과 서사 지식으로 구분하면서 논증에 의존하지 않고 전달의 화용론(話用論)에 의해 스스로 신뢰를 획득하는 서사 지식에 우위를 부여한 바 있다.[53]

---

51 문화체육관광부가 지원하고 안동 국학진흥원에서 주관해 2009년부터 2025년까지 9670명의 이야기할머니를 교육, 배출하여 유아교육기관으로 파견하였다. 이야기할머니는 어린이를 대상으로 선현들의 미담과 전래동화를 구연한다.

52 Madan Sarup, *An Introductory Guide to Post-structuralism and Postmodernism* (Athens: University of Georgia Press 1989) 142면.

53 장 프랑수아 리오타르 『포스트모던적 조건』, 이현복 옮김 (서광사 1992) 59, 66~68면.

이들 인문학적 관점에서의 긍정과는 다른 방식으로 가령 최근에 브라이언 보이드(Brian Boyd)는 진화론이 예술을 설명할 수 있다고 전제한다. 인간의 거울신경세포는 스토리에 핵심적인, 풍부한 사회적 인지의 근간을 이루는 모방의 토대를 형성한다. 여기에서 비롯된 가상놀이와 픽션은 사회적 인지의 훈련과 다름없다. 스토리는 당면한 판단의 지침이 되는 구체적인 사회적 정보나 미래 상황에 적용할 수 있는 일반 원칙을 제공해준다. 그리하여 협력하는 집단에 큰 도움을 주며 친사회적 가치를 확산시키는 데에 이득이 된다. 이 때문에 보이드는 인류가 스토리텔링에 참여하도록 진화했다고 주장한다.[54] 조너선 갓셜(Jonathan Gottschall) 역시 스토리를 만들고 소비하려는 인간의 충동이 문학, 꿈, 공상보다 훨씬 깊은 곳에 잠재한다고 보면서 스토리텔링에 생물학적 목적이 있다는 추론으로 우리를 이끈다. 그는 픽션, 곧 스토리텔링을 삶의 숱한 난제를 시뮬레이션하는 인류의 강력하고도 오래된 가상현실 기술로 파악한 후 우리가 스토리에 매력을 느끼는 이유는 그것이 인류가 생존하는 데에 이롭기 때문이라고 결론을 내린다.[55] 보이드와 갓셜은 둘 다 영문학자이면서도 생물학적 결정론의 입장을 따른다. 그들은 스토리텔링이라는 인간 행위 역시 진화 과정의 필연적 산물로 파악하는데, 이는 당연히 최근 부상한 진화생물학의 입장을 채택한 것이다. 그러나 인류의 스토리텔링, 나아가 예술 행위의 의미를 전략적, 생존적 차원에서만 인정한다면 지나친 기능주의로의 환원이 아닐 수 없다.

스토리에 대한 화려한 장밋빛 예찬은 롤프 옌센(Rolf Jensen)을 넘어설 수가 없다. 그에 의하면 스토리를 갈망하는 마음은 인간이라는 존재

---

54 브라이언 보이드 『이야기의 기원』, 남경태 옮김(휴머니스트 2013) 226, 234, 252면.
55 조너선 갓셜 『스토리텔링 애니멀』, 노승영 옮김(민음사 2014) 39, 93~94면.

의 의미, 즉 호모사피엔스에 대한 정의의 일부일 정도로 자연적 본성이다. 그는 수천년 지속된 물질우위 시대에 종지부를 찍을 미래 사회, 이른바 '드림 소사이어티'(Dream Society)를 이성이 아닌 감성에 기반을 둔 스토리가 무대의 전면에 등장하는 사회로 규정한다. 이는 기업, 지역사회, 개인이 데이터나 정보가 아니라 스토리를 바탕으로 성공하게 되는 새로운 사회이다. 왜냐하면 과거와 달리 스토리를 갈망하는 인간의 본성이 책이나 영화 또는 오락으로 표현되는 것이 아니라 실질적인 소비상품으로 바뀌는 시대가 도래했기 때문이다.[56] 이밖에도 스티븐 핑커(Steven Pinker)는 스토리를 통한 공감 능력 확대가 인류의 폭력성을 현저하게 감소시켰다고 스토리의 역사적 순기능을 평가한다. 나아가 유발 하라리(Yuval N. Harari)는 픽션을 꾸밀 수 있는 능력 때문에 인류가 집단적으로 상상할 수 있게 되었고 다수가 유연하게 협력하는 능력을 가질 수 있었다고 본다. 서로 모르는 수많은 사람이 공통의 신화를 믿으면 성공적 협력이 가능하다는 것이다. 그리하여 스토리를 지어내 말할 줄 아는 인류는 동물계가 이제껏 만들어낸 것 중 가장 중요하고 파괴적인 힘을 가지게 되었다. 예컨대 농업혁명 덕분에 밀집된 도시와 강력한 제국이 형성될 가능성이 열리자 사람들은 위대한 신들, 조상의 땅 등등의 스토리를 지어냈다. 꼭 필요한 사회적 결속을 제공하기 위해서였다.[57]

그러나 스토리의 무한한 능력에 낙관적 신뢰를 보내는——유발 하라리는 꼭 그런 것은 아니지만——이들의 견해에도 회의적인 입장이 있을 수 있다. 가령 스티븐 핑커의 말처럼 스토리가 인류의 폭력성을 감소시키는 착한 일만 했는가? 히틀러가 지어낸 게르만 순혈신화에 의해 빚어진

---

56 롤프 옌센『드림 소사이어티』, 서정환 옮김(리드리드출판 2014) 12~15, 71~76, 93면.
57 유발 하라리『사피엔스』, 조현욱 옮김(김영사 2016) 49, 101, 155면.

아우슈비츠의 참극과 맑스의 공산낙원 스토리를 맹신하다 조성된 중국의 문화대혁명이나 캄보디아의 킬링필드(Killing Fields)는 어떻게 설명할 것인가? 롤프 옌센이 스토리의 시대를 예견한 것은 탁견이라 치더라도 모든 상품에 스토리를 입혀 잘 팔린다 한들 그것이 궁극적으로 누구의 이익으로 귀속되는가에 대한 고민은 없다. '드림 소사이어티', 곧 '꿈의 사회'가 '악몽의 사회'로 돌변할 가능성도 배제할 수 없는 것이다.

아울러 진화생물학의 입장에서나 감성주의와 협력이론의 입장에서나 스토리텔링은 인류의 근원적 능력으로서 언제 어디서든 환영받고 번성한 것 같은 인상을 주지만, 실제 역사를 보면 정반대였다. 가령 서구의 경우 그리스 초기 잠깐 동안 소피스트(sophist)들에 의한 수사학의 시대가 있었을 뿐 플라톤이 이상국가에서 시인을 추방한 이래 스토리는 비합리, 비논리의 산물로서 줄곧 배제 상태에 있다가, 니체에 의해 복권된 후 그 뒤를 이은 포스트모더니즘, 후기구조주의 시대에 이르러 부활하였다. 동양의 경우 역시 공자의 "신비주의에 대해 언급하지 않는다(不語怪力亂神)"는 언명으로 대표되는 유교 합리주의의 강력한 영향 아래 장구한 세월 스토리텔링이 억압받기는 마찬가지였다. 다시 말해 전지구적 현상으로 스토리의 흥기가 기꺼이 받아들여진 것은 최근의 일인 것이다.

2) 상상력-이미지-스토리

미셸 마페졸리는 개인주의에 기반한 현대사회가 퇴조하고 감성 혹은 정서를 공유하는 대중, 즉 고대 부족과 같은 성격을 지닌 사회가 등장했음에 주목한다. 우리가 목격하고 있는 그 사회는 막스 베버(Max Weber)의 이른바 탈주술(disenchantment)의 시대 이후에 등장한 재주술(reenchantment)의 사회이다.[58] 롤프 옌센은 이러한 입장을 계승하여 미래의 기업을 부족에 비유한다. 그리고 부족 정신에 중요한 것으로서 감성·연대감 등을 들고, 이러한 것들이 상품 매체를 통해 스토리로 구현되어야 한다고 강조한다.[59]

여기서 유념해야 할 것은 재주술의 시대에 감성의 영역이 부활하면서 귀환한 것이 스토리뿐만은 아니라는 사실이다. 스토리는 홀로 존재, 작동해온 것이 아니라 마치 삼위일체의 관계처럼 항시 상호 연동하는 중요한 동반자가 있으니 다름 아닌 상상력과 이미지이다.[60] 상상력-이미지-스토리, 이 세가지를 감성 활동의 성삼위로 불러도 좋으리라. 이 삼총사는 모두 근대 합리주의 및 이성주의에 의해 불온시되어 억압과 배제의 고초를 겪었다는 점에서 공통 운명을 지녔다. 가령 근대 시기에는 스토리만 할머니한테 타박을 받은 것이 아니라 상상력과 이미지도 천덕꾸러기 취급을 받았다. 기억하는가, 만화 많이 보면 공부 못한다고 혼나고, 극장 자꾸 가면 깡패 된다고 야단맞던 일들을? 모두 상상력과 이미지에 대한 불신의 시대에 생겼던 일들이다.

여하튼 오늘 이 시대에 스토리를 언급할 때는 같은 층위에서 상상력과 이미지를 함께 논할 필요가 있으리라고 생각한다. 실상 이 3자의 상호연동 관계는 새삼스러운 것이 아니어서 긴 설명이 필요치 않으나, 그림 한

---

58 Michel Maffesoli, *The Time of the Tribes*, tr. Don Smith (London: Sage Publications 1996) 27-28면.

59 옌센의 '드림 소사이어티'의 기본 취지는 완전히 마페졸리의 '부족' 개념에 의존하고 있다 해도 과언이 아니다. 그러나 놀랍게도 옌센의 책 어느 곳에서도 마페졸리에 대한 언급이나 인용은 없다.

60 이 경우 상상력은 질베르 뒤랑의 정의를 좇아 인간의 모든 심리 활동을 포괄하는 것으로 이해하고자 한다. 여기서는 뇌리의 심상(心象)도 상상력에 포함시키며, 이미지는 이와 구분하여 외현(外現)된 형상에 국한하고자 한다.

전기 「매화서옥도」(19
세기 전반, 종이에 채색,
29×33cm, 국립중앙박
물관 소장)

폭을 통해 보다 생동적으로 예증해보고자 한다.

고람(古藍) 전기(田琦)의 이 그림은 청(淸)에서 들어와 조선 말기에 유행했던 '매화서옥(梅花書屋)'이라는 회화 주제를 따른 작품이다. 이 주제는 일찍이 남송(南宋)의 마원(馬遠) 이래 명(明)의 심주(沈周)·당인(唐寅) 등을 거쳐 청대의 화가들에 이르기까지 지속적으로 애호되었다. 전기의 「매화서옥도(梅花書屋圖)」는 늦겨울이나 초봄의 아직 눈 쌓인 산에 매화가 피어 있고 산중 초옥의 한 처사가 피리를 불고 있는데 그의 벗이 거문고를 들고 계류(溪流)의 다리를 건너 찾아오는 중인 유한(幽閑)한 정경을 보여준다. "역매 인형이 초옥에서 피리를 불고 있노라(亦梅仁兄草屋笛中)"라는 화제(畫題)로 보아 초옥의 선비는 당시 개화파의 선구 인물이던 역관 오경석(吳慶錫)이고 그를 찾아가는 홍의(紅衣)의 방문객은 전기 자신일지도 모르겠다.

그런데 이 그림의 이면에는 두개의 스토리가 겹쳐 있다. 먼저 매화 핀 산중 초옥의 인물과 관련된 스토리는 북송(北宋)의 유명한 은자(隱者) 임포(林逋)의 '매처학자(梅妻鶴子)' 고사이다.

임포는 아내도 얻지 않았고 자식도 없었다. 거처에 매화를 많이 심고 학을 기르며 호수에 배를 띄워 노닐었다. 손님이 오면 학을 놓아 모셔오게 했는데 그래서 매화를 아내로 삼고 학을 아들로 삼았다는 말이 생겼다고 한다.

逋不娶, 無子. 所居多植梅, 畜鶴, 泛舟湖中. 客至則放鶴致之, 因謂梅妻鶴子云.[61]

'매화서옥'이라는 주제의 그림은 보통 임포의 스토리를 묘사한 것으로 알려져 있다. 매화와 더불어 고고히 살아가는 은자 임포의 거처와 그 주변 산수를 표현한 것인데, 전기의 그림 좌측 하단의 계류에 놓인 다리를 건너가는 방문객의 모습은 또다른 스토리와 관련되어 있다. 다름 아닌 당대(唐代)의 자연파 시인 맹호연(孟浩然)의 '답설심매(踏雪尋梅)' 고사이다.

맹호연은 마음이 활달하여 항시 눈이 내리면 당나귀를 타고 매화를 찾아나섰다. 그러고는 "나의 시상은 파교에 눈보라 칠 때 당나귀 등 위에 있다네"라고 말하였다.

孟浩然情懷曠達, 常冒雪騎驢尋梅, 曰吾詩思在灞橋風雪中驢背上.[62]

---

61 呂留良『和靖詩抄序』.
62 張岱『夜航船』.

「매화서옥도」의 매화 모티프는 '매처학자'의 임포만을 시사하는 것이 아니라 '답설심매'의 주인공인 맹호연도 인유하고 있는 것이다. 그것은 매화를 찾으러 나설 때 건넜던 파교의 축도(縮圖)인 '계류에 놓인 다리'로 표현된다. 요약하면 임포의 '매처학자' 스토리와 맹호연의 '답설심매' 스토리가 화가의 뇌리에서 연상결합 작용을 거친 다음 회화 이미지로 구현된 것인데, 이 이미지는 다시 소설가의 상상 작용을 통해 스토리로 거듭난다.『삼국연의』의 다음 대목을 보자.

〔유비가〕막 말을 타고 떠나려 할 때 문득 보니 동자가 울타리 밖으로 손을 흔들며 "어르신께서 오신다!"라고 외쳤다. 유비가 보니 작은 다리 서쪽으로 한 사람이 털모자를 쓰고 여우 갖옷을 입은 채 당나귀를 탔는데 그 뒤로 푸른 옷을 입은 동자가 술 호리병을 든 채 따르고, 두 사람은 눈을 밟으며 오고 있었다. 노인이 작은 다리를 건너오면서 시 한 수를 읊었다. "온밤을 찬바람이 불더니 만리에 흰 눈이 쌓였네. (…) 당나귀 타고 작은 다리 건너며 매화가 야윈 것을 홀로 탄식하느니."
方上馬欲行, 忽見童子招手籬外, 叫口老先生來也. 玄德視之, 見小橋之西, 一人 暖帽遮頭, 狐裘蔽體, 騎着一驢, 隨後一靑衣小童, 携一葫蘆酒, 踏雪而來. 轉過 小橋, 口吟詩一首. 詩曰一夜北風寒, 萬里彤雪厚 (…) 騎驢過小橋, 獨歎梅花 瘦.[63]

유비가 융중(隆中) 초당에 은거한 제갈량(諸葛亮)을 삼고초려(三顧草 廬) 할 때 마침 사위를 찾아온 제갈량의 장인 황승언(黃承彦)의 행색을 묘

---

[63] 『三國演義』第37回「司馬徽再薦名士 劉玄德三顧草廬」.

사한 대목이다. 「매화서옥도」류의 그림이[64] 묘사하고 있는 '매처학자'와 '답설심매' 스토리에 담긴 은자, 매화, (당나귀를 탄) 방문객, 계류의 다리, 이 네가지 화소(話素)가 조합되어 황승언의 제갈량 심방 스토리로 재현되고 있는 것이다. 물론 『삼국연의』의 이 대목은 꼭 「매화서옥도」류의 회화 이미지를 거치지 않고 직접 '매처학자' 혹은 '답설심매' 스토리로부터 소설가의 상상 작용을 거쳐 빚어졌을 수도 있다. 그러나 계류의 다리를 건너 매화가 핀 산중의 은자를 찾아가는 모습은 화가의 뇌리에서 '매처학자'와 '답설심매'의 두 스토리가 병합되어 구현된 고유한 이미지이다. 따라서 『삼국연의』의 저자가 「매화서옥도」류의 이미지 구도를 보고 상상 작용을 통해 황승언의 스토리를 축조했을 것이라는 해석에 무게를 두고 싶다.

이처럼 상상력-이미지-스토리의 연상결합과 상호연동을 염두에 두면서 오늘날 문화산업, 특히 스토리 산업이 바로 이러한 호동원리(互動原理)에 의해 이른바 '원 소스 멀티유즈'(one source multiuse, osmu) 및 트랜스미디어 스토리텔링(trans-media storytelling)을 활발히 지향하고 있는 것을 볼 때, 스토리의 흥기에 대한 우리의 인식 역시 상상력-이미지와의 불가분한 관계 속에서 보다 통합적, 기능적으로 확대되어야 할 것이라는 생각이다.

---

64 여기서 "「매화서옥도」류의 그림"이라 표현한 것은 조선 말기에 유행한 「매화서옥도」보다 더 오래전에 중국에서 성립된 '매화서옥' 주제의 그림들을 염두에 두었기 때문이다. 그것들과 『삼국연의』의 선후관계는 앞으로 더 고찰해야 할 과제이다.

3) 동양 신화는 귀환하고 있는가

상상력-이미지-스토리를 하나의 통합체로 인식할 때 우리의 생각은 자연스레 이들 삼총사의 모태인 신화로 향한다. 인류가 최초로 떠올린 생각이 담겨 있고, 그와 동시에 맨 처음 이미지와 스토리를 출현시킨 신화야말로 상상력-이미지-스토리의 원형이 아니겠는가? 무엇보다도 신화는 가장 오래된 스토리, 스토리 중의 스토리이다. 따라서 상상력-이미지-스토리 복권의 이 시대에 신화의 귀환은 너무나도 자연스러운 현상일 것이다. 아닌 게 아니라 질베르 뒤랑은 이미 '신화의 귀환'을 선언하고 이에 따라 과학과 산업화를 추구했던 근대를 '프로메테우스의 시대'로, 교류와 소통이 일상화된 오늘 이 시대를 '헤르메스의 시대'로 명명한 바 있다. 신화는 바야흐로 합리주의, 실증주의의 예속으로부터 해방된 것이다. 앞서 예거했듯이 요즘 들어 우후죽순처럼 쏟아져나오는 스토리 옹호와 예찬의 숱한 언설들은 바로 그 좌증(左證)이라 할 것이다. 그런데 당연시되는 이 현상에 대해 심문해볼 하등의 필요는 없는 것일까? 다음 두 세트의 동서양 신화 이미지는 우리에게 '신화의 귀환' 현상을 재고해볼 여지를 남긴다.

A세트는 인간과 자연의 관계성에 의한 동서양 신화의 차이를 보여준다. 인간을 중심으로 모든 것을 서사했던 그리스신화에서 반인반수의 미노타우로스는 사악한 식인 괴물로 간주됨에 비해, 인간과 자연의 합일을 추구했던 중국신화에서 미노타우로스와 똑같이 인신우수 형체를 한 염제 신농은 오히려 완전한 존재인 신으로 숭배되었다. 두 신화에서 동물은 똑같이 자연을 표상하지만 반인반수에 대한 인식은 이처럼 극단적이다.

B세트는 인간의 환경, 설화적 토양의 차이로 인한 동서양 인어 스토리

의 상이한 양상을 보여준다. 지중해를 중심으로 해양문화가 발달하고 대양으로 장구한 항해에 나서는 등의 환경에서 서양의 인어는 고독한 항해자인 남성의 성적 욕망을 투사하기 적합한 예쁜 여인으로 묘사된다. 반면 상대적으로 이러한 문화적 성향이 현저하지 않은 중국대륙에서 인어는 전통사회의 일반적 관례에 따라 남성으로 대표된다.

세계관·문화적 환경 등의 차이에 따라 스토리의 원조인 신화가 이처럼 상반되기까지 한 모습을 보임에도 불구하고 우리는 A세트의 신농을 접한 순간 "뭐 이런 괴물이 다 있어" 하며 신성(神性)을 인정하지 않을 것이고, B세트의 인어 아저씨 저인을 보자마자 "별 이상한 인어 다 보겠네" 하고 황당해할 것이다. 왜냐하면 이들이 반인반수는 괴물이고 인어는 예쁜 여자여야 한다는 우리의 상상력-이미지-스토리에 대한 통념을 배반하기 때문이다. 그렇다면 그러한 통념은 어떻게 형성된 것인지 문제를 제기하지 않을 수 없다. 다시 말해 우리가 지녔던 통념의 이면에는 그리스신화라는 '표준'에 입각한 상상력-이미지-스토리의 제국주의가 엄존하고 있었던 것이다.

사이드·링컨·엘리아데 등은 서구 학계에서 그리스신화를 중심으로 신화 및 문화를 논의해왔으며 그것이 서구의 종족주의적, 지배론적 의도와 무관하지 않다는 것을 주장한 바 있다.[65]

그렇다면 뒤랑이 선언한 '신화의 귀환'은 유보되어야 한다. 우리는 그것이 과연 어떤 신화의 귀환인지 물어야 한다. 스토리의 흥기에 고무되어 다량으로 생산된 옹호와 예찬의 언설들도 그 논리에 중대한 결락이 있음을 인지해야 한다. 진화·생물학이든 감성주의든 협력이론이든 그 어떤 이론으로도 아직 귀환하지 못한 채 괴물 취급을 받고 있거나 황당한 웃음거리로 전락한 동양의 신화를 스토리의 시대에 걸맞게 힙리화할 수 없다.

과연 신화는 귀환하고 있는가?

'봄은 왔으되 봄 같지 않다(春來不似春)'더니 스토리의 시대는 도래했건만 동양의 신화는 아직 귀환하지 않았다. 반인반수의 신농이 괴물의 지위에서 벗어나 인간과 자연의 조화로운 합일, 융복합과 대통섭의 표상으로 이 시대의 아이콘이 될 날은 언제인가?

---

65 이들의 주장에 대해서는 이 책 제1부 1장 '오리엔탈리즘과 관련된 쟁점들' 참조.

제5부

상호텍스트적 시각으로
중국신화 읽기

제2부 '탈중원의 신화학을 위한 예비 논의'를 잇는 실천적 독해 부분으로, 여기서는 제1장 '중국신화를 어떻게 볼 것인가' 제2장 『산해경』에 대한 새로운 독법' 제3장 '중국신화와 한국문화' 등의 논의를 통해 종래의 중심주의적 접근 방식을 지양하고 다중심적 혹은 주변문화적 관점에서 중국신화를 해체, 재구성하며 한국문화와의 상관성을 호혜적, 상호구성적 관계 속에서 논의하게 될 것이다.

제1장

중국신화를 어떻게 볼 것인가

1. 중국신화의 개념적 범주에 대한 검토: 원가의 광의신화론을 중심으로*

중국신화학에서 대륙 학계의 상황을 들어 말한다면, 1949년 중국공산당 정권 수립에서 1976년 문화대혁명 종료 시점까지의 비교적 단조로웠던 맑스주의 신화학의 기간을 논외로 할 때, 1980년대 개방화 이후 오늘에 이르기까지는 신화자료의 발굴·정리, 나양한 서구 이론의 적용, 신화 주제에 대한 쟁론 등이 어느 때보다 활발히 이루어지면서 수많은 논저들이 산출되고 있는 상황이다. 바야흐로 탈이념의 시대에 신화로의 회귀는 자연스러운 현상이라고나 할까?

그런데 여타 학문의 추세와 마찬가지로 최근 흥기하고 있는 신화학은 비교학적 지향을 강하게 띠고 있는 것이 사실이다. 이것은 신화 자체가

---

* 이 글은 2천년대 이전 중국신화학계를 풍미했던 신화이론인 광의신화론을 다루고 있는데, 비록 시차가 없지 않으나 개방화, 현대화 직전 맑스주의 신화관의 중국적 변용을 살펴볼 수 있는 의미를 지녀 수록하였다.

지닌 원형적 성격에서 유래하기도 하지만, 자료의 교류와 발굴이 훨씬 증대하여 연구 여건이 호전된 현실과도 상관될 것이다. 중국신화 내부적으로 이러한 지향은 한족의 전통신화와 1980년대 이후 발굴이 가속화되고 있는 소수민족 신화 사이에서 일어난다. 다시 말해서 전통신화, 즉 대부분의 문헌신화와 소수민족 신화의 비교연구가 상호보완적 차원에서 점차 중요한 의미를 획득해가고 있는 것이다. 중국신화는 그러나 내부적으로 못지않게 외부적으로 동아시아 제신화와 긴밀한 관계를 맺고 있고, 그 내용은 사실상 동아시아 신화 연구의 중요한 대상이다. 중국신화와 한국신화·일본신화 등 다른 동아시아권 신화 간의 비교는 각자에게 상호보완적 전망을 주며, 동아시아 신화가 공유하는 특성을 확인시킴으로써 일반 신화학에서 서구신화학의 자의적 규준을 비판할 수 있는 근거를 확보하게 해줄 것이다.

이 글에서는 이러한 목표를 염두에 두고 이를 위한 예비 논의로서 우선 중국신화의 개념적 범주의 문제, 특히 중국신화학계의 현안이었던 원가의 '광의신화론'에 대해 비판적 고찰을 시도할 것이다. 오늘날 중국은 다민족국가로서 다수의 상이한 신화를 보유하고 있기 때문에 중국신화에 대한 논의는 내부적으로 자체 검토의 의미를 지님과 동시에 은연중 여타 동아시아 신화와의 관계성을 드러낸다고도 생각된다. 다시 말해서 중국신화의 문제는 우리가 통념적으로 생각하는 단일한 국가로서의 '중국'만의 문제가 아닌 것이다. 따라서 원가의 신화론에 대한 검토를 통해 한국과 일본, 나아가 동아시아 신화의 개념적 범주에 대해서도 함께 생각해볼 만한 여지가 발견된다면 그것은 이 글이 기대할 수 있는 가장 큰 소득이 될 것이다.

1) 왜 원가인가

이 글에서 논의하고자 하는 중국신화의 개념적 범주를 좀더 구체적으로 말한다면 일반 신화에 대해 갖고 있는 대륙 신화학자들의 기본 관념, 그리고 이를 바탕으로 한 그들의 자국 신화에 대한 이해의 양상이 될 것이다. 물론 신화에 대해서는 일반 신화학적인 견지에서 여러가지 정의들이 있다. 잘 알려진 내용이기 때문에 매거할 필요까진 없겠으나 고전적인 정의들만 하더라도 말리놉스끼(Rodion Y. Malinovsky)류의 기능주의적 입장, 뒤르껨(Émile Durkheim)류의 사회학적 입장, 프로이트 혹은 융류의 심리학적 입장, 엘리아데류의 종교학적 입장, 프라이(Northrop Frye)류의 문학적 입장 등에 이르기까지 신화의 발생 동인·특성·작용 등을 논한 다양한 견해들이 존재한다.

현재 대륙 신화학은 1949~76년에 이르는 30여년간의 맑스주의 신화학에서 벗어나 과감히 외부 이론을 수용하는 태도를 취하고 있지만, 이러한 경향은 40대 이하의 비교적 젊은 학자층에서 보일 뿐 원가·종경문(鍾敬文, 종 징원) 등 제1세대에 가까운 학사들을 위시해 이들을 계승한 담단선(譚達先, 탄 다셴)·오병안(烏丙安, 우 빙안)·풍천유(馮天瑜, 펑 텐위)·잠명자(潛明滋, 첸 밍쯔)·장진리(張振犁, 장 전리)·주방포(朱芳圃, 주 팡푸)·소병(蕭兵, 샤오 빙) 등 신화 및 민간문학 방면 주요 전저(專著)의 저자들이 이론계에 여전히 강력한 영향력을 발휘하고 있는 실정이다. 따라서 대륙 학계의 신화에 대한 입장은 근래 외부 이론의 자극에도 불구하고 아직은 1949년 이래 확립된 맑스주의 신화관이 지배적인 것으로 보아야 할 것이다.

신화를 모건(Lewis H. Morgan)의 『원시사회』(*Ancient Society*)의 분기법(分期法)에 의거해 원시사회 모권제 시기 생활의 반영으로 보고 자연과의 투쟁 속에서 환상을 빌려 자연을 정복하고자 하는 의지의 소산으로 규정하는 이러한 견해는, 수용의 정도에 차이는 있으나 거개의 대륙 학자들이 공유하고 있는 신화 관념이라 할 것이다. 그런데 여기서 우리가 주목하고자 하는 인물은 대륙 신화학의 태두로 자타가 공인하는 원가이다. 원가는 비록 맑스주의 신화관을 기본으로 하고 있으나 그것을 도식적으로 적용하지 않고 중국신화의 풍토성을 반영해 수정한 나름의 신화론, 즉 광의신화론을 수립하였다. 다음과 같은 언급에서 우리는 맑스주의를 중국신화에 적용하는 그의 자세를 엿볼 수 있다. 맑스가 「정치경제학 비판 서문」에서 제기한 '신화소멸론'을 고대 그리스신화에 국한된 현상으로 파악하고, 중국의 신화 현실은 그와 같지 않음을 말하며 원가는 이렇게 단언한다.

내가 생각건대 맑스·엥겔스의 경전을 학습함에 있어서는 실사구시적으로 그들이 당시에 처한 구체 환경으로부터 구체 사물에 대하여 그 이론의 핵심을 깨달아야만 비교적 원만한 이해에 도달했다고 할 수 있다.[1]

말인즉 맑스·엥겔스의 저작에 대한 정독을 강조하는 듯싶지만, 뒤집어보면 이쪽 현실을 무시하고 저쪽 이론을 무조건 적용해서는 안 된다는 취지가 언외에 드러나 있다.

원가의 광의신화론은 종래 일반 신화학의 통설이었던 신화·전설·민담의 삼분법을 혁파하고 신화의 역사성을 강조한 입론으로, 이것이 발

---

1 袁珂 『中國神話史』(上海文藝出版社 1988) 15면.

표되자 중국신화학계가 찬반양론으로 갈리는 등 중국 내외의 신화학계에 큰 반향을 불러일으켰다.[2] 학계에서는 아직 협의신화와 광의신화 어느 쪽으로도 정론(定論)이 나지 않은 상태이지만, 원가는 이론의 제기에 그치지 않고 지속적인 저술로써 자신의 입장을 실천하고 그 타당성을 현실화해가고 있다. 다작가(多作家)인 원가의 노작 가운데 네개의 대표작을 꼽으라면, 『산해경교주』(上海古籍出版社 1980) 『중국신화전설사전』(中國神話傳說詞典, 上海辭書出版社 1985) 『중국신화전설(中國神話傳說) 상·하』(北京: 中國民間文藝出版社 1986) 『중국신화사(中國神話史, 上海文藝出版社 1988) 등을 들 수 있다. 그는 정벽(精辟)한 고증 작업을 통해 의난처가 많기로 유명한 기서 『산해경』을 훌륭하게 풀이해내 동진의 곽박과 청대 학의행의 뒤를 이은 걸출한 주석가로서의 위치를 굳혔다. 이어서 그는 자신의 광의신화론에 입각해 『중국신화전설사전』을 편성하고 『중국신화전설 상·하』 『중국신화사』를 연이어 찬술(撰述)하였는데, '신화전설'이라는 제목은 편의적인 것으로 사실 광의신화를 가리키는 것이다. 원가는 이러한 취지를 다음과 같이 표명한다.

편집 과정에서 나의 신화에 대한 인식이 변화를 일으켜 점차 협의의 영역에서 광의의 영역으로 나아갔다. 물론 항목 선택의 시야와 범위도 따라서 확대되었다. 이렇게 내용이 풍부해지고 보니 과거의 책이름〔중국신화사전〕으로는 포괄할 수 없게 되어 이름을 '중국신화전설사전'으

---

2 원가의 주장은 「從狹義的神話到廣義的神話」(『社會科學戰線』 第4期, 1982) 및 「再論廣義神話」(『民間文學論壇』 第3期, 1984) 등의 논문에서 표명되었고, 이에 대해 武世珍 「神話發展和演變中的幾個問題」(『民間文學論壇』 第3期, 1984); 周明 「再論神話範疇的狹義性和廣義性」(『民間文學論壇』 第4期, 1985); 潛明滋 「聞一多對道敎神仙的考釋在神話學上的意義」(『思想戰線』 第1期, 1986) 등의 논문에서 반론이 전개되었다.

로 바꾸었다.[3]

이 책과 아울러『중국신화전설 상·하』는 원래 1960년 상하이 상무인서관(商務印書館)에서 펴낸『중국고대신화(中國古代神話)』를 대폭 증보 개정한 것으로, 역시 신화 인식의 추이에 따라 제목이 바뀐 것이다. 1986년에 출간된 이 책은 불완전한 형태의 중국신화를 새롭게 다시 쓰겠다는 원가의 집념의 결실이자 필생의 역작으로, 불핀치(Thomas Bulfinch)의『그리스·로마신화』에 비견될 중국신화의 대표적 저작이다. 그러나 이 책은 학문성을 함께 지향함으로써 불핀치의 책과는 또다른 성격을 지닌다. 단순한 읽을거리가 아니라 원가의 신화론을 바탕으로 학문과 문학을 융합해내고자 한 야심만만한 기획의 산물인 것이다.

앞서의 책들에 비해 가장 늦게 저술된『중국신화사』는 말 그대로 중국신화의 역사로서 각 시대별 신화의 내용과 특징, 변천 과정 등에 대한 서술이 위주가 되고, 이밖에 고전시대의 신화연구사, 소수민족 신화의 내용, 신화가 후대 문학에 미친 영향 등을 부수적으로 다루었다. 중국신화 전반의 내용과 역사적 변천을 조망할 수 있는 이 책은 중국신화의 전모를 한눈에 파악하기에 용이하여 훌륭한 입문서로서의 성격을 지닌다.

원가의 광의신화론이 대륙 신화학계에서 통설로서 공인이 되든 안 되든 그는 지금까지 타의 추종을 불허하는 독보적인 학문적 지위를 누려왔으며, 현실적으로 그의 이론의 구현이라 할 앞서의 노작들을 통해 그의 신화학은 중국 국내외적으로 거의 대표성을 획득하고 기정화의 길을 밟고 있다. 결국 우리는 대륙 신화학계에서의 그의 실세적 비중을 인정하

---

3 袁珂『中國神話傳說詞典·序』(上海辭書出版社 1985) 4면.

지 않을 수 없고, 이러한 인정하에 그의 신화론에 대한 검토가 대륙 신화학의 가장 핵심적인 내용을 건드리게 될 것이라는 기대를 갖지 않을 수 없다. 이 글에서 중국신화의 개념적 범주를 살펴봄에 있어 특별히 원가의 광의신화론을 문제 삼고자 하는 것은 대체로 이러한 이유에서다.

광의신화론에 관해 원가는 일찍이 몇편의 논문을 발표했고 여러 자리에서 의견을 피력한 바 있다. 그리고 그 논의들은 『중국신화전설 상·하』와 『중국신화사』의 서론 부분에 집약적으로 정리되어 있으며 두 책의 본론이 바로 그 이론의 실제적 적용으로 구성되어 있기 때문에 다른 어느 자료보다 두 책이 원가의 광의신화론을 고험(考驗)하기에 편리할 것으로 생각된다. 이에 따라 이 글에서는 원가의 여러 저작 중 『중국신화전설 상·하』와 『중국신화사』를 주요 대상으로 삼아 중국신화의 개념적 범주에 대한 논의를 진행할 것이다.

2) 원가의 신화관

진전득(陳全得, 천 취안더)은 원가의 신화관이 3단계를 거쳐 형성된 것으로 보고 있다.[4] 1948년 학계에 나온 이래 1983년까지 그는 전통적인 맑스주의 신화관을 견지한다. 이후 1983년에서 1985년 사이 광의신화론을 활발히 전개하여 종래의 협의신화론적 입장을 과감히 탈피한다. 이때부터 그는 '신화소멸론' 등 맑스주의 신화관을 부분적으로 수정하기 시작한다. 1985년에는 신화 발생의 기점을 전만물유령기(前萬物有靈期)로 앞당기는 가설을 제기하여 역시 모건의 도식에 따른 맑스주의식 기점을

---

4 陳全得 「袁珂 '神話無下限論' 初探」, 『中華學苑』 第42期(臺北: 政治大學 中國文學硏究所 1992) 259~69면.

수정, 소급하고자 하였다. 그러나 중국의 신화 현실과 관련해 광의신화론을 입론하는 과정에서의 약간의 수정을 제외하면 기본적으로 그의 신화관은 맑스주의에 기초하고 있다고 보아야 할 것이다. 다만 맑스주의 문예이론에도 여러 경향이 있지만 그는 특히 고리끼(Maksim Gor'kii)로부터 많은 영향을 받았다. 고리끼는 신화와 민담, 종교와 미신을 대립시키면서 다른 한편 신화와 민담을 완전히 동일시하기도 하는 모순된 입장을 지니고 있었는데, 리프틴(Boris L. Riftin)은 원가의 관점이 주로 이로부터 영향받은 것임을 지적하고 있다.[5]

신화가 노동에서 비롯됐다고 보는 점에서 그는 모든 문학예술이 노동에서 기원한다는 맑스주의 예술관의 기본 인식에서 어긋남이 없다. 다시 말해 노동을 통해 자연과 대면하는 과정에서 자연을 이해하고 통제하고자 하는 욕망의 환상적 표현이 신화라고 보는 것이다. 원가는 고리끼의 말을 빌려 다음과 같이 신화의 정의를 대신한다.

일반적으로 말하자면 신화 역시 자연현상이다. 그것은 자연에 대한 투쟁이며 또한 광범한 예술적 개괄 속에서의 사회생활의 반영이다.[6]

신화발생론에 대해 처음에 그는 야만 시기의 인류가 만물유령론(萬物有靈論)과 같은 관념을 지녔고, 이로부터 원시종교와 신화가 순차적으로 발생하게 되었다는 가설을 견지하였다. 그러나 후일 타일러(Edward B.

---

5 李福淸(Boris L. Riftin)「中國神話論」,『中國神話故事論集』(北京: 中國民間文藝出版社 1988) 100면.
6 고리키『소련의 문학』; 위앤커『중국신화전설 1』, 전인초·김선자 역주 (민음사 1992) 45면에서 재인용.

Tylor)의 만물유령론을 수정한 매럿(Robert R. Marett)의 전만물유령론을 받아들인 이래, 만물유령기보다 앞선 시기 즉 전만물유령기에 이미 신화가 발생할 수 있다고 입장을 바꿨다. 그의 설명에 의하면 전만물유령기는 활물론(活物論)의 시기로, 이 시기에 인류와 만물은 동질적인 생명력으로 교감하는 상태에 놓여 있었다고 추정된다. 이 물아일체의 상태에서 동화나 우화 같은 형식의 초기 신화가 출현하게 된다고 그는 주장한다.[7] 이러한 입장 변화는 그가 종래 고수해왔던 신화에 대한 원시종교 선행설도 수정하게 하였다. 그는 일찍이 비판한 적 있던 잠명자의 '신화-원시종교 통일체론'을[8] 도리어 받아들여 동시발생설의 입장으로 전환하였다.

결국 신화의 기원에 대해서는 노동설, 발생에 대해서는 분기법이라는 기본 테두리를 크게 벗어나지 않은 원가의 신화관은 신화의 현실을 논할 때 필연적으로 투쟁사관과 진화론의 태도를 취하게 된다. 원가는 앞서 전만물유령기의 신화 발생을 논하면서, 인간과 자연이 미분화된 이 시기에는 동식물이 의인화되어 빚어지는 동화나 우화 형식의 신화가 최초로 출현한다고 말한 바 있다. 이어서 그는 천지개벽이나 인류의 기원에 관한 신화는 태고 인류의 몽매한 의식 상태에서는 도저히 이루어질 수 있는 것이 아니고, 훨씬 후대에 시인·주술사 등의 계획적인 구상에 의해 편성될 수 있는 것으로 보았다.[9] 그리하여 그는 인류 인식의 진보, 즉 자연계의 내재관계를 파악하는 능력의 발전 정도에 따라 차례로 자연신→조

---

7 만물유령론·전만물유령론·활물론 등과 관련한 신화 발생의 상황에 대해서는 袁珂 『中國神話史』 5~11면 참조.
8 潛明玆 「神話與原始宗敎源于一個統一體」, 『北京師範大學學報』 第1期(1981) 참조.
9 袁珂, 앞의 책 9면.

상신→우주대신의 출현을 상정하고, 창세신화를 추상적 사유와 개괄 능력의 소산으로 보는 풍천유의 단계론적 견해를 적극적으로 수용한다.[10] 그러나 원가의 이러한 진화론적이고 단선적인 신화관은 많은 비판에 직면할 수밖에 없다. 특히 종교적 본능을 지닌 인간 존재, 즉 호모 렐리기우스(Homo religius)의 입장에서 신화를 이해하는 엘리아데의 창세신화에 대한 이해와 정면으로 배치될 뿐만 아니라, 호모 심볼리쿠스(Homo symbolicus), 즉 인류의 상징인식 능력의 원초성을 강조하는 뒤랑 등의 상상력 학파의 이론적 공세를 감당하기도 어려울 것이다.

노동을 자연과의 투쟁으로 인식하는 원가에게 있어 신화 속의 신은 자연을 정복해 여건을 개선해낸 노동영웅의 형상이 아닐 수 없다. 여와·신농·후직(后稷) 등의 문화영웅은 다름 아닌 원시사회의 노동영웅이었던 것이다. 그런데 계급사회로 진입하면서 통치계급이 과거의 노동영웅을 자신들의 조상으로 삼고 상제나 천신으로 신격화하자 민중 사이에서는 반항의 소망을 담은 반역영웅 형상이 출현하게 되었다. 곤·과보(夸父)·형천(刑天) 등 투쟁의 신들이 그것이다.[11] 신화 현실을 인류 대 자연, 계급 대 계급의 투쟁과 극복 관계로 인식하는 원가의 입장은 신화의 본질을 규정함에 있어 결국 당위론적, 규범적 지향을 갖게 된다. 그리하여 그는 신화가 허구임에도 불구하고 유물주의와 현실주의에 기초를 둔 '적극적 낭만주의'의 산물이며, 현실에 대해 혁명적 태도를 취함으로써 환상적 사물을 현실적으로 변화시키는 역량을 지녔다고 말한다. 궁극적으로 신화는 세계를 변화시키게 되는 것이다.[12] '적극적 낭만주의'라는 표현은

---

10 같은 책 112~13면.
11 같은 책 48~49, 62면.
12 같은 책 85면.

이후 원가 신화학에서 신화 내용의 질적 수준을 가늠하는 기준으로 작용한다. 다시 말해 '적극적 낭만주의'의 유무에 따라 신화가 재단되는 것이다. 사적 유물론과 투쟁사관에 입각한 문예원칙이라 할 '적극적 낭만주의'와 같은 개념이 그 목적론적, 가치지향적 성격으로 인해 객관적인 신화 연구에 득이 되지 못함은 자명하다 할 것이다.

3) 광의신화론의 내용

앞에서 원가의 신화관 전반을 살펴보았지만 누차 말했듯이 그의 신화관은 대부분 맑스주의에서 유래하고 있으며, 이러한 견지에서 대륙의 다른 신화학자들과 변별되는 특색을 보여주지 못했던 그의 신화관이 노년에 이르러 갑자기 주목받게 된 것은 전적으로 광의신화론 때문이라고 해도 과언이 아니다. 그만큼 광의신화론은 원가 신화학의 핵심을 이루고 있으며 중국신화학의 중요한 특성으로 자리 잡았다.

원가의 광의신화론이 나오기까지에는 중국신화학이 오랫동안 안고 있던 한 가지 고충이 작용하였으리라 생각된다. 근대 초기 서구로부터 신화학이 유입되었을 때 중국의 제1세대 신화학자들은 신화·전설·민담의 삼분법에 중국신화가 잘 들어맞지 않는다는 사실을 깨달았다. 노신 같은 사람은 비교적 엄격하게 삼분법을 지켰지만, 모순은 삼분법을 준수하면서도 전설이 자주 신화와 혼동됨을 토로하였고, 임혜상(林惠祥, 린 후이샹) 역시 중국신화가 역사·우화·신괴소설(神怪小說)과 뒤섞여 구분하기 어려운 상태에 있음을 지적하였다.

원가는 초기에 협의신화의 입장을 좇았으나 『산해경』 등 고적(古籍) 정리를 오래 지속하면서 삼분법을 벗어나 나름대로 중국신화의 자료적 현실에 입각한 기준을 마련해야겠다는 구상을 한 것으로 생각된다. 원가가 우선 회의하게 된 것은 맑스주의 고전파 학자들의 협의신화 개념으로서, 그것은 신화가 원시사회 모권제 시기에 발생해서 노예제 사회 때 성행했다가 이후 쇠퇴, 소멸하고 만다는 가설이었다. 그런데 이 가설의 배후에는 사실 맑스의 '신화소멸론'이 자리하고 있었다. 신화가 이성적 능력 및 과학의 발달에 따라 점차 소멸할 수밖에 없다는 맑스의 논지를 원가는 고대 그리스신화의 단절에 대한 설명으로 국한해 읽으며 협의신화론을 다음과 같은 광의신화론으로 변모시킨다. 즉, 고대신화는 모권제 시기에 생겨나 노예제 사회 초기에 성행했다가 문자 기록이 출현하면서 점차 소멸한다. 그러나 이후 각 사회의 역사적 단계마다 각이한 현실 속에서 인간의 소망을 표현하는 새로운 신화가 끊임없이 생겨난다는 것이다. 신화의 역사성을 강조하는 이러한 견해는 반대로 상고신화의 근원성, 원시성을 절대시하지 않는다. 이렇게 노예제 사회 이후 장기간의 봉건사회에서도 매 시대 신화가 생겨난다고 가정했을 때, 고대 중국 각 왕조시대의 신화적 색채를 띤 전설과 민담도 신화의 범주에 들어갈 가능성을 갖게 된다. 그리하여 원가는 광의신화의 범주에 다음과 같은 9개의 이야기 항목을 포함시켰다. ①협의신화(고대신화) ②전설 ③신화화된 역사 및 역사화된 신화 ④선화(仙話) ⑤괴이담(怪異談) ⑥동화 의미가 있는 민간 전설 ⑦불경신화 ⑧명절·도술·보물·습속·풍물 등에 관한 신화전설 ⑨소수민족의 신화전설 등이다.

　광의신화의 이론과 내용을 확정한 후 원가는 이를 구체화하기 위해 두 가지의 의미 깊은 작업을 하게 된다. 한가지는 중국신화의 역사, 즉『중국신화사』를 집필한 것으로, 이는 광의신화론에 의해 매 시대 신화의 존재를 예상할 수 있게 되면서 생긴 필요에 따른 것이다. 이에 대해 원가는 그리스에도 신화사가 없는데 중국에서 신화사가 처음 나오게 된 심경을 감명 깊게 토로하고 있다. 또 한가지는 신화사보다 더 중요한 선행 작업으로서 광의신화 자료에 의해 새로운 중국신화집을 엮은 일이다.『중국신화전설 상·하』의 찬술이 그것이다. 원가는 일찍이 중국신화가 그리스신화·인도신화처럼 잘 보존되지 못하고 단편적으로 존재해온 것을 개탄한 바 있는데, 이 역사적인 작업을 위해 그는 나름대로 여러가지 '과학적인' 원칙과 방법을 수립하였다. 우선 신화성을 띤 전설이나 민담 자료를 신화자료로 취택할 때 그 기준을 적극적 낭만주의의 의미성에 두었다. 다음으로 그 자료들을 '역사적' 단서를 따라 정리하였다. 끝으로 정리 작업은 '이어 붙이기〔連綴〕'와 '녹여 만들기〔鎔鑄〕'의 과정을 통해 수행되도록 하였다. 그는『중국신화전설 상·하』는 주로 '이어 붙이기' 작업에 그쳤다고 고백하고, 궁극적으로는 '녹여 만들기' 작업을 통해 자신의 광의신화론이 웅대한 서사시의 출현으로 결실을 맺게 되길 소망하였다.

4) 광의신화론에 대한 검토

원가가 광의신화론을 입론하게 된 동기로는 다음의 세가지 사항을 들 수 있다.

첫째, 앞서 언급했지만 중국의 신화학자들에게는 고질병과 같은, 중국신화의 단편성(斷片性)에 대한 통감이다. 중국신화를 그리스신화와 같은 장편신화 체계로 구성하고 싶은 욕망이 원가의 언급 곳곳에서 읽힌다. 그러나 이러한 의도적 체계화는 그리스와 중국의 신화적 토양 차이를 간과한 무리한 기도이다. 중국의 고대신화는 허다한 종족이 빚어낸 다원적인 정치, 문화 양상 위에서 이룩된 것이므로 결코 일관된 모습을 보일 수 없다. 중국의 고대신화를 체계화하려는 시도는 후대의 중심주의적 문화사관의 소치이고 신화의 복원은커녕 진면목을 손상하는 일일 수 있다.

둘째, 첫째 동기와도 얼마간 상관되는데 소수민족 통합, 종족 간 조화 등 정치적 동기를 배제할 수 없다. 이것은 역사적 경험이 한족과 같지 않은 소수민족의 신화를 굳이 광의신화론의 범주에 포함시켜 하나의 신화체계 속에 융합하려는 의도에서 엿볼 수 있다. 소수민족 신화는 한족 신화와의 비교연구 대상이지 한족의 신화체계에 귀속되어야 할 종속물이 아니다.[13]

셋째, 신화의 역사화 혹은 신화와 역사의 뒤섞임이라는 중국신화 특유의 상황을 극복하기 위한 노력이다. 이는 앞의 두 경우에 비해 비교적 순수한 학문적 취지에서 비롯된 동기라 할 것이다. 사실 서구의 삼분법을 무리하게 적용하려 하지 않고 중국신화의 풍토성에 입각한 독자적인 분류체계를 마련하고자 하는 원가의 이러한 의도는 높이 평가되어야 할 것이다. 누차 말했듯이 삼분법은 그림 형제의 제기 이래 서구권에서는 준칙이 되어왔지만, 배스컴의 조사에 따르면 비서구권의 경우 허다한 종족들이 이야기를 인식함에 있어 신화·전설을 포괄하는 '참된 이야기'와 '꾸며낸 이야기'의 이분법을 택하고 있음을 볼 때[14] 원가의 광의신화론도 객관적인 근거가 없지 않음을 알 수 있다. 아울러 우리는 원가의 문제의식이 단순히 중국신화에만 관련된 문제인가 한번 생각해볼 필요가 있다. 이 책의 서론에서 제기한 동아시아 신화 차원의 사고와 관련하여 이 문

---

13 조동일 교수는 소수민족을 제4세계 민족으로 규정하면서 그들이 강대국의 억압 속에 지켜낸 서사시의 가치성을 높이 평가한다. 조동일 『동아시아 구비서사시의 양상과 변천』(문학과지성사 1997) 13~14면.

14 William Bascom, "The Forms of Folklore: Prose Narratives," *Sacred Narrative*, ed. Alan Dundes (Berkeley: University of California Press 1984) 17-23면.

제를 생각해볼 때 건국신화·족원신화 등 전설성이 강한 한국·일본 등 동아시아권의 신화가 원가의 문제의식을 공유할 여지는 없는가 하는 점이다. 만약 있다면 광의신화론은 적용 범위를 넓히기 위해 그 타당성을 다른 각도에서 검증받을 필요가 있을 것이다.

그러나 광의신화론은 그 자체가 갖는 긍정적 의미와는 별도로 성립 기반인 이론적 견지에서 많은 문제점을 안고 있다. 물론 어떤 이론이든 장단점이 있고 완벽할 수는 없겠으나 고전파 맑스주의 신화관을 약간 수정한 정도의 입장으로는 앞서 비판한 진화론적, 목적론적 인식이 몰고 올 탈신화화의 반작용을 극복하기 어려울 것이다. 원가가 중국신화의 단편성을 통탄하면서 '과학적 정리'의 필요성을 외치는 순간 중국신화는 도리어 신화로서의 본색을 상실할 위기에 놓일지도 모른다.

이와 아울러 실제 상황에서 광의신화론이 부딪히게 되는 가장 큰 문제점은, 여러 학자들이 이미 지적했듯이 신화의 개념적 범주가 모호해진 것이다. 고대신화의 고유성을 몰각하고 역사성을 강조한 결과 '신화'와 '신화적인 것' 혹은 '신화적 모티프를 지닌 것' 간의 구분이 무의미해진 것이다. 그것은 아마 바르뜨나 프라이 등의 범신화적 개념에 기의 육박하지 않나 싶다. 진전득은 이러한 현상에 대해 사(詞)와 곡(曲)을 '광의당시(廣義唐詩)'라 부르는 것이나 마찬가지라고 꼬집는다. 게다가 신화를 가려내기 위해 동원한 기준이 '적극적 낭만주의'와 같은 맑스주의 당위론이고 보면 과연 진정한 신화성을 지닌 자료들이 선별되었을까 하는 의심이 들지 않을 수 없다. 『중국신화사』에 기술된 역대 신화 내용들을 보면 이러한 개념의 혼란을 실감하게 된다.

원가의 걸작으로 손꼽히는 『중국신화전설 상·하』가 지닌 문제점도 만만치 않다. 우선 이 책이 상당한 정치적, 이데올로기적 의도를 지녔다는 것은 전술한 광의신화론의 동기를 참작하면 알 수 있다. 이 책을 위해 신화자료들은 원가 자신의 표현을 빌리면 "중복된 것은 삭제하고 모순된 부분도 없애버리"는 정리 과정을 거쳤다. 그뿐 아니라 원가는 역사화된 신화자료들을 "역사의 물줄기를 따라" 재배열하고 단편적인 신화자료들을 "이어 붙이는" 수고를 아끼지 않았다. 여기에 이르러 우리는 아이러니하게도 과거에 신화를 곤핍하게 했던 유교 합리주의가 시대를 달리한 모습을 보게 된다. 그런데 사실상 심각한 문제는 '모순된 부분'을 '없애버리는' 과정에서 원래의 다원적, 주변적 문화 요소가 소거될 수 있으며, '역사의 물줄기를 따라' '이어 붙이는' 작업을 통해 중화주의 혹은 제국의 이념에 의한 체계화, 구조화의 위험성을 피할 수 없다는 점이다.

현재까지 나온 중국신화집 중 내용이나 분량 면에서 원가의 『중국신화전설 상·하』에 필적할 만한 책은 아직 없다. 대표적인 중국신화집으로서 이 책은 이미 수개 국어로 번역되었고, 원가 신화학의 훌륭한 현시(顯示)로 여겨지고 있다. 그러나 광의신화론을 지탱하는 기본 관점과 방법론에 동요가 생긴다면 이 책이 지닌 가치도 큰 영향을 받게 될 것이다. 그런 의미에서 이 책에 대한 최종 평가는 아직 유보적이라고 말할 수 있다.

2. 중국신화의 상호주관성과 동아시아 문화적 위상:
『'산해경'과 한국문화』 집필 보고를 겸하여

저자는 2019년 4월 『'산해경'과 한국문화』(민음사)라는 책을 출간하였다. 중국신화와 한국문화의 관계를 본격적으로 다룬 최초의 전저이자 한국에서 한번도 간행된 적이 없을 정도로[15] 이단적인 외경(外經)의 시각으로 한국문화를 바라본 저술이라는 점에서 지적 호사가들의 흥미를 자아낼 법한 책이지만, 저자가 이 책을 집필한 것은 오래전에 제기하여 지금까지 견지해온 중국신화에 대한 고유한 입론을 좀더 전면적인 차원에서 검증하기 위해서였다. 누차 언급했듯이 저자는 일찍이 『산해경』 신화를 비롯한 중국신화를 고고학·문명기원론에 상응하는 상호텍스트적, 다원적 실체로 상정하였고,[16] 이후 고구려 고분벽화·한국신화·한국문학 등에 대한 개별 논구 결과를 바탕으로 중국신화를 일국주의(一國主義)의 소산을 넘어선 동아시아 공유의 문화자산으로 천명한 바 있었다.[17]

이 글에서는 『'산해경'과 한국문화』 집필 경과를 통해 중국신화와 한국문화 간의 상호작용에서 드러난 상호주관성(intersubjectivity)을[18] 근거로 중국신화의 동아시아 공유 문화자산으로서의 지위를 재확인하고자

---

15 조선시대의 중국 전적 간행 목록에 『산해경』은 등장하지 않는다. 비슷한 계열의 책인 『유양잡조(酉陽雜組)』가 성종(成宗) 때 이극돈(李克墩)에 의해 간행된 반면, 상당수의 조선 문인이 열독했을 『산해경』의 조선 출간본이 아직 발견되지 않은 것은 기묘한 일이다.

16 정재서 역주 『산해경』 개정판 서문(민음사 1993); 『앙띠 오이디푸스의 신화학』(창비 2010) '부록' 참조.

17 이와 관련한 논의는 졸고 「고구려 고분벽화의 신화적, 도교적 제재에 대한 새로운 인식」(『상상』 1996년 가을호; 『동양적인 것의 슬픔』, 살림 1996, 114면) 및 졸고 「중국문헌신화 연구사에 대한 담론 분석」(『동아시아고대학』 제9집, 2004; 『앙띠 오이디푸스의 신화학』 65면) 참조.

18 상호주관성은 간주관성(間主觀性)이라고도 하며 본래 후설(Edmund Husserl)의 현상학에서 집중적으로 다루어진 개념인데 다수 주체들 간의 관계 속에서 형성된 공통의 이해나 인식을 의미한다. 크리스테바(Julia Kristeva)는 바흐친(Mikhail Bakhtin)의 대화주의를 논할 때 상호텍스트성(intertextuality)과 등치되는 개념으로 상호주관성을 거론한다. Julia Kristeva, *Desire in Language* (New York: Columbia University Press 1980) 66면.

한다. 이에 따라 이 글에서는 우선 『‘산해경’과 한국문화』의 집필 동기부터 결과에 이르기까지를 약술한 후 그 결과를 염두에 두면서 중국신화의 상호주관성과 관련된 저자의 기존 논지를 검토할 것인데, 논의는 중국신화의 성립집단과 전승집단의 두가지 층위에서 이루어질 것이다. 이어서 상술한 논의들을 토대로 중국신화의 동아시아 문화적 위상을 최종 확인함으로써 사실상 이 글의 결론에 도달하게 될 것이다. 이 부분에서는 그리스신화의 서구문화적 위상을 거론함으로써 중국신화의 위상을 논의할 필요성과 당위성을 부각하고 동아시아 공유 문화자산으로서의 의미와 문제점, 향후 전망 등을 재검토, 재천명한 후 논의를 종결하고자 한다.

1) 『‘산해경’과 한국문화』 집필 경과 및 결과

저자는 1982년 3월 한국학술진흥재단(현 한국연구재단)의 번역 지원 과제 공모에 『산해경』을 신청하여 선정되었다. 이에 앞서 1981년에 석사논문으로 「갈홍(葛洪) 문학론 연구: ‘포박자(抱朴子)’ 내외편의 사상적 통일성에 입각하여」를 쓰게 된 것은 유교와 쌍벽을 이루는 중국문화인 도교를 이해하기 위해서는 『포박자』라는 기본서를 우선 장악해야 한다는 판단이 있었기 때문이었다. 그러나 『포박자』를 공부하고 나니 도교 같은 동아시아 상상력의 근원을 탐구하기 위해서는 신화로 거슬러 올라가야겠다는 소견이 생겼다. 이에 따라 저자의 관심은 자연스레 대표적 신화서인 『산해경』으로 향했고 신화 연구의 첫 단계로 원전에 대한 역주 작업을 시도하게 되었던 것이다.[19]

____

19 당시 중국대륙에서는 『산해경』 백화문 역본이 출현하지 않은 상태였고 대만에서는 부석임(博錫壬, 푸 시런)과 이풍무(李豊楙, 리 펑마오)의 역본(1980, 1983)이 있었으

1985년 8월에 번역 과제를 완료하기까지 역주에 전념하는 과정에서 저자는 『산해경』에 고대 한국 관련 내용이 적지 않음을 발견하고 이 책과 한국문화의 관련성에 유의하게 되었다. 아울러 한국 관련 기사와 관련해 중국의 주변부 한국의 신화학자가 제3의 시각으로 보는 입장이 중국의 전통적인 주석가들의 견해와는 많은 차이가 있다는 것, 즉 해석상의 충돌을 경험하면서 이 책이 한국 상고문화에 대한 간단치 않은 내용을 담고 있다는 사실을 실감할 수 있었다. 1985년 10월 한국에서 첫 출간된 이후 이 책은 정통 학계보다도 오히려 재야사학계에서 주목을 받았으며, 1987년에 황지우(黃芝雨)·김현 등의 문인을 필두로 문학예술 분야에서 이 책에 기초한 창작이 잇따르는 현상을 목도하면서 『산해경』이라는 신화 고전이 갖는 보편적 의미는 물론 한국문화와의 근원적 상관성에 대해 확신을 갖게 되었다.

이후 『산해경』과 한국문화 관련 논문들, 예컨대 「고구려 고분벽화의 신화적, 도교적 제재에 대한 새로운 인식」(1996) 「잃어버린 신화를 찾아서: 중국신화 속의 한국신화」(2007) 「'산해경' 내 고대 한국의 역사, 지리 관련 자료 검토」(2016) 「'척주농해비'에 표현된 『산해경』의 신화적 이미지들」(2016) 「조선시대의 '산해경' 수용 약론」(2017) 등의 논문을 작성하면서 『산해경』과 한국문화 전반을 다룬 총체적 저술이 필요하다는 인식

나 모두 주석이 없는 단순 역본이었다(이풍무의 경우 「산경(山經)」 역본). 한편 일본에서는 코오마 미요시(高馬三良)의 간주(簡注) 형태 역주본(1969)과 마에노 나오아끼(前野直彬)의 완정(完整)한 역주본(1975)이 있었고 프랑스에서는 레미 마띠외(Remi Mathieu)의 방대한 역주본(1983)이 있었다. 저자는 고전 번역은 반드시 원주(原註)에 의해 이루어져야 한다는 나름의 원칙에 입각하여 동진 곽박의 고주(古注)와 청 학의행의 전소(箋疏), 신화학자 원가의 교주(校注) 등 문언 주석에 의지해 역주 작업을 진행하였다. 대륙에서는 국내의 민음사 저자 역주본이 출간된 직후인 1986년부터 원가의 『산해경교역(山海經校譯)』을 필두로 백화 역주본이 출현하여 현재 수십종을 헤아린다.

아래[20] 한국연구재단으로부터 저술 지원을 받아 『'산해경'과 한국문화』 집필을 시작하게 되었다.

그러나 기존의 연구 성과가 별로 없고 자료 발굴이 이루어지지 않은 상태에서의 저술 작업은 사실상 전인미답의 노정을 걷는 것이나 진배없는 상황이었다. 저자의 과거 한국학 방면의 『산해경』 연구는 고구려 벽화와 신화 등 주로 상고문화에 치중되어 있었으니만큼 삼국시대와 통일신라, 고려, 조선, 현대까지 통사적으로 다루려면 고대부터 근대에 이르는 실록·문집 등 문헌자료 전반과 고고·유물·민속자료 등을 망라해야 했고 현대의 문학예술 자료와 문화산업이 생산한 작품들까지 파악해야만 했다. 이들 연구자료 파악과 확보에 상당한 시간과 노력을 들였고[21] 이렇게 선별된 자료들을 바탕으로 전서(全書)의 체재를 크게 1.『산해경』과 주변문화 2.『산해경』 속의 한국문화 3. 한국문화 속의 『산해경』의 세 부분으로 나누어 논의를 진행하였다.

먼저 '1.『산해경』과 주변문화'에서는 다원적 중국문명기원론을 전제

20　여기에는 한국학 방면의 『'산해경'』과 한국문화 관련 연구가 저조한 데 대한 『산해경』 연구자로서의 의무감 같은 것도 작용하였다. 현재까지 이루어진 한국학 방면의 국내 성과는 심경호 「박지원과 이덕무의 희문(戲文) 교환에 대하여」(『한국한문학연구』 제31집, 2003)를 비롯, 신현대 「'山海經'에 나타난 상상을 통한 이상세계 표현」(홍익대 미술학과 박사논문 2011); 오강원 「역사와 고고학적 측면에서 본 '山海經' 海內西經 貊國의 실체」(『동아시아문화연구』 제49집, 2011); 김정숙 「조선시대의 異物 및 怪物에 대한 상상력, 그 원천으로서의 '山海經'과 '太平廣記'」(『일본학연구』 제48집, 2016); 김광년 「조선 후기 문인들의 '山海經' 인식과 수용」(『일본학연구』 제52집, 2017) 등과 재야 사학 관련 몇편의 논문에 불과하다.

21　가령 이 책(『'산해경'과 한국문화』) 말미에 부록한 방대한 분량에 달하는 「조선 문집 '산해경' 인용 현황 도표」는 이러한 노력의 가시적 산물 중의 하나이다. 후일 연구자들의 시간과 노력을 덜어줄 참고자료로 요긴하게 쓰이기를 희망한다. 당시 「조선 문집 '산해경' 어휘 색인」(신명·인명·물명物名·지명 등)까지 시도하였으나 과제 보고 기한 관계로 미완에 그쳤다.

하여 『산해경』 문화의 상호텍스트적 성격을 파악함으로써 『산해경』과 한국문화 관련 논구의 길을 열어놓은 후, 『산해경』의 성립 주체로 지목되는 동이계 종족의 샤머니즘·조류 숭배 등 문화적 특성과 한국문화와의 친연성을 강조하여 『'산해경'과 한국문화』 저술의 당위성을 설파하였다.

다음으로 '2. 『산해경』 속의 한국문화'에서는 『산해경』 문화의 상호텍스트성, 『산해경』의 성립 주체 등 첫번째 파트에서 주장한 논지들의 전제하에 역사·지리·신화·민속 등의 방면에서 『산해경』 속 한국문화적 요소들을 추출, 분석하였는데, 이는 『산해경』과 한국문화 간의 관계가 일방적 영향관계가 아니라 상호주관성 개념에 입각한 관계라는 것을 입증하는 논의이기도 했다.

마지막 '3. 한국문화 속의 『산해경』'에서는 한국신화에서부터 삼국시대, 통일신라, 고려, 조선, 근대 이후까지 문학·예술·역사·지리·민속·문화산업 등 각 분야에 걸쳐 한국문화에 미친 『산해경』의 영향을 개관하거나 케이스 스터디를 통해 심층 탐구하였다. 케이스 스터디에서 삼국시대 및 통일신라, 고려 시대에 대해서는 「고구려 고분벽화의 신화적, 도교적 제재에 대한 새로운 인식」, 조선시내에 대해시는 「'척주동해비'에 표현된 『산해경』의 신화적 이미지들」, 근대 이후에 대해서는 「'산해경'의 시적 변용: 도연명에서 황지우까지」(1998) 등의 기존 논고들이 선별되었다. 이 부분은 한국에서의 『산해경』 수용에 대한 통사적, 전면적 논의라 할 것이다. 이상으로 전체 논의를 매듭짓고 결론에서 이를 요약한 후 몇가지 숙고해야 할 주제를 제시하였는데 그것은 다음과 같다.[22]

첫째, 한국문화에서의 서왕모라는 주제이다. 저간의 논의에서 밝혀진

---

22 이하의 서술은 『'산해경'과 한국문화』의 '결론' 일부를 보완하여 전재한 것임.

바 삼국시대 이후 조선 후기까지 끊임없이 등장하면서 높은 인기를 유지한 신화적 존재가 서왕모이다. 이것은 단순히 조선 중기 당시풍(唐詩風)과 유선시(遊仙詩)의 유행만으로 그 동인을 설명할 수 없는 문화적 현상 혹은 '흐름'이라 할 것이다. 물론 중국에서도 서왕모는 최고의 인기를 구가해온 여신이었다. 그러나 이 외래 여신이 한국에서 환영받게 된 데에는 보편적 이유도 있지만 고유한 까닭도 있을 것이다. 한국에서 왜 서왕모인가? 우리는 그 까닭을 탐문해볼 필요가 있다.

둘째, 『산해경』과 재야사학이라는 주제이다. 한국의 재야사학은 특별히 『산해경』을 애호한다. 물론 『산해경』은 중국 혹은 일본의 국수주의자들도 선호하는 책이다. 이 책은 사실 누구든 자기중심적으로 각색하기 좋은 내용과 체재를 지녔기 때문이다. 가령 중국의 위정생(衛挺生, 웨이 팅 성) 등은 『산해경』을 근거로 고대 중국인의 세계 답사 지도를 작성하기까지 하였다.[23] 그러나 한국의 재야사학에서 이 책을 애호하는 데에는 이러한 일반적 이유 말고도 실증하기 어려운 친연성 혹은 정서적 공감 같은 것이 있다. 그것은 『산해경』 문화가 지닌 강한 은(殷) 및 동이계 성향과 관련되며, 무엇보다 『산해경』에는 고대 한국 관련 기록이 상당히 많기 때문인지도 모른다. 이에 따라 한국의 재야사학은 상고사의 사료 부족을 『산해경』 신화의 역사화를 통해 극복하고자 한다. 재야사학의 『산해경』에 대한 정서적 공감을 일종의 집단기억으로 간주한다면 그 기억은 상고시대 대륙 활동의 흔적이라는 유전적 소인(素因)에 근거를 두고 있을 수도 있다. 기억은 사후에 굴절되거나 보상심리에 의해 변형될 수 있으므로 역사적 사실과는 거리가 있으나 일종의 '망딸리떼'(mentalité) 곧 집

---

23 衛挺生 等 『山經地理圖考』(臺北: 華岡出版部 1974).

단심성을 형성할 수도 있을 것이다. 한국의 재야사학은 왜『산해경』을 애호하는가? 우리는 이 문제 역시 탐구해보아야 한다.

마지막으로 전통 시기 한국에서의『산해경』논의라는 주제이다. 고려의 이규보(李奎報) 이래 조선 후기에 이르기까지 한국에서는『산해경』에 대한 인식과 주견(主見)을 표명한 글들이 적지 않다. 중국에서도 동진의 곽박 이후 긴 공백기를 거쳐 명(明)·청(淸) 시기에 이르러서야『산해경』에 대한 논의가 활발해지는 것을 생각하면, 조선 후기의 다양한 논의는 한국에서의『산해경』수용의 깊이를 보여주는 것임과 동시에 한국의 상상력 연구, 세계의 '산해경학(山海經學)'을 위한 훌륭한 자산이라는 점에서 주목할 만하다. 따라서 한국의 '산해경학' 또한 향후 관심을 갖고 연구해야 할 주제가 아닐 수 없다.

글로벌한 문화 상황, 더욱이 비교학이 추세인 금후의 시점에서『산해경』연구의 과제는 그 문화의 내용을 중국적인 범주에서 규정하는 데 그치지 않고 주변문화와의 다양한 교섭과 관계성을 밝혀냄으로써 중국과 주변 간의 문화적 상호주관성, 나아가 연대감을 확인하는 데에 있다 할 것이다. 이러한 과정을 통해『산해경』이 지닌 다원적, 보편적 가치를 드러내고 궁극적으로 동아시아 문화공동체로의 길을 열어갈 수 있을 것이다. 아울러 이와 같은 취지에서 비롯된『'산해경'과 한국문화』집필 작업이 한국문화에 대해서는 그 해석 근거를 기존의 정전(正典) 위주에서 벗어나『산해경』같은 '기서'로까지 확대함으로써 한국문화의 근원에 대한 다양한 인식의 가능성을 보여주는 한 계기가 될 것으로 기대한다.

2) 중국신화의 상호주관성 관련 논의 경과

(1) 중국신화의 성립집단

『'산해경'과 한국문화』는 중국신화의 성립 주체에 대한 그간의 논의를 상기시킴과 동시에 중국신화의 실체가 상호주관성 개념에 입각한 다수 집단 혹은 군체(群體)의 소산임을 인증한다. 가령 근대 초기 중국의 선각적 지식인 혹은 신화학자인 노신·호적·모순 등은 중국신화가 서구의 그리스신화처럼 정합적이고 통일된 서사체계를 지니지 못한 것을 한탄하였다. 그리고 이러한 자비감은 현대 중국을 대표하는 신화학자 원가에까지 이어져 그는 산발적으로 존재하는 중국신화의 상황을 "못내 안타까워(不能不惋惜)"한 나머지 결국 "자료들을 엮어 한권의 비교적 계통적이고도 완전한 책을 써냈(竟把它們綴集起來, 寫成一部比較有系統的完整的東西)"으니,[24] 그것이 바로 중국신화의 집대성으로 일컬어지는 『중국신화전설 상·하』이다. 중국신화의 비체계성을 한탄하는 이들 중국 학자들의 심리 이면에는 중국문명의 원천이 황하 유역을 근거로 한 중원(中原)에 있으며, 이 문명은 자기동일성을 갖고 끊임없이 주변 세계를 개화시켜왔다는

---

[24] 袁珂「自序」,『中國古代神話』(北京: 中華書局 1960). 원가는 이를 후일 그의 광의신화론에 입각해 증보, 재편하여『중국신화전설 상·하』(1986)를 찬술한다. 이 책은 국내에서 '중국신화전설 1, 2'(민음사 1992)라는 제목으로 번역되어 해당 출판사의 '세계문학전집'에 포함되어 있다. 이 책의 성격이나 저자의 의도로 볼 때 과연 '세계문학'으로서의 고전적 가치에 상응하는 명작인지 출판사의 신중한 고려가 아쉽다. 왜냐하면 이 책은 중화주의적 관점은 물론 지나친 맑스주의적 관점, 신화 개념의 혼란, 자의적 신화체계 구성, 신화를 통한 정치적 통합 의도 등 많은 점에서 문제를 안고 있기 때문이다. 이 책과 원가의 저술 의도 및 신화관에 대한 비판은 졸고「중국, 그 영원한 제국을 위한 변주」(『상상』1994년 겨울호;『동양적인 것의 슬픔』) 및「중국신화의 개념적 범주에 대한 검토: 원가의 광의신화론을 중심으로」(『중국학보』제41집, 2000; 이 책 제5부 1장 1절) 참조.

중화주의적 문화사관이 자리 잡고 있다. 이러한 문화사관은 현대에 이르기까지 지속되고 있다.

그러나 상술한 단원론적, 일방영향론적 문화사관은 이제는 정론이 된 중국문명의 다원적 기원론에 의해 자연스럽게 와해된다. 즉 중국문명은 황하 유역만을 중심으로 형성되지 않았으며 홍산(紅山)·양저(良渚)·대문구(大汶口)·앙소(仰韶) 등 다양한 변방 문명의 상호구성체였다는 것, 상이한 지역적 주체들이 상호주관적으로 결합한 형태였다는 것이 실상이다.[25] 아울러 문명기원론은 신화와 밀접한 상응관계가 있으므로 여기서 우리는 중국신화를 결코 화하계(華夏系) 혹은 황제계(黃帝系) 중심이 아닌 동이계, 묘만계(苗蠻系)를 비롯한 기타 여러 종족집단의 문명을 바탕으로 하고 다양한 신화가 공존하는 상호텍스트적 실체로 파악할 수 있을 것이다. 이처럼 중국문명의 다원적 기원론을 바탕으로 『산해경』 신화를 비롯한 중국신화의 상호텍스트성·다원성을 주장하는 입론은 일찍이 「역주『산해경』 개정판 서문」(1993)에서 제기된 이후 지속적으로 저자의 논저에서 핵심적인 신화관으로 천명되어왔고, 대륙 신화학계에서는 본격적으로 논의된 바 없으나 다수의 학자들이 이와 같은 관점을 공유하고 있다.[26]

---

25 다원적 기원론은 에버하르트의 '지방문화' 개념에서 이미 보이기 시작하여 능순성(凌純聲, 링 춘성)·소병기(蘇秉琦, 쑤 빙치)·장광직 등의 고고학적, 인류학적 노작에 이르러 정론이 된다. 지방문화에 대해서는 Wolfram Eberhard, *The Local Cultures of South and East China*, tr. Alide Eberhard (Leiden: E. J. Brill 1968) 9-10, 13-15, 24면 참조. 단원론·다원론 등 중국문명 기원에 대한 논의는 佟柱臣「中國新石器時代文化的多中心發展論和發展不平衡論」(『文物』第2期, 1986); 蘇秉琦『中國文明起源新探』(香港: 商務印書館 1997) 및 졸저『동아시아 상상력과 민족 서사』(이화여대 출판부 2014) 17~41면 참조.
26 이와 관련된 저자의 논의들은 앞의 서술과 관련 주석들 참조. 아울러 저자와 관점을 공유하는 대륙의 대표적인 중국신화학자로는 소병·엽서헌 등을 들 수 있다. 소병

우리는 다시 『'산해경'과 한국문화』로 돌아가서 상술한 입론이 『산해경』 속 한국문화를 다룬 부분에서 충분히 인증되고 있는지 확인할 필요가 있다. 우선 『산해경』 속의 한국 관련 역사, 지리 내용과 조선(朝鮮)·숙신(肅愼)·부여(夫餘)·개국(蓋國)·맥국(貊國) 등 고대 한국 관련 자료들을 검토해보았을 때, 이들을 성립시킨 종족의 활동 무대는 대체로 한반도 북부로부터 중국대륙의 동북 3성과 하북(河北, 허베이)성에 걸치는 광대한 영역이었음을 알 수 있다. 이러한 의미에서 주변문화적 요소를 풍부히 지닌 『산해경』은 중원중심주의 혹은 식민사관에 의해 고대 한국의 영역을 가급적 한반도 또는 그 인근으로 귀속시키고자 했던 편향된 인식을 수정할 수 있는 근거를 지닌 텍스트로 평가된다.

다음으로 『산해경』에 담긴 한국의 신화·민속과 상관된 내용을 살펴보았을 때, 한국 관련 신화는 동이계 신화와 깊은 관련이 있으며 『산해경』의 성립 연대로 볼 때 현존하는 어떤 한국신화 자료보다도 앞서 있어 '원한국신화(原韓國神話)'라고 부를 수 있을 정도이다. 아울러 이들 신화·민속 자료는 후대 한국문화와의 계승관계에 대한 검토를 통해 확인될 경우 더욱 빛을 발하게 될 것이다.

종합해볼 때 『산해경』에는 중국의 주변 국가 중 다른 어느 나라보다도 한국과 관련된 고대문화 자료가 풍부히 남아 있다. 이것은 상술한 바 『산

은 「犀比·鮮卑·西伯利業從楚辭二招描寫的帶鉤談到古代文化交流」(『人文雜誌』 第1期, 1981); 「四方民俗文化的交匯: 兼論山海經由東方早期方士整理而成」(中國山海經學術討論會 『山海經新探』, 成都: 四川省 社會科學院出版社 1986) 등의 논고에서 『산해경』 문화의 다원성을 긍정한다. 그러나 중국문명의 다원적 기원론을 전제한 것은 아니다. 엽서헌은 다수의 신화 논저에서 기본적으로 저자와 같은 입장을 견지하고 있으나 『산해경』 같은 신화 텍스트의 성립 주체에 대해서는 오방일원(五方一源)의 대일통(大一統) 관념과 관련하여 관방 권력의 존재를 부인하지 않는다. 두 사람과 저자는 기본적 신화관을 함께하는 입장에서 『山海經的文化尋踪』(武漢: 湖北人民出版社 2004)을 공동 집필한 바 있다.

해경』텍스트 및 중국신화의 다원적, 상호주관적 문화 상황을 인증하는 것임과 동시에 상고 대륙에서 고대 한국의 위상을 보여주는 것이라 하겠다. 나아가 고대 한국 혹은 그와 친연성을 지닌 종족이 『산해경』의 중요한 성립집단 중의 하나였다는 사실을 시사하는 것이기도 하다. 여기에서 우리는 여러 성립집단 중에서도 가장 유력한 집단을 성립 주체로 간주해 볼 수 있을 것이다. 예컨대 『산해경』의 성립 지역에 대해 소병은 연(燕)·제(齊) 지역, 원가와 이풍무는 초(楚) 지역, 하유기(何幼琦, 허 유치)는 제(齊) 지역에 비정(比定)함으로써 이들이 공통적으로 연·제·초 지역의 거민(居民)인 동이계 종족을 성립 주체로 인식하고 있음을 알 수 있다.[27] 중국신화 전반을 두고 볼 적에도 오방(五方)의 대신(大神) 중 태호(太昊) 복희는 동방의 신이고 염제 신농, 소호 금천(金天)은 본래 동방 출신의 신이어서 중국신화의 성립 주체를 동이계 종족으로 보아도 큰 무리는 없을 것이다.

(2) 중국신화의 전승집단

『산해경』 신화를 비롯한 중국신화가 다수의 성립집단에 의해 형성되었다는 가설을 확인한 이후 우리는 그것의 전승집단에 대해서도 생각해 볼 필요가 있다. 우선 추정할 수 있는 전승집단은 중국신화가 전개된 무

---

27 이와 관련된 논의는 袁珂 「山海經寫作的時地及篇目考」(『中華文史論叢』第7期, 1978); 李豐楙 『山海經: 神話的故鄉』(臺北: 時報出版社 1983)의 '해설' 부분; 何幼琦 「海經新探」(『歷史研究』第2期, 1985); 蕭兵 「四方民俗文化的交匯: 兼論山海經由東方早期方士整理而成」 등 참조. 이외에도 서조룡(徐朝龍, 쉬 차오룽)은 사천(四川, 쓰촨) 삼성퇴(三星堆)문화, 황의륙(黃懿陸, 황 이루)은 양저 선월(先越)문화 등과의 관련하에 『산해경』 문화의 본질을 파악하고 있는데, 이러한 견해들 역시 동이계 문화와 무관한 것은 아니다. 徐朝龍 『三星堆, 中國古代文明の謎: 史實としての山海經』(東京: 大修館書店 1998); 黃懿陸 『山海經考古』(北京: 民族出版社 2007) 참조.

대인 중국대륙에 성립된 중국의 역대 왕조 국가와 이의 실질적 담지자인 중국민족이 될 것이다. 그러나 역사적으로 수많은 민족이 명멸했던 대륙의 종족 형태를 중국민족이라는 한마디로 규정할 수 있는지 의문이긴 하다. 중국민족이라는 개념 속에는 상고의 동이계·화하계·묘만계 등의 종족은 물론 역사시대에 다수의 왕국 혹은 제국을 성립시킨 수많은 외래 주변 민족을 통합한 한족(漢族)과 현재 중국 경내에 존재하는 55개 소수민족까지 포괄되어야 하기 때문이다.

그럼에도 불구하고 과거와 현재 중국대륙에 거주하면서 주도적으로 역사와 문화를 이끌어온 종족적 실체를 한족이라고 한다면, 중국신화의 성립집단이 설령 다수일지라도 한족을 중국신화의 전승집단으로 거론하는 것은 당연한 이세(理勢)일 것이다. 더구나 한족은 역사시대 이후 중화제국의 우월한 정치적, 문화적 지위를 등에 업고 중국신화를 동아시아 각국으로 확산시키는 데에 큰 역할을 하였다.

그렇다면 중국신화의 전승집단은 한족이 유일한가? 우리는 『'산해경'과 한국문화』를 통해 『산해경』 신화가 한국신화, 고구려 고분벽화에서부터 현대의 시·소설·예술·문화콘텐츠 등에 이르기까지 끊임없이 유전되고 변용되어왔음을 알 수 있었다. 가령 서왕모 신화만 하더라도 고구려 감신총(龕神塚)에 처음 출현한 이래 신라시대의 선도성모(仙桃聖母) 전설을[28] 거쳐 고려시대에는 신상(神像)을 경배할 정도로 보편화되었으며, 조선시대에 이르면 시, 소설에서의 빈번한 수용과 회화에서의 요지연도(瑤

---

28 김태식 「고대 동아시아 西王母 신앙 속의 신라 仙桃聖母」, 『문화사학』 제27호(2007) 401~15면 참조. 김태식은 선도성모를 서왕모로 단정한다. 선도성모가 과연 서왕모인가에 대해서는 세밀한 검토가 필요하나 선도와 여신 화소(話素)로 인해 적어도 서왕모 신화와의 영향관계는 인정된다 할 것이다.

池宴圖) 유행, 무용에서의 정재(呈才)「헌선도(獻仙桃)」 공연 등 일종의 문화적 '흐름'을 형성할 정도였다.

중국신화의 이러한 수용 현상은 신화 내용에 따라 정도의 차이는 있을지라도 한국을 비롯해 일본·베트남 등 동아시아권에 보편적으로 존재한다. 가령 일본의 문화산업은 그들의 토착적 문화 원형인 요괴 설화를 바탕으로 독자적인 지위를 지닌 것으로 생각하기 쉬운데, 실제 내용을 들여다볼 때 애니메이션「센과 치히로의 행방불명」(2001)에서 온천장 요괴들의 형상은 가깝게는 에도(江戶)시대의「백귀야행회권(百鬼夜行繪捲)」에서 유래했다 할 수 있으나 더 근원을 소급해보면 한대(漢代) 화상석(畫像石)의 사방(四方)요괴 그림 등을 거쳐『산해경』의 각종 요괴 형상에 이르게 된다.[29] 최근 어린이들 사이에서 인기를 구가했던 '포켓몬'과 '포켓몬 게임'의 여러 캐릭터들 역시『산해경』에서 추출해온 것임은 잘 알려진 사실이다.[30] 비록 각국의 풍토에 맞게 변용하긴 했지만 어떤 방식으로든지 중국신화를 전승하고 있는 것이다.

상술한 상황을 고려할 때 중국신화의 전승집단을 한족에만 한정하는 것은 중국신화의 동아시아 범주에서의 진이와 확산 현상을 몰각한다는 점에서 비현실적이라 할 수 있다. 따라서 우리는 중국신화의 전승집단에 대해서도 성립집단의 경우와 마찬가지로 다수의 존재를 인정해야 한다. 다만 다수의 성립집단 중에서도 비교적 큰 비중을 차지하는 동이계 종족을 성립 주체로 상정했듯이, 다수의 전승집단 중에서는 역사적으로 역할

---

[29] 졸저「중국 상상력의 시각에서 본 일본 문화산업 속의 요괴 모티프: 〈千と千尋の神隱し〉, 〈陰陽師〉 등의 경우를 중심으로」,『일본연구』제23집(2004) 및「신들의 행차, 요괴들의 행렬: 상상계의 정치성」,『중국문학』제56집(2008); 이 책 제5부 3장 4절 참조.
[30] 포켓몬 캐릭터와『산해경』의 관련성에 대해서는 김윤아「왜 포켓몬스터가 아이들을 미치게 하는가: 캐릭터 분석을 중심으로」,『영상문화』제2호(2000) 참조.

이 컸던 한족을 가장 유력한 전승집단, 곧 전승 주체로 긍정할 수 있을 것이다.

3) 중국신화의 동아시아 문화적 위상

(1) 그리스신화의 서구문화적 위상과 중국신화

중국신화의 동아시아 문화적 위상을 논함에 있어 그리스신화의 경우를 비교해보는 것은 흥미로운 일이다. 그리스신화는 성립집단이 그리스 민족으로 단일할 것 같지만 사실 형성 과정에서 중동 등 이방 문화로부터 많은 영향을 받은 것으로 알려져 있다. 이 때문에 사이드는 서구 학문이 그리스신화의 외래 요소를 배제하고 순수한 서구문화의 유산인 양 특권을 부여했다고 비판한 바 있다.[31] 그럼에도 우리는 그리스신화의 성립집단과 성립 무대를 중국신화의 그것과 비교해볼 때 규모에서 큰 차이가 있음을 인정하지 않을 수 없고, 상대적으로 그리스신화는 협소한 무대 위에서 그리스 민족 중심으로 성립된 까닭에 이른바 '체계신화'를 형성하기 용이했다고 생각할 수 있다. 반면 중국대륙에서는 다양한 종족집단이 경합적인 상태에서 신화 서사를 이룩했던 관계로 중국신화가 강한 상호텍스트성과 비체계성을 지니는 것이 당연하다 할 것이다. 상술했듯이 근대 초기 중국의 지식인들은 바로 이 점을 간과하고 중국신화의 비체계성에 대해 콤플렉스를 지녔던 것이다.[32]

그러나 그리스신화는 이후 알렉산드로스 대왕의 영토 확장을 통해 점

---

[31] Edward W. Said, "Introduction," *Orientalism* (New York: Pantheon Books 1978).
[32] 자세한 논의는 졸고 「중국, 그 영원한 제국을 위한 변주」; 이 책 제1부 1장 2절 '체계신화 부재론' 참조.

차 확산되었고 로마제국의 전면적 수용 이후 그 정치적 영향력에 힘입어 급기야 전유럽의 상상계를 석권하게 된다. 그리하여 오늘날 그리스신화는 유럽에 게르만신화·켈트신화 등 다양한 신화들이 있음에도 서구문화의 원천이자 공유의 문화자산으로 인식되고 있다. 유럽연합(EU)이 기독교 등 이러한 공통의 문화적 토대 위에 구축된 것임은 잘 알려진 사실이다. 우리는 정도의 차이는 있으나 중국신화 역시 성립과 확산에서 비슷한 과정을 밟아 동아시아 문화의 원천이자 공통 자산으로서의 위상을 지니고 있다고 생각한다. 다만 엄정한 학문적 인식 여하와 상관없이 상식과 속견의 세계에서의 인식은 다르고, 도리어 그 영향으로 학자들조차 객관적 사실에까지 눈을 감는 것이 문제이다.

빠리 교외의 베르사유 궁전을 방문했을 때 우리는 궁실 벽마다 화려하게 채색된 벽화에 압도당한다. 루이 14세가 절대군주의 위엄을 과시하기 위해 그린 벽화이다. 그 벽화의 제재는 무엇인가? 그리스신화이다. 그런데 자국 문화와 언어에 유난히 콧대 높은 프랑스 사람일지라도 프랑스 유적에 그리스신화가 등장했다고 의아해하거나 불편해하지 않는다. 마찬가지로 세계적으로 인기 있는 관광도시인 스페인의 바르셀로나에 가면 굴지의 건축가 가우디(Antonio Gaudi)의 뛰어난 작품들을 만날 수 있다. 자연과 건축의 조화를 도모한 그의 작품에서 우리는 뜻밖에도 노자의 의취(意趣)를 느끼게 된다. 거기에도 그리스신화의 모티프는 빠지지 않는다. 그렇다고 스페인 사람이 왜 우리 문화에 남의 신화가 끼어드느냐고 비방하지 않는다. 마찬가지로 그리스 사람이 프랑스인이나 스페인 사람 등 유럽인들을 향해 왜 자기 나라 신화를 도용하느냐고 비난하지도 않는다. 다시 말해 유럽인의 일상적 문화의식에서 그리스신화를 그리스라는 특정한 나라의 전유물, 남의 것으로 생각하는 그런 의식은 없는 셈이다. 그렇다고 해서 그리스가 신화의 종주권을 빼앗긴 것은 아니다. 서구문명의 요람으로서 그리스의 지위는 신화로 인해 강화될지언정 전혀 흔들리지 않는다.

다시 우리의 경우를 예로 들어보자. 일반인들을 상대로 중국신화에 대해 강의할 때 중국신화의 특징, 우리 문화와의 상관성 등에 관해 설명하면 사람들은 처음 듣는 사실에 놀라 마지않는다. 예컨대 제사상에 복숭아를 놓지 않는 습속이나 무속인이 복숭아나무 가지로 귀신 쫓는 행위를 하는 것이 중국신화의 영웅 예(羿)의 죽음에서 유래했다는 이야기 같은 것이 그것이다. 다시 말해 아무 상관도 없을 외국 신화인 중국신화가 우리 문화의 뿌리와 밀접하게 연결되어 있다는 현실에 충격을 받는 것이다. 개중에는 그러한 사실을 불쾌하게 생각하고 왜 중국신화보다 우리 신화에 대한 이야기를 하지 않느냐고 힐난조로 질문하는 사람도 있다. 이런 현상이 대중적 속견에 불과하다고 일소(一笑)에 부칠 수 있다면 다행이겠으나 국내 학계의 인식 또한 이에서 크게 벗어나지 않았다. 가령 적어도 1990년대 초반까지 신화학이나 미술사 방면에서 고구려 고분벽화에 대해『산해경』신화 및 중국신화의 관점에서 주목한 논문은 거의 없었다 해도 과언이 아니다.[33] 그리스신화의 성립 터전과는 비교도 되지 않는 광활한 대륙에서 동아시아의 수많은 종족이 경합하면서 이루어낸 중국신화가 응당 누려야 할 동아시아 문화적 위상을 찾지 못하고 이처럼 일국(一國) 신화의 인식에서 벗어나지 못하는 이유는 어디에 있는가? 우리는 그 소이연(所以然)을 탐색해볼 필요가 있을 것이다.

---

[33] 아울러 동아시아의 중요한 상상체계인 도교 관점에서의 주목 또한 결락되었다는 사실을 지적하고자 한다. 외람되지만 졸고「고구려 고분벽화의 신화적, 도교적 제재에 대한 새로운 인식」은 국내 학계의 이러한 현실을 극복하기 위한 첫 시도였다.

(2) 동아시아 공유 문화자산으로서의 중국신화

중국신화가 한국문화를 포함한 동아시아 문화의 원천, 공통의 문화유산임이 기왕의 선언에 그치지 않고『'산해경'과 한국문화』를 통해 입증되었음은 앞에서 누술(累述)하였다. 벽화를 그린 고구려시대에도, 유선시를 읊던 조선시대에도, 농업의 신 신농과 불사의 여신 서왕모는 중국이라는 이국의 낯선 신이 아니라 우리와 함께 울고 웃던 친숙한 신이었던 것이다. 이들이 우리의 문학·예술·민속 등에 수용된 범위와 언급된 빈도는 오히려 토착 무속신들의 경우를 훨씬 넘어선다. 실상이 그러함에도 오늘날 중국신화에 대한 일국신화적 인식이 지배적인 것은 필유곡절(必有曲折)이라 할 것이다.

이에 대해서는 몇가지 측면에서 생각해볼 수 있다. 앞절에서 그리스신화와 중국신화의 성립과 전승 상황을 비교해 양자가 각기 유럽과 동아시아에서 비슷한 문화적 지위에 있다는 것을 설명하였으나, 그것은 대체로 전(前)근대 시기에 해당하는 분석이다. 근대 이후의 상이한 정치 상황, 특히 제국주의의 침탈과 근대화의 충격에 여지없이 노출된 동아시아 제국(諸國)의 경우 각자도생으로 인한 상호소외, 전통과의 단절, 국민국가 성립으로 인한 속지주의적, 자국중심적 문화인식 등의 현상은 동아시아 내부의 문화적 연속성과 연대감을 크게 약화시켰다.[34] 이러한 곡절로 우리에게 중국신화는 더이상 공통의 문화유산이 아니라 중국이라는 별개의 특정한, 심지어는 위협적이기도 한 이웃 나라의 신화로 다가오게 된 것

---

34 고병익 교수가 이미 이 문제에 대해 논구한 바 있다. 고병익「동아시아 나라들의 상호 疏遠과 통합」, 정문길·최원식·백영서·전형준 공편『동아시아, 문제와 시각』(문학과지성사 1995) 참조.

이다. 저자는 대중 강연에서 보이지 않는 거부감을 의식하여 중국신화를 '동양 신화'로 표현하기도 한다.[35] 중국신화라고 하면 현대 중국이 연상되어 별무관계(別無關係)한 남의 나라 신화라는 느낌이 들지만 동양 신화라고 하면 우리까지 포함된 동아시아 전체의 오래된 이야기라는 뉘앙스를 주기 때문에 비교적 친근하게 받아들이는 경향이 있다. 이것이 중국신화에 대한 우리 인식의 현주소이다.

저자는 일찍이 고구려 고분벽화의 중국신화 모티프에 대해 "일방적 영향론의 관점에서 다루어야 할 것이 아니라 오늘의 영토, 국가 개념 이전의 동일한 신화 경역(境域)에서 함께 일구고 공유했던 당시의 호혜적인 시각에서 바라보아야 할 것"을[36] 주장하였고, 이러한 인식을 토대로 "중국신화를 중국이라는 국가 단위의 인식을 넘어 사실상 동아시아 여러 민족의 공유의 자산으로 파악할 필요가 있다"고[37] 천명한 바 있다. 이러한 천명은 마침내 『'산해경'과 한국문화』 집필에 이르러 "중국과 주변의 문화적 상호주관성, 나아가 연대감을 확인"함으로써[38] "이 책이 지닌 동아시아 상상력의 공유자산적 의미를 실감"하는[39] 데에서 학문적 증득(證得)에 도달한다.

그러나 30여년에 걸친 기나긴 논의와 입증의 여정에서, 지금은 동도(同道)를 걷는 사람이 많아졌지만 한때는 한중 학계 양측으로부터 오해

---

35 대중을 위한 저자의 중국신화 관련서 『이야기 동양 신화: 중국편』(황금부엉이 2004; 김영사 2010)의 서명도 이러한 점을 고려하여 지은 것이다.

36 졸고 「고구려 고분벽화의 신화적, 도교적 제재에 대한 새로운 인식」, 『동양적인 것의 슬픔』 114면.

37 졸고 「중국 문헌신화 연구사에 대한 담론 분석」, 『앙띠 오이디푸스의 신화학』 65면.

38 졸저 『'산해경'과 한국문화』 12면.

39 같은 곳.

와 비난을 감당해야 하는 등 고난을 겪기도 했다. 예를 들어 2007년 그리스신화 중심의 신화비평에 대응하여 동아시아 공유의 문화자산인 중국신화의 상상력을 바탕으로 중국문학과 한국문학 작품을 비교 분석한 『사라진 신들과의 교신을 위하여』(문학동네)를 출간했을 때 어떤 한국 신화학자는 돌연 "한국신화, 소수민족 신화를 무시한 중화주의적 관점"이라고 크게 반발했는가 하면,[40] 같은 해 한국신화의 원형을 탐색하는 과정에서 『산해경』 내 동이계 신화 중 한국 관련 신화를 연구한 논문 「잃어버린 신화를 찾아서: 중국신화 속의 한국신화」를[41] 발표했을 때에는 중국의 일부 신화학자는 물론 대중들까지 가세하여 온라인상에 "한국이 중국의 신화를 빼앗아가려 한다"는 비난이 폭주하였다. 다시 말해 한국측으로부터는 중화주의자로, 중국측으로부터는 한국의 민족주의자로 오인되는 상호모순적인 상황이 벌어진 것이었다. 비난했던 양측의 판단대로라면 한국에서 중화주의자로 인식했을 경우 중국 네티즌 사이에서 인기가 치솟았어야 할 것이고, 중국에서 한국의 민족주의자로 간주했을 경우 한국의 그 신화학자가 쌍수로 환영했어야 할 터인데, 어느 쪽에서도 비난의 대상이 되었으니 이런 난센스가 있을 수 없다. 이것은 상술한 동아시아 세국 간의 상호소외, 속지주의적, 자국중심적 문화인식 등의 편향된 관념에 한중 양국의 국민은 물론 지식인까지 깊이 침윤되어 있음을 말해주는 증좌가 아닐 수 없다.

---

40 『사라진 신들과의 교신을 위하여』에 대한 김헌선 교수의 『교수신문』 서평. 김교수의 오독에 대한 저자의 반론 등 이에 대한 쟁론의 양상은 『교수신문』 제464~68호 (2007.12.17.~2008.2.28.) 참조.

41 졸고 「잃어버린 신화를 찾아서: 중국신화 속의 한국신화」, 『중국어문학지』 제25집 (2007); 『앙띠 오이디푸스의 신화학』; 이 책 제5부 3장 1절 '중국신화 속의 한국신화' 참조.

그러나 글로벌한 현실이 가속화되고 학문적으로는 타자에 대한 심층적 이해를 도모하는 비교학이 대세가 되어가고 있는 금후의 상황에서 동아시아에서 중국신화가 갖는 공유 문화자산으로서의 의미는 갈수록 심화되리라고 생각한다. 이에 따라 중국은 물론 동아시아 각국의 전통 학문 내부에서도 중국신화에 대한 인식의 전환이 일어날 것으로 예상된다. 그리스신화가 서구 세계에서 차지하는 문화적 지위 못지않게 중국신화 역시 동아시아 문화의 원천이라는 것은 움직일 수 없는 역사적 사실이기 때문이다.

맺는말

이 글에서는 중국신화의 상호주관성과 동아시아 문화적 위상을 고찰함에 있어 우선 '『'산해경'과 한국문화』 집필 경과 및 결과'를 서술하여 중국신화의 상호텍스트성, 다원성과 동아시아 공유 문화자산 등 과거 저자가 제기했던 중국신화론을 인증하는 자료로 삼고자 하였다. 일차적으로 이는 다음의 '중국신화의 상호주관성 관련 논의 경과'에서 성립집단과 전승집단을 다원적으로 파악하는 데에 유력한 근거로 작용하였을 뿐만 아니라 이후 '중국신화의 동아시아 문화적 위상' 논의에서도 중국신화의 동아시아 공유 문화자산으로서의 의미를 규정짓는 데에 빙거(憑據)할 만한 역사적 증거로 활용되었다.

이러한 논의 결과는 우리로 하여금 중국신화가 유·불·도와 더불어 한국문화의 주요 원천들 중의 하나임을 긍정하게 만들며, 한국학에서 중국신화에 대한 인식의 전환이 어떻게 이루어져야 하는지 그 방향에 대해서도 많은 시사점을 준다. 가령 고구려 고분벽화의 수많은 신화적 제재에 대해 종래 한국 학계는 '남의 것'으로 치부하여 침묵하였다. 그 '남의 것'을 상호주관적, 동아시아 공유적 문화 관념에 입각하여 새롭게 분석을 시도하고 일방적 수용이 아닌 공유 속의 차이, 즉 '비슷함 속의 다름'을 변별할 필요가 있을 것이다. 이러한 노력이 쌓일 때 상호주관성과 호혜성에 기반한 동아시아 문화공동체의 성립도 요원한 것만은 아니라고 말할 수 있다. 다만 이렇듯 바람직한 상황은 결코 일방의 노력만으로 도래할 수 없으며, 중국 역시 자국중심주의 이데올로기에서 탈피하여 주변부 타자의 문화적 정체성을 대위법적 조화의 차원에서 존중하는 태도를 전제할 때[42] 가능하다 할 것이다.

3. 중국 왕권신화 해체하기: 선양인가, 찬탈인가

중국 왕권신화의 가장 이른 형태는 신화적 제왕들의 계보에서 찾아볼 수 있다. 전통적으로 중국에서는 문명의 초창기에 요·순·우 등의 성군이 출현해 문물제도의 기초를 확립하고 태평성대를 이룩했다고 믿어왔는데, 이들 성군은 폭력적인 방식이 아닌 평화적 양위, 즉 선양을 통해 교체되었다고 상상되어왔다. 왕권신화는 왕조 성립을 정당화하고 미화하려는 목적에서 생산된다. 이 과정에서 신화 생산자는 일련의 계보학을 구성

---

42 졸고 「'산해경' 다시 읽기의 전략」, 『상상』 1995년 봄호; 『동양적인 것의 슬픔』 251면. '대위법적 조화'는 사이드의 용어를 빌려왔다. Edward W. Said, *Culture and Imperialism* (New York: Alfred A. Knopf 1993) 52면.

함으로써 왕권확립 과정의 갈등과 균열을 은폐하고 봉합한다. 천하통일 전야인 전국시대에 풍미한 선양설과 대일통을 달성한 한(漢) 제국의 정통성을 확보하기 위해 작성된 사마천의 「오제본기(五帝本紀)」 등은 고대 중국의 성립 당위성을 계보학적으로 천명한 대표적 신화 언설들이다. 이들 신화 언설이 계보학이라는 이데올로기적 외의를 걸치고 있다 할 때, 우리는 당연히 계보학의 이면에 존재하는 단절과 불연속 현상을 예상할 수 있다. 단절과 불연속이야말로 중국 왕권신화의 은폐된 실상일 터인데, 이것들은 외견상 견고한 계보학에 흔적을 남기고 있고 우리는 이 흔적을 통해 중국 왕권신화의 본질에 접근해볼 수 있을 것이다. 이 글에서는 이러한 접근을 위해 다음의 두가지 관점을 채택하고자 한다.

한동안 제1세계 학자들이 선점해왔던 신화 연구가 점차 현지 학자 중심으로 이루어지면서 신화의 풍토성에 대한 자각을 바탕으로 현행 신화학의 표준적 지위에 대해 회의하는 경향이 커지고 있다. 가령 우리는 중국신화의 혼종형 존재에 대한 긍정적 인식을 통해 그리스신화의 문학적 윤색과 인문주의 성향이 신화 일반의 보편적 현상이 아니라는 반사적 깨달음을 얻을 수 있다. 원가는 일찍이 문학화되지 않은 중국신화가 신화 본래의 원시성을 많이 보존하고 있다고 자부한 바 있다.[43] 그러나 이러한 깨달음은 제한적이고 상대적이어야 한다. 중국신화가 모두 원시성을 지니고 있는 것은 아니며 경우에 따라서는 그리스신화보다 더 인문화된 내용도 있을 수 있는 것이다. 그런 경우 우리는 오히려 그리스신화에 보존된 원시성에 차감(借鑑)하여 인문화된 중국신화 내용 이면의 실상을 추리해볼 수 있을 것이다.

---

43 앤 비렐의 『중국신화』에 대한 원가의 서문 중의 언급. Yuan K'o, Foreword to *Chinese Mythology* by Anne Birrell (Baltimore: Johns Hopkins University Press 1993).

다음으로 우리는 중국의 주변부 민족에 전승해오는 중국신화 혹은 동일한 모티프를 지닌 신화에 주목할 필요가 있다. 중국신화를 중국의 내부 텍스트 안에서만 연구하려는 태도는 지극히 자기중심적이라 하지 않을 수 없다. 왜냐하면 중국신화는 중국 내부에서뿐만 아니라 주변부에서 기원한 내용도 적지 않으며, 설사 주변부에 전해진 것이라 할지라도 오히려 내부에 남아 있는 것보다 더 잘 원형을 보존한 경우가 많기 때문이다. 따라서 우리가 중국신화의 본질 내용을 좀더 원상에 가깝게 재구(再構)하고자 할 때 주변부 텍스트가 도움이 될 수 있을 것이다.

이 글에서는 이상 두가지 관점에서 중국 왕권신화의 실상을 천착하면서 특별히 원시사회의 문명화와 관련해 중요한 의미를 지니는 폭력의 문제에 집중하고자 한다. 인류는 일상화되고 무분별한 폭력 의지를 조절 혹은 진정하는 과정을 통해 문명화를 달성해왔다. 르네 지라르의 가설에 의하면 모든 문화와 제도는 폭력의 순화된 형태라[44] 할 것인데, 우리는 중국 고대왕조의 성립과 관련된 폭력적인 현실과 그것의 신화적 표현 혹은 은폐에 깊은 관심을 갖고 논의를 진행할 것이다.[45]

1) 선양신화를 둘러싼 쟁론들

선양이란 중국 상고시대에 존재했다고 전해지는 왕위계승 방식으로서, 자손이 세습하는 것이 아니라 덕망 있는 인물에게 왕위를 전하는 제

---

[44] 인간의 주요 제도들은 희생 제의에서 비롯하는데 희생 제의는 폭력에 기반하기 때문이다. 관련 내용은 르네 지라르『폭력과 성스러움』, 김진식·박무호 옮김(민음사 1993) 462, 500면.

[45] 저자는 이미 이러한 관점에서 폭력과 효 개념의 성립에 대해 논구한 바 있다. 졸고 「동아시아 문화담론과 성: 효녀 서사를 중심으로」,『중국어문논총』 제23집(2002) 참조.

도이다. 선양신화의 핵심 내용은 요가 효행으로 인심을 얻은 순에게 왕위를 전하고, 다시 순은 치수에 공이 큰 우에게 왕좌를 넘겨주었다는 것인데, 이러한 내용은 『상서』『좌전(左傳)』『국어(國語)』『맹자(孟子)』 등의 선진(先秦) 문헌과 『사기』 등에 실려 있다. 선양신화가 처음 쟁론의 대상이 된 것은 전국시대였다. 유가(儒家)·묵가(墨家) 등이 선양의 미덕을 찬미한 데 대해 법가(法家)는 그것의 실제 내용을 폭력에 의한 찬탈로 비판했던 것이다. 한대에 이르러 왕망(王莽)은 제위 찬탈을 위해 선양신화를 형식화, 제도화하였고 그 방식은 이후 권력자들이 왕위 찬탈을 도모할 때 동원하는 상투적인 의례가 되었다. 선양제의 진위에 대한 문제제기는 이후에도 끊이지 않아 당대(唐代)에는 유지기(劉知幾)가 다시 폭력 찬탈의 가능성을 주장하였고,[46] 청말(淸末)에는 강유위(康有爲, 캉 유웨이)가 전국시대 유가의 조작으로 추정하기도 했다.[47]

그러나 대부분의 사람들에게 사실로 받아들여져온 선양신화를 전면 부정하여 학계에 일대 파란을 몰고 온 인물은 근대 무렵 의고파(疑古派)의 거두 고힐강(顧頡剛, 구 제강)이었다. 고힐강은 「선양전설기어묵가고(禪讓傳說起於墨家考)」라는 논문에서[48] 선양신화가 전국시대 묵가의 상현사상(尙賢思想)에 의해 만들어졌으며, 처음에는 요-순 간의 선양설만 존재했는데 후일 유가가 순-우 간의 선양설을 추가하여 오늘날의 선양신화가 형성되었다고 주장하였다. 고힐강의 주장은 학계에 찬반양론의 큰 쟁론을 불러왔다. 선양신화를 둘러싼 학자들의 견해는 크게 부정설·긍정설·과도설 등의 세가지 경향으로 정리할 수 있다. 고힐강을 중심으로 한

---

46 이에 관한 내용은 劉知幾 『史通』「疑古篇」 참조.
47 이에 관한 내용은 康有爲 「孔子改制考」 참조.
48 顧頡剛 『古史辨』 第7冊 下篇 참조.

부정설은 선양신화를 폭력 찬탈을 은폐한 허구로 보거나 유가 혹은 묵가의 이상주의에 의해 날조된 이야기로 보는 입장이며, 서중서(徐中舒, 쉬 중 수) 등의 긍정설은 상고시대에 선양제가 실재했다는 전제하에 그것의 실체를 원시사회의 추선제도(推選制度)[49]·공주제도(共主制度)[50]·택서제도(擇壻制度)[51] 등으로 보며 다양한 해석을 제시한다. 마지막으로 왕옥철(王玉哲, 왕 위저)에 의한 과도설은 선양신화가 추선제에서 세습제로 나아가는 과정을 반영하고 있다고 보는 입장이다.[52] 이밖에 미국의 세라 앨런은 레비스트로스의 구조주의를 원용하여 선양신화가 친족의 이익과 공공의 이익, 도덕정치와 세습정치 사이의 모순을 조정하고자 하는 의도에서 생산된 것으로 보았는데, 선양제의 실재 여부는 논외로 하고 있다.[53] 선양신화에 대한 쟁론은 최근에 출토 자료와 고고학상의 발견 등으로 인해 재연되는 양상을 보인다. 곽점(郭店) 초간(楚簡) 「당우지도(唐虞之道)」와 도사(陶寺) 유적 등이 그것인데, 이들 자료를 바탕으로 긍정설과 부정설은 각기 새로운 가설을 전개하고 있다.

고대부터 현대에 이르기까지 선양신화의 실재 여부에 대한 논의를 살펴볼 때 긍정설이 절대석으로 우세하며, 최근 중국이 추진히고 있는 '하상주단대공정(夏商周斷代工程)' 등 신판 '중건고사(重建古史)' 작업과 맞물려 선양신화는 더욱 현실화되는 추세이다. 이유인즉 선양신화의 역사

---

49 徐中舒 「論堯舜禹禪讓與父系家族私有制的發生和發展」, 『徐中舒歷史論文選輯』(北京: 中華書局 1998) 참조.

50 王樹民 「堯舜禹禪讓的歷史眞相」, 『河北學刊』 第4期(1999) 참조.

51 付希亮 「中國禪讓制度是母系社會高辛女皇擇壻制度」, 『理論界』 第1期(2009) 참조.

52 王玉哲 「堯舜禹禪讓與簒奪兩種傳說竝存的新理解」, 『歷史教學』 第1期(1986) 참조.

53 Sarah Allan, "Problem and Theory," *The Heir and the Sage: Dynastic Legend in Early China* (San Francisco: Chinese Materials Center 1981) 3-25면.

화는 중국의 문명기원론 및 초기국가 성립론과 긴밀히 연계되기 때문이다. 가령 요순시대에 이르러 중국이 이미 초기국가 단계에 진입했다거나,[54] 선양을 중국 특유의 예의화된 정치 행위로 간주한다든가[55] 하는 논점들은 선양의 실재를 기정화하고 그것을 중국문화의 고유한 현상으로 특화시키려는 경향을 지닌다.

하지만 이 지점에서 우리는 선양신화가 타신화에서 묘사된 권력교체의 일반적 정황에 비추어 자연스러운 것인지 대조해보아야 할 것이다. 가령 이집트 왕권신화에서 오시리스는 동생 세트에게 왕위를 찬탈당하며, 다시 세트는 오시리스의 아들 호루스의 도전을 받아 투쟁 끝에 왕권을 상실하게 된다. 바빌로니아신화에서도 창조신 티아마트와 킹구 등은 2세대 신 마르두크 등에 의해 살해당하며, 그리스신화에서는 신들의 왕 우라노스가 아들 크로노스에게, 크로노스는 다시 그의 아들 제우스에게 무력으로 왕위를 빼앗긴다. 이러한 신화 내용들은 상고시대의 경우 권력교체 과정에서 격렬한 폭력 행위가 자연스럽게 수반되었음을 말해준다. 상술한 일반적 정황을 염두에 둘 때 우리는 선양신화야말로 지극히 인문화된 스토리임을 인식하지 않을 수 없으며, 과연 그것의 자연스러운 실상은 어떠한 모습일지 탐구의 필요성을 느끼게 된다.

2) 요-순 선양신화[56]

선양신화에서 사실상 핵심은 요-순 선양신화이다. 순-우 선양신화에

---

54 王奇偉「由禪讓制度論及堯舜時代我國已進入中國早期國家段階」,『安徽史學』第6期(2008).
55 楊永俊『禪讓政治研究』(北京: 學苑出版社 2005) 1~14면.
56 일반적으로 중국 학계에서는 '선양전설(禪讓傳說)'이라는 용어를 사용하나 이 글에

비해 내용이 풍부하고 이야기도 짜임새가 있기 때문이다. 『상서』 「요전(堯典)」과 「순전(舜典)」에 실린 관련 기사를 살펴보자.

〔요〕임금께서 말씀하시기를, "저 사악이여! 내가 왕위에 오른 지 칠십년 동안 그대는 잘 명을 받들어주었으니 나의 자리를 사양할까 하오." 사악이 아뢰기를, "덕이 없어 임금 자리를 욕되게 할 것입니다." 임금께서 말씀하시기를, "현명한 이는 밝히고 못난 자들은 드러내주시오." 여러 사람들이 임금에게 아뢰었다. "홀아비가 민간에 있는데 우순이란 사람입니다." 임금께서 말씀하시기를, "그렇지 나도 들었소. 어떤 사람이오?" 사악이 아뢰기를, "맹인의 자식으로 아비는 어리석고 어미는 간악하며 아우인 상은 오만한데, 효로써 잘 화해시키고 잘 다스림으로써 간악함을 크게 감화시켰다 합니다." 임금께서 말씀하시기를, "내 그를 시험하리다. 그에게 딸을 주고, 두 딸들을 통해 그의 행동을 살펴보리라." 두 따님을 규수의 물굽이로 내려보내어 우씨네 며느리로 삼게 하시고 임금께서 "잘 공경하라!" 하셨다.

帝曰, 咨四岳. 朕在位七十載, 汝能庸命, 巽朕位. 岳曰, 否德, 忝帝位. 曰, 明明, 揚側陋. 師錫帝曰, 有鰥在下, 曰虞舜. 帝曰, 俞. 予聞, 如何. 岳曰, 瞽子, 父頑, 母嚚, 象傲, 克諧以孝, 烝烝乂, 不格姦. 帝曰, 我其試哉. 女于時, 觀厥刑于二女. 釐降二女于嬀汭, 嬪于虞. 帝曰, 欽哉.[57]

〔요〕임금께서 말씀하셨다. "그대 순에게 고하노라! 일을 묻고 말을 살펴 그대의 말이 공적을 이룰 수 있다고 본 지 삼년이니 그대가 임금

서는 신화로 표현하였다.
57 車相轅 譯註 『書經』 「堯典」(명문당 1975) 37면의 역문을 일부 손질함.

자리에 오르라." 순은 크게 사양하며 계승하지 않으셨다. 첫째 달 첫날에, 그만두신 임금의 자리를 종묘에서 받으셨다.

帝曰, 格汝舜. 詢事考言, 乃言底可績, 三載, 汝陟帝位. 舜讓于德, 弗嗣. 正月上日, 受終于文祖.[58]

요는 연로하여 양위를 결심한다. 처음에 사악(四岳)에게 양위하려 하나 사악이 고사하고 모든 신료(臣僚)가 순을 추천한다. 순은 효행으로 정평이 난 사람이다. 이에 요는 순을 시험하기 위해 두 딸을 시집보내고 3년 후 결과에 만족하여 양위의 뜻을 전한다. 순은 사양한 후 나중에 왕위를 이어받는다. 이 아름다운 이야기는 누가 봐도 힘과 모략이 지배하는 정치권력의 현실이 아니라 예의와 범절이 절도 있게 이루어지는 이상사회의 정경을 눈앞에 현시한다. 비현실적인 이 미담의 바탕에는 현군(賢君)을 갈망하는 유가와 현인정치를 추구하는 묵가의 이상주의가 깔려 있다. 묵가의 쇠퇴 이후 선양신화는 전적으로 유가를 선전하기 위해 더욱 정교하게 직조된다. 요와 순의 선정과 그에 따른 상서로운 현상들에 대한 에피소드는 선양의 미담을 증거하기 위한 후속 작업의 소산으로, 분명 참위설(讖緯說)과 천인감응설(天人感應說)에 침윤되어 있던 한대 유가의 작품이다. 한마디로 선양신화는 유가 스토리텔링의 결과물로 보아도 무리가 없을 것이다.

요-순-우 선양신화 전체 스토리에서 중심인물은 순이다. 왜냐하면 요는 선양제를 열었을 뿐 그 자신 선양을 통해 왕위를 획득한 것은 아니었으며, 우는 선양의 대상이었으나 아들 계(啓)에게 왕위를 세습시킴으로

---

58 같은 책 40~41면.

써 선양제를 유지하는 데 실패했기 때문이다. 따라서 순이야말로 선양을 가장 완벽하게 구현한 인물이 아닐 수 없다. 이러한 의미에서 순은 유가에 의해 극도로 미화되어 유가 최고의 미덕인 효의 화신으로 탄생한다. 순의 효행에 대한 다음 에피소드는 상술한 정황을 극명하게 보여준다.

순이 아버지를 섬김에 있어서 (…) 작은 매질은 당하고 큰 매질에는 달아났는데 아버지의 격노를 피하기 위해서였다.
舜之事父也 (…) 小棰則待, 大棰則走, 以逃暴怒也.[59]

주석에 의하면 순이 아버지가 큰 매를 들 때 달아난 것은 아버지가 격노하여 자신을 때려죽이면 살인죄를 저지르게 되므로 불효가 되기 때문이라고 한다. 미화가 지나쳐 억지스러울 정도인 이 에피소드는 아동학대를 정당화하는 느낌마저 준다. 이토록 완벽하게 미화된 순을 중심으로 이루어진 선양신화는 그럼에도 불구하고 부조화의 흔적을 남긴다.『맹자』에는 선양과 관련한 또다른 이야기가 있다.

요임금이 돌아가시고 삼년상이 끝나자 순은 요임금의 아들을 피하여 남하의 남쪽으로 갔다. 왕을 뵙고자 하는 온 천하의 제후들은 요임금의 아들에게 가지 않고 순에게 갔고, 송사를 하는 사람들은 요임금의 아들에게 가지 않고 순에게 갔으며, 찬미의 노래를 부르는 자들은 요임금의 아들을 노래하지 않고 순을 노래했다.
堯崩, 三年之喪畢, 舜避堯之子于南河之南. 天下諸侯朝覲者, 不之堯之子而

---

59 劉向『說苑』「建本」.

之舜. 訟獄者, 不之堯之子而之舜. 謳歌者, 不謳歌堯之子而謳歌舜.[60]

맹자의 의도는 순이 민심을 얻었다는 사실을 밝히는 데 있으나, 이 글은 우리에게 순이 왕위계승과 관련하여 요의 아들 단주(丹朱)와 대결관계에 있었다는 언외의 사실을 알려준다. 즉 요순의 선양은 『상서』에서 언급한 것처럼 그렇게 물 흐르듯 순조롭지 않았던 것이다. 물론 선양신화를 지지하는 자료들에서는 단주가 불초(不肖)하여 처음부터 요의 선택에서 제외된 것처럼 서술한다. 그러나 맹자가 살았던 전국시대에는 이미 요-단주 부자와 순 간의 갈등에 대한 인식이 있었다. 『죽서기년』에 다음과 같은 언급이 있다.

요의 덕이 쇠하여 순에게 유폐되었다. 순은 요를 유폐하고 다시 단주를 연금시켜 부자가 서로 보지 못하게 했다.

堯德衰爲舜所囚. 舜囚堯, 復偃塞丹朱, 使父子不得相見也.[61]

순은 요를 유폐했을 뿐만 아니라 단주까지 연금해 효의 화신답지 않게 요-단주 사이의 부자간 정리(情理)마저 끊어놓았던 것이다. 이밖에도 순이 평양(平陽)에 요를 추방하고,[62] 후직을 시켜 단주를 단수(丹水)에 추방했다는 기록[63] 등으로 미루어 요-순 선양의 실상은 요-단주 사이의 세습관계를 파괴한 찬탈이 아니었나 추리해볼 수 있다.

---

60 『孟子』「萬章(上)」.
61 『史記』「五帝本紀正義」에 인용된 『竹書紀年』.
62 劉知幾 『史通』「疑古篇」에 인용된 『瑣語』: "舜放堯於平陽."
63 『史記』「高祖本紀正義」에 인용된 『竹書紀年』: "后稷放帝子丹朱於丹水."

그런데 한국의 신종교인 증산교(甑山敎)의 경전에도 단주에 대해 특별히 거론한 대목이 있어 흥미롭다.

상제께서 七월에 "예로부터 쌓인 원을 풀고 원에 인해서 생긴 모든 불상사를 없애고 영원한 평화를 이룩하는 공사를 행하리라. 머리를 긁으면 몸이 움직이는 것과 같이 인류 기록의 시작이고 원(冤)의 역사의 첫 장인 요(堯)의 아들 단주(丹朱)의 원을 풀면 그로부터 수천 년 쌓인 원의 마디와 고가 풀리리라. 단주가 불초하다 하여 요가 순(舜)에게 두 딸을 주고 천하를 전하니 단주는 원을 품고 마침내 순을 창오(蒼梧)에서 붕(崩)케 하고 두 왕비를 소상강(瀟湘江)에 빠져 죽게 하였도다. 이로부터 원의 뿌리가 세상에 박히고 세대의 추이에 따라 원의 종자가 퍼지고 퍼져서 이제는 천지에 가득 차서 인간이 파멸하게 되었느니라. 그러므로 인간을 파멸에서 건지려면 해원공사를 행하여야 되느니라"고 하셨도다.[64]

증산교는 조선 말기 증산(甑山) 강일순(姜一淳)이 창시한 민간 종교로 무속과 선도(仙道)의 성향이 농후하며 한대의 민간 도교 경전인 『태평경』과도 깊은 관련이 있는 것으로 알려져 있다.[65] 증산교에서는 무속 원리에 따라 해원과 상생(相生)을 종지(宗旨)로 삼고 있는데, 바로 이 해원의 첫 대상을 단주로 설정하고 있는 것이다. 인용한 글에서는 비록 요-순 선양을 인정하지만 그 과정에서 희생자로서 단주의 역할을 크게 부각하고 있

---

64 대순진리회 교무부 『전경(典經)』(대순진리회 출판부 2010) 공사 3장 14절, 130면.
65 이에 대해서는 졸저 『한국 도교의 기원과 역사』(이화여대 출판부 2006) 140~42면 참조.

다. 이것은 요-순 선양을 기정화하면서 단주의 배제를 당연시해온 기존 전적(典籍)의 묘술(描述)과는 상당한 차이가 있다. 즉 관점을 완전히 희생자인 단주 쪽으로 이동시킨 것이다. 인류의 모든 불행의 단초가 단주 희생에 있다는 주장은 요-순 선양의 사실은 인정하면서도 그것의 부당성을 표명하고 순-단주 사이에 깊은 한과 비극을 초래한 커다란 폭력적 현실이 있었음을 암시한다. 결국 증산교 경전의 선양신화에 대한 인식은 상당히 부정적임을 알 수 있다. 증산교 경전에 실린 요순신화에 대한 담론은 고대부터 유전되어온 이설(異說)일 터인데, 그것은 주변부 종족의 보다 객관화된 입장을 반영하는 것일 수도 있고 비교적 초기의 원형을 잘 보전해 실상을 보여주는 것일 수도 있다.

권력교체를 다룬 타신화에서 보이는 폭력의 일반적인 정황을 염두에 두고 고대 전적에 표현된 찬탈의 흔적, 요-단주와 순 간의 대립, 주변문화의 입장에서 바라본 요-순 선양에 대한 부정적 인식 등을 고려할 때, 우리는 요-순 선양신화가 폭력적 현실을 은폐한 이데올로기적 언술이라는 심증을 굳히게 된다. 이러한 심증은 최근의 고고학적 발굴 보고로도 지지된다. 요국(堯國)의 도읍으로 추정되는 산서(山西, 산시) 양분(襄汾, 샹펀)의 도사 유적이, 파괴된 성채와 궁전 및 종묘, 도굴당한 왕릉, 살해된 장정, 음행을 당한 부녀의 유체 등 철저히 훼멸된 상태로 발굴됨으로써 요국이 최후에 엄청난 폭력에 직면했음을 선명히 보여주고 있기 때문이다.[66] 설사 도사 유적이 추정에 불과할 뿐 실제 요국의 도읍이 아니라 할지라도 우리는 상고시대 망국의 현장으로부터 요국의 마지막 정경을 충분히 상상해볼 수 있을 것이다. 그것은 결코 평화로운 선양 이후의 풍경

---

66 이와 관련된 논의는 王曉毅·丁金龍「從陶寺遺址的考古新發現看堯舜禪讓」, 『山西師大學報 (社會科學版)』第3期(2004) 참조.

은 아니었다.

3) 성탕 기우신화

성탕(成湯)은 은의 건국자로서 이른바 요·순·우·탕·문(文)·무(武)·주공(周公)으로 나열되는 상고의 대표적 성군·현인 중의 한명이다. 그는 요·순·우 같은 선양신화의 주인공은 아니다. 그는 무력으로 하왕조를 타도하고 은왕조를 세웠으며, 무왕 역시 같은 방식으로 은왕조를 타도하고 주왕조를 건립하였는데, 이처럼 무력으로 혁명을 달성하는 것을 '방벌(放伐)'이라고 한다. 방벌은 아래로는 백성들의 지지와 위로는 천명(天命)을 받아 이루어지는 정당한 폭력 행위로 간주되었다. 유가는 고대 중국의 왕권교체를 상고의 태평성대는 선양, 후대의 난세는 방벌이라는 두가지 방식으로 설명하였다. 성탕은 방벌신화의 영웅으로, 선양신화의 주인공들인 요·순·우만큼 신성한 존재는 아니지만 난세를 변혁하여 치세를 이룩한 성군으로서 유가의 추앙을 받기에는 부족함이 없었다. 이렇게 본다면 방벌신화는 신앙신화와는 다른 차원에서 유가의 이상주의를 고취하는 언설이라 할 수 있다. 따라서 우리는 여기서 방벌신화 이면에 드리운 현실을 탐문해볼 수 있을 것이다.

성탕의 방벌신화에 의하면 그는 하나라 걸왕(桀王)이 미녀 말희(妺喜)에게 미혹되어 정사를 돌보지 않을 때 인자한 성품으로 민심을 얻었고, 현신 이윤(伊尹)의 도움을 받아 은의 세력을 키워 마침내 하나라를 정벌하게 된다. 이러한 내용은 『묵자(墨子)』『여씨춘추』『사기』『열녀전(列女傳)』『신서(新序)』『역사(繹史)』 등의 전적에 보인다. 우리가 논의하고자 하는 것은 성탕이 은을 건국한 이후의 행적이다. 『문선(文選)』에 인용된

명대의 교본 『제감도설
(帝鑑圖說)』에서 탕임금
의 기우제 장면

『회남자(淮南子)』에는 다음과 같은 기록이 있다.

　탕임금 때에 큰 가뭄이 칠년이나 들었다. 점을 쳐보니 사람을 희생
해서 하늘에 제사를 드려야 한다고 나왔다. 탕임금이 말했다. “(…) 내
가 점을 치고 제사를 드리고자 한 것은 백성을 위해서였는데 어찌 그
들을 제물로 삼을 수 있겠는가? 나 스스로 제물이 되겠다.” 그러고는
사람을 시켜 땔감을 쌓게 하고 머리털과 손톱을 자르고 몸을 청결히
한 후 장작 위에 앉아 스스로 몸을 태워 하늘에 제사를 드리고자 하였
다. 불이 막 붙으려 할 때 큰비가 내렸다.

　湯時, 大旱七年, 卜, 用人祀天. 湯曰 (…) 我本卜祭爲民, 豈乎自當之. 乃使人
積薪, 剪髮及爪, 自潔, 居柴上, 將自焚以祭天. 火將燃, 卽降大雨.[67]

　성탕의 애민정신(愛民精神)을 강조하는 앞의 글에서 성군은 고귀한 희

------

[67] 『文選』「思玄賦」주(注)에 인용된 『淮南子』.

생의 덕목과 자연조절 능력을 지닌 존재로 제시된다. 이 에피소드는 후세 제왕들에게 귀감이 되는 신화 언설로 기능했을 뿐만 아니라 조선의 '태종우(太宗雨)' 전설에서 볼 수 있듯이 성군설화의 패턴을 만들어내기도 하였다. 물론 이러한 현상들은 유가 이데올로기가 목표한 결과이다.

그런데 성탕의 희생 제의와 관련해 상기되는 것은 제임스 프레이저(James G. Frazer)의 이른바 '살해된 왕'(sacred king) 개념이다. 고대에 왕은 사제로서 우주적 힘을 지닌 존재인데 그가 노쇠할 경우 생산력 저하를 염려하여 살해한다는 이 가설은 세계 각지로부터 보고된 수많은 사례들에 의해 지지되고 있다.[68] 아울러 위기에 휩싸인 사회는 희생양을 필요로 하고, 희생양을 통해 위기의식이 해소된 후 그에 대한 성화(聖化)가 이루어진다는 지라르의 가설 역시 프레이저의 가설과 입각점은 다르지만 고려할 여지가 있다. 이들 서구의 희생양 이론에서 중요한 공통점은 '살해' 모티프이다. 이에 반해 중국신화의 살해 모티프는 반고신화에서 보듯 가급적 은폐되거나 조정되는 경향이 있다. 이러한 관점에서 우리는 성탕이 제의적으로 살해된 임금이었을 가능성을 생각해볼 수 있다.

은대에는 가뭄이 들 경우 '폭무'라는 의식을 거행하여 무당을 희생시켰는데, 초기 은왕은 무군(巫君, shaman king)으로서 사제이기도 했으므로 후세의 무당과 마찬가지로 희생물의 처지를 벗어나지 못했을 것이다. 이러한 정황은 갑골문(甲骨文)에도 표현되어 있다. 갑골문에는 불 위에서 두 손이 묶인 채 하늘을 향해 입을 벌리고 호소하는 인간(𡙡)의 자형(字

---

68 물론 이 가설은 한계를 지니고 있다. 고대사회가 추구했던 가치를 오로지 생산력 증대라는 관점에서만 보려 한 것이 그것이다. 빅토리아 시대의 실용주의 및 경제주의의 영향으로부터 자유롭지 못한 가설이라는 비판도 있다. Eric Csapo, *Theories of Mythology* (Malden, Oxford, and Carlton: Blackwell 2005) 40-79면.

形)이 있는데, 이 자형은 성탕이 기우(祈雨) 의례에서 희생된 사건을 최초로 표현한 부호(符號)였을 것으로 추측된다. 이 자형은 갑골문에서 '한(旱)'의 의미로 쓰였으며 후일 '근(菫)'자로 변천한다.[69]

성탕 기우신화의 실상에 대한 이와 같은 인식은 다음의 좌증에 의해 보강될 것이다.

옛날 부여의 풍속에 홍수가 나거나 가뭄이 들어 오곡이 익지 않으면 문득 허물을 임금에게 돌려, 어떤 경우 임금을 바꾸어야 한다 하기도 하고 어떤 경우 죽여야 한다 하기도 했다.

舊夫餘俗, 水旱不調, 五穀不熟, 輒歸咎於王, 或言當易, 或言當殺.[70]

『삼국지(三國志)』의 부여에 대한 이 기록은 오래전 부여에서 흉년이 들 경우 왕에게 책임을 물어 왕을 바꾸거나 심지어 죽이기까지 한 일이 있었음을 말해준다. 부여의 이러한 사례는 프레이저의 『황금 가지』(*The Golden Bough*, 1890)에도 보고되어 있다. 부여는 동이계 종족으로, 은력(殷曆)을 사용하고 의복에서 흰색을 숭상하며 소의 발굽으로 점을 치는 등 여러가지 측면에서 은과 공통점을 갖고 있다. 우리는 같은 동이계 종족인 부여에서 왕을 죽였던 사례로 미루어 은의 성탕이 미증유의 가뭄 사태에 책임을 지고 사실상 살해된 것으로 추정해볼 수 있다.

---

69 張寶明「從甲骨文鐘鼎文看商湯祈雨的眞實」,『浙江社會科學』第4期(2004) 169~70면.
70 陳壽『三國志』卷30「烏丸鮮卑東夷傳」夫餘 條.

맺는말

지금까지 우리는 선양신화와 그것의 다른 표현인 방벌신화 중에서 요-순 선양과 성탕 기우신화를 중심으로 그 이면에 담긴 현실 혹은 신화 원형을 살펴보았다. 우리는 타신화와 주변문화라는 대조적 관점을 견지하고 문명화 단계 이전의 폭력적 현실에 주목하면서 두 신화의 실상을 검토했는데, 요-순 선양신화의 경우 요와 순 간의 양위는 유가 이상주의와 묵가 상현사상에 의해 직조된 것일 뿐 현실은 무력에 의한 왕권교체라는 견해에 도달하였으며, 성탕 기우신화의 경우 성탕은 애민의 성군으로 미화되었으나 사실상 무군의 신분으로 살해되었을 가능성이 큰 것으로 판단하였다.

이러한 결론은 우리로 하여금 고대 중국의 왕권을 계보학적 이해에서 벗어나 단절과 불연속의 측면에서 파악하게 함으로써 중국문명을 단선적으로 보지 않고 복합적인 맥락 속에서 읽을 수 있는 여지를 제공해줄 것이다. 아울러 상술한 결론은 상대적으로 문학화, 체계화되지 않았다고 인식되어온 중국신화 역시 서구 신화와는 다른 차원에서 상당히 인문화가 진행되었다는 사실을 보여준다. 여기에서 우리가 주목해야 할 것은 전쟁·살해 등 폭력적 현실을 은폐하거나 조정하고자 하는 전통 중국의 문화적 메커니즘인데, 바로 이것이야말로 현존하는 중국신화의 특성 및 풍토성을 규정해온 중요한 기반이기 때문이다.

제2장

『산해경』에 대한 새로운 독법

1. 『산해경』 다시 읽기의 전략

기원에의 추구는 얼마나 억압적인 의도와 상관되어 있는가? 게오르기우(Constantin V. Gheorghiu)의 『25시』에서 주인공 요한 모리츠는 엉뚱하게도 나치 민족학자에 의해 순종 게르만인으로 선별되어 극진한 대우를 받는다. 자신의 기원에 대한 맹목적인 집착이 빚은 아이러니이다. 그 이면에서 유대인을 비롯한 수많은 타자들이 압살되는 비극을 우리는 나치의 게르만주의나 일제의 황국사관으로부터 경험하였다. 이러한 사고는 우리 내부에도 존재한다. 국수주의 사관이나 편협한 문화민족주의는 이에 대한 우려로부터 자유로울 수 없을 것이다. 비교신화학·비교문학 등 '비교'라는 관형어로 수식된 학문들이 한때 혐의적은 시선을 감수해야 했던 것은 결국 이들이 누가 더 먼저이고 누가 누구를 닮았느냐를 따지는 불순한 기원론적 의도와 상관되지 않았을까 하는 의구심 때문이었다. 사실상 이러한 의구심은 은근히 현실화되어 있기도 하다. 서구 세계에서의 소설의 기원, 문학의 기원과 관련한 정밀한 논의들은 동아시아 소설 혹은 문학의 기원을 논의할 때 은연중에 군림하여 중국소설의 발달이 뒤늦었느니, 중국문학이 정체되었느니 하는 비하적인 결론을 유도하는 억압기제로 작용한다. 따라서 우리는 기원론을 표방하는 모든 논의에 대해 일단 그 의도를 의심하고 검증해볼 필요가 있다.

앞의 글에서 고찰했듯이 이른바 중화사상으로 표현되는 중국의 중심주의 및 자기동일성의 논리는 바로 이러한 기원의 신화학으로부터 유래한다. 우리가 익히 아는 세계 문명의 4대 발상 중 하나인 황하문명이 바로 이 중국기원론의 핵심이다. 동아시아 문명은 황하 유역을 중심으로 가장 일찍 성립되었고 이곳에서 발달한 문명이 역사 이래 계속 주도권을 행사하면서 주변의 미개 지역에 대해 끊임없이 영향을 미쳐왔다는 주장이 황하문명중심론의 내용이다. 이 주장은 그동안 중국은 물론 우리에게도 통설로 승인되어 암암리에 동양학 전반을 지배해왔다. 그러나 오늘날 이 통설은 엄중한 도전에 직면해 있고 머지않아 우리는 세계사에서 이 용어를 폐기하거나 다른 용어로의 대체를 요구하게 될지도 모른다.

황하문명중심론에 대한 학문적 회의는 이러한 중국의 기득권적인 사고를 애초부터 용납할 의사가 없었던 서구 학자들이 중국 고대 신화·민속·역사를 객관적으로 탐구하면서 비롯되었다. 어떤 의미에서 여기서의 객관적 탐구란 서구우월주의가 중국적 오만 및 편견과 충돌하면서 예기치 않게 얻어진 미덕일 수 있다. 선각적인 중국학자 에버하르트는 이른바 '지방문화' 개념을 제창하여 중국 주변문화의 중요성을 강조하고 전통적인 단일문명기원론을 부정한 바 있다. 그에 의하면 상고의 중국문명이란 다양한 지방문화의 상호구성체일 뿐, 결코 중심적인 것이 아니었다.[1] 에버하르트의 이 가설은 당시 중국측으로부터 중국을 분열시키려는 음모라고 격렬한 비난을 받았으나, 1970년대 이후 황하 유역 이외의 지역에 대한 고고학적 발굴이 본격적으로 진행되면서 점차 정론이 되어가고 있다. 발굴 결과 여러 변경 지역에서 황하 유역보다 더 이르거나 최소한 같은 시기에 발달한 문명이 존재했다는 사실이 확증되었기 때문이다. 중국문명의 다원적 기원론이라 할 이러한 입장은 소병기·능순성·장광직 등 굴지의 중국측 고고학자, 인류학자 들에 의해서도 적극 지지되거나 주장되어,[2] 황하문명중심론-화이론-중화사상으로 이어지는 일련의 문명인식체계는 이제 폐기되거나 적어도 수정되어야 할 운명에 놓여 있다.

오늘날 고대사 방면의 연구 성과는 대륙의 이러한 다원적인 형국이 지금 우리가 이해하고 있는 것보다 훨씬 후대의 시기까지 정치적으로 지속되었다는 것을 알려준다. 김한규 교수는『시경(詩經)』『서경(書經)』 등에 출현하는 '사방(四方)' '다방(多方)' 등의 개념에 대한 분석을 통해, 이들과 오늘날 우리가 당시의 중국이라고 인식하는 상읍(商邑)·주방(周邦) 등 간의 정치적 관계가 수직적이라기보다는 대립적이고 수평적이었다고 고찰한다. 따라서 은 및 서주(西周)는 황하 중류 일대에 분포한 수많은 성읍국가군(城邑國家群)의 하나였을 뿐이며, 이 시기에는 아직 화(華)·이(夷)의 분별의식이 미숙하여 양자가 공간적으로나 정치적으로나 엄격하게 구분되지 않았을 것이라고 추단한다.[3] 아울러 시카고대학의 쇼너시

---

1 에버하르트의 입장에 대해서는 앞의 글에서도 언급한 바 있다. 자세한 내용은 *The Local Cultures of South and East China*, tr. Alide Eberhard (Leiden: E. J. Brill 1968)의 "Introduction"을 참조할 것.
2 소병기의 구계유형론(區系類型論), 능순성의 중국문명다원론(中國文明多元論), 장광직의 탈중국사중심론(脫中國史中心論) 등이 고고학적, 인류학적 성과를 토대로 중국문명의 기원에 대한 통설을 뒤엎는 수정주의적인 주장들이다. 자세한 내용은 張光直「中國古代史的世界舞臺」,『歷史』No. 10 (臺北 1988)을 참조할 것.
3 金翰奎『中國古代的世界秩序研究』(일조각 1982) 10~16면.

(Edward L. Shaughnessy) 교수도 서주 시기 명문(銘文)에 대한 고찰을 통해 당시 주왕조가 인접국인 회이(淮夷)를 지배하지 못했을 뿐만 아니라 양국은 상호 공물을 바치는 평등관계에 있었음을 밝힌 바 있다.[4]

그렇다면 중심주의가 확립되고 중국문화의 정체성이 확보되는 시기는 언제쯤인가? 주대(周代)부터 걷기 시작한 인문화·탈주변화의 정치적, 문화적 노정은 한대에 이르러 유학(儒學)이 국교로 제정됨과 동시에 일단 완료된 것으로 간주된다. 왜냐하면 유학의 정치구도는 화이론적 세계질서를 기본으로 하고 있기 때문이다. 한(漢)의 중국문화에 대한 정통의식은 후한의 유학자 무량(武梁)의 사당 화상석에도 잘 표현되어 있다. 여기서는 한대 이전 각 왕조의 창시자에 대한 하늘의 전조(前兆)를 묘사하고 있는데, 한이 주의 문화를 계승한 정통 왕조임을 강조하기 위해 은 및 진(秦)과 관련된 징조는 고의로 누락하였다.[5] 이것은 한대에 이르러 종족주의적인 정치·문화의식이 얼마간 성립되었다는 사실을 반영하는 것이기도 하다.[6] 중국 본민족을 지칭하는 한족을 비롯해 중국 고유의 사항들에 대한 접두어로서 지금까지도 한(漢)을 사용하는 현실은 중국의 정치적, 문화적 정체성이 기본적으로 한대에 확립되었음을 의미한다.[7] 바꾸어 말

---

4 夏含夷(Shaughnessy)「從駒父盨蓋銘文談周王朝與南淮夷的關係」,『漢學研究』No. 5-2(臺北 1987) 571~73면.

5 Wu Hung, *The Wu Liang Shrine: The Ideology of Early Chinese Pictorial Art* (Stanford: Stanford University Press 1989) 89면.

6 물론 여기서의 '종족'이 오늘날의 '민족'처럼 배타적 실체는 아니다. 다만 일반적으로 은족(殷族) 및 진족(秦族)은 난생(卵生) 시조신화와 신조(神鳥) 토템을 공유한 알타이 어계 민족으로서 주족(周族) 및 오늘날의 한족과는 계통이 다른 것으로 인식된다.

7 사실상 이러한 언급도 제한적으로 행해져야 할지 모른다. 김학주 교수는 초사(楚辭)·부(賦)·오언시(五言詩)·산문(散文) 등 한대 문학 전반이 서역(西域) 및 북방 호족(胡族) 문화에 깊이 침윤되어 있음을 밝힌 바 있다. 金學主「文學을 통해 본 漢代文化의 非漢族的 성격」,『人文論叢』제2집(1978) 참조.

해서 우리는 한대 이전의 문화 상황에 대해 배타적인 견지에서의 '중국적'이라는 표현을 쓸 수 없는 것이다.

여기에서 한가지 심각한 문제제기가 있을 수 있다. 그것은 신화 및 고전 해석에 관한 문제이다. 중국의 대표적 신화자료집들은 물론 오늘날 동양정신의 원천이라 할 중요한 고전들, 유가·도가 및 제자백가의 저술들은 대부분 한대 이전에 성립된 것들이다. 즉 거기에 반영된 상황은 앞에서 말한 바의 다원적인 문화 현실이었다. 그러나 이들에 대한 해석, 곧 주석 작업은 중심주의 및 자기동일성의 논리가 확립된 한대 이후부터 명·청 시기에 걸쳐 이루어졌다. 따라서 우리는 여기에서 이미 앞의 글에서 고찰했던 중국신화 해석상의 문제점, 즉 고대의 존재론과 후대의 당위론 간의 심각한 괴리를 또다시 인식하지 않을 수 없다. 오늘날에도 여전히 우리가 화이론적 구도에 입각한 중국문화의 여러 패권주의적 전제들을 용인한다면 중국의 전통적인 해석체계에 구태여 이의를 제기할 필요는 없다. 그러나 이제 동아시아권에서 종래의 천조지배체계(天朝支配體系)가[8] 아닌 호혜적이고 평등한 관계의 새로운 문화의식이 수립되는 것이 소망스럽다고 판단할 때, 중국의 신화 및 고전은 '중국적'이 아닌 여러 '주변적'인 문화가 공존했던 당시의 다원적 문화 현실에 대한 통찰을 바탕으로 해석상의 혁명을 경험할 필요가 있다.

이러한 견지에서 우리는 중국의 고대 자료들에 대해 어떤 해석의 전망을 구축해야 할 것인가? 중심주의의 권화(權化)인 공자 자신도 "서술하되 창작하지 않겠노라(述而不作)"고 선언했음에도 불구하고, 사실 우리는 중

---

8 천조지배체계란 천자국(天子國)인 중국을 중심으로 성립되었던 동아시아의 정치질서를 말한다. 이에 대해서는 黃枝連 『亞洲的華夏秩序』(北京: 中國人民大學出版社 1992) 참조.

국의 신화 및 고전을 '중국'이라는 작자의 지배하에 놓인 '저작'으로서 읽어왔지 열린 해석의 장(場)인 '원전'으로서 읽어오지는 않았다. 따라서 "역사적으로 작자의 치세(治世)는 또한 비평가의 치세"였듯이[9] 중국이 지배하던 시대는 주석가가 지배하던 시대였다. 그러나 중국과 주석가가 지배하지 않았던 신화시대, 또는 한대 이전 고전시대의 상황은 어떠했을까?

이제 우리는 원전이 작자의 메시지라 할, 단일한 목적론적 의미를 방출하는 낱말들의 연속이 아니라, 어느 것도 기원적이지 않은 다양한 글쓰기들이 서로 섞이고 부딪히는 다차원적인 공간이라는 사실을 알게 되었다. 원전은 문화의 무수한 중심들로부터 끄집어낸 인용문들로 짜인 직물과도 같은 것이다.[10]

그렇다. 우리는 중국의 신화 및 고전을 이와 같이 저작이 아닌 원전의 개념으로 다시 해석할 필요가 있다. 이러한 관점은 결국 원전을 "무수한 인용의 모자이크로, 즉 단일한 총체로 존재하지 않으면서도 여러 원전들을 하나로 유시하고 있는" 상태로 인식하는[11] 상호텍스트성의 전망과 일치한다. 이러한 의미에서 우리는 중국신화를 단일한 종족의 목소리만을 내는 단원신화체계(單元神話體系)가 아닌, 수많은 종족들의 각축을 이야기하는 상호텍스트적 신화체계로서 규정해도 좋으리라. 우리는 이렇게 바꾸어 말할 수 있으리라. "중국신화라는 원전은 주변문화라는 여러 원

---

9 Roland Barthes, *Image-Music-Text*, tr. Stephen Heath (New York: Noonday Press 1977) 146-47면.

10 같은 책.

11 Marc Eigeldinger, *Mythologie et Intertextualité* (Genève: Editions Slatkine 1987) 9-12 면.

전들로부터의 인용의 모자이크이며 그들의 흡수이자 변형이다"라고.[12] 우리가 고대 중국문명에 대해 이러한 전망을 갖는다고 할 때 신화자료에 대한 해석은 실제로 어떻게 이루어져야 할 것인가? 이제 그 과정을 중국의 대표적 신화서인 『산해경』 독해를 통해 예증해보고자 한다.

1) 신비화, 주변화

보르헤스(Jorge L. Borges)는 아마 그의 『상상 동물 이야기』의 힌트를 『산해경』으로부터 얻어오지 않았을까? 그의 말마따나 『산해경』은 "점·선·평면, (…) 입방체, 모든 창조와 관련된 단어들, 그리고 우리들 한 사람 한 사람과 신을 정당화시켜줄 수 있는, (…) 모든 것의 총체, 즉 우주"일[13] 것이다. 동아시아 상상력의 원천이자 황당무계한 기서로도 일컬어지는 『산해경』의 정체에 대해 현재 우리가 확증할 수 있는 것은 아무것도 없다. 작자·편성 시기·지역 등이 모두 미상이지만 대체로 B.C. 3~4세기 전국(戰國)시대 무렵 연·제·초 지역의 무당 혹은 방사(方士) 계통의 인물에 의해 성립된 것으로 보는 견해가 학자들 사이의 중론이다. 이 책은 크게 「산경(山經)」과 「해경(海經)」의 두 부분으로 나누어진다. 「산경」에서는 중국 및 주변 지역을 다섯 방향으로 나누고 산천의 형세, 산출되는 광물 및 동식물, 그곳에 사는 특이한 괴물이나 신령에 대해 서술하고 있으며, 「해경」에서도 역시 동일한 지리 구획하에 이국(異國)의 풍속과 사물, 영

---

12 크리스떼바의 "어떠한 원전도 인용의 모자이크로 구성되어 있으며 어떠한 원전도 다른 것의 흡수이자 변형이다"라는 언명을 기억할 것. Julia Kristeva, *Desire in Language* (New York: Columbia University Press 1980) 66면 참조.
13 호르헤 루이스 보르헤스 외 『상상 동물 이야기』, 남진희 옮김(까치 1994) 7면.

웅의 행적, 신들의 계보, 괴물 등을 묘사하고 있다. 지리서 체재를 바탕으로 각지의 풍물을 기록한 이 책은 일종의 민족지(民族誌)라고도 말할 수 있다. 학자들은 이 책의 내용이 구전 혹은 그림의 형태로 먼 옛날부터 전해오다가 전국시대에 이르러 문자로 정착된 것으로 본다. 이 책에 대한 현존하는 최초의 주석은 기원 4세기경 동진의 문인 곽박에 의해 이루어졌다. 그후 1천여년의 공백이 있었고 명·청 시기에 이르러 경전학자들에 의해 집중적인 주석이 가해졌다.[14]

이 책이 원래 새야의 무당 계층에 의해 성립되었으나 결국 중심주의가 절정에 달했던 시기의 관방 학자들에 의해 해석을 부여받았다는 사실은 이 책의 다양성이 일정한 이념적 흐름의 세례를 받았을 가능성을 강력히 시사한다. 다시 말해서 우리는 지금껏 중국 주석가들이 작성한 『산해경』 표층의 일관된 의미체계를 읽어왔다는 것이다. 그러나 그것은 바로 사이드가 적절히 말한 바 서구인이 야만의 동양에 대해 인식했던 것과 같은 차원의 상상 지리학에 의한 표상이었다. 이 상상적 지리인식은 자신에게

---

14 『산해경』의 성립·내용·주석 등에 대한 제반 문제는 정재서 역주 『산해경』(민음사 1985)의 '해제' 참조.

가까운 것과 먼 것 사이의 거리와 차이를 극화시켜 자기중심의 사고를 강화한다.[15] 『산해경』에 대한 주석가들의 의미 부여는 대체로 이 관점으로부터 출발하였음에 틀림없다. 이러한 관점에서 주석가들의 작업은 구체적으로 어떻게 수행되었을까? 그것은 토착민의 민족지 기술에 있어 오늘의 인류학자들이 우려하는 문제와 마찬가지로 타자의 정체성을 알레고리화하여 진정한 차이성을 왜곡함으로써 원전의 다성적 환기 능력을 단성화하는[16] 기술 방식이었다. 그리하여 머나먼 이방이던 숙신국의 신목(神木)인 웅상목(雄常木)에 대한 주석에서 곽박은 이렇게 이야기한다.

그들은 옷 없이 산다. 그러다 중국에서 성군이 즉위하면 그 나무에서 껍질이 나와 옷을 해 입을 수 있었다.
其俗無衣服, 中國聖帝代立者, 則此木生皮可衣也.[17]

이러한 언술에 의해 숙신은 즉각 희화화되고 독립된 타자로서의 의미를 상실한다. 그것은 이제 사실과는 상관없이 중국에 복속된 주변으로서 존재할 뿐이다. 대체로 중심주의는 다음과 같은 두가지 단계를 거쳐

---

15 Edward W. Said, "Imaginative Geography and Its Representations," *Orientalism* (New York: Pantheon Books 1978) 55면.

16 Stephen A. Tyler, "Ethnography, Intertextuality and the End of Description," *The Unspeakable: Discourse, Dialogue, and Rhetoric in the Postmodern World* (Madison: University of Wisconsin Press 1987) 102면.

17 『山海經』「海外西經」 숙신국 조의 원문은 다음과 같다. "肅愼之國在白民北, 有樹名曰雄常, 先入伐帝, 于此取之." 후반의 두 문구는 종래 해석이 잘 안 되던 부분으로, 아마 전사(轉寫) 혹은 판각(板刻) 과정의 오류로 자형(字形)이 달라진 것으로 판단된다. 중국의 대표적 신화학자 원가는 이 부분에 대해 곽박의 주석을 충실히 계승하여 "聖人代立, 於此取衣"로 교정한 바 있다. 이에 대한 자세한 논의는 정재서 역주, 앞의 책 241~42면 참조.

타자에 대한 문화적 지배를 달성한다. 처음에 그것의 타자에 대한 파악은 미숙할 수밖에 없다. 이때 발생하는 것은 타자에 대한 신비화된 묘술이다. 환상적인 이그조티시즘(exoticism) 같은 것이 이 단계의 산물이다. 다음으로 일정한 시간이 흘러 타자에 대해 익숙해졌을 때에는 자기 중심의 논리에 의해 타자를 설명하고 체계에의 편입을 기도한다.[18] 이것의 이데올로기적 과정은 '타자화'라고 부르는 재현체계, 즉 자신의 체계적 양식을 타자의 빈, 각인되지 않은 영역에 투사하는 과정이다.[19] 이때 타자는 본래 차지하던 위치로부터 주변으로 전락한다. 이 주변화 과정을 통해 타자의 고유한 문화가치는 모두 비정상적이고 저열하며 낙후한 것으로 규정된다. 역사적으로 서구의 동양에 대한, 중국의 동아시아 국가들에 대한 문화적 우월의식은 이러한 방식을 통해 강화되어왔다.『산해경』에 실린 주변문화의 고대적 현실이 후대 주석가들에 의해 이렇게 왜곡되었을 소지가 많다고 할 때, 그 의미의 복원을 위한 재해석 작업은 어떻게 이루어져야 할 것인가? 우리는 다시 원전으로 돌아가서 이 문제를 검토해보자.

2) 해체에서 복원으로

우리가 다시 읽어야 할『산해경』, 특히 주석을 중심으로 한 이 책의 언술체계는 중국 자신의 인식약호(cognitive codes)라는 측면에서 "타자성

---

18 이와 관련하여 서역 등 변방 서사를 통한 중국의 정치적, 문화적 지배의식에 대한 면밀한 탐구는 송정화「漢書 西域傳에 보이는 西域의 공간 의미」,『중국문학연구』제94호 (2024) 등 일련의 논문 참조.

19 스티븐 슬레먼「제국의 기념비들: 탈식민적 글쓰기의 알레고리와 반언술행위」, 강규한 옮김,『외국문학』1992년 여름호 60면.

을 동화적으로 해독함으로써 수립된 자족적, 지배적 논리체계"이다.[20] 다시 읽는 작업은 바로 이 투명하며 갈등이 없는 듯이 보이는 체계에 내재한 '차이'를 인식하는 것으로부터 시작된다. 『산해경』의 세계구조, 그것은 외견상 한가운데의 중국을 사방의 주변이 옹위하고 있는 듯한 안정된 형국이다. 이 표면상의 정합성은 구전물이었던 『산해경』에 대한 초기 편집자와 역대 주석가들의 끊임없는 합리화에 의해 이룩된 것이다. 그러나 이 안정된 세계구조에 정녕 균열은 존재하지 않는 것일까? 『산해경』을 비롯해 『열자(列子)』 『사기(史記)』 「봉선서(封禪書」 등에 등장하는 저명한 전설적 변방인 발해(渤海)에 대한 검토를 통해 이 문제를 생각해보자.

A. 다시 동쪽으로 500리를 가면 단혈산이라는 곳인데 산 위에서는 금과 옥이 많이 난다. 단수가 여기에서 나와 남쪽으로 발해에 흘러든다. 이곳의 어떤 새는 생김새가 닭 같은데 오색으로 무늬가 있고 이름을 봉황이라고 한다.

又東五百里, 曰丹穴之山, 其上多金玉. 丹水出焉, 而南流注于渤海. 有鳥焉, 其狀如鷄, 五采而文, 名曰鳳凰.[21]

B. 하수가 동북쪽 구석에서 나와 그 북쪽으로 흘러가서 서남쪽으로 다시 발해로 들어간다.

河水出東北隅, 以行其北, 西南又入渤海.[22]

---

20 헬렌 티핀 「탈식민주의 문학과 반언술행위」, 성경준 옮김, 『외국문학』 1992년 여름호 39면.
21 『山海經』 「南次三經」.
22 『山海經』 「海內西經」.

C. 요수가 위고의 동쪽에서 나와 동남쪽으로 발해에 흘러드는데 요양으로 들어간다.

潦水出衛皐東, 東南注渤海, 入潦陽.[23]

구조의 금 간 틈, 차이에 대한 눈뜸은 항상 모든 지배적 언술체계 내에 존재하는 이항대립을 의식하는 시각으로부터 생겨난다. 우리가 『산해경』 내의 중국과 주변이라는 대립항을 염두에 둘 때 발해에 관해 느껴지는 차이는 발해가 중국의 동북방에 위치해 있어야 함에도 불구하고 『산해경』에서는 북쪽을 제외한 모든 방향에서 출현하고 있다는 점이다. 편집자 및 주석가 들이 추구한 중국 중심의 정합적 세계구조에서 벗어난 이러한 차이는 그들이 아무리 애써 잠재우고 지우려 했어도 어딘가에 '흔적'을 남기게 마련이다. 이 흔적은 그들이 손질한 원문에도 있을 수 있고, 직접 작성한 주석 안에도 존재한다. 「남차삼경」에는 발해에 대한 곽박의 다음과 같은 풀이가 있다.

발해는 해안이 굴곡져 나온 곳이다.

渤海海岸曲崎頭也.

곽박의 주석은 실상 후한의 경전학자 허신(許愼)의 『설문해자(說文解字)』라는 자전(字典)에 근거한 것으로 그 본래의 뜻은 다음과 같다.

　‘발’은 해변이다. 혹은 땅이 솟은 곳을 ‘발’이라고도 한다.

　勃海地, 一曰地之起者曰勃.[24]

　우리는 여기서 한가지 중요한 사실을 포착하게 된다. 곽박은 동북쪽에 있어야 할 발해가 남쪽에 있다는 상위를 합리적으로 납득시키려고『설문해자』의 풀이를 원용한 것이다. 이 과정에서 그는 지우려 했던 진실의 흔적을 어쩔 수 없이 남기게 된다. 그 진실이란『설문해자』에서도 시사하고 있듯이『산해경』에 출현한 발해는 원래 중국 변방의 특정한 지역을 가리키는 고유명사가 아니라 바다라는 의미와 상관된 일반명사였다는 사실이다. 우리는 여기서 잠시 역사적 사고를 할 필요가 있다.『산해경』이 반영하는 역사적 현실은 최소한 그것의 편성 시기인 전국시대 이전으로 거슬러 올라간다. 그 시기의 발해만(渤海灣) 연안은 대체로 고조선을 중심으로 한, 중국의 학자들이 흔히 ‘동이’라고 부르는 알타이어계 민족의 활동 무대였다. 안재홍(安在鴻)은 일찍이 발해의 ‘발’과 우리말 바다의 고어인 ‘바랄’이 발음상 유사함에 착안한 바 있다.[25] 그런데 사실상 바랄은 중세 국어이고 그것의 조어형(祖語形)은 ‘받’이다. 이러한 발상과 관련하여 우리는 다음과 같은 가정을 해볼 수 있다. 고대의 발해는 전국시대 이전 그 지역에 거주하던 사람들에 의해 흔히 앞바다로 인식된 만큼 그저 ‘받’으로 불렸을 것이다. 이 ‘받’이 한자로 옮겨질 때 당시의 한자음으로서 역시 ‘받’에 가까웠던 발(渤)로 표기되고[26] 해(海)는 의미를 위해 중첩되

---

24 『說文解字』第6篇 下. 학의행이 전소에서 인용한 소서본(小徐本)의 글이다. 단옥재본 (段玉裁本)에서는 대서본(大徐本)을 취하여 ‘해지(海地)’의 ‘해(海)’가 빠져 있다.

25 安在鴻『民世安在鴻選集(3)』(지식산업사 1991) 89면.

26 칼그렌(Bernhard Karlgren), 동동화(董同龢, 둥 퉁허) 등의 재구(再構)에 의하면 발 (勃)의 상고음(上古音)은 〔bwət〕으로 추정된다.

었을 것이다.『설문해자』의 "땅이 솟은 곳"이라는 풀이는 후대에 발(勃)
의 자의(字意)로부터 연역해 부회(附會)한 것에 불과하다.

이러한 가정이 무리한 것이 아니라면 우리는『산해경』내의 발해를 통
해 이항대립적 차이를 실감함에 그치지 않고 그 흔적을 돋우어 기존의
대립을 해체할 수도 있을 것이다. 대립을 해체한다는 것은 우선 어떤 주
어진 순간의 위계질서를 전복하는 것으로,[27] 대립항에 대한 조화를 능사
로 하는 구조주의적 통합과는 다른 전망에 속하는 작업이다.『산해경』의
발해가 본래 바다를 뜻하는 일반명사로서 북쪽을 제외한 이 책의 모든
방향에서 출현한다는 사실은 주석가들이 추인한 당시 중국 중심의 세계
구조가 허구였으며, 이 책의 상당 부분이 성립 초기에는 발해의 북방 일
대 혹은 발해만 연안의 문화를 중심으로 서술되었다는 취지를 암시해준
다. 이와 같은 취지가 혹시 비약일 수도 있다는 의구심을 불식하기 위해
또다른 예증을 추구해보기로 하자.

「해내경(海內經)」에는『산해경』에서 가장 중요한 신격(神格)으로 간주
되는 제준(帝俊)에 대한 다음과 같은 기록이 있다.

제준에게는 여덟명의 아들이 있었는데, 이들이 처음으로 가무를 행
하였다.
帝俊有子八人, 是始爲歌舞.

이 제준은 오늘날 신화 연구를 통해 전설적인 제왕인 순(舜)과 동일시
되고 있다. 그런데 송나라 나필(羅泌)의『노사(路史)』에서는 역시 순과 관

---

27 자크 데리다『입장들』, 박성창 옮김(솔 1992) 65면.

련된 서술의 주(注)에서 『조선기(朝鮮記)』라는 책에 실려 있다는 다음과
같은 기록을 인용하고 있다.

　　순에게는 여덟명의 아들이 있었는데, 이들이 처음으로 가무를 행하
　　였다.
　　舜有子八人, 始歌舞.[28]

『산해경』과 이 글은 내용 및 문투가 거의 일치한다. 송대 이전에 사용
된 조선이라는 국호는 고조선을 의미할 가능성이 높다. 『노사』에 인용된
『조선기』라는 책은 아마 실전된 문헌일지도 모르나 청대의 주석가 오임
신(吳任臣)은 「해내경」의 별칭일 것으로도 추측했다. 어쨌든 여기에서 우
리는 『산해경』 도처에 출현하는 유력한 신격인 제준, 곧 순이 하필 『조선
기』에서 언급되고 있다는 사실에 주목할 필요가 있다. 또한 오임신의 말
대로 이해한다 하더라도 『조선기』의 기술 범위는 『산해경』의 구조상 세
계의 중심에 해당하는 지역이다. 주석가들이 의도하지 않았던 이러한 흔
적들은 결국 우리로 하여금 『산해경』의 조성 부분이 제준-고조선-발해
등의 신화소, 지리소를 축으로 한 문화체계에 기초해 있다는 심증을 강
화해준다. 다시 말해서 이 책의 근원적인 성립 주체는 적어도 오늘날의
자기동일적인 중국문명의 담지자로 간주되는 주(周)·한(漢) 계통의 종
족만은 아닌 것이다. 우리는 이러한 견지에서 근대의 신화학자인 손작운

---

[28] 이 부분의 논의와 관련된 주석은 다음과 같다. A. 袁珂 『山海經校注』(臺北: 里仁書局
　　1982) 468~69면: "珂案, 路史後紀十一注引朝鮮記(吳任臣說卽此經荒經已下五篇)云, 舜有子
　　八人, 始歌舞, 是逕以帝俊爲舜也." B. 羅泌 『路史』 「後紀」 十一注: "代宗詔云, 虞夏之制, 諸子疎
　　封, 世紀云, 九人, 朝鮮記云, 舜有子八人, 始歌舞." 『노사』의 주석은 나필의 아들 나평(羅苹)
　　에 의해 이루어졌다.

(孫作雲, 쑨 쭤윈)이 이 책을 동이계 고서(古書)로 단정했던[29] 소이를 이해할 수 있게 된다. 결국 곽박을 비롯한 관방 주석가들의 은폐와 합리화에도 불구하고 숨은 흔적을 통해 드러난 내용은 원시『산해경』에서 중요한 지위를 차지했던 한 고유한 문화가 후대에 개편된 중국 중심의 세계구조에 의해 정체성을 상실하고 주변화되었다는 사실이다. 그것의 현시가 다름 아닌 발해가 일반명사로부터 고유명사로 변해간 과정이다.

앞의 글에 이어 중국과 주변문화의 관계성에 대한 지금까지의 논의를 토대로 사고할 때, 문화적 정체성을 근원주의가 아닌 대위법적인 조화의 차원에서 이해해야 한다는 명제는 참으로 타당한 것이다. 왜냐하면 어떠한 정체성도 상대의 존재를 예상하지 않고 수립될 수는 없기 때문이다.[30] 적어도 문화에 관한 한 '홀로 서기'란 있을 수 없다. 이러한 의미에서 중국문명의 진정한 정체성 확보란 주변문화를 알레고리화하는 데 있지 않고 그 타자성을 손님처럼 겸허히 맞는 태도에 있다 할 것이다. 따라서 근래 전개되고 있는 탈식민주의 논의가 단순히 중국 전통문화의 가치를 복권시키고 반사적으로 주변문화에 대한 과거의 패권주의적 전제를 환기하는 방향으로 흘러간다면 이는 매우 소망스럽지 못한 현실이 될 것이다. 이러한 경각심은 비단 중국의 경우에만 발휘되어야 할 것이 아니다. 앞서의 경우처럼 새로운 읽기를 통해 설사 주변의 문화가치가 중심으로 이동했다 할지라도 우리는 그 순간 수많은 다른 중심의 존재를 예상하면서 끊임없는 자기해체를 경험해야 할 것이기 때문이다.[31] 이것이야말로 탈지배론

---

[29] 孫作雲「后羿傳說叢考」,『中國上古史論文選集(上)』(臺北: 華世出版社 1979) 458면. 하유기 같은 학자는 「해경」이 산동(산둥)성 중부 지역을 반영한 것이라고까지 주장한다. 자세한 내용은 何幼琦「海經新探」,『歷史研究』第2期(1985) 참조.

[30] Edward W. Said, *Culture and Imperialism* (New York: Alfred A. Knopf 1993) 52면.

[31] 『산해경』의 각처에 등장하는 곤륜(昆侖)도 본래는 서방의 낙원이 아니고 고산(高山)

적 의식을 도식적인 문화민족주의의 함정으로부터 구해내는 유력한 방안
이자 이론상의 자기모순을 극복하는 탁월한 실천이 아닐 수 없다.

2. 『산해경』 상상계의 구조와 반구조

근대 이후 중국문명의 기원 및 형성에 대한 논의는 서방 기원설에서 황
하중심론으로 단원론의 경향을 보였다가 1970년대 이후 양저문화·홍산
문화 등의 존재가 알려지면서 이제 다원론으로 정론(定論)이 난 상태이
다.[32] 이러한 사실에 근거하면 『산해경』과 같은 선진(先秦)시대의 텍스트
는 다양한 주변문화, 다중심 문화의 상호텍스트적 총체로 파악해야 하며
그것에 대한 독해 역시 개방적, 다성적(多聲的)이어야 함을 알 수 있다.

대체로 한대(漢代)에 이르러 중국의 중심주의가 확립된 이후 제국의
이념은 당대의 경학자 곧 주석가들에 의해 마련되었는데, 『산해경』에 대
한 해석은 바로 이 주석가들이 구성한 '제국의 에피스테메'에 의해 지배
되었다. 『산해경』에 대한 자유로운 해석을 제한하는 이 제국의 에피스테
메는 개념을 넓히면 중국의 시노센트리즘뿐만 아니라 서구의 오리엔탈

을 의미하는 일반명사였다. 이 점에 대해서는 별도의 고찰이 필요할 것이다. 『산해경』
이 비록 발해만 연안의 무당 혹은 방사들에 의해 성립되었지만 동이계 문화 이외에도
사방의 다양한 문화를 포괄하고 있다고 보는 입장이 좀더 설득력이 있을 것이다. 유념
해야 할 것은 이러한 결론에 성급히 도달하기 이전에 그 선행 과정으로서 허구(虛構)
된 화이론적 문화구조에 대한 해체와 복원 작업이 착실히 수행되어야 한다는 점이다.
32 졸저 『동아시아 상상력과 민족 서사』(이화여대 출판부 2014) 17~36면.

리즘·인간중심주의·이성중심주의 등까지 포함된다.[33]

역대 주석가들의『산해경』에 대한 해석 태도는 박물관학의 특성과 암합(暗合)한다. 그것은 이종성(異種性)을 거부하려는, 그러한 이종성을 동일한 체계나 시리즈로 축소하려는 특성인데, 이에 따라 박물관은 조화로운 표상세계를 형성한다는 가설에 의해 일련의 대상을 전시한다.[34] 주석가들 역시 제국의 에피스테메에 의거하여 다양한 사물들의 이타성(異他性, alterity)을 제거하고 체계에 편입해 정합적인 제국의 세계상을 현시하고자 한다. 주석가들의 이러한 입장은『산해경』텍스트에 대해 일정한 해석의 체계를 부여하거나 전체를 구조화하고자 하는 욕망으로 나타난다.

그러나『산해경』은 앞서 말한 바 있듯이 다양한 주변문화·다중심 문화의 상호텍스트적 총체, '사방 민속문화의 교류와 집성(四方民俗文化的 交匯)'으로[35] 일찍이 사마천도 "감히 말할 수 없다(不敢言之也)"고[36] 했던 비체계, 반구조의 텍스트이다. 따라서『산해경』에 대한 체계화, 구조화된 해석을 추구하는 역대 주석가들과『산해경』텍스트의 원상(原象) 사이에는 긴장, 곧 해석학적 장력(張力)이 존재한다. 해석학적 장력은 주석가들의 에피스테메적 폭력에도 불구하고 텍스트와 주식의 곳곳에 불일치와 균열의 흔적을 남긴다. 이러한 흔적들은 라깡에 의하면 '진리의 복귀'

---

33 주지하듯이 푸꼬는 시대별 인식구조를 '에삐스떼메'라고 명명하였는데, 여기서는 스피박이 전유한 '에피스테메적 폭력'이란 개념을 재전유하여 중화제국의 인식구조가『산해경』텍스트에 가한 해석학적 폭력을 시사하였다. '제국의 에피스테메'에 대해서는 이 책 제3부 2절 '제국의 이념에서 제국의 에피스테메로' 참조.

34 Douglas Crimp, "On the Museum's Ruins," ed. Hal Foster, *The Anti-Aesthetic* (Washington: Bay Press 1983) 49면.

35 이러한 관점에서의 고찰은 蕭兵「四方民俗文化的交匯: 兼論山海經由東方早期方士整理而成」, 中國山海經學術討論會『山海經新探』(成都: 四川社會科學院出版社 1986) 참조.

36 『史記』卷123「大宛列傳」: "至禹本紀山海經所有怪物, 余不敢言之也."

를 의미하는 무의식의 언표(言表)로서,[37] 환언하면 현존하는 『산해경』 텍스트 구조의 이면에 존재하는 반구조적 실상의 징후들이다. 이 글에서는 이들 징후에 주목하여 중원과 주변, 인류와 동물, 중국인과 이방인의 관점에서 『산해경』 상상계의 구조와 반구조를 논의하고 그 문화적 의미를 진단할 것이다.

1) 중원과 주변

『산해경』의 지리구조는 중심과 주변으로 양분되어 있고 그 중심에는 당연히 중원이 위치하고 있다. 그것은 현재 18편으로 되어 있는 편목(篇目)이 동서남북중 5개의 방향으로 설정되어 있는 것만 보아도 알 수 있다. 원시 『산해경』을 최초로 정리하여 편목을 정한 사람은 전한(前漢)의 유수(劉秀)이다.

시중·봉거도위·광록대부인 신 수(秀)가 책임 교감하고 비서인 언(言)과 비서이자 태상의 속관인 신 망(望)이 교감한 『산해경』은 모두 32편이었는데 이번에 18편으로 정리를 마쳤습니다.
侍中奉車都尉光祿大夫臣秀領校, 秘書言校, 秘書太常屬臣望所校山海經凡三十二篇, 今定爲一十八篇, 已定.[38]

유수는 32편에 달하는 과거의 『산해경』을 18편으로 정리하였다. 그

---

37 라깡은 말한다. "증상은 진리의 복귀이다." 조엘 도르 『라깡 세미나·에크리 독해』, 홍준기·강응섭 옮김(아난케 2009) 108면.
38 劉秀 「上山海經表」.

러나 유수가 정한 18편의 편목과 금본(今本)의 그것은 일치하지 않는다. 『산해경』은 이후에도 변모를 거듭하다가『구당서(舊唐書)』「경적지(經籍志)」에 이르러 오늘날의 모습을 갖추게 된다.[39] 금본의 편목을 살펴보면 「오장산경(五藏山經)」중의「중산경(中山經)」, 해경 중의「해내경」을 중심에 두고 동서남북 4개의 산경(山經)과 해내(海內) 4경, 해외(海外) 4경, 대황(大荒) 4경 등 가깝고 먼 주변 지역들이 둘러싸고 있는 중원-주변의 천하구조를 취하고 있다. 이러한 동심원의 상상 공간 구조는 주대(周代) 이후 점증해가는 문화적 자아중심주의와 진(秦)·한(漢) 이후 성립된 대일통의 정치질서 관념을 반영한다.[40]

그러나 금본의 공간구조는『산해경』성립 당시에 기획된 것이 아니라 원시『산해경』에 대한 주대 이후 유수 등 관방 학자들의 정리를 거치는 과정에서 개편(改編)된 것으로 보인다. 이를 몇가지 방면에서 입증해보고자 한다. 우선 원시『산해경』의 성립 배경인 선진시대에는 아직 자아중심을 뚜렷이 표명하는 중앙과 주변의 넷을 합친 오(五) 혹은 오방(五方) 개념이 확립되지 않았다. 이는 당시의 다원주의적 문화 상황을 반영한다. 『상서(尙書)』에서 사방 상관을 시칭하는 사악(四嶽), 은대(殷代)의 사방 풍명(風名) 및 풍신(風神)에 대한 제사, 그리고 은 문화를 계승한 부여의 지방행정조직인 사출도(四出道) 등이 그것이다.『산해경』의 종교적 기반인 샤머니즘에서 유래한 무가「초혼(招魂)」의 서사구조는 사방을 중심으로 짜여 있고 이를 계승한 한부(漢賦)의 서사 역시 사방의 방위 개념을 기

---

39 금본 18편의 편목이 확정되는 과정에 대해서는 袁珂「山海經寫作的時地及篇目考」, 『山海經校注』516~21면 참조.

40 葉舒憲「山海經神話政治地理觀念」, 葉舒憲·蕭兵·鄭在書『山海經的文化尋踪』(武漢: 湖北人民出版社 2004) 58~73면.

본으로 하고 있다.

『산해경』 내에는 이와 달리 '오'와 관련된 표현도 보인다. 봉황에 대한 묘사가 그것이다.

다시 동쪽으로 500리를 가면 단혈산이라는 곳인데 산 위에서는 금과 옥이 많이 난다. 단수가 여기에서 나와 남쪽으로 발해에 흘러든다. 이곳의 어떤 새는 생김새가 닭 같은데 오색으로 무늬가 있고 이름을 봉황이라고 한다. 이 새의 머리 무늬는 덕을, 날개 무늬는 의를, 등 무늬는 예를, 가슴 무늬는 인을, 배 무늬는 신을 나타낸다. 이 새는 먹고 마심이 자연의 절도에 맞으며 절로 노래하고 절로 춤추는데 이 새가 나타나면 천하가 평안해진다.

又東五百里, 曰丹穴之山, 其狀多金玉. 丹水出焉, 而南流注于渤海. 有鳥焉, 其狀如鷄, 五彩而文, 名曰鳳凰, 首文曰德, 翼文曰義, 背文曰禮, 膺文曰仁, 腹文曰信. 是鳥也, 飮食自然, 自歌自舞, 見則天下安寧.[41]

하지만 인의예지신 등 오상(五常)의 표현은 명백히 후대의 오행설(五行說) 및 유가 관념의 영향을 받은 것이다. 숫자 오와 오방 등에 대한 강조는 사상적으로는 오행설이 성립되는 전국시대와 대일통이 실현되고 중국의 정치적, 문화적 정체성과 중심주의가 확립되는 진·한대에 이르러 이루어진 것으로 생각된다. 따라서 『상서』「우공(禹貢)」에서 주변의 중원에 대한 복속(服屬) 거리를 표현한 오복설(五服說) 역시 후대에 찬입(竄入)된 것으로 보는 것이 타당하다.[42]

---

41 『山海經』「南次三經」.
42 金景芳·呂紹綱『尙書·虞夏書新解』(遼寧: 遼寧古籍出版社 1996) 431면.

다음으로 검토해야 할 것은 곤륜·발해 등 중원-주변의 지리적 구조에서 변방에 위치한 지역들이다. 이들 지역은 오방 중의 서방 혹은 동북방 등 일정한 방향에서 출현하지 않고 여러 방향에서 보이고 있어 정합적 구조에 균열을 야기한다.

> 서남쪽으로 400리를 가면 곤륜구라는 곳인데 바로 여기는 천제의 하계의 도읍으로 신 육오가 맡고 있다.
>
> 西南四百里, 曰崑崙之丘, 是實惟帝之下都, 神陸吾司之.[43]

> 곤륜허가 그 동쪽에 있는데 그 산은 네모났다.
>
> 崑崙虛在其東, 虛四方.

> 곤륜허의 남쪽에 사방 300리의 질펀한 숲이 있다.
>
> 崑崙虛南所, 有汜林方三百里.[44]

곤륜의 어원에 대해 아직 정론은 없지만 필원(畢沅)은 '높은 산'에 붙이는 이름이라고 주석하였는데,[45] 이것은 곤륜이 본래 고유명사가 아니라 일반명사일 가능성을 암시한다. 다시 부사년(傅斯年, 푸 쓰녠)은 중국의 지대를 동평원구(東平原區)와 서고지계(西高地系)로 나눈 다음 동평원구에서는 높은 언덕에 의지하여 살기 때문에 지명에 '구(丘)'라고 불리는 곳이 많고 서고지계에서는 강에 가까운 평탄한 땅을 가려 살므로 '원

---

43 『山海經』「西次三經」.
44 『山海經』「海內北經」.
45 『山海經』「海外南經」 崑崙虛 條, 郭璞 注, 畢沅 校: "是崑崙者, 高山皆得名之."

(原)'이라 불리는 곳이 많다고 설명하였다.[46] 이에 따르면 곤륜구의 위치는 동방일 가능성이 있고, 아닌 게 아니라 하유기는 곤륜이 산동의 태산(泰山)을 지칭한다고 주장한 바 있다.[47] 태산도 '큰 산'이거나 '높은 산'이라는 일반명사의 의미로서 곤륜과 상통한다. 하지만 곤륜이 곧 태산인지에 대해서는 세심한 고구(考究)가 필요하다.

발해라는 지명도 곤륜과 비슷한 정황에 놓여 있다. 이것 역시 '바다'라는 일반명사로서의 의미를 지니고 있다.[48] '사하라'(Sahara)는 북아프리카인들에게 '사막'을 가리키는 일반명사였지만 서구인이 들어와 지배하면서 그들의 관점에서 고유명사가 되어 '사하라 사막'(Sahara desert)이라는 변방의 지명이 되고 말았다. 우리는 이러한 명명(命名, naming)의 지배론이 고대 중국에서도 작동했을 것을 추측해볼 수 있다. 곤륜·발해 등이 특정한 종족에게 일반명사였다는 사실은 원시『산해경』에서 이들 지역이 편벽한 변방이 아니라 대륙 문명을 구성하는 복수의 지역적 주체들 중의 하나였다는 사실을 알려준다. 이들이 정치적으로든 이념적으로든 제국에 편입되면서 보통명사는 고유명사로 불리게 되었고, 제국의 판도가 확대되면서 지역적 주체는 그 위치조차 변화를 겪게 되어 변방의 끝으로 밀려났을 것이다.

---

46 傅斯年『夷夏東西說』, 정재서 역주(우리역사연구재단 2011) 234~35면.
47 何幼琦「海經新探」, 中國山海經學術討論會『山海經新探』74~79면.
48 발해의 어원과 본래 의미에 대한 논의는 앞절 '1.『산해경』다시 읽기의 전략' 참조. 이 논문은 처음 계간『상상』1995년 봄호에 게재되었다가 이후 졸저『동양적인 것의 슬픔』(살림 1996)에 수록되었으며 후일 중국에서 다른 제목으로 재수록되었다. 鄭在書「從文本的角度看山海經」, 葉舒憲·蕭兵·鄭在書『山海經的文化尋踪』194~98면.

2) 인류와 동물

『예기(禮記)』에는 "성성이는 말을 할 줄 알지만 짐승을 벗어나지 못한다(猩猩能言, 不離禽獸)"는[49] 언급이 있다. 근대의 존 로크(John Locke) 역시 『인간 지성론』(*An Essay Concerning Human Understanding*, 1690)에서 "짐승은 추상적인 생각을 하지 못한다"고 말한 바 있다. 『산해경』의 세계에 가해지는 에피스테메적 폭력의 한가지는 주로 현대의 해석자들이 공유하는 학문적인 입장으로, 우선 인간을 세계의 중심에 두는 인본주의의 입장하에 우월한 관찰자로서 객관 세계를 조망하고 분석하는 것이다. 이러한 접근법에서 세계를 바라보는 기본적인 방식은 근대에 들어 데까르뜨의 인간과 동물의 준별(峻別) 이후 린네의 분류학에 기초한 호모사피엔스와 식물, 동물 사이의 구분이다.[50] 이 구분법을 염두에 두고 해석자들은 비교적 명쾌하게 『산해경』 세계의 실상을 파악할 수 있으리라 여긴다. 즉 신계와 인간계, 식물상(Flora)과 동물상(Fauna), 기타 무생물계 등으로 말이다. 그러나 이렇게 짜인 세계구조가 원시 『산해경』의 올바른 모습을 반영하고 있는지는 의문이다. 이 글에서는 인류와 동물이라는 넘어설 수 없는 간극 위에 성립된 구조와 대립되는, 반구조의 원상(原象)을 찾아보고자 한다. 『산해경』에서는 그러한 원상이 인류와 동물 간의 경계가 모호해진 상태로 표현된다. 인간과 동물은 고정적 범주로 구분된 관계가 아니라 변형 원리에 의한 연속적, 상호의존적 관계에 있는 것으로 보인다.[51] 가령 원숭이 종류의 동물들은 인류의 일종으로 간주되기까지 한다.

---

49 『禮記』「曲禮(上)」.

50 린네의 분류법이 지닌 서구중심적, 제국주의적 성격에 대해서는 이 책 제1부 1장 4절 '설화 삼분법과 A-T체계' 참조.

『산해경』의 효양국 사람

효양국이 북구의 서쪽에 있다. 그 생김새는 사람의 얼굴에 입술이 길고 검은 몸에 털이 나 있으며 발뒤꿈치는 반대로 향하였다. 사람을 보면 웃으며 왼손에 대통을 쥐고 있다.

梟陽國在北朐之西, 其爲人人面長脣, 黑身有毛, 反踵, 見人笑亦笑, 左手操管.[52]

곽박·원가 등 주석가들이 이들을 비비(狒狒) 종류의 동물로 파악하고

[51] Roel Sterckx, *The Animal and the Daemon in Early China* (Albany: State University of New York Press 2002) 5–6면. 고대 중국의 인간-동물 관계를 다룬 다음의 논고들도 대체로 스틱스의 견해를 공유한다. 이동철 「고대 중국의 인간-동물 관계에 대한 인식」, 『퇴계학논집』 제19호(2016); 임현수 「西周시기 신·인간·동물 범주에 관한 연구」, 『중국인문과학』 제74호(2020); 김시천 「고대 중국에서 동물 표상의 철학적 함의」, 『공자학』 제44호(2021) 등 참조. 이 문제와 관련해 흔연히 자료를 제공하고 적절한 조언을 해주신 김시천·이동철 두분 교수께 감사를 표한다.
[52] 『山海經』「海內南經」.

있음에 비하여[53] 『산해경』의 작자는 이들의 집단을 인간의 사회구성체처럼 '국(國)'으로 표현하였으며 생김새를 '위인(爲人)'으로 묘사하였다. 바다의 상상 동물인 인어에 대해서도 마찬가지 인식이 주어져 있다.

> 저인국이 건목의 서쪽에 있는데 그들은 사람의 얼굴에 물고기의 몸이고 발이 없다.
>
> 氐人國在建木西, 其爲人人面而魚身, 無足.[54]

인어에 대한 이러한 인류적인 인식은 후대에까지 이어져 동화 같은 설화의 소재가 된다.

> 교인은 물에서 나와 인가에 머물며 며칠이고 비단을 팔러 다닌다. 떠날 즈음에 주인한테 그릇 한개를 달라고 해서 울면 눈물이 구슬이 되어 그릇에 가득 차는데 그것을 주인에게 준다.
>
> 鮫人從水出, 寓人家, 積日賣絹. 將去, 從主人索一器, 泣而成珠滿盤, 以與主人.[55]

저인의 후신인 교인은 물에서만 살지 않고 세상에 나와 상행위를 하는 등 인간과 다름없이 생활한다. 여기에서 인간과 동물의 엄격한 구분은 와해된다. 동물은 결코 인간보다 열등하거나 종속적인 존재로 그려지지 않는다. 이 대목에서 우리는 동물을 존재의 변형과 생성의 가능성으로

---

53 袁珂 『山海經校注』 270~73면.
54 『山海經』 「海內南經」.
55 『太平御覽』 卷803에 인용된 『博物志』.

보고 이른바 ‘동물-되기’(becoming-animal)를 언명한 들뢰즈의 입장,[56] 나아가 사물과의 정동(情動, affect)적 교감을 추동하는 신유물론적 감수성을[57] 상기할 필요가 있다. 실상 이러한 물활론적 상상력은 『산해경』에 편만(遍滿)해 있다.

앞에서 명명은 지배 행위의 일환이라고 말했는데, 『산해경』에는 다음과 같이 특이한 명명에 대한 언급이 빈번하다.

동쪽으로 500리를 가면 도과산이라는 곳인데 산 위에서는 금과 옥이 많이 나고 기슭에는 무소와 외뿔소, 코끼리가 많다. 이곳의 어떤 새는 생김새가 교청새 같은데 머리가 희고 세개의 발에 사람과 같은 얼굴을 하고 있다. 이름을 구여라고 하며 그 울음은 자신을 부르는 소리와 같다.

東五百里, 曰禱過之山, 其上多金玉, 其下多犀兕, 多象. 有鳥焉, 其狀如鵁, 而白首, 三足, 人面. 其名曰瞿如, 其鳴自號也.[58]

서남쪽으로 360리를 가면 엄자산이라는 곳이다. 산 위에서는 단목이 많이 자라는데 잎은 닥나무 같고 열매는 크기가 오이만 하며 붉은 꽃받침에 결이 검다. 이것을 먹으면 황달병이 낫고 화재를 막을 수 있다. (…) 이곳의 어떤 새는 생김새가 솔개 같은데 사람의 얼굴을 하고 원숭이의 몸에 개 꼬리를 하고 있으며 제 이름을 스스로 불러댄다. 이것이 나타나면 그 고을이 크게 가문다.

---

56 질 들뢰즈·펠릭스 가타리 『천 개의 고원』, 김재인 옮김(새물결 2001) 516~42면.
57 제인 베넷 『생동하는 물질』, 문성재 옮김(현실문화 2020) 15~18면.
58 『山海經』「南次三經」.

西南三百六十里, 曰崦嵫之山. 其上多丹木, 其葉如穀, 其實大如瓜, 赤符而黑

理, 食之而癉, 可以禦火 (…) 有鳥焉, 其狀如鴞而人面, 蜼身犬尾, 其名自號也.

見則其邑大旱.[59]

구여조(瞿如鳥)와 사람의 얼굴을 한 솔개[人面鴞]는 스스로 제 이름을 불러댄다고 한다. 사람들은 보통 새들의 울음소리를 듣고 그에 따라 이름을 짓지만 『산해경』의 작자는 오히려 새들의 입장에서 그들이 자신들의 이름을 불러댄다고 표현하였다. "내가 그의 이름을 불러 주기 전에는/그는 다만/하나의 몸짓에 지나지 않았다.//내가 그의 이름을 불러주었을 때/그는 나에게로 와서/꽃이 되었다."는[60] 아름다운 시는 알뛰세르(Louis Althusser)의 이른바 호명(呼名, interpellation)이 지닌 무시무시한 지배의 의미를 함축하고 있다. 이와는 반대로 구여조와 사람의 얼굴을 한 솔개는 스스로를 호명함으로써 인간에 의해 명명되거나 편입되지 않는다. 인간과 동물이 서로에게 귀속되지 않고 동등하게 교호적으로 존재하는 세계를 우리는 이와 같은 글들에서 만날 수 있다.

3) 중국인과 이방인

고대 동아시아에서 중국인과 이방인을 구별하는 준거는 무엇이었을까? 중국인은 그것을 문화 수준의 차이라고 했고 보다 구체적으로는 예의의 유무라고도 하였다. 제자 자공(子貢)이 관중(管仲)의 인품에 대해 회의하자 공자는 이렇게 반박한다.

---

59 『山海經』「西次四經」.
60 김춘수 「꽃」.

관중이 환공의 재상이 되자 패업을 이룩하고 천하의 기강을 바로잡
아 백성들은 지금까지도 그 은덕을 입고 있다. 관중이 없었으면 나는
머리를 풀고 옷섶을 왼쪽으로 여민 채 살게 되었을 것이다.

管仲相桓公, 覇諸侯, 一匡天下, 民到于今受其賜. 微管仲, 吾其被髮左衽矣.[61]

공자의 언급을 뒤집으면 중국인이 이방인과 구별되는 정체성은 문화
적 수월성에 있다는 것을 알 수 있다. 아울러 그것은 중국인의 긍지였다.
그런데 문제는 그것을 확신하여 이방인에 대한 종족적 편견을 우주론적
으로 합리화한 데에 있다. 동진의 간보(干寶)는 다음과 같이 단언한다.

중국에 성인이 많은 것은 조화로운 기운이 교류했기 때문이요, 먼
이역에 괴물이 많은 것은 이상한 기운이 만들어냈기 때문이다. 만약에
이러한 기운을 받으면 반드시 이러한 형체가 있게 되고, 만약에 이러
한 형체가 있으면 반드시 이러한 성품이 생기게 된다.

中土多聖人, 和氣所交也. 絶域多怪物, 異氣所産也. 苟稟此氣, 必有所形. 苟
有此形, 必生此性.[62]

이와 같은 차별적인 발언은 비교적 이민족에게 우호적이고 디아스포
라적 성향을 지닌 도교의 경우에도 예외가 아니다. 양(梁)의 상청파(上淸
派) 도사 도홍경(陶弘景)은 서성(西城) 왕군(王君)의 입을 빌려 득도의 어
려움을 이같이 강조한다.

---

61 『論語』「憲問」.
62 干寶『搜神記』卷12.

우선 삼악도를 벗어나 사람이 되는 일이 어렵다. 사람이 되고 나면 여자를 떠나 남자가 되는 일이 어렵다. 남자가 되고 나면 온전한 정신과 육체를 타고나는 것이 어렵다. 온전한 정신을 타고나면 중국에서 태어나는 일이 어렵다.

夫人離三惡道得爲人, 難也. 旣得爲人, 去女爲男, 難也. 旣得爲男, 六情四體完具, 難也. 六情旣具, 得生中國, 難也.[63]

이러한 인종적 인식의 토대 위에서 간보와 비슷한 시기에 살았던 주석가 곽박이 먼 이역인 숙신국의 신목 웅상목에 대해 다음과 같은 해설을 달게 되는 것은 무리가 아니다.

그들은 옷 없이 산다. 그러다 중국에서 성인이 즉위하면 그 나무에서 껍질이 나와 옷을 해입을 수 있었다.

其俗無衣服, 中國聖帝代立者, 則此木生皮可衣也.[64]

곽박은 타자를 비어 있는 무주(無主)의 공간으로 간주하고 그 공백에 제국의 이념을 각인하고자 했다. 그의 이러한 해설이 자기중심적이고 허구적인 것은 숙신국의 웅상목은 결코 중국 성인의 교화에 흔연히 감응하는 대상이 아니라 불함산(不咸山) 일대 종족의 천손강림(天孫降臨) 신화

---

63 陶弘景 『眞誥』 卷6 「甄命授第二」. 사실 이 문구는 불경의 42장경(章經) 36장에 있는 부처의 강설을 패러디한 것이다.

64 『山海經』 「海外西經」. 숙신국 조의 원문은 다음과 같다. "肅愼之國在白民北, 有樹名曰雄常, 先入伐帝, 于此取之."

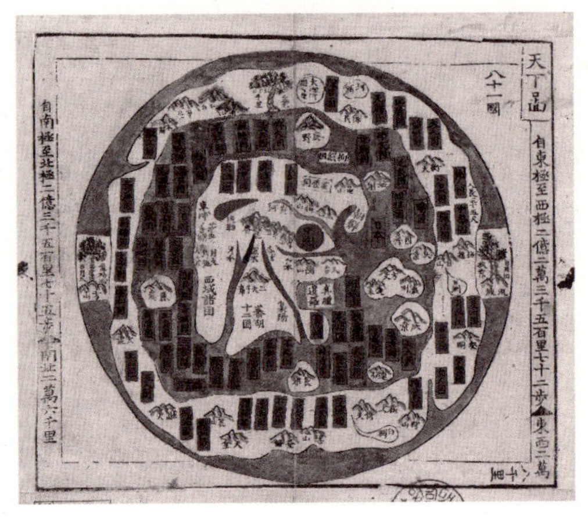

조선시대에 제작된 천하도(채색 목판본, 영남대학교박물관 소장)

와 관련된 토착 신목일 가능성이 있기 때문이다.[65]

『산해경』에는 실재했다고 여겨지는 숙신국 이외에도 상상력이 빚어낸 수많은 이방인들의 나라가 있다. 이들 원방이국(遠邦異國)의 주민들은 한결같이 행태가 괴이하거나 모습이 기형적인 것이 특징이다. 가령 대인국(大人國) 사람은 거인이고, 소인국(小人國) 사람은 난쟁이이며, 장고국(長股國) 사람은 다리가 길고, 장비국 사람은 팔이 길며, 우민국 사람은 날개가 달려 있고, 염화국(厭火國) 사람은 불을 내뿜으며, 기굉국 사람은 팔다리가 하나이고, 섭이국 사람은 귀가 길며, 장부국(丈夫國) 사람은 남자뿐이고, 여자국 사람은 여자뿐인 등 '정상'의 범주를 넘어서는 존재들이다. 간보가 앞서 말한 바 "먼 이역에 괴물이 많은 것은 이상한 기운이 만들어 냈기 때문이다(絶域多怪物, 異氣所産也)"라는 괴물발생론은 이들 이방인

---

65 숙신에 앞서 이 일대에 존재했던 고조선의 건국신화를 보면 천상의 환웅(桓雄)이 불함산으로 비정되는 태백산(太白山)의 신단수(神檀樹) 아래로 강림하여 신시(神市)를 열었다는 내용이 있다. 환웅(桓雄)과 웅상(雄常)은 자양(字樣)에서도 상관성을 지닌다.

을 설명하는 적절한 이론 근거로 기능했을 것이다. 그러나 우리는 이러한 가설이 허구이고 제국 이념의 일방적 투사의 결과임을 숙신국 웅상목의 예에서 이미 보았다.

그렇다면 원방이국의 주민들이 현시하는 다양한 행태와 기괴한 이미지는 어떻게 형성된 것일까? 이 문제와 관련하여 뜻밖에도 곽박은 정확한 인식을 가졌다. 아쉽게도 이러한 훌륭한 인식이 제국 이념의 벽을 넘지는 못하였지만 말이다.

세상의 이른바 이상하다는 것도 그것을 이상하다고 단언할 수 없고 세상의 이른바 이상하지 않다는 것도 그것을 이상하지 않다고 단언할 수 없다. 왜인가? 사물은 그 자체가 이상한 것이 아니고 나의 생각을 거쳐서야 이상해지는 것이기에 이상함은 결국 나에게 있는 것이지 사물이 이상한 것이 아니기 때문이다.

世之所謂異, 未知其所以異, 世之所謂不異, 未知其所以不異. 何者. 物不自異, 待我而後異, 異果在我, 非物異也.[66]

그렇다! 곽박의 인식대로라면 원방이국은 그 자체가 이상한 것이 아니고 중국인의 생각을 거쳐 이상해진 것이다. 원방이국이 이상해지는 메커니즘에는 내재적인 것과 외재적인 것 두가지가 있다. 외재적인 것은 원방이국의 문화적 특징에 대한 중국인의 상상 작용인데, 가령 우민국의 경우를 예로 들어보자.

---

66 郭璞「注山海經敍」.

우민국이 그 동남쪽에 있는데 그 사람들은 머리가 길고 몸에 날개가
나 있다.

羽民國在其東南, 其爲人長頭, 身生羽.[67]

우리는 이를 조류를 숭배하는 종족에 대한 상상적 표현으로 생각해볼
수 있을 것이다. 곽박은 이에 대해 "날 수는 있지만 멀리는 못 간다. 알로
낳으며 그림을 보면 마치 신선 같다(能飛不能遠, 卵生, 畵似仙人也)"라고 주
를 달았다. 은 민족과 중국의 북방 및 동남방 지역에 살던 동이계 종족이
조류를 숭배하며 난생신화를 전승하고 있던 것은 잘 알려진 사실이다. 칼
텐마르크는 나아가 이들 종족의 조류숭배가 비상(飛翔)의 취지를 추구하
는 신선설(神仙說)로 변천해갔다고 논증한 바 있다.[68] 이렇게 보면 우민국
사람은 실상 야만의 이방인이 아니라 중국의 중요한 토착 문화인 도교의
기원과 관련된 이미지를 함축하고 있는 셈이다.

다음으로 내재적인 것은 원방이국 주민들의 다양한 행태와 기괴한 이
미지를 중국인 내부 문제의 투사로 보는 것인데, 이와 관련하여 "대부분
의 이방인, 신, 괴물은 인간 심리의 심연에 존재하는 균열의 증거들이다"
라는[69] 명제가 유효할 것이다. 가령 여자국의 경우를 예로 들어보자.

여자국이 무함의 북쪽에 있는데 두 여인이 함께 살며 물이 그곳을
에워싸고 있다.

---

67 『山海經』「海外南經」.

68 Maxime Kaltenmark, *Le Lie-Sien Tchouan* (Université de Paris Centre détudes
   Sinologique de Pékin 1953) 12-19면.

69 리처드 커니 『이방인, 신, 괴물』, 이지영 옮김 (개마고원 2004) 15면.

女子國在巫咸北, 兩女子居, 水周之.[70]

　여자국은 여인들만이 사는 나라, 곧 동아시아의 아마조네스이다. 이들의 주거를 둘러싼 물은 여성성과 생식을 상징한다. "그 나라에는 신령스러운 우물이 있어서 들여다보기만 하면 곧 아이를 낳는다(其國有神井, 窺之輒生子)"라는[71] 여자국에 대한 또다른 기록은 물의 이와 같은 신화적 속성을 강조한다. 그런데 왜 여인들만 사는 나라를 상상했을까? 그것은 원시시대에 존재했다는 모계사회의 흔적일 수도 있겠으나, 보다 현실적으로는 후대 남권 중심 사회에서 여성들의 일탈하고 싶은 욕망을 표현한 것일 수 있다. 이렇게 보면 원방이국 사람이라는 다양한 타자는 사실상 중국인 내면의 억압된 여러 욕구들이 분출된 형태일 수도 있을 것이다. 즉 원방이국이란 다름 아닌 중국 자신인 것이다!

---

70 『山海經』「海外西經」.
71 『後漢書』「東夷傳」.

오늘날 『산해경』에 대한 해석적 전망은 역대의 주석과 근대 이후의 인간중심적, 이성중심적 관념을 바탕으로 중원과 주변, 인류와 동물, 중국인과 이방인 등의 이항대립적 구조에 기대어 있고, 이러한 구조에는 역대 제국의 에피스테메적 폭력이 아로새겨져 있다. 이 글에서는 원시 『산해경』과 그것에 체계와 구조를 부여하고자 하는 주석가들 사이의 긴장, 곧 해석학적 장력에서 야기된 불일치와 균열의 흔적에 의거하여 『산해경』 상상계의 반구조적 원상을 드러내고자 하였다. 그 결과 우리는 곤륜·발해 등의 사례를 통해 중원 중심의 지리구조를, 효양국·저인국·구여조 등의 사례를 통해 인류 중심의 생태계 구조를, 숙신국·우민국·여자국 등의 사례를 통해 중국인 중심의 인간계 구조를 해체하고 원시 『산해경』의 진면목을 탐색할 여지를 갖게 되었다.

이러한 탐색을 확대할 때 우리는 궁극적으로 반구조의 『산해경』으로부터 구조화된 문명으로 가는 도상(途上) 혹은 전야(前夜)의 보다 역동적이고 가능성 넘치는 원문명(原文明)의 현현을 목도할 수 있을 것인데, 그것은 시몽동이 말한 바 잠재적 에너지(potential energy)로 가득찬 전(前)개체적 실재에 상응하는 문화 상태라 할 것이다.[72] 우리는 바로 이렇게 재현된 원시 『산해경』에서 오늘의 재신화화에 긴요하게 요청되는 중심과 주변, 인간과 자연, 종족과 종족 간의 차별을 넘어서는 호혜적 관계를 추동할 힘을 길어올 수 있을 것이다.

---

[72] 황수영 『시몽동, 개체화 이론의 이해』(그린비 2017) 46~53면.

3. 『산해경』에서의 삶과 죽음: 변형의 동력과 도교의 발생

『산해경』은 중국의 가장 오래된 신화서라는 일반적인 인식에도 불구하고 한마디로 성격을 규정하기 어려운 책이다. 『산해경』의 서술 체재는 사방의 지역에 따라 안배되어 있어 기본적으로는 지리서 형식을 취하고 있는가 하면, 각 지역의 민속·생활·풍물 등에 대한 내용이 많아 민족지와 흡사한 면모를 보이기도 한다. 그러나 어떠한 측면에서든 『산해경』이 중국문화의 가장 오랜 내용을 보존하고 있으며 오늘의 중국문화의 뿌리가 된다는 점에는 의심의 여지가 없다. 세라 앨런(Sarah Allan)은 은대의 신관(神觀)·조령(祖靈) 숭배 등이 기본적으로 큰 변화 없이 현대 중국의 민간신앙에까지 남아 있음을 확인한 바 있는데,[73] 『산해경』은 그러한 은대 및 상고 문화의 정보를 가장 많이 담고 있는 책인 것이다.

이 글에서 검토하고자 하는 것은 『산해경』에 표현된 고대 중국인들의 삶과 죽음에 대한 관념이다. 삶과 죽음의 문제는 존재론적인 차원에서 추상적으로 운위될 수도 있겠지만 신화의 세계에서 그것은 무엇보다도 신체성을 통해 표현된다. 고대 중국의 경우 신체성을 토대로 전개되는 이러한 관념은 샤머니즘이라든가 산악 숭배 등의 원시종교적 환경 속에서 장생불사를 추구하는 신선설을 낳게 된다. 이후 신선설을 핵심 교

---

[73] Sarah Allan, "Shang Foundation of Modern Chinese Folk Religion," *Legend, Lore, and Religion in China*, ed. Sarah Allan and Alvin P. Cohen (San Francisco: Chinese Materials Center 1979) 1–21면.

의로 삼은 도교는 역사적으로 상층 지배이데올로기인 유교와 대척적인 위치에서 중국 민중의 생활에 큰 영향력을 행사해왔다. 이러한 관점에서 본다면 『산해경』은 중국의 기층문화를 대표하는 도교의 발생 근거가 되는 셈이다.

아울러 우리는 『산해경』의 기층문화의 연원으로서의 의의를 중국에만 한정할 수 없다고 본다. 왜냐하면 중국문화는 고대로 소급하면 소급할수록 '중국적'인 성분이 옅어지고 주변문화와 공존하는 양상을 보여주기 때문이다. 따라서 『산해경』의 기층문화적 성격을 중국뿐만 아니라 동아시아 전역의 문화와 상관하여 생각해볼 필요가 있다.

이 글에서는 『산해경』에 표현된 고대 중국인들의 삶과 죽음의 관념을 고찰함에 있어 먼저 갖가지 질병에 대한 인식을 통해 생명에 대한 우환의식을, 다음으로 죽음의 여러 양상에 대한 이해를 통해 생명에 대한 파괴적 본능을, 끝으로 변형의 다양한 모습에 대한 관찰을 통해 죽음의 극복을 위한 의지를 살펴보고자 한다. 이러한 논의는 『산해경』이 후대의 강력한 신체담론인 신선설 및 도교에 대해 지니는 연원적 지위를 확인하는 의미를 갖게 될 것이다.

1) 질병에 대한 인식: 생명에 대한 우환의식

은대의 문화정보를 직접 전해주는 갑골복사(甲骨卜辭)에는 이미 갖가지 질병에 대한 기록이 있다. 『산해경』 역시 일찍부터 신체의 고통, 즉 질병에 대한 인식을 자연스럽게 표현하고 있다. 『산해경』의 「산경」 도처에는 다음과 같이 모종의 동식물의 질병에 대한 치유적 효능을 언급하는 대목들이 있다.

다시 동쪽으로 300리를 가면 저산이라는 곳인데 물은 많지만 초목이 자라지 않는다. 이곳의 어떤 물고기는 생김새가 소 같은데 높은 언덕에 살고 있다. 뱀 꼬리에 날개가 있으며 그것은 겨드랑이 밑에 있는데 소리는 유우와 같다. 이름을 육이라고 하며 겨울이면 죽었다가 여름이 되면 살아나고 이것을 먹으면 종기가 없어진다.

又東三百里柢山, 多水, 無草木. 有魚焉, 其狀如牛, 陵居, 蛇尾有翼, 其羽在魼下, 其音如留牛, 其名曰鯥, 冬死而夏生, 食之無腫疾.[74]

다시 서남쪽으로 360리를 가면 엄자산이라는 곳이다. 산 위에서는 단목이 자라는데 잎은 닥나무 같고 열매는 크기가 오이만 하며 붉은 꽃받침에 결이 검다. 이것을 먹으면 황달병이 낫고 화재를 막을 수 있다.

西南三百六十里, 曰崦嵫之山, 其上多丹木, 其葉如穀, 其實大如瓜, 赤符而黑理, 食之已癉, 可以禦火.[75]

다시 북쪽으로 350리를 가면 양거산이라는 곳인데 초목은 자라지 않으나 금과 옥이 많이 난다. 수수가 여기에서 나와 동쪽으로 안문에 흘러든다. (…) 이곳의 어떤 새는 생김새가 과보 같은데 날개가 넷이고 외눈에 개 꼬리가 있다. 이름을 효라고 하며 소리는 까치 같고 이것을 먹으면 복통을 낫게 하고 설사를 멈추게 할 수 있다.

又北三百五十里, 曰梁渠之山, 無草木, 多金玉. 脩水出焉, 而東流注于鴈門, (…) 有鳥焉, 其狀如夸父, 四翼, 一目, 犬尾, 名曰囂, 其音如鵲, 食之已腹痛, 可

---

74 『山海經』「南山經」.

75 『山海經』「西次四經」.

以止衕.[76]

　　다시 동쪽으로 30리를 가면 대괴산이라는 곳인데 그 북쪽에서는 철과 아름다운 옥과 푸른색 흙이 많이 난다. 이곳의 어떤 풀은 뺑대쑥같이 생겼는데 털이 나 있고 푸른 꽃에 흰 열매를 맺는다. 이름을 낭이라고 하며 이것을 먹으면 요절하는 일이 없고 뱃속의 병을 고칠 수 있다.

　　又東三十里, 曰大騩之山, 其陰多鐵, 美玉, 青堊. 有草焉, 其狀如蓍而毛, 青華而白實, 其名曰莨, 服之不夭, 可以爲腹病.[77]

　　앞의 예문들에서 보듯이 종기·황달병[癉]·복통·설사[衕] 등 개개의 질병에 대한 인식이 분명하며, 그 고통을 해소하기 위한 처방도 강구되어 있다. 처방은 공감주술(共感呪術)의 원리에 의해 마련되는 경우가 많다. 가령 두번째 예문에서 엄자산은 서쪽 끝에 있는 산으로 해가 지는 곳이다. 따라서 황혼과 이곳에서 자라는 단목(丹木)의 붉은색 이미지가 황달병과 화재를 공감관계에 의해 조절할 수 있는 것으로 생각되었음에 틀

76 『山海經』「北次二經」.
77 『山海經』「中次七經」.

림없다. 이러한 관념이 후일 음양오행설 등 좀더 정교한 논리에 의해 설명될 수 있는 약물학적 지식으로 성립된 것이 본초학(本草學)이다. 실제로『산해경』에 등장하는 동식물성 약물은『신농본초경(神農本草經)』등 한대 이후 약전(藥典)의 내용과 밀접한 상관이 있는 것으로 확인된다.[78] 고대 중국인들은 질병을 통해 고통을 느끼고 다시 그 고통으로 인해 개체의 존재성에 대한 위협을 느끼면서, 그것의 원인을 해소할 방안을 공감적으로 상응하는 자연 상태의 사물에서 구하고자 했다. 여기에 중국의 전통적인 인간과 자연의 관계론인 천인합일관(天人合一觀)이 자리 잡고 있음을 엿볼 수 있다. 그러나 신체의 고통을 해소하기 위한 방안을 소극적으로 주술적 감응체계에만 의존한 것은 아니었다. 좀더 공격적인 치료 방안도 강구되었는데,『산해경』에는 최초의 외과적 시술이 이루어졌음을 시사하는 다음과 같은 기록이 있다.

다시 남쪽으로 400리를 가면 고씨산이라는 곳인데 산 위에서는 옥이, 기슭에서는 잠석이 많이 난다. 제승수가 여기에서 나와 동쪽으로 못에 흘러들며 그 속에는 금과 옥이 많다.

又南四百里, 曰高氏之山, 其上多玉, 其下多箴石. 諸繩之水出焉, 東流注于澤, 其中多金玉.[79]

곽박의 주석에 의하면 잠석(箴石)은 침을 만들어 등창을 치료할 수 있

<hr>

78 이에 대해서는 伊藤淸司「中國古代の民間醫療: 山海經の研究」,『史學』第43卷 4號(1966) 81면 참조. 이또오는「산경」이『신농본초경』에 비해 동물성 약물을 많이 언급하고 있음을 지적한다.
79『山海經』「東山經」.

는 돌이라고 하였다.[80] 후대 침구학(鍼灸學)의 시초라 할 잠석에 대한 기록은 『산해경』 내에서 「동산경(東山經)」에만 보이고 있어 이른바 침술의 동이 기원설과 관련하여 흥미롭다. 산동 지역에서 발견된 구석기시대 유물 중에는 타제(打製)의 뾰족한 돌들이 있는데 이것들은 신석기시대에 이르러 돌침·뼈침 등의 형태로 발전하고 대문구문화 시기에는 전문적인 의료 도구로 진화한 것으로 추정된다.[81]

그런데 앞의 예문들 중 무엇보다도 생명에 대한 우환의식을 직접적으로 표명한 것은 「중차칠경(中次七經)」 대괴산(大騩山) 조(條)의 낭초(狼草)에 대한 기록이다. 이 풀을 먹으면 요절하는 일이 없다는 내용에서 우리는 거꾸로 당시인들의 짧은 삶에 대한 두려움을 읽을 수 있기 때문이다. 짧은 삶에 대한 두려움, 그것은 어떤 상황으로부터 유래하는 것일까? 여기에서 우리는 당시의 죽음의 양상, 특히 짧은 삶과 관련한 '부조화스러운 죽음'의 양상에 대해 탐색해볼 필요가 있다.

2) 죽음의 여러 양상: 생명에 대한 파괴적 본능

우리는 『산해경』에서 생명에 대한 파괴적 본능이 어떻게 표현되고 있는지 죽음의 여러 양상들을 통해 살펴볼 수 있다. 『산해경』의 죽음에 대한 기록은 자연사보다 투쟁에 의한 피살, 제의적 죽음, 사고사, 식인(食人) 등 사건으로 인한 부조화스러운 죽음의 경우가 더 많다. 먼저 투쟁에 의한 피살의 예를 보자.

---

80 『山海經』 「東山經」 高氏之山 條, 郭璞 注: "可以爲砥, 針治癰腫者."
81 逢振鎬 「東夷原始醫學試論」, 『東夷古國史論』(成都電訊工程學院出版社 1989) 73~74면.

왕자야의 몸이 두 손, 두 다리, 가슴, 머리가 모두 끊어져 따로 있다.

王子夜之尸, 兩手, 兩股, 胸, 首, 齒, 皆斷異處.[82]

투쟁에 의한 피살은 대개 신들 혹은 종족들 간의 갈등, 전쟁 등의 결과이다. 왕자야(王子夜)는 곧 왕자해(王子亥)로 은의 선왕(先王), 곧 조상신이었다. 『죽서기년(竹書紀年)』의 기록에 의하면 왕자해가 유역(有易)이란 나라에 손님으로 갔는데 방종하게 놀아서 유역의 임금 면신(綿臣)이 죽여 내버렸다고 한다.[83] 『산해경』의 기록은 면신에게 처참하게 죽임을 당한 왕자해의 모습에 대한 묘사인 것이다. 해체된 왕자해의 몸은 우리에게 즉각적으로 제의적 희생물의 형상을 떠올리게 하는데, 중국신화에서 이러한 형상의 효시는 우주적 거인 반고에 의해 이루어진 바 있다. 이른바 '최초의 희생자'(the First Victim)인 반고는 신체가 절로 분해되어 천지자연의 만물로 화생(化生)한다.[84] 왕자해의 해체된 몸은 아마도 반고의 신체화생 신화를 재현한 후대 희생 제의의 산물일 가능성이 있다. 그가 "손님으로 갔다"고 하였는데, 나그네 혹은 손님이야말로 신화적 세계에서 희생물이 되기 십상이었다.[85] 왕자해의 몸보다 더 분명히 제의적 죽음을 보여주는 예는 여축(女丑)의 몸이다.

---

82 『山海經』 「海內北經」.

83 『竹書紀年』: "殷王子亥賓於有易而淫焉, 有易之君綿臣殺而放之."

84 반고 신체화생 신화의 자세한 내용은 이 책 제4부 1장 '중국과 서구 창세신화, 어떻게 같고 다른가' 참조.

85 지라르는 "이방인은 잔치에 초대받지만 그 잔치는 그에 대한 린치로 끝난다"고 말한다(르네 지라르 『희생양』, 김진식 옮김, 민음사 2000, 60면). 정확히 왕자해는 유역국에 손님으로 갔다가 린치를 당했다.

여축의 몸을 산 채로 열개의 태양이 구워 죽이고 있다. 장부의 북쪽에 있으며 오른손으로 그 얼굴을 가리고 있다. 열개의 태양이 공중에 떠 있고 여축은 산 위에 있다.

女丑之尸, 生而十日炙殺之. 在丈夫北. 以右手鄣其面. 十日居上, 女丑居山之上.[86]

원가는 이 부분에 대한 주석에서 고대에 가뭄이 들 때 무당을 가뭄귀신으로 꾸며 햇볕에 쪼이거나 태워 죽여 재앙을 물리치려던 의식이라고 설명하였다.[87] 이 제의의 신화적 배경은 저 유명한 예(羿)의 사일(射日)신화이다. 요임금 때 태양이 동시에 열개나 떠올라 지상에 큰 해를 끼쳐 명궁(名弓) 예가 아홉개를 격추하고 하나만 남겼다는 신화와[88] 관련된 가뭄 퇴치 의식이다. 고대 중국에는 심한 가뭄 때 무당을 햇볕에 쪼여 강우(降雨)를 기원하는 이른바 폭무(曝巫) 제의가 있었는데,[89] 여축은 곧 이러한 제의에서 희생된 무당이었던 것이다. 『산해경』에서는 여축이 햇볕 속에 죽어가는 광경을 비교적 핍진하게 그리고 있다. 다음으로 식인에 의한 죽음의 예를 보자.

궁기는 생김새가 호랑이 같은데 날개가 있다. 사람을 잡아먹는데 머

---

86 『山海經』「海外西經」.

87 『山海經』「海外西經」女丑之尸 條, 袁珂 注: "暴巫焚巫者, 非暴巫焚巫也. 乃以女巫飾爲旱魃而暴之焚之以禳災也. 暴巫卽暴魃也."

88 劉安『淮南子』「本經訓」: "逮至堯之時, 十日並出, 焦禾稼, 殺草木, 而民無所食. 猰貐, 鑿齒, 九嬰, 大風, 封豨, 脩蛇皆爲民害. 堯乃使羿誅鑿齒於疇華之野, 殺九嬰於凶水之上, 繳大風於靑丘之澤, 上射十日而下殺猰貐, 斷脩蛇於洞庭, 禽封豨於桑林. 萬民皆喜, 置堯以爲天子."

89 폭무에 대한 상세한 논의는 Edward Schafer, "The Ritual Exposure in Ancient China," *Harvard Journal of Asiatic Studies* No. 47 (1985) 참조.

리부터 시작하며, 잡아먹히는 것은 머리를 풀어헤치고 있다.

窮奇狀如虎, 有翼, 食人從首始, 所食被髮.[90]

『산해경』에는 무수한 식인 동물이 등장한다. 이들은 대개 여러 동물이 복합된 형상을 지니고 있으며 성질이 나쁜 악수(惡獸)이다. 궁기(窮奇)의 경우 "누군가 성실하다는 말을 들으면 그 코를 베어 먹고 악하고 그릇되다는 소리를 들으면 짐승을 잡아 갖다바"치는[91] 시비선악(是非善惡)이 전도된 동물이다. 이렇게 본다면 궁기 같은 악수에게 잡아먹히는 사람은 사실 착하고 올바른 사람일 수 있다. 『산해경』에는 이밖에도 태양과 경주했다가 도중에 목이 말라 죽은 거인 과보, 천제에게 대항했다가 목이 잘려 죽은 형천, 동해에서 노닐다 물에 빠져 죽은 염제의 딸 여와(女娃), 끝없이 불어나는 흙 식양을 훔쳐 홍수를 막으려다가 사형당한 곤 등의 죽음이 있다.

이와 같이 『산해경』에서 전개된 죽음의 여러 양상을 종합해볼 때 한가지 공통적인 느낌을 얻게 된다. 그것은 죽음의 당사자들이 대부분 희생사이거나 당위직이지 않은 사건의 피해지이고, 그것을 기술하는 『산해경』 작자의 태도는 후술할 바와 같이 얼마간 동정적이라는 사실이다. 이러한 현상을 어떻게 설명해야 할까? 그것은 『산해경』이 갖는 두가지 측면으로 설명될 수 있을 것이다. 첫째, 정치적, 역사적 측면에서 볼 때 『산해경』은 후대에 정통으로 간주되는 황제계 혹은 주(周)에 의해 패망, 전복된 신농계 혹은 은나라 문화를 대변하는 경향이 있다. 따라서 희생자

---

90 『山海經』 「海內北經」.

91 『神異經』 「西北荒經」: "西北有獸焉, 狀似虎, 有翼能飛, 便勁食人. 知人言語. 聞人鬥, 輒食直者, 聞人忠信, 輒食其鼻, 聞人惡逆不善, 輒殺獸往饋之 (…) 名曰窮奇. 亦食諸禽獸也."

의 사례를 가장 많이 반영하고 있다고 보아야 하겠다. 둘째, 종교적 측면에서 볼 때『산해경』은 노신이 일찍이 무서(巫書)로 단정했듯이 샤머니즘과 밀접한 관련이 있다. 샤머니즘에서 가장 중요한 것은 이른바 '해원(解寃)'의 종교적 기능이다. 희생자에 대한 동정적인 표현은 이로부터 유래한 것으로 보아도 좋을 것이다.

3) 변형의 다양한 모습: 또다른 삶을 위한 시도

신화적 세계에서의 시간은 직선적이 아니라 순환적이다. 그것은 엘리아데의 이른바 '영원회귀'(eternal return)의 속성을 갖는다. 따라서 파괴와 죽음은 재창조와 재생을 위한 준비와 과정일 뿐 삶의 종착점이 아니다. 재창조와 재생은 어떻게 이루어지는가? 그것은 인간이 아닌 다른 존재로의 변형이라는 형식으로 이루어진다. 이러한 의미에서 재창조와 재생은 전생(轉生)이라고 부르는 것이 타당할 것이다. 그러나 신화에서 전생에 대한 표현은 일반적으로 순조로운 상황이나 자연사의 경우에는 잘 발견되지 않는다. 가령 오비디우스(Publius Ovidius)의『변신 이야기』(*Metamorphoses*)에서도 변형은 다프네가 아폴론에게 쫓겨 월계수로 변하거나, 아라크네가 아테나 여신에게 미움을 받고 죽어 거미로 변하듯이 최악의 상황에서 이루어진다. 다시 말해서 전생은 역경, 부자연한 죽음이라는 계기를 전제하거나 내포한다.『산해경』에서 대부분의 죽음이 완결되지 않은 정서 — 본의 아닌 희생이라든가 한(恨) — 등에 휩싸여 있을 때, 물활론적 세계에서 그러한 정서는 또다른 삶, 곧 변형의 동력이 된다. 우선 중원의 패자(覇者)인 황제에게 도전장을 냈다가 패사(敗死)한 치우의 형상은 어떻게 되었을까?

송산이라는 곳이 있는데 이름을 육사라고 하는 붉은 뱀이 있다. 어떤 나무가 산 위에서 자라는데 이름을 풍목이라고 한다. 풍목은 치우가 버린 차꼬와 수갑, 이런 것들이 풍목이 된 것이다.

有宋山者, 有赤蛇, 名曰育蛇. 有木生山上, 名曰楓木. 楓木, 蚩尤所棄其桎梏, 是爲楓木.[92]

곽박의 주석에 의하면 치우가 황제에게 잡혀 형틀에 채워져 죽임을 당했는데 나중에 그 형틀을 던져버리자 나무로 변했다고 한다.[93] 치우는 자신을 속박했던 형틀을 통해 단풍나무로 변신한다. 붉은 단풍나무는 치우가 흘린 피와 못다 한 전의(戰意)의 화신이다. 천제와 싸움을 벌였다 목 없는 귀신이 된 형천 역시 방식은 다르지만 변형으로 거듭난다.

형천이 이곳에서 천제와 신의 지위를 다투었는데 천제가 그의 머리를 잘라 상양산에 묻자 곧 젖으로 눈을 삼고 배꼽으로 입을 삼아 방패와 노끼를 들고 춤추었다.

形天與帝至此爭神, 帝斷其首, 葬之常羊之山, 乃以乳爲目, 以臍爲口, 操干戚以舞.[94]

형천의 기괴한 모습은 맹렬한 투지와 절절한 한이 전화(轉化)된 형태

---

92 『山海經』「大荒南經」.

93 『山海經』「大荒南經」宋山 條, 郭璞 注: "蚩尤爲黃帝所得, 械而殺之, 已摘棄其械, 化而爲樹也."

94 『山海經』「海外西經」.

『산해경』의 형천

이다. 이렇게 보면 동해에서 노닐다가 어이없이 익사한 여와의 존재도 그냥 스러질 이유가 없다.

다시 북쪽으로 200리를 가면 발구산이라는 곳인데 산 위에는 산뽕나무가 많이 자란다. 이곳의 어떤 새는 생김새가 까마귀 같은데 머리에 무늬가 있고 부리가 희며 발이 붉다. 이름을 정위라고 하며 그 울음은 자신을 부르는 소리와 같다. 이 새는 본래 염제의 어린 딸로 이름을 여와라고 하였다. 여와는 동해에서 노닐다가 물에 빠져 돌아오지 못하였는데 그리하여 정위가 되어 늘 서쪽 산의 나무와 돌을 물어다가 동해를 메우는 것이다. 장수가 여기에서 나와 동쪽으로 황하에 흘러든다.

又北二百里, 曰發鳩之山, 其上多柘木. 有鳥焉, 其狀如烏, 文首, 白喙, 赤足, 名曰精衛, 其鳴自詨. 是炎帝之少女名曰女娃, 女娃游于東海, 溺而不返, 故爲精衛, 常銜西山之木石, 以堙于東海. 漳水出焉, 東流注于河.[95]

---

95 『山海經』「北次三經」.

새 정위로 변한 여와는 자신을 물에 빠뜨려 죽인 동해를 메우는 행위를 지속함으로써 자연력(自然力)에 대한 극복을 시도하기까지 한다. 끝으로 치수에 실패해 속죄양이 되고 말았던 곤의 최후를 보기로 하자.

> 큰물이 저 하늘에까지 넘쳐흐르자 곤이 천제의 저절로 불어나는 흙을 훔쳐다 큰물을 막았는데 천제의 명령을 기다리지 않았다. 천제가 축융에게 명하여 우산의 들에서 곤을 죽이게 했는데 곤의 배에서 우가 생겨났다. 천제가 이에 우에게 명하여 땅을 갈라 구주를 정하는 일을 끝마치게 했다.
>
> 洪水滔天. 鯀竊帝之息壤以堙洪水, 不待帝命. 帝令祝融殺鯀於羽郊. 鯀復生禹. 帝乃命禹卒布土以定九州.[96]

인간을 위해 천제의 보물을 훔쳤다가 벌을 받은 곤의 행위는 프로메테우스의 도화(盜火)의 경우와 닮아 있다. 그러나 곤은 자신의 배를 통해 우를 화생시킨다. 그리고 그를 통해 결국 치수를 완료하게 된다. 곤 · 우 부자의 이같은 치수 계승신화는 요순시대 이후 전설상 최초의 부자상속 왕조인 하(夏)의 성립을 정당화하는 이데올로기적 성격을 갖기도 한다.

이상의 사례들로 미루어 『산해경』의 변형은 주로 불의(不意)의 비극적 정서에 대한 보상기제로서 무속 원리에 의해 추동됨을 알 수 있다. 변형의 동인에 대해서는 다른 해석의 여지가 있을 수 있다. 가령 왕효렴은 상술한 신화적 존재들을 비극적 운명의 관점에서 파악하는 것을 인문화된

---

96 『山海經』「海內經」.

해석이라고 비판하면서 신화 고유의 보편적, 집단적 정서를 중시하여 형천신화는 고대 농경사회의 곡령(穀靈)살해 제의를 표현하고 있다고 주장하였다.[97] 훌륭한 착상이긴 하지만 이 해석은 형천신화 이외의 허다한 변형신화의 파토스(pathos)를 일관되게 설명해줄 수 없을 뿐만 아니라 동아시아 신화 이면의 고유한 문화적 맥락을 사상하고 신화 일반론으로 환원시킨다는 혐의를 지우기 어렵다. 이러한 취지에서『산해경』전편의 변형신화에 대한 분석을 통해 변형 주체의 신분이 거의 제(帝)와 관련되어 있고 따라서 제, 곧 부족신(部族神)과의 갈등관계에서 변형신화가 생성된 것으로 파악한 마쯔다 미노루(松田稔)의 견해는[98] 훨씬 구체적인 설득력을 지닌다 할 것이다.

맺는말

지금까지『산해경』을 중심으로 고대 중국인들에게 있어서 삶과 죽음의 문제가 어떻게 표현되었는지를 살펴본 결과, 먼저 각종 질병에 대한 인식 및 그것에 대한 주술적 처방의 사례들을 통해 생명에 대한 우환의식이 신체상으로 상당히 깊고 민감하게 각인되어 있음을 알 수 있었다. 또한『산해경』에 기술된 죽음의 여러 양상을 둘러본 결과 그것들은 대개 부조화스러운 죽음의 형태를 취하고 있었는데, 이는『산해경』이 지닌 독특한 문화적 성격, 즉 은나라 문화의 입장이라든가 농후한 무속적 성향 등과 상관이 있는 것으로 추정되었다. 이어서 변형의 여러 양태를 검토해보았을 때, 이들은 기본적으로 앞서의 부조화스러운 죽음에 기인한 강

---

97 王孝廉『中國的神話世界(下)』(臺北: 時報文化出版公司 1987) 592~96면.
98 松田稔『山海經の基礎的研究』(東京: 笠間書院 1995) 339~46면.

렬한 미완의 정서에 의해 추동되고 있음을 확인할 수 있었다. 즉 부조화스러운 죽음은 변형에 의해 거듭남을 이룩하게 되는 것이다. 만약 『산해경』을 중심으로 탐색해본 고대 중국인들의 삶과 죽음에 대한 이러한 가설이 성립될 수 있다면 우리는 전국시대에 중국의 변방인 발해만 일대에서 은 및 동이계 신화를 바탕으로 일어난 신선설의 형성 요인에 대해 좀 더 설득력 있는 내용을 제공할 수 있을지 모른다. 오늘날 도교학자들은 도교가 샤머니즘에서 출발했다는 입장에 대부분 동의하고 있으며, 신선이야말로 개체 변형의 극치이기 때문이다.

제3장

중국신화와 한국문화

1. 중국신화 속의 한국신화: 잃어버린 한국신화의 원형을 찾아서

중국신화와 한국신화는 깊은 관련이 있다. 이 말을 통념적으로 생각하면 중국신화가 한국신화에 많은 영향을 미친 것으로 이해하기 십상이다. 왜냐하면 우리 한반도의 문화는 역사적으로 중국 대륙에서 많은 영향을 받아온 것이 사실이기 때문이다. 그러나 이러한 견해는 무조건적인 영향 관계로만 보아서도 안 되겠지만, 적어도 신화에 관한 한 일국의 신화가 일방적으로 상대국 신화에 영향을 주었다는 의미에서가 아니라 한국신화와 중국신화가 내용상 일정 부분을 공유한다는 의미에서 '깊은 관련'이 있다고 표현하고자 한다. 그 이유를 우리는 공간과 시간의 두 차원에서 살펴볼 수 있다.

첫째, 공간적 차원에서 중국신화는 우리가 흔히 생각하듯이 특정한 지역에서 성립된 한 종족, 한 국가의 신화가 아니다. 중국신화가 형성될 무렵의 대륙은 오늘날의 중국과 같은 거대한 국가가 존재했던 것이 아니고 아시아의 수많은 종족들이 경합적으로 공존하는 상황이었다. 이 때문에 중국신화는 사실상 아시아 여러 종족들의 다양한 신화를 포함한 '동양신화'라고 불러도 좋을 것이다.

둘째, 공간적으로뿐만 아니라 역사적으로도 중국신화는 여러 시기에 걸쳐 통합의 과정을 밟는다. 즉 한대에는 황제(黃帝)를 중심으로 신과 종족의 계보를 정리해 중국인이 황제의 자손임을 자칭하지만, 현대에는 여기에 염제를 보태 중국 내 소수민족 및 주변 민족까지 신화적으로 통합하여 염황(炎黃)의 자손임을 선포한다. 최근에는 황제에게 가장 적대적이었던 치우까지 조상신으로 포함시켜 다시 상당수 민족이 중국인의 범주에 들어갈 수도 있는 새로운 신화체계를 구성하게 되었다. 결국 이러한 세 단계의 통합 과정을 거쳐 사실상 중국신화는 아시아의 허다한 민족신화를 망라한 셈이 된 것이다.

대륙의 다원적인 신화 형세는 주요 종족 및 그들의 거주 지역에 따라 크게 동이계·화하계·묘만계의 세가지 계통으로 나뉘는데, 한국신화는 이 가운데 동이계 신화와 깊은 관련이 있다. 신화시대 이후 대륙의 문화가 에버하르트의 이른바 '중국적인' 정체성을 추구해감에 따라[1] 동이계 종족 및 신화는 융합의 과정에서 중국 민족 및 신화의 형성에 중요한 요소로서 기여하게 된다. 동이계 종족의 일부로 대륙에 잔류하지 않고 한반도로 이주한 한국 민족은 풍토와 여러 환경의 차이로 인해 일부 신화는 여전히 유전(遺傳)되어오고 일부 신화는 상실했을 가능성이 있다. 따라서 우리는 현존하는 중국신화 가운데 동이계 신화 속에서 잃어버린 한

---

1 에버하르트는 주대(周代) 이전을 지방문화의 시대로 보고 있다. Wolfram Eberhard, *The Local Cultures of South and East China*, tr. Alide Eberhard (Leiden: E. J. Brill 1968) 28-30면.

국신화의 원형을 찾으리라는 희망을 가질 수 있다. 그러나 동이계 종족
이 모두 한국인이 아니듯이 동이계 신화가 전부 한국신화는 아니므로,
그 가운데서도 한국문화와의 친연성이 인증되는 신화를 잃어버린 한국
신화의 원형으로 간주할 수 있을 것이다.

이 글에서는 과거 대륙의 일부 지역에서 활동했던 한국 민족의 잃어버
린 신화를 중국의 동이계 신화에서 탐색하는 작업을 수행함으로써 앞으
로 지향해야 할 새로운 한국신화 인식체계의 정립을 위한 기초로 삼고자
한다.

1) 중국문명의 형성과 동이계 신화

현재 역사적, 고고학적으로 확증할 수 있는 중국 최초의 왕조가 은왕
조임은 잘 알려져 있지만, 은 및 동이계 종족은 대륙에 처음으로 진출하
여 초기 중국문명을 형성하는 데 큰 역할을 했다. 이것은 중국신화의 신
보(神譜)를 보면 잘 나타나 있다. 중국의 대표적 오방신, 즉 동의 태호, 서
의 소호, 남의 염제, 북의 전욱(顓頊), 중앙의 황제 가운데 동·서·남을 대
표하는 신들이 대체로 동이계 출신으로 분류되기 때문이다. 아울러 문명
신 또는 문화영웅의 상당수가 동이계 신들이다. 예컨대 농업의 신 염제,
불의 신 축융, 수레의 신 길광(吉光), 대장장이 신 치우, 배의 신 번우(番
禺), 활의 신 반(般), 가무의 신 제준팔자(帝俊八子) 등이 그러하다.

동이계 신화 가운데 염제·치우 계통의 신들은 특히 한국신화와 상관
성이 높다. 이들은 묘만계 신으로 분류되지만, 근원을 따져보면 동방에서
남방으로 이주한 신들이다. 대륙 신계(神界)의 판도를 결정한 황제와 염
제·치우 사이의 대전쟁, 곧 탁록대전(涿鹿大戰)은 서방의 화하계 종족과

동방의 동이계 종족 사이의 전쟁을 반영한 것인데, 이 전쟁에서 패배한 뒤 동이계 종족의 일부는 남방으로 쫓겨간다. 원래 중원에서 거주했던 묘족(苗族)의 남방 이주 또한 이 전쟁과 관련된 사건일 것이다. 이와 같은 현실이 신화적으로는 염제·치우 등의 묘만계 귀속으로 표현된 것이다.

이러한 관점에서 화하계의 황제와 적대관계에 있던 염제·과보·풍백(風伯)·우사(雨師) 등의 신들을 잃어버린 한국신화와 관련해 우선 주목할 필요가 있다. 염제·과보는 고구려 고분벽화에 등장하며, 풍백·우사는 단군신화에 출현하기 때문이다.

그런데 지금까지 열거한 동이계 종족의 신화 내용들은 대부분이 한권의 중국신화서에 담겨 있는데, 그 책이 이른바 '동이계의 고서(古書)'인[2] 『산해경』이다. 다음에서는 『산해경』 텍스트를 바탕으로 동이계 신화 속 한국신화의 원형을 탐색해보고자 한다.

2) 『산해경』과 한국신화의 원형

『산해경』이 서술된 시기는 내략 전국시내 무렵이지만 신화 내용이 주로 반영된 시기는 은대 또는 그 이전으로 볼 수 있다. 저자는 노신이 무서(巫書)로 규정한 바 있듯이 무당 또는 방사 계층의 인물이라는 것이 통설이다. 이 책은 고대 중국을 비롯한 중국 권외의 다양한 문화를 반영하는 지리박물지(地理博物誌)이지만, 상대적으로 연·제·초 지역을 중심으로 한 동이계 문화 요소가 많기 때문에 그 방면의 고서로 알려져왔다.[3] 이 글

---

2 孫作雲 「后羿傳說叢考」, 『中國上古史論文選集(上)』(臺北: 華世出版社 1979) 458면.
3 『산해경』의 성립과 문화적 성격에 대해서는 정재서 역주 『산해경』(민음사 1985)의 '해제' 참조.

에서는 『산해경』의 이러한 문화적 성격에 착안하여 한국신화와의 관련 아래 동이계 신화를 분석해보고자 한다.

(1) 『조선기』의 실체는 무엇인가

송나라 나필의 『노사』에 대한 아들 나평(羅苹)의 주(注)에는 전설적인 제왕 순과 관련하여 다음과 같은 글이 있다.

『조선기』에서 말하기를 순에게는 여덟명의 아들이 있었는데, 이들이 처음으로 가무를 행하였다고 한다.
朝鮮記云, 舜有子八人, 始歌舞.[4]

그런데 『산해경』의 마지막 장 「해내경」에는 동이계 종족의 가장 중요한 신으로 간주되는 제준에 대해 다음과 같은 기록이 있다.

제준에게는 여덟명의 아들이 있었는데, 이들이 처음으로 가무를 행하였다.
帝俊有子八人, 是始爲歌舞.

두 문장은 순과 제준이라는 주체만 빼면 똑같다. 동진의 곽박은 제준의 '준(俊)'을 '순(舜)'의 가차음(假借音)으로 간주하여 같은 신으로 보고 있고,[5] 청나라 오임신은 『산해경광주(山海經廣注)』에서 나평이

---

4 羅泌 『路史』 「後記」 十一注: "代宗詔云, 虞夏之制, 諸子疎封, 世紀云, 九人, 朝鮮記云, 舜有子八人, 始歌舞."
5 袁珂 『山海經校注』(成都: 巴蜀書社 1996) 397면: "郭璞云, 俊亦舜字假借音也."

「해내경」을 인용할 때 '조선기'라고 불렀다고 언급함으로써[6] 적어도 나평의 『노사』 주에서 「해내경」은 『조선기』로 인식되었음을 알 수 있다.[7] 그런데 왜 나평은 「해내경」을 『조선기』라고 불렀을까? 우선 생각할 수 있는 것은 「해내경」의 첫 구절이 조선에 관한 기록이라는 사실이다. 그 기록은 다음과 같다.

> 동해의 안쪽, 북해의 모퉁이에 조선과 천독이라는 나라가 있는데 그 사람들은 물가에 살며 남을 아끼고 사랑한다.
>
> 東海之內, 北海之隅, 有國名曰朝鮮·天毒, 其人水居, 偎人愛之.

이 구절에 대한 전통적인 구두(句讀)는 이와 같다. 곽박이 천독(天毒)을 천축(天竺)으로 보아 조선과 병렬 해석했기 때문이다.[8] 그러나 조선과 천축, 곧 인도는 방위상 맞지 않기 때문에 구두에 입각한 이같은 해석에는 동의하기 어렵다. 이 구절은 궁극적으로 조선에 관한 기록이므로 천독을 조선에 대한 설명어로 보는 것이 타당하다고 할 때, 『규원사화(揆園史話)』의 이 구절에 대한 주석이 눈에 들어온다. 『규원사화』에서는 천독의 '독(毒)'자를 '기를 육(育)'자로 풀이하기 때문이다.[9] 이렇게 되면 '천'과

---

6 吳任臣 『山海經廣注』「海內經」 題注: "海內經及大荒經, 本逸在外. 羅苹路史注引此篇, 作朝鮮記."

7 『路史』「後記」四注에서도 나평은 「해내경」을 '조선기'로 부르고 있다.

8 袁珂 『山海經校注』 501면: "郭璞云, 天毒卽天竺國."

9 北崖子 『揆園史話』: "毒, 育之也." 여기서 이른바 재야 사서인 『규원사화』의 문헌적 가치에 대한 의구심이 있을 수 있다. 하지만 실증 사료적 가치에 얽매이지 않고 『규원사화』의 일부에 대해서라도 주변문화의 유전된 집단기억의 산물로 간주한다면 신화적, 역사적 상상력 자료의 차원에서 도외시할 것만은 아니라고 본다. 『규원사화』 『환단고기(桓檀古記)』 『부도지(符都誌)』 등 재야 사서에 대한 저자의 비판적 혹은 일부 수용적 입

'독'은 각기 주어와 동사가 되어 다음의 '기인(其人)'을 목적어로 수반하게 된다. 새로운 구두에 의한 해석은 다음과 같다.

> 동해의 안쪽, 북해의 모퉁이에 조선이라는 나라가 있다. 하늘이 그 사람들을 길렀고 물가에 살며 남을 아끼고 사랑한다.
>
> 東海之內, 北海之隅, 有國名曰朝鮮. 天毒其人, 水居, 偎人愛之.

동해는 한국의 서해이고 북해는 중국의 발해(渤海)이니, 강역이 요녕(遼寧, 랴오닝) 일대로 비정되는 고조선임이 분명하다. "하늘이 그 사람들을 길렀고"라는 구절은 단군신화에서 보듯 하늘과 천신을 숭배하는 한국 민족의 종교적 특성을 표현한 것이리라. "물가에 살며"라는 구절도 강을 끼고 도읍을 정하던 한국 민족의 거주 습성을 나타낸 것으로 볼 수 있다. "남을 아끼고 사랑한다"는 구절 또한 허신의 『설문해자』에서 "동이의 풍속이 어질다(夷俗仁)"고 한 언급과[10] 관련하여 이해할 수 있는 표현이다.

고대에는 편의상 처음 시작하는 말로 책의 편목(篇目)을 삼는 경우가 흔했으므로, 나평이 「해내경」의 첫 내용이 조선에 관한 것임에 착안하여 「해내경」을 『조선기』로 불렀을 가능성도 없지 않다. 그러나 편목이 정해지지 않았다면 모르지만 엄연히 「해내경」이라는 이름이 있는데 굳이 『조선기』라고 불러야 할 이유는 없을 것이다. 더군다나 인용한 것은 정작 조선에 관한 글이 아니고 순과 제준 등 동이계의 큰 신들에 관한 글이었다. 여기에서 우리는 나평이 『조선기』를 운위한 다른 두가지 이유를 생각해 볼 수 있다.

장에 대해서는 졸저 『동아시아 상상력과 민족 서사』(이화여대 출판부 2014) 참조.
10 許愼 『說文解字』 第4篇: "東夷從大, 大人也. 夷俗仁, 仁者壽, 有君子不死之國."

첫째, 가능성은 작지만 「해내경」과 별개로 고조선에 관한 『조선기』라는 책이 당시까지 존재하지 않았을까 하는 점이다. 그러나 제준과 순에 관한 「해내경」과 『조선기』의 기록이 너무나 일치하기 때문에 둘이 다른 책일 가능성은 희박하다 하겠다.

둘째, 「해내경」이 조선에서 시작하는 것에도 영향을 받긴 했겠지만, 「해내경」 전체의 내용이 고조선 신화와 깊은 관련이 있다는 인상을 받았기 때문에 「해내경」을 『조선기』로 지칭한 것이 아닐까 하는 점이다. 나평이 이미 순 및 제준 신화의 출전을 『조선기』로 보는 것 자체가 그런 인식에서 비롯된 것이지만, 아닌 게 아니라 「해내경」에서는 제준·염제 등 동이계 신들에 대한 내용이 다른 계통의 신들에 대한 것보다 훨씬 많은 비중을 차지하고 있다. 「해내경」은 특히 동이계 문명신들에 대해 많이 언급하고 있는데, 이를테면 염제의 후손인 수(殳)는 과녁을 만들고, 고(鼓)와 연(延)은 종을 만들고 악곡을 지었으며, 소호의 아들인 반은 활과 화살을 만들었고, 제준의 아들인 안룡(晏龍)은 거문고를, 다른 여덟명의 아들은 춤과 노래를, 후손인 번우는 배를, 길광은 수레를, 의균(義均)은 온갖 기물을 만들었나는 이야기를 전한다. 이렇게 「해내경」에 다수 기록되어 있는 동이계의 문명신들은 고구려의 사신총(四神塚)이나 오회분(五盔墳) 4호묘 및 5호묘 벽화에 집중적으로 출현하는 문명신들과 비교되어 흥미롭다. 나평이 이와 같은 「해내경」의 신들을 고조선과 관련하여 파악하고 『조선기』라는 편목에 귀속시켰다면, 우리는 「해내경」의 신들에 대해 잃어버린 한국신화의 신으로서 좀더 가능성을 가지고 접근할 수 있는 좌증을 확보하게 된 것이다.

(2) 염제와 치우 계통의 신들

『산해경』에는 황제와 치우의 전쟁, 곧 탁록대전에 대한 기록이 있다. 그런데 황제에 대항해 도전장을 냈던 치우와 그가 속한 염제계 신들이 고구려 고분벽화에 자주 출현한다. 예컨대 『산해경』 「대황북경(大荒北經)」을 보면 호불여국(胡不與國)이라는 나라가 나오는데, 이 나라는 부여로 추측된다.[11] 그리고 열성(烈姓)의 나라라 하였는데, 이는 부여 종족이 염제 신농의 후예임을 의미한다.[12] 따라서 부여와 같은 종족인 고구려의 고분벽화에는 염제·치우 계통의 신들 및 그들의 행위에 관한 내용이 대거 등장한다. 우선 주목할 만한 존재로는 염제계의 거인족인 과보가 있다. 『산해경』 「대황북경」에 실린 과보신화의 내용은 다음과 같다.

대황의 한가운데에 성도재천이라는 산이 있다. 두 마리의 누런 뱀을 귀에 걸고 두 마리의 누런 뱀을 손에 쥔 사람이 있는데 이름을 과보라고 한다. 후토가 신을 낳고 신이 과보를 낳았다. 과보가 〔자신의〕 힘을 헤아리지 않고 태양을 쫓아가려고 하다가 우곡에 이르렀다. 황하를 마시려 했으나 양에 안 차 대택으로 가려 했는데 도착하기도 전에 이곳에서 죽었다. 응룡이 치우를 죽이고 난 후에 또 과보를 죽이고 그리고 남방으로 가서 살았기 때문에 남방에는 비가 많다.

大荒之中, 有山名曰成都載天. 有人珥兩黃蛇, 把兩黃蛇, 名曰夸父. 后土生信, 信生夸父. 夸父不量力, 欲追日景, 逮之于禺谷. 將飮河而不足也, 將走大澤, 未至, 死于此. 應龍已殺蚩尤, 又殺夸父, 乃去南方處之, 故南方多雨.

---

11 『山海經』「大荒北經」: "有胡不與之國, 烈姓, 黍食." 정인보(鄭寅普)는 이 나라를 부여로 파악했다. 鄭寅普 「古朝鮮의 大幹」, 『薝園鄭寅普全集(3)』(연세대 출판부 1983) 61면.

12 郝懿行 『山海經箋疏』(臺北: 藝文印書館 1974) 442면: "懿行案, 烈姓蓋炎帝神農之裔."

왼쪽부터 『산해경』의 과보, 중국 지린성 지안현 소재 고구려 삼실총 벽화의 과보, 경상북도 영주시 순흥면 읍내리 신라 고분벽화의 과보

과보는 치우와 함께 황제와의 전쟁에도 참여했지만, 원래 태양과 경주를 했다가 목말라 죽었다는 신화로 유명한 존재다. 태양과 적대적인 위치에 있는 과보는 지하 세계의 신일 것으로 추리되고, 이런 이유에서인지 그는 동이계 종족인 고구려의 삼실총 벽화에서 수문장의 모습으로 나타난다. 이뿐만 아니라 과보는 멀리 경북 영풍군(榮豊郡) 읍내리(邑內里) 고분벽화에도 출현하는데, 손에 뱀을 쥔 소사시신(操蛇之神)의 형상을 한 벽화 속의 역사(力士)는 서역풍이 엿보이긴 하지만 거인 과보의 재현임에 틀림없다.[13]

고구려 고분벽화에서 가장 충실히 형상화된 『산해경』의 신화적 인물은 농업과 의약의 신 염제다. 염제는 오회분 4호묘 및 5호묘 벽화에 세번이나 출현할 정도로 고구려 민족이 애호했던 신인데, 특히 오회분 5호묘 벽화에서 오른손에 벼 이삭을 쥐고 왼손에 풀이나 약초를 쥐고 있는 인

---

13 이은창 「순흥 기미중묘벽화(己未中墓壁畫)의 사상사적인 연구」, 『순흥 읍내리 벽화고분』(대구대 박물관 1995) 181~83면.

왼쪽 아래부터 시계 방향으로 고구려 오회분 4호묘 벽화의 야장신, 5호묘 벽화의 염제, 5호묘 벽화의 불의 신

신우수의 염제 형상은 농업과 의약의 신의 모습을 잘 구현하고 있다. 후진(後秦) 왕가(王嘉)의 『습유기(拾遺記)』에는 붉은 새가 아홉개의 이삭이 달린 벼를 물고 가다 떨어뜨렸고 염제가 그것을 주워 파종했다는 기록이 있는데,[14] 이러한 정황이 그대로 묘사된 셈이다. 이밖에도 염제 그림에 연속하여 불씨를 손에 쥔 신이 등장하는데, 이 신은 분명 염제의 보좌신이자 불의 신인 축융에 상응하는 신일 것이다.

오회분 4호묘 벽화에는 아울러 쇠망치질을 하는 야장신(冶匠神)이 등장하여 치우신화와의 상관성을 고려하게 한다. 동두철액(銅頭鐵額)의 형상으로 갈로산(葛盧山)의 쇠를 단련하여 무기를 만들었다는 치우는, 일찍

---

14 王嘉『拾遺記』: "有丹雀銜九穗禾, 其墜地者, 帝乃拾之, 以植於田."

이 테쯔이 케이끼(鐵井慶忌)와 조지프 니덤 등에 의해 야련집단(冶錬集團)의 무사(巫師)로 추정된 바 있기 때문이다.[15] 이러한 내용과 아울러 부여·고구려 계통의 종족인 맥족(貊族)이 치우를 제사했다는 사실을[16] 고려하면 오회분 벽화에 염제·축융과 함께 출현하는 야장신을 치우로 볼 가능성이 커진다. 이 그림에 덧붙여 설명해야 할 것은 각저총(角抵塚)에 그려진 각저희(角抵戲) 장면이다. 각저희는 한대 이후 유행했던 씨름 놀이로 황제와 치우 사이의 전쟁 상황 또는 치우의 용맹성을 상징하는데, 이것이 고구려 고분벽화에 출현한다는 사실은 치우신화가 고구려에 상당히 유포되었음을 입증한다 할 것이다.

마지막으로 무용총(舞踊塚) 벽화에는 치우 편에 서서 황제와 투쟁했던 바람의 신 풍백이 등장한다. 『산해경』에는 탁록대전에서의 풍백의 활약에 대한 다음과 같은 기록이 있다.

치우가 무기를 만들어 황제를 치자 황제가 이에 응룡으로 하여금 기주의 들에서 그를 공격하게 하였다. 응룡이 물을 모아둔 것을 치우가 풍백과 우사에게 부탁하여 폭풍우로 거침없이 쏟아시게 했다. 황제가 이에 천녀인 발을 내려보내니 비가 그쳤고 마침내 치우를 죽였다.

蚩尤作兵伐黃帝, 黃帝乃令應龍攻之冀州之野. 應龍畜水, 蚩尤請風伯雨師, 縱大風雨. 黃帝乃下天女曰魃, 雨止, 遂殺蚩尤.[17]

---

15 鐵井慶忌「黃帝と蚩尤の鬪爭說話について」, 『東方宗敎』第39號(1972) 60면 및 Joseph Needham, *Science and Civilisation in China* Vol. II (Cambridge: Cambridge University Press 1956) 115-20면 참조.

16 『路史』「後記」四注: "貊祭蚩尤."

17 『山海經』「大荒北經」.

왼쪽 아래부터 시계 방향으로 중국 지린성 지안현 소재 무용총 벽화의 비렴, 고구려 무용총 벽화와 각저총 벽화의 각저희

치우를 도와 황제군에게 수공(水攻)을 가했던 풍백의 별칭은 비렴(飛廉)이다. 풍백이 명백히 한국신화와 상관성을 지닌다는 사실은 이 비렴이라는 한자어가 한국어 '바람'의 고어에서 유래한 것이라는 가설로도[18] 긍정되지만, 단군신화에서 환웅천왕(桓雄天王)을 모시고 하강하여 고조선의 개국을 도와준 신이기도 하기 때문이다. 풍백은 새의 머리를 하거나 사슴의 몸을 한 동물 형태로 출현하는데, 무용총 벽화에 그려진 날개 달린 사슴의 신수(神獸)가 바로 이 풍백으로 간주된다.[19]

18　蕭兵『楚辭新探』(天津: 天津古籍出版社 1988) 516~18면.
19　孫作雲『天問研究』(北京: 中華書局 1989) 138면.

이상에서 살펴본 바와 같이『산해경』속의 염제·치우·과보·축융·풍백 등 동이계 신들이 고구려 고분벽화에 출현하는 것을 확인함으로써 우리는 잃어버린 한국신화의 원형에 한걸음 더 접근할 수 있는 근거를 확보하게 된 것이다.

맺는말

역사의 여명기를 전후해 한국 민족은 동이계 종족의 일원으로 다른 수많은 종족들과 더불어 경합적인 관계 속에서 중국의 초기 문명을 형성하는 데 기여하였다. 이러한 정황은 중국신화에서 동이계 신화가 차지하는 비중으로 미루어 짐작할 수 있는데, 이 글에서는 동이계 신화를 통해 잃어버린 한국신화의 원형을 추출해볼 수 있다는 가정 아래『산해경』신화를 대상으로 분석을 시도하였다. 그리고『조선기』라는 별칭을 지닌「해내경」의 동이계 신들과 염제·치우 계통 신들의 고구려 고분벽화와의 상호대조를 통해 이들이 잃어버린 한국신화의 일부일 가능성을 점칠 수 있었다.

그러나 이들 신화는 다시 몇가지 단계적인 검토를 거쳐 보완되어야 할 것이다. 첫째, 고구려 고분벽화상의 신화 모티프들이 얼마만큼 고구려 문화의 독자성을 표현하고 있는지 입증되어야『산해경』속 동이계 신화들이 잃어버린 한국신화의 원형으로 인증될 가능성이 커질 것이다. 둘째, 이렇게 해서 인증된 신화들일지라도 후대 한국 신화 및 문화와의 계승관계 측면에서 치밀한 검증을 받아야 그 사실성이 입증될 수 있을 것이다. 셋째, 다시 찾아낸 잃어버린 신화는 배타적인 관점에서 볼 것이 아니라 중국신화와 공유하는 내용으로 파악되어야 할 것이다. 저자는 이러한 검토 과정을 거쳐 얻어진 동이계 신화 속 한국신화의 원형을 '원한국신화'(原韓國神話, proto-Korean myth)라고 부르고자 한다.

최근 중국·일본은 물론 만주·몽골·시베리아·베트남 등 동아시아 각 지역 신화와의 비교연구 및 자료 교류가 전례 없이 활발히 이루어지면서 한국신화 연구도 새로운 국면을 맞고 있다. 다시 말해서 한국신화의 체계를 한반도나 국내 자료에 국한하지 않고 아시아적 범주에서 다양하고 풍부하게 재구성할 필요가 있다고 보는 것이다. 이러한 시좌(視座)를 마련할 때 기존의 한국신화 연구에서 풀리지 않던 문제들이 해결될 수 있을 것이다. 가령 고구려 고분벽화에 대거 나타나는 신화적 도상들은 현재 그 귀속이 분명하지 않다. 현행 한국신화 인식체계로는 설명되지 않는 점들이 많은 것이다. 하지만 이들 도상은 앞서 제시한 바와 같은 다원주의적 관점에 입각하여 중국신화와의 관계를 새롭게 인식함으로써 순조롭게 해석될 수 있을 것이라 전망된다.

이 글에서의 논의는 아직 시도에 불과할 뿐 '잃어버린 신화의 원형을 찾아서'라는 명제는 사실 토론의 여지를 많이 남기고 있다. 앞으로 한국신화의 인식체계에 대한 메타 논의가 깊게 진행되고, 아울러『산해경』신화 이외의 동이계 신화에 대해서도 진지한 탐색이 이루어져 한국신화의 경역이 넓어지고 내용이 더욱 풍성해지기를 기대하면서 거친 논의를 맺고자 한다.

2. 서왕모 신화의 형성 및
한국에서의 수용

서왕모는 중국신화의 저명한 여신으로 고대부터 지금까지 중화권에서 숭배되고 있는 신령이다. 이 신은 고대신화에서는 여신이었으나 후대에 도교가 성립되자 여선(女仙)으로 변모한 궤적을 지니고 있다. 그런데 현대 한국에서는 이름조차 잊혀진 이 여신이 삼국시대부터 조선시대에 이르는 전통 시기 한국문화의 각 방면에서 끊임없이 출현해왔다는 사실은 주목을 요한다. 한국과 중국은 상고시대부터 간단없는 문화적 교섭관계에 있었으므로 중국의 신화적, 도교적 존재가 한국문화에 수용된 사례는 매거하기 어려울 정도이고 일부 존재는 무척 빈번하게 나타나지만, 서왕모처럼 전통 시기를 통관(通貫)하여 문화 전반에 걸쳐 등장하는 경우는 드물지 않나 싶다. 저자는 중국신화서『산해경』의 한국문화에서의 수용을 연구하는 과정에서 이러한 사실을 확인하고 그것을 일종의 문화적 '흐름'으로 파악하면서 한국에서의 '서왕모 현상'을 집중적으로 논구해야 할 필요성을 제기한 바 있다.[20]

아닌 게 아니라 그동안 국내 학계에서도 서왕모 현상에 착안하여 고전문학·미술사·고전무용 등의 방면에서 서왕모 스토리와 모티프를 중심으로 수용 양상을 다룬 논문들이 적게나마 존재하고 있음은 다행이라 하겠다.[21] 이들 논문은 한국 서왕모 수용의 의미를 도출해냄에 있어 각 분야

---

20 졸저『산해경과 한국 문화』(민음사 2019) 268면.

21 전호태「고구려 감신총 벽화의 서왕모」,『한국고대사연구』제11권(1997); 김태식「고대 동아시아 西王母 신앙 속의 신라 仙桃山聖母」,『문화사학』제27호(2007); 장예

에서 나름의 선구적 작업을 한 것으로 평가된다.[22] 다만 '왜 한국에서 서왕모인가?' 하는 문제의식은 서왕모 수용 전반에 대한 인식을 전제로 가능할 터인데, 이는 서왕모 모티프에 대한 기존의 분야별 개별 논의에서는 발출(發出)되기 어려웠을 것으로 이해된다.

이 글에서는 상술한 과거 업적들을 참작하면서 한국의 '서왕모 현상' 탐구에 대한 1차 작업으로 우선 (역사적 변천을 포함한) 서왕모 신화의 성립, 한국으로의 전래 등에 대해 약술한 다음, 삼국시대부터 조선시대에 이르는 한국의 전통 시기 전반에 걸친 서왕모 수용의 개괄 및 분석을 통해 그 전모를 드러냄으로써 거시적, 통합적 시야를 확보하고자 한다. 이러한 관점을 토대로 왜 한국에서 서왕모가 지속적으로 수용될 수 있었는지 그 심층적 요인을 여러 측면에서 검토하고 결론을 맺게 될 것이다.

1) 서왕모 신화의 성립과 한국으로의 전래

(1) 서왕모 신화의 성립

서왕모 신화의 성립과 관련하여 중요하게 거론되는 자료는 『산해경』에 실린 다음과 같은 기록들이다.

「서왕모(西王母)의 한국문학적 수용 양상」(대구대 국문과 석사학위논문 2008); 정병모 「서왕모 신앙과 조선 후기 십장생도의 변화」, 『한국민화』 제2집(2011); 최진아 「조선 시기 唐樂呈才에 반영된 '西王母'의 문화적 의미」, 『중국소설논총』 제41집(2013) 등의 논문이 그것이다.

22 가령 전호태는 감신총 벽화 탐구를 통해 현존하는 한국 최초의 서왕모 수용 자료를 제시했으며, 김태식은 신라의 여성 산신을 과감히 서왕모의 관점에서 논구했고, 최진아는 중국과의 비교하에 한국「헌선도」의 특성을 드러내 보였다.

다시 서쪽으로 350리를 가면 옥산이라는 곳인데 이곳은 서왕모가 살고 있는 곳이다. 서왕모는 그 형상이 사람 같지만 표범의 꼬리에 호랑이 이빨을 하고 휘파람을 잘 불며 더부룩한 머리에 머리꾸미개를 꽂고 있다. 그녀는 하늘의 재앙과 오형을 주관하고 있다.

又西三百五十里, 曰玉山, 是西王母所居也. 西王母其狀如人, 豹尾虎齒而善嘯, 蓬髮戴勝, 是司天之厲及五殘.[23]

서해의 남쪽, 유사의 언저리, 적수의 뒤편, 흑수의 앞쪽에 큰 산이 있는데 이름을 곤륜구라고 한다. 사람의 얼굴에 호랑이의 몸, 꼬리에 무늬가 있으며 모두 흰 신이 여기에 산다. 산 아래에는 약수의 깊은 물이 둘러싸고 있으며 그 바깥에는 염화산이 있어 물건을 던지면 곧 타버린다. 머리꾸미개를 꽂고 호랑이 이빨에 표범의 꼬리를 하고 동굴에 사는 사람이 있는데 이름을 서왕모라고 한다. 이 산에는 온갖 것이 다 있다.

西海之南, 流沙之濱, 赤水之後, 黑水地前, 有大山, 名曰昆侖之丘. 有神, 人面虎身, 有文有尾, 皆白, 處之. 其下有弱水之淵環之, 其外有炎火之山, 投物輒然. 有人, 戴勝, 虎齒, 有豹尾, 穴處, 名曰西王母. 此山萬物盡有.[24]

이러한 기록들을 토대로 중국과 해외의 다수 학자들이 서왕모의 정체, 신적 속성 등을 두고 많은 쟁론을 벌여왔다. 서왕모의 정체에 대해서는 우선 신으로 보느냐 서방의 종족 혹은 나라로 보느냐의 분별이 있으며, 신적 속성에 대해서는 형신(刑神)·지모신(地母神)·월신(月神)·호(虎)토템 등으로 보는 입장들이 있으나 형신의 직능을 지닌 서방의 여신으

---

[23] 『山海經』「西次三經」.
[24] 『山海經』「大荒西經」.

왼쪽부터 『산해경』에서 죽음과 형벌의 신 서왕모, 『천문도(天問圖)』에서 주목 왕과 서왕모의 이별 장면

로 보는 견해가 일반적이다.[25] 여기까지는 서왕모의 원시적 형상에 의거한 가설들이나 서왕모는 춘추전국시대부터 그 신성이 변모하기 시작한다. 예컨대 주목왕의 서방 여행을 다룬 『목천자전』에 이르면 서왕모는 천자를 환영하고 그와의 이별을 애달파하는 시를 짓는 여신으로 전변된다. 양자가 수창(酬唱)하는 시에서 서왕모가 자신을 "천제의 딸"로[26] 칭하며 목왕이 "죽지 않고 돌아오기를 바란다"는[27] 내용을 통해 서왕모가 과거의 형신, 곧 죽음의 여신에서 불사(不死)의 여신으로 변모하고 있음을 규지(窺知)할 수 있다. 아울러 용모에 대한 묘사는 없으나 문맥을 통해 반인반수의 존재에서 아리따운 여인으로 변화했음을 짐작할 수 있다. 서왕모

---

25 서왕모 전반 및 개별 문제에 대한 다양한 논의는 遲文杰 主編 『西王母文化硏究集成論文卷(上中下)』(廣西桂林: 廣西師範大學出版社 2008); 鄭志明 主編 『西王母信仰』(嘉義: 南華管理學院 1997) 등 참조.

26 『穆天子傳』卷3: "嘉命不遷, 我惟帝女." '帝'는 곧 천제(天帝)이므로 '帝女' 즉 천제의 딸은 여신이다.

27 『穆天子傳』卷3: "將子無死, 尙能復來." 주목왕의 '무사(無死)'를 바란다는 점에서 본인이 불사와 관련된 존재임을 암시하고 있다.

의 이러한 변신은 이후 가속화된다. 한대에 이르면 화상석에서 익히 보이듯이 옥토끼·구미호(九尾狐)·두꺼비·삼족오(三足烏) 등의 신화적 동물과 배우신(配偶神)인 동왕공(東王公) 및 우인(羽人)을 동반하여 인간에게 영원한 생명을 주는 불사의 여신 이미지가 굳어지고, 도교가 성립된 이후에는 요지(瑤池) 호숫가에서 불로장생의 복숭아 과수원인 반도원(蟠桃園)을 소유하고 세마리 청조(青鳥)와 선녀들의 시중을 받는 최고의 여선으로 숭배의 대상이 된다. 위진시대 이후에 지어진 『한무제내전(漢武帝內傳)』을 보면 서왕모는 강력한 제왕 한무제마저도 질타하는 존엄한 여선이 되어, 주목왕의 귀환을 고대했던 『목천자전』에서의 가녀린 여신 이미지를 완전히 탈피한다. 이후 도교가 국교였던 당대(唐代)에 서왕모 숭배는 절정에 달하였으며 청말에 이르기까지 전통 시기 내내 가장 인기 있

는 여선으로서의 지위를 잃지 않았다.

결국 서왕모는 반인반수의 죽음의 여신에서 아름다운 생명의 여선으로 변모한 것이 분명한데, 이 극적인 변모의 동인을 설명해줄 역사적 자료나 합의된 가설은 아직 없다. 서왕모가 처음에는 죽음의 여신이었지만 오히려 이 때문에 죽음을 극복하는 힘을 지녔을 것이라는 생각에서 장생을 추구하는 사람들의 소망에 따라 생명의 여신으로 거듭난 것이 아닌가 하는 가정을 해볼 수 있다. 이러한 가정을 보다 심층적으로 사유하면 근본적으로 서왕모 여신 자체에 삶과 죽음의 이원성이 내재해 있을 것이라는 생각에 이르게 된다. 여기서 상기되는 것은 일찍이 프로이트가 인간의 본능 속에 삶을 지향하는 에로스적 충동과 죽음을 지향하는 타나토스적 충동이 공존해 있다고 갈파한 대목이다. 프로이트는 생물의 생명 과정에 내재한 건설적, 동화적(assimilatorisch) 작용과 파괴적, 이화적(異化的, dissimilatorisch) 작용에 착안하여 생명의 연장을 향해 압력을 가하는 성적 본능과 죽음을 추동하는 자아 본능으로부터 생명 본능과 죽음 본능의 공존을 가정했다.[28] 신화에서 신성은 우리 무의식 깊은 곳의 본능을 표현하는 것으로도 볼 수 있으므로, 이러한 관점에서 서왕모는 삶과 죽음을 동전의 양면처럼 지닌 인간의 본능적 충동을 보여주는 여신으로 해석할 수도 있을 것이다.

그러나 우리는 더 궁구해보아야 한다. 그렇다면 왜 서왕모에게 잠재된 양면성에서 처음에는 죽음의 면모만 부각되었다가 춘추전국시대 이후에 삶의 측면이 강화되었는가? 우리에게 내재된 본성은 동일할지라도 역사적, 환경적 요인에 따라 각기 발현되는 특성이 달라진다는 사실을 고

---

28 지그문트 프로이트 『쾌락원칙을 넘어서』, 박찬부 옮김(열린책들 1997) 60~72, 130~41면.

려할 때, 서왕모 신화에 대해서도 이러한 경우를 생각해볼 수 있을 것이다. 중국문명 초창기, 요하(遼河) 유역의 신석기 문명으로부터 이를 계승한 은대의 청동기 문명에 이르는 시기에는 동방 지역의 정치적, 문화적 비중이 서방에 비해 상대적으로 컸다. 이에 따라 당시의 방위 관념에 비추어 해가 뜨는 동방을 이상화하고 해가 지는 서방을 죽음의 기운이 지배하는 곳으로 간주하였을 것이다.[29] 은 및 동이계 종족의 문화를 농후하게 반영하고 있는 『산해경』에서 극서(極西) 지역에 거주하는 서왕모를 죽음의 여신으로 묘사한 것은 이러한 연유에서이다. 그러나 이는 서왕모에게 내재한 삶과 죽음의 양면성 중에서 죽음의 충동만 끌어낸 것이었다. 서왕모가 거주한 곳이 옥산(玉山)이라는 사실은 그녀가 죽음뿐만 아니라 삶의 충동도 담지한 존재라는 것을 상징적으로 보여준다. 고대 동아시아에서 옥은 인간과 우주를 조화롭게 하는 생명의 기운을 품은 광물로 여겨졌기 때문이다.

이후 은·주의 왕조교체는 왕국유(王國維, 왕 궈웨이)가 적절히 말한 바 있듯이 단순한 정권교체가 아니라 중국 문화·관념상의 극변(劇變)이었다.[30] 서방에 연원을 둔 주족(周族)이 중국을 지배하면서 방위 관념도 바뀌게 된다. 주족의 본향이자 이상향인 서방은 이제 더이상 죽음의 기운이 지배하는 음산한 땅이 아니었다. 그곳은 귀소(歸巢)해야 할 낙원이자 생명의 기운이 넘치는 곳이었다. 죽음의 여신 서왕모에게 내재해 있던 삶의 충동은 이제 그것을 원하는 사람들에 의해 밖으로 이끌려 나왔다.

---

29 동이 문화권에서 이상향으로 동방의 봉래(蓬萊)·방장(方丈)·영주(瀛洲) 등 삼신산(三神山)이 상상된 것은 이러한 방위 관념과 상관된다.

30 王國維「殷周制度論」, 『觀堂集林』卷10. 공자도 일찍이 은·주의 관념상 차이를 다음과 같이 언명한 바 있다. 『禮記』「表記」: "殷人尊神, 率民以事神, 先鬼而後禮, (…) 周人尊禮尙施, 事鬼敬神而遠之."

그리하여 주목왕이 만나게 된 여신은 반인반수의 형신이 아니라 아리따운 여성의 모습을 한 생명의 여신이었던 것이다. 주와 이를 계승한 한(漢)으로 중국 정치·문화의 정통이 형성되면서 마침내 서왕모는 더이상 살벌한 죽음의 여신이 아니라 인간에게 장수와 복락을 가져다주는 생명과 길상의 여신으로 정착되었다.

(2) 서왕모 신화의 한국 전래

서왕모 신화는 언제 어떤 경로를 통해 한국에 전래되었을까? 이에 대해서는 두가지 방면에서 탐색해볼 수 있다. 한가지는 서왕모의 원시적 모습을 기록한 『산해경』의 전입을 통해 추론해볼 수 있을 것이고, 다른 한가지는 서왕모가 도교에 편입되면서 종교 전파에 의해 많이 확산되었으므로 도교의 이입(移入)을 통해 짐작해볼 수 있을 것이다.

첫번째 방면의 경우 백제 고이왕(古爾王, ?~286) 때 아직기(阿直岐)가 일본에 『산해경』을 전했다는 기록으로[31] 미루어 적어도 삼국시대에는 이 책이 읽혔을 것으로 추정된다. 고구려 유리왕(琉璃王, ?~A.D.18)이 화희(禾姬)와 치희(雉姬)의 애정 다툼에 상심하여 불렀다는 「황조가(黃鳥歌)」는 『산해경』에 등장하는 질투를 없애준다는 황조(黃鳥) 모티프와 상관되는데,[32] 이것까지 감안하면 『산해경』의 전입 연대는 삼국시대 초로 훨씬 올라간다. 그렇다면 『산해경』에 실린 원시 서왕모의 존재 역시 한국에 상당히 일찍 알려졌을 가능성이 있다.

두번째 방면의 경우 문헌상 도교의 공식적 이입은 고구려 영류왕(榮留王) 7년(624)에 당 고조(高祖)가 도사를 파견하고 원시천존상(元始天尊像)

---

31 이능화 『조선도교사』, 이종은 역주(보성문화사 1977) 63면.
32 졸저 『산해경과 한국 문화』 83~84면.

을 보내온 일인데, 사실상 이보다 이른 시기에 한국에 도교가 존재했을 것으로 보는 것이 학계의 통설이다. 우선 고구려 고분벽화에 등장하는 신선 등의 존재라든가 백제 무령왕릉(武寧王陵)에서 발굴된 매지권(買地券)과 동경(銅鏡), 「백제금동대향로」, 산경문전(山景文塼) 등의 유물에서 농후한 도교의 기미를 느낄 수 있다. 그러나 시대를 훨씬 거슬러 낙랑(樂浪) 시기의 출토물인 동반(銅盤)과 동경에 서왕모가 출현하고 있는 것으로 보아 한대의 원시 도교 혹은 초기 도교가 이미 낙랑에 들어왔고, 후일 낙랑이 고구려에 병합되면서 그 도교문화 혹은 서왕모 숭배 습속이 일찍부터 고구려에 수용되었을 가능성을 생각해볼 수 있다.[33] 아울러 고구려는 중국과 인접했기 때문에 낙랑의 도교와는 별도로 위진·남북조의 도교가 민간을 통해 이입되었을 가능성도 크다 하겠다. 이러한 도교 수용의 바탕 위에서 한국 최초의 서왕모 숭배를 보여주는 감신총 벽화가 출현하게 되는 것이다.

2) 서왕모 신화의 한국에서의 수용

(1) 삼국시대에서 고려시대까지의 서왕모 수용

삼국시대는 중국 도교가 한국에 전래된 시기이기 때문에 서왕모에 대한 초보적 인식과 수용이 이루어진 시기라고 할 수 있다. 그럼에도 고구려 고분벽화와 백제의 금동대향로 등에서 보이는 도교 예술의 수준 높은 경지는 이 시기에 이미 서왕모 수용이 궤도에 올랐을 것임을 짐작하게 한다. 이후 고려시대로 들어오면 농후한 선불습합(仙佛褶合)의 분위기 속

---

33 전호태『고구려 고분벽화 연구』(사계절 2000) 97~102면.

에서 문학예술은 물론 종교 방면으로도 폭넓게 서왕모 수용이 이루어져 조선시대에 이르러 개화(開花)하는 기반이 된다.

삼국시대 및 통일신라시대의 수용 양상

삼국시대의 서왕모 수용과 관련한 문헌 및 유물 자료는 현전하는 것이 많지 않아서 손에 꼽을 정도라 하겠다. 우선 가장 이른 시기의 것으로는 5세기 초로 편년되는 고구려 감신총 벽화를 들 수 있다. 북한 진남포시에 위치한 감신총은 앞방 궁륭부(穹隆部) 서측에 T자형 대(臺)의 가로대 위에 정좌한 서왕모 추정 인물과 좌우의 시녀, 뾰족한 산봉우리, 새를 탄 여인, 새 구름 무늬 등이 표현되어 있는 것으로 보아 그 피장자가 서왕모의 곤륜 세계로 승선(昇仙)하기를 기원했던 것임을 알 수 있다.[34] 그러나 이후의 고구려 고분에서 비상하는 신선은 다수 등장하나 서왕모의 형상은 보이질 않는다.

백제의 경우 서왕모와 관련된 직접적인 자료는 아직 발견되지 않았으나 적어도 서왕모에 대한 인식 가능성을 보여주는 자료가 있다. 10세기에 성립된 일본의 『연희식(延喜式)』「축사(祝辭)」에 인용된 왕인(王仁), 아직기 계통 인물의 주문(呪文)에 나열된 신들의 이름 중 동왕부(東王父)와 더불어 서왕모가 보이는 것이다. 이를 통해 서왕모는 백제에서도 일찍부터 잘 알려진 신이 아니었을까 하는 추정을 해볼 수 있다.[35]

신라 및 통일신라의 경우 박혁거세를 낳았다는 선도산(仙桃山) 성모(聖母) 전설과 관련하여 몇가지 모티프가 선도성모를 서왕모로 추정하게

---

34 전호태, 앞의 글 372, 399면.

35 『延喜式』「祝辭」六月暮大拔 條 注 所引: "謹請皇天上帝, 三極大君, 日月星辰, 八方諸神, 司命司籍, 左東王父, 右西王母." 전호태, 앞의 글 393면에서 재인용.

평안남도 남포시 소재 고구려 감신총 벽화의 서왕모

하는 근거가 된다. 선도산은 곧 서악(西嶽)인데 이는 곤륜산을 암시하고, 선도는 곧 서왕모의 반도이며, 선도성모의 사자인 솔개〔鳶〕는 서왕모의 시중을 드는 청조와 맹금류라는 점에서 일치한다.[36] 그렇다면 신라에서 서왕모 신화는 상당히 깊고 넓게 받아들여져 토착화 단계에까지 이른 것으로 볼 수 있다. 그러나 이에는 좀더 논증이 필요하며 신라의 서왕모 신화 수용은 최치원(崔致遠)의 시문에 이르러서야 확증된다. 최치원은 절도사 고변(高騈)의 종사관으로 근무했는데, 도교 신봉자인 고변의 막부(幕府)에는 도사들이 활동하여 도교를 접하기 쉬운 분위기가 조성되어 있었다. 아닌 게 아니라 한무외(韓無畏)의 『해동전도록(海東傳道錄)』에서는 입당(入唐) 유학생들이 도인 종리권(鍾離權)으로부터 내단학(內丹學)을 전수받았다는 사실을 밝히고 한국 선도 계보상의 비조(鼻祖)로 최치원을 기록하고 있다.[37] 최치원은 문집에 상당한 양에 달하는 도교 제문인 청사

36 김태식, 앞의 글 410~12면.
37 졸저『한국 도교의 기원과 역사』(이화여대 출판부 2006) 32~33면.

(靑詞)를 남기고 있고 금모(金母)·요대(瑤臺)·요지·반도 등 서왕모와 관련된 어휘들이 시문에 보인다.

> 나중에는 응당 요지의 모임에 가실 것이니 (…) 홀로 장생을 누리시다 문득 신선의 지위에 오르실 것입니다. 다스림을 잘해 옥황상제의 명을 받들고, 술을 마시며 서왕모에게 노래를 청하시게 될 것입니다.
> 後當去會瑤池. (…) 獨保長生, 却登眞位. 調鼎佐玉皇之命, 銜杯請金母之歌.[38]

문학작품에 수용된 서왕모의 사례로서 최치원의 작품을 효시로 들 수밖에 없는 것은 중국에서 간행된 그의 문집이 한국 문인의 현존하는 가장 오래된 문집이기 때문이다. 통일신라시대는 도교 제국인 당과의 문화적 교류가 절정에 달한 시기였으므로 전술한 사항들 이외에도 더 많은 서왕모 관련 자료가 있었을 것으로 짐작되나 유감스럽게도 남아 있는 자료는 극히 드문 형편이다.

고려시대의 수용 양상

고려시대에 이르면 송의 진종(眞宗)과 휘종(徽宗)의 도교 숭신(崇信)과 그 영향, 고려 예종(睿宗)의 복원궁(福源宮) 도관 건립 등으로 인해 서왕모 수용의 여건이 무르익는다. 무엇보다도 주목해야 할 사실은 서왕모 숭배의 기풍이 진작되었다는 점이다. 『송서(宋書)』의 기사에 의하면 고려인들이 정월에 서왕모 신상(神像)을 만들어 모시는 습속이 있었다고 하는데,[39] 이것은 민간에서도 종교적으로 서왕모를 신앙했다는 것을 의미

---

38 崔致遠 『桂苑筆耕集』 卷18 「獻生日物狀」.
39 『宋書』 卷879 「列傳」 卷246 外國 3: "又正月七日, 家爲王母像戴之. 二月望, 僧俗燃燈如中國

청자 인물형 주전자(12세기, 높이 28 x 바닥 지름 19.7cm, 국립
중앙박물관 소장)

한다. 이와 관련하여 흥미로운 유물로는 12세기 고려시대에 제작된 것으로 알려진 「청자 인물형 주전자」가 있다. 이 청자 인물은 봉황이 장식된 관을 쓰고 선도를 두 손에 받쳐든 여성의 모습으로 미루어 서왕모로 추정된다. 이 도교 여성상은 당시 서왕모 신상을 모셨다는 습속을 반영하는 것이기도 하고, 송으로부터 대성악(大晟樂)이 들어오면서 전입된 악무(樂舞)「헌선도」의 실상을 묘사한 것으로도 보인다.[40]

말이 나온 김에 고려시대 서왕모 수용의 사례를 보여주는 악무로서는 「헌선도」와 「오양선(五羊仙)」을 들 수 있다. 전자는 서왕모가 임금에게 선도를 바쳐 장수를 기원하는 내용, 후자는 선도를 바치지는 않으나 역시 서왕모가 임금의 장수를 송축하는 내용을 담은 악무인데, 이들은 송으로부터 전입된 이후 연등회나 팔관회 등의 행사에서 연행되었다.[41]

上元節.” 조선 후기 이덕무(李德懋)의 『靑莊館全書』 卷22 「編書雜橋」 2에도 동일한 내용의 언급이 있다.

40 졸저 『산해경과 한국 문화』 100면.

41 『高麗史·樂志』 卷71: “文宗二十七年二月乙亥敎坊奏: 女弟子眞卿等十三人所傳踏沙行歌舞. 請用於燃燈會. 制從之. 十日月辛亥, 設八關會, 御神鳳樓觀樂. 敎坊女弟子楚英. 奏新傳抛毬樂九

고려시대에 들어와 과거제 도입으로 한문학의 저변이 확대되고 뛰어난 문인들이 배출되면서 도교적 상상력은 그들의 좋은 창작 소재가 되었다. 이에 따라 고려 문인들의 작품에서 서왕모는 더없이 친숙한 존재로 등장한다. 무인정권 시기 불우한 삶을 살았던 천재 시인 임춘(林椿)은 이렇게 노래한다.

從此文星不在天,　꿈속에 바람을 타고 월궁에 이르러,
排門直捉姮娥問.　문을 밀치자 곧장 항아를 붙들고 물었네.
奈何使爾司春桂,　어찌하여 그대에게 계수나무를 맡겼더니,
與奪不公人所慍.　주고 뺏음이 불공평해 사람들이 성을 내나.
低頭再拜謝我言,　머리 숙여 재배하고 내게 사과해 말하기를,
妾不愛憎皆委分.　제 맘대로 하는 것이 아니라 모두 분수대로입니다.
紫府今書君姓字,　천상에는 지금도 그대 이름이 쓰여 있거니,
曾陪王母遊閬苑.　과거에는 서왕모를 모시고 곤륜산에서 노셨지요.
也爲輕狂多負過,　경박한 짓 하고 잘못 많이 저질러,
帝令譴謫方知困.　상제의 명으로 귀양 가 고생 좀 하시게 된 것이지요.
從此文星不在天,　이때부터 문창성이 하늘에서 사라졌지만,
世人誰識塵中隱.　세상 누구도 속세에 숨은 것을 알아보지 못했답니다.[42]

과거에 낙방한 시인 임춘은 계수나무를 꺾어 급제자를 점지한다는 절

張機別伎. 抛毬樂弟子三十人, 九張機弟子十人. 三十一年二月乙未, 燃燈御重光殿觀樂. 敎坊女弟子楚英奏王母隊歌舞, 一隊五十五人, 舞成四字, 或君王萬歲, 或天下泰平.”
42　林椿『西河集』卷1「記夢」.

계(折桂) 설화의 주인공 항아(姮娥)의 입을 빌려 자신이 결코 실력 없는 문인이 아니라 전생에 곤륜산에서 서왕모를 모시고 놀았던 문학의 신, 곧 문창성(文昌星)이었는데 잘못을 저질러 하계에 귀양 온[謫降] 것이라고 상상한다. 이외에도 죽림고회(竹林高會)의 일원인 이인로(李仁老) 역시 "복숭아 익자 서왕모 시켜 바치게 하고, 고상한 노래 나오자 항아 보고 전하게 하네(桃熟已敎金母獻, 曲高新自月娥傳)"라고[43] 서왕모의 반도 고사를 노래한 것을 비롯, 이규보·최자(崔滋)·이제현(李齊賢) 등의 작품에도 서왕모 관련 모티프가 등장하여 고려 문인들에게 서왕모는 이미 상용하는 소재가 되었음을 알 수 있다.

고찰

감신총 벽화의 서왕모로 미루어 여신 숭배와 샤머니즘적 성향이 농후한 남북조시대의 상청파 도교가 고구려에 전입되었을 가능성을 생각해 볼 수 있다. 백제의 경우도 무령왕릉의 매지권·동경 등을 통해 도교사상의 영향을 감지할 수 있는데, 상청파 도교가 성행했던 남조 양(梁)과의 빈번한 교류를 고려하면 그 가능성이 커진다.[44]

아울러 감신총 벽화의 새를 탄 여성 이미지는 후대 고구려 고분벽화에 자주 등장하는 승조신선(乘鳥神仙) 이미지와 연속성을 지니고 있어 고구려의 신선사상을 잘 구현하는 증거로 볼 수 있을 것이다. 다만 감신총 벽화에는 중국의 서왕모 벽화에 항상 보이는 동왕공이라든가 구미호·옥토·두꺼비·삼족오 등의 이미지 요소가 없는데, 고구려 서왕모 벽화만의 특성인지 다른 요인 때문인지 검토의 여지가 있다.

---

43 徐居正『東文選』卷13「文機障子」.
44 졸저『한국 도교의 기원과 역사』31면.

선도산 성모를 서왕모의 신라판 본지수적(本地垂迹)으로 볼 가능성이 있다는 사실은 종래 경주 유적, 나아가 신라문화를 불교 중심 일변도로 해석해왔던 경향에 대해 선불습합의 견지에서 다시 들여다볼 필요성을 제기한다. 불국사를 비롯한 경주 일원의 사찰들이 이러한 요소를 적잖이 지니고 있는데, 사실 이것은 삼국시대에 창건된 불사(佛寺)들 상당수가 지금까지 온존하고 있는 특성이라 해도 과언이 아니다.[45] 선도산 성모, 곧 신라 서왕모는 아마 고래의 이러한 습속을 바탕으로 탄생하였을 것이다.

신라시대의 자료로서 한가지 더 거론할 것은 근래 발견된 김대문(金大問)의 『화랑세기(花郞世記)』에 실려 있는 「청조가(靑鳥歌)」이다. 화랑 사다함(斯多含)이 실연하여 불렀다는 이 노래에서 청조는 헤어진 옛 연인으로 볼 수도 있고[46] 사랑의 메신저로 볼 수도 있다. 『화랑세기』는 진위 여부가 확정되지 않은 문헌이므로 이 책에 등장하는 청조를 신라 시가의 서왕모 수용 사례로 단정하기는 어려우나 가능성을 열어두고자 한다.

(2) 조선시대의 서왕모 수용

조선시대에는 강력한 유교 통치가 행해졌음에도 전기에 소격서(昭格署)와 단학파(丹學派)를 중심으로 한 사족 계층의 도교 수련 기풍, 후기에 관제(關帝) 신앙을 비롯한 민간 도교의 흥성, 그리고 『산해경』 열독(閱讀)의 확대,[47] 명대(明代) 신마소설(神魔小說)의 유행 등으로 인해 문학예술

---

45 예컨대 경주 신선사(神仙寺)·승주 선암사(仙巖寺) 등의 절 이름과 불국사를 비롯, 송광사·선암사 등의 선기(仙氣) 충만한 사내 건조물 명칭에서 이러한 흔적을 쉽사리 찾아볼 수 있다. 아울러 현재까지 불교 사찰에 유존(猶存)하고 있는 칠성신(七星神)·조왕신(竈王神)·태산부군(泰山府君) 등 도교 제신의 봉안 및 숭배도 이의 강력한 증좌이다.
46 이찬욱 「고전문학에 나타난 '파랑새(靑鳥)'의 문화원형 상징성 연구」, 『우리문학연구』 제25집(2008) 147~48면.

방면의 서왕모 수용이 과거 그 어느 시대보다도 활발해진다.

문학에서의 수용 양상

먼저 시가 방면을 살펴보면, 전기에는 김시습(金時習)의 "옥황이 강림하는 곳엔 향그러운 안개가 깔리고 서왕모가 올 적엔 아름다운 난새를 타고 오네(玉皇降處圍香霧, 金母來時駕彩鸞)라는[48] 시구를 비롯, 홍유손(洪裕孫)이 "한잔 들고 요지연에 참석하여, 삼신산을 굽어보니 제비 알과 같네(一曑擧參宴瑤池, 俯視三山如燕卵)라고[49] 노래했듯이 단학파 시인들의 작품 속에서 서왕모를 어렵지 않게 찾아볼 수 있다. 이후 특기할 만한 현상은 낭만적인 당시풍(唐詩風)의 부상과 단학파의 영향으로 16, 17세기 시단을 압도한 유선시체(遊仙詩體)가 등장한 것이다.[50] 온갖 신선과 도교적 모티프를 구사하는 유선시에서 중심인물은 단연 서왕모였다. 많은 작가들 중 허초희(許楚姬)는 무려 99수의 유선시를 지었다. 그녀는 단순히 창작에서뿐만 아니라 서왕모 여신 자체를 선망했고 심지어 자신을 여신으로 상상하기까지 했다. 「망선요(望仙謠)」는 이러한 작자의 심경이 표현된 작품이다.

瓊花風軟飛靑鳥, 옥꽃에 미풍이 불매 청조가 날고,

王母麟車向蓬島. 왕모 님의 기린 수레 봉래섬으로 향하네.

---

47 심경호 「박지원과 이덕무의 희문(戱文) 교환에 대하여」, 『한국한문학연구』 제31집 (2003) 95~96면.

48 金時習 『梅月堂集』 卷3 「訪友於三淸宮: 適醺立冬」.

49 洪裕孫 『篠叢遺稿』 「題金剛山」.

50 정민 「16. 7세기 遊仙詩의 資料槪觀과 出現動因」, 한국도교사상연구회 편 『한국 도교사상의 이해』(아세아문화사 1990) 128면.

蘭旌藥帔白鳳駕,　난초 깃발 꽃술 장식의 흰 봉황 수레를 몰거나,

笑倚紅欄拾瑤草.　웃으며 붉은 난간에 기대어 옥풀을 줍는다네.

天風吹擘翠霓裳,　천상의 바람 불어 푸른 무지개 치마 날리고,

玉環瓊佩聲丁當.　옥고리 패옥(佩玉) 부딪는 소리 뎅그렁뎅그렁.

素娥兩兩鼓瑤瑟,　달나라의 선녀들 쌍쌍이 옥거문고 타니,

三花珠樹春雲香.　세번 꽃 피는 옥나무엔 봄 구름이 향기롭네.

平明宴罷芙蓉閣,　아침이 밝아 잔치 끝난 부용각,

碧海靑童乘白鶴,　왕모 님 모시던 동자 흰 학 타고 떠났네.

紫簫吹徹彩霞飛,　신비한 피리 소리에 고운 노을 흩어지고

露濕銀河曉星落,　이슬 젖은 은하수엔 샛별이 떨어지누나.[51]

허초희 이외에도 이춘영(李春英)·이수광(李睟光)·신흠(申欽)·권필(權韠)·허균(許筠)·허봉(許篈)·정두경(鄭斗卿) 등이 그들의 유선시에서 서왕모를 노래했다. 이들 외에 정지승(鄭之升)은 서왕모의 청조 모티프를 수용하여 열렬한 애정시를 빚어냈다.

梨花風雨掩重門,　배꽃 비바람에 흩날리고 겹겹이 문은 닫혔는데,

靑鳥飛時見淚痕.　청조 날아올 제 눈물 자국을 보았네.

一死可能忘此別,　한번 죽어 이 이별을 잊을 수 있다지만,

九原猶作斷腸魂.　저승에서 오히려 애끊는 넋이 되리라.[52]

서왕모의 시중꾼인 청조는 후일 소식을 전하는 메신저나 편지를 상징

51　許楚姬 『蘭雪軒詩集』 「望仙謠」.
52　鄭之升 『溫城世稿』 「無題」.

하게 된다. 여기서 청조는 불의에 헤어진 연인이 보내온 편지를 뜻한다. 당시(唐詩)에서 유선시는 애정시의 한 형태이기도 했다. 이는 유선시의 중심인물인 서왕모가 천상과 지상의 중재자로서 신성한 결합을 위한 정열의 권화(權化)로 간주되어서[53] 그러한 메커니즘이 쉽게 남녀관계에 암합(暗合)되었기 때문이다. 시가 속의 서왕모 모티프는 한시 이외에 시조·민요·서사무가 등에서도 그 사례를 많이 찾아볼 수 있는데, 사족 계층은 물론 일반 민중에게까지 광범위하게 확산되었음을 알 수 있다.

다음으로 소설 방면을 살펴보면, 시가의 경우와 마찬가지로 서왕모 여신 자체·청조·요지·반도·약수 등의 이미지가 소설의 인물·정신세계·주거 환경·상황 등을 묘사하는 데 효과적으로 활용되고 있다.[54] 가령 한문소설 중 『운영전(雲英傳)』을 보면 다음과 같은 장면이 보인다.

진사(進士) 사례하여 가로되 (…) 동방삭으로 좌우에 모시게 하고 서왕모로 천도(天桃)를 드리게 함 같으니 이러함은 두보의 문장으로 가히 백체(百體) 구비(具備)타 이르리이다. (…) 첩이 봉서(封書)로써 던지니 진사가 집어 십에 놀아가 뼈어 보고 비불자승(悲不自勝)하여 치미 손에서 놓지 못하고 생각하는 정이 전보다 더하여 능히 자존치 못한 듯한지라, 이에 답서를 써 부치고자 하나 청조의 신(信)이 없는지라 홀로 탄식할 따름이더니

進士謝曰, (…) 則如使東方朔侍左右, 西王母獻天桃, 是以杜甫之文章, 可謂百體之具矣, (…) 妾以封書, 從穴投之, 進士拾得歸家, 拆而視之, 悲不目勝, 不

---

53 Suzanne E. Cahill, *Transcendence & Divine Passion: The Queen Mother of the West in Medieval China* (Stanford: Stanford University Press 1993) 234면.

54 졸저 『한국 도교의 기원과 역사』 170면.

忍釋手, 思念之情, 倍於曩時, 如不能自存, 欲答書以寄, 而靑鳥無馮, 獨自愁歎
而已.[55]

서왕모와 동방삭(東方朔)의 반도 고사, 청조 모티프 등을 활용하여 김
진사의 심정과 상황을 설명하고 있다. 이와 같이 서왕모 모티프를 수용
한 한문소설로는 『운영전』 이외에도 『구운몽(九雲夢)』 『최척전(崔陟傳)』
『강로전(姜虜傳)』 『위경천전(韋敬天傳)』 『강도몽유록(江都夢遊錄)』 『홍환
전(洪睆傳)』 『오유란전(烏有蘭傳)』 등을 들 수 있다.

국문소설의 경우에도 이러한 경향은 마찬가지로, 『심청전』 『숙향전』
『춘향전』 『소대성전』 『강태공』 『이대봉전』 『적성의전』 『임씨삼대록』 『소
현성록』 등 허다한 작품에서 그 실례를 찾아볼 수 있다. 가령 『춘향전』을
예로 들어보면 다음과 같다.

방자 분부 듣고 춘향 초래 건너갈 제 맵시 있는 방자 녀석 서왕모 요지
연에 편지 전하던 청조같이 이리저리 건너가서, "여봐라, 이 애 춘향
아." 부르는 소리에 춘향이 깜짝 놀래어, "무슨 소리를 그따위로 질러
사람의 정신을 놀래느냐." "이 애야, 말 마라. 일이 났다." "일이라니 무
슨 일." "사또 자제 도련님이 광한루에 오셨다가 너 노는 모양 보고 불
러오란 영이 났다."[56]

특히 청조는 고전소설 속에서 빈번히 출현하는데, 사랑하는 사람에게

---

55 『운영전』의 원문은 박희병 편 『한국한문소설 교합구해(校合句解)』(소명출판 2005)
  에서 인용.
56 『춘향전 완판 열녀춘향수절가』.

신물(信物)을 가져다주거나 편지를 전하기도 하며 주인공의 길을 인도하는 조력자 역할을 한다.[57] 고전소설에 애정 주제가 많기 때문에 청조 모티프가 자주 활용되었던 것이 아닌가 한다. 소설 방면 역시 한문소설에서 판소리계 소설에 이르기까지 서왕모가 폭넓게 수용된 것으로 보아 이 여신에 대한 인식이 상당히 보편화되었음을 알 수 있다.

예술에서의 수용 양상

예술에서의 서왕모 수용을 먼저 회화 방면에서 살펴보면, 조선 후기에 크게 유행했던 요지연도와 십장생도(十長生圖)·신선도(神仙圖) 등을 들 수 있다.

요지연도는 서왕모가 요지 호숫가에 주목왕 및 여러 신선, 불보살 등을 초대하고 선녀들이 영지(靈芝)·반도 등을 제공하는 연회 장면을 그린 그림으로 불사의 여신인 서왕모에게 장수와 부귀영화를 기구(祈求)하는 의미를 담고 있다. 요지연도는 궁중이나 반가(班家)는 물론 일반 백성들 사이에서도 인기가 높았는데, 숙종(肅宗)은 친히 그 제발(題跋)을 짓기도 하였다.[58] 병풍 형태로 제작되어 혼례시에서 길상화(吉祥畵)로 사용되기도 했다.

한국의 독특한 길상화 양식인 십장생도는 고려시대를 거쳐 조선 후기에 들어와 성행하는데, 이전과 달리 서왕모 신화의 영향으로 반도가 추가되어 큰 변모를 보인다.[59] 반도는 신선도·해학반도도(海鶴蟠桃圖) 등에도 많이 등장한다. 김홍도(金弘道)의 「낭원투도(閬苑偸桃)」는 동방삭이 서

---

57 졸저 『한국 도교의 기원과 역사』 174면.
58 같은 곳.
59 정병모, 앞의 글 29면.

요지연도(1800년경, 한지에 채색, 54x145cm, 국립중앙박물관 소장)

왕모의 반도원에 들어가 복숭아를 훔치는 장면을 그린 작품이다. 아울러 문인들이 상용한 반도 형태의 연적(硯滴)은 공예 분야에서도 서왕모 모티프가 활용되었음을 보여준다. 이외에 인의예지신을 이미지화한 문자도(文字圖)의 경우 '신(信)'에 해당하는 이미지로 인면조와 더불어 청조를 그려넣은 것을 볼 수 있다.

춤의 경우 서왕모와 관련해 궁중에서 공연되었던 당악정재(唐樂呈才)로 국왕의 장수를 기원하는 「헌선도」와 「오양선」이 있는데, 이들은 전술하였듯이 고려시대에 송으로부터 전입된 악무들이다. 이 중 「헌선도」는 지방에서 「헌반도(獻蟠桃)」로 곡명을 바꿔 공연될 정도로 대중적으로도 인기가 높았다.[60]

고찰

조선시대에는 문학예술의 각 방면에서 서왕모에 대한 인식이 확대되고 수용 정도가 심화되어 그 운용이 자재로운 경지에 도달했다고 말할

---

[60] 최진아, 앞의 글 85~88면.

수 있다. 여기에는 전술했듯이 유교의 억압에도 불구하고 조선 전기 단학파의 활동과 후기 민간 도교의 유행이 배경을 조성하였고, 16, 17세기 당시풍의 부상으로 인한 유선시체의 흥기와 『산해경』은 물론 『서유기(西遊記)』 『동유기(東遊記)』 『봉신연의』 등 명대 신마소설의 영향이 보다 직접적인 동기로 작용했다고 볼 수 있다. 그러나 근원적으로는 삼국시대부터 축적된 서왕모에 대한 인식과 수용이 조선시대에 이르러 상술한 여건을 맞아 확대, 심화된 것으로 보아야 할 것이다.

서왕모 수용의 심화는 중국과는 다른 변용 혹은 독창적 활용을 낳게 되는데, 삼국시대와 고려시대의 경우 자료의 한계로 뚜렷한 특성을 감지하기 어려우나 조선시대의 경우 그 추이를 엿볼 수 있는 자료들이 남아 있다. 가령 시가 방면에서 정두경은 금강산을 음영(吟詠)함에 있어 단학파의 민족 선도적 입장에서 종래의 서왕모 수용과는 다른 경지를 보여주어 주목된다.

東海三神在, 동해의 삼신산이 이곳에 있으니,
中原五嶽低. 중원의 오악도 낮아 보인다.
群仙爭窟宅, 뭇 신선들 자리 잡고 싶어 안달이니,
王母恨居西. 서왕모도 서쪽에 거주함을 한탄하리.[61]

단학파의 후예인[62] 정두경의 눈에 비친 금강산은 동방에 있다는 삼신산이며 중국의 오악보다도 더 신령스러운 곳이다. 따라서 서왕모도 이곳 동방에 거주하고 싶으리라는 발언은 한국 선도의 주체적, 반존화(反尊華)

---

61 鄭斗卿 『溫城世稿』 「金剛山」.
62 정두경은 조선 단학파의 태두로 일컬어지는 북창(北窓) 정렴(鄭磏)의 후손이다.

적 이념을 표명한 것이어서 이채를 발한다.

「헌선도」 역시 중국의 악무였는데 고려 때 전입된 후 무인정권 시기에 최충헌(崔忠獻)이 개작했다는 기록으로[63] 미루어 이미 고려시대에 우리나라 실정에 맞게 변용의 과정을 거친 것임을 알 수 있다. 아울러 중국과 달리 대중화, 통속화된 것은 한국 「헌선도」의 특성이라 할 것이다. 요지연도도 남송 이후 명·청 시기에 걸쳐 형성된 중국의 「팔선과해도(八仙過海圖)」 「군선경수반도회(群仙慶壽蟠桃會)」 등의 그림이 전입되어 조선 후기에 성행한 것으로, 등장인물·구도·지향 의미 등에서 변용을 거쳐 당연히 한국문화의 고유한 특성을 구현하였을 것으로 생각된다.[64]

아울러 서왕모와 관련된 여러 모티프 중 문학 방면, 특히 소설에서 청조 모티프의 수용이 빈번함에 비해 다른 예술 방면에서는 반도 모티프가 다수 등장하는 것도 주목할 만한 현상이다. 이것은 문학의 경우 애정 주제가 비교적 많아 사랑의 메신저로 청조가 요청되고 다른 예술의 경우에는 주로 송축과 벽사의 목적에 반도가 적합하여 선택된 데 이유가 있지 않나 생각된다.

3) 왜 한국에서 서왕모인가

소략하나마 한국의 전시기를 통관하여 서왕모 수용을 개관한 후 자연스럽게 드는 의문은 '왜 한국에서 서왕모인가?' 하는 것이었다. 이는 단

---

63 『增補文獻備考』 卷107 「樂考·本朝樂」

64 가령 조선에서 요지연도는 유교적 입장에 의해 송축의 의미가 두드러진다든가 주로 주목왕과 신선들의 연회에 초점이 맞춰져 있다는 견해들이 있다. 우현수 「조선 후기 「요지연도」에 대한 연구」(이화여대 미술사학과 석사학위논문 1995); 김정은 「조선 후기 瑤池宴圖의 성립과 유행」, 『도교문화연구』 제49집(2018) 등 참조.

순히『산해경』열독이나 도교의 전파 같은 현상적 요인으로 답할 수 있는 의문이 아니고 문화의 심층에 닿는 보다 근원적인 설명이 필요한 의문이었다. 왜냐하면 이미 언급한 바 있듯이 한국 전통문화에서 서왕모는 역사적으로 하나의 '흐름'을 형성하고 있기 때문이다. 이 '흐름'의 느낌은 중요하다. 질베르 뒤랑은 한 문화 혹은 사조의 형성과 추이를 물과 강의 비유를 사용해 '스며 나옴'에서부터 '델타로 남기'까지의 일련의 '흐름'으로 설명하고 그러한 현상을 '의미의 물줄기'로 명명한 바 있다.[65] 이처럼 중단되지 않는 '흐름'에는 마르지 않는 샘, 곧 수원(水源)이 있듯이 서왕모 '흐름'의 현상 이면에는 불변의 보편적인 요인이 있을 것이다. 그렇다면 서왕모 '흐름'의 심층적 요인은 무엇인가? 여기에 대해 가설적인 견지에서 몇가지 견해를 제시하면 다음과 같다.

첫째, 서왕모의 신격과 관련해 그녀를 형신과 같은 직능신이 아니라 지모신(地母神)으로 보는 견해를 긍정한다고 할 때,[66] 선도산 성모까지 포함해 고대 한국의 여신인 지리산 성모, 가야산 정견모주(正見母主), 각지의 노고(老姑)[67] 등과의 공통점이 발견된다. 이들 한국의 여신은 서왕모

---

[65] 질베르 뒤랑『신화비평과 신화분석』, 유평근 옮김(살림 1998) 122~24면.

[66] 이에 대해서는 일찍이 모리 마사꼬(森雅子)가 이난나(Inanna)·시벨레(Cybele) 등 오리엔트 지모신과의 비교를 통해 이들과 서왕모가 산악의 여신, 백수(百獸)의 주인, 양성구유, 성혼(聖婚) 등의 특성을 공유한다고 주장한 바 있다(森雅子「西王母の原像」,『史學』第56卷 3號, 1986). 모리의 비교신화학적 논구는 오리엔트 지모신의 기준을 일방적으로 서왕모에 적용하려 한 점, 고대 중국을 일원론적, 통일적 정체(整體)로 오인한 점, 서왕모의 역사성을 무시하고 공시적 구조의 측면에서만 파악하려고 한 점 등 상당한 문제점이 있으나, 그럼에도 서왕모의 지모신적 특성을 긍정할 수 있는 몇가지 근거를 제시했음을 인정하지 않을 수 없다.

[67] 지리산 노고단(老姑壇)의 노고를 비롯, 서울 마포구의 노고산, 경기도 고양시의 노고산 등은 고대 여신 숭배의 흔적을 보여주는 지명들이다. 물론 각지의 마고(麻姑) 설화도 이의 훌륭한 예시이다.

와 마찬가지로 산신인데다가 본래는 지모신의 성격을 지닌 존재들이었기 때문이다. 이러한 민간신앙적 토대 위에서 서왕모가 무리 없이 받아들여졌을 가능성이 있으며, 후대에 가부장적 유교문화의 억압으로 토착 여성 산신에 대한 신앙이 음사(淫祀)로 배척될 때에도 비교적 그런 상황으로부터 자유로운 중국의 서왕모 신앙이 한국 지모신의 역할을 대리했을 가능성도 생각해볼 수 있다.

둘째, 인류 심리의 근저에는 모태회귀 본능이 있고 이는 여신을 근원적 힘의 원천으로 숭배하는 관념을 낳는다. 따라서 부권제 사회 성립 이후 남신이 최고신으로 군림했다 하더라도 여신을 통해 완전한 행복을 얻거나 최고의 경지에 도달하고자 하는 소망은 변함이 없었다. 기독교의 성모마리아, 불교의 관세음보살이 남성 유일신 혹은 최고신이 존재함에도 크나큰 신앙적 인기를 누렸던 — 현재도 누리고 있는 — 것은 상술한 이유에서이다. 다시 말해 서왕모는 성모마리아, 관세음보살과 등가적 지위에 있는 동아시아 토착의 여신이었던 것이다. 주목왕이 무너진 왕권을 회복하기 위해 서왕모를 찾아가고, 한무제가 불멸의 육신을 얻기 위해 서왕모를 초빙하고, 수많은 백성들이 오래 살고 복을 받기 위해 서왕모에게 기도했던 것은 바로 이 여신이 우리의 모든 소망을 이루어줄 수 있는 근원적 힘의 원천이기 때문이었다.(불사약이나 반도는 그 힘의 표현이었다.) 서왕모는 바로 이러한 인류 보편의 여신 숭배 본능 때문에 장구한 역사 동안 한국에서 환영받았을 것이다.

셋째, 상술한 두가지 요인과 달리 신화적, 지리적 차원의 요인을 고찰해볼 수 있다. 신화시대 중국의 영역은 지금보다 훨씬 협소했다.『산해경』「서산경(西山經)」 등에 보이는 원시 서왕모가 출현했을 당시의 시공간은 최소한 은대와 동이 문화권을 벗어나지 않은 것으로 생각된다. 이는 갑골문에 이미 서왕모를 지칭하는 '서모(西母)'가 출현하기 때문이다. 그러나 지모신의 발생 시점으로 보면 은대 이전 신석기시대를 상정해야 하는데, 그럴 경우 용산(龍山)문화와 대문구문화, 더 이르게는 홍산문화까지 소급될 수 있고 지역적으로는 하남성에서 산동성 및 요녕성에 이르는 동이계 종족의 활동 무대를 포괄할 것이다. 중국의 학계 일각에서 서왕모를 동이의 형신으로 보고 그 지망(地望)을 산동성으로 비정한 주장이[68] 제기된 적이 있으나 그다지 주목받지 못하였는데, 상술한 관점에서 검토해볼 만한 견해라 하겠다.[69] 서방에서 흥기한 주족이 은을 멸하고 주 왕조를 건립한 이후 중국의 영역이 현재의 서방까지 확장되면서 서왕모는 황하의 근원으로 상상되는 극서 지역으로 옮겨져 재차 좌정하게 된 것으로 보인다. 원시 서왕모를 동이 문화권에서 발생한 여신으로 볼 때 산동의 대문구문화, 발해만 연안의 홍산문화와 친연성을 지니는 한국 상고문화의 지모신적 여성 산신은 서왕모와 어떤 면에서 특성을 공유할 가능성이 있다 하겠다. 표미호치(豹尾虎齒)의 서왕모를 호(虎) 토템 혹은 호신(虎神)의 징표로 보는 일부 학자들의 견해를[70] 참작하면 한국 산신도의 산신이 호랑이를 동반하는 선형적인 구도와 비교해볼 여지기 있다. 남성 산신의 원형이 모권제 시기 여성 산신임을 추리하여 산신도의 상고 실상을 호랑이를 동반한 여성 산신으로 가정해볼 때 호랑이 이미지를 지닌 서왕모는 한국인의 집단무의식에서 그리 낯선 존재가 아닐 수 있다. 이

---

68 翁銀陶「西王母爲東夷族刑神考」, 『民間文學論壇』 第1期(1985); 呂繼祥「關于西王母傳說起源地的探索: 也說西王母傳說起源于東方」, 『民間文學論壇』 第6期(1986).

69 이러한 관점을 추구해나가면 홍산문화에 등장한 지모신적 여신상과 서왕모의 관련성도 검토해볼 여지가 없지 않을 것이다.

70 啓良「西王母神話考辨」, 遲文杰 主編 『西王母文化研究集成論文卷·中卷』; 陸思賢「西王母善 "虎"嘯是秋天季候風神話: 新石器時代人虎紋圖形探討」, 같은 책.

호랑이가 있는 산신도(작자 및 연대 미상, 81x109.5cm, 국립중앙박물관 소장)

또한 외래의 여신 서왕모를 한국에서 거부감 없이 수용하게 된 심층적인 요인으로 거론할 수 있을 것이다.

맺는말

이 글에서는 한국의 서왕모 수용을 하나의 문화적 '흐름'으로 인식하고 이에 대한 1차적 연구로서 서왕모 신화의 성립 및 전래, 그리고 전반적 수용 양상과 요인을 고찰하였다. 그 결과 제1절에서 서왕모 신격이 죽음의 여신에서 생명의 여신으로 바뀐 것을 은·주 교체로 인한 문화적 극변에 의한 것으로 파악하였고, 낙랑 시기 혹은 삼국시대 초기에 『산해경』의 전래 및 중국 도교의 유입에 의해 서왕모 신앙이 도래했을 것으로 파악하였다.

이어서 제2절에서는 우선 삼국시대부터 고려시대까지의 서왕모 수용 양상을 살펴보았는데, 고구려 감신총의 서왕모 벽화, 신라의 선도산 성모, 고려의 한시와「헌선도」악무 등을 통해 선불습합, 상청파 도교의 전입, 복원궁 건립 등의 배경하에 서왕모 수용이 활발하게 이루어졌을 것임을 추찰(推察)할 수 있었다. 다음으로 조선시대의 서왕모 수용 양상을 살펴보았는데, 단학파의 성립 및 민간 도교의 대두, 명대 신마소설의 전래가 서왕모 수용에 유리한 여건을 조성하여 문학 방면의 경우 16, 17세기 유선시 성행을 필두로 시가·소설에서의 서왕모 모티프 활용이 눈에 띠며, 예술 방면의 경우 요지연도·십장생도·신선도 등의 광범한 유행은 서왕모 수용이 왕실부터 일반 민중에 이르기까지 보편화되었음을 알려주었다. 이는 삼국시대부터 축적된 서왕모에 대한 인식과 수용이 조선시대에 이르러 확대, 심화된 것으로 보아야 할 것이다.

마지막으로 제3절에서는 상술한 전반적 인식을 바탕으로 왜 한국에서 서왕모가 넓고 깊게, 지속적으로 수용되었는지 그 심층적 요인에 대해 숙고하였고, 그 결과 세가지 가설을 제시하였다. 첫째, 서왕모와 한국의 상고 여성 산신들이 지모신적 성격을 공유함으로써 서왕모가 이 땅에 무리 없이 정착할 수 있었고 유교 이데올로기에 의해 탄압받은 토착 여성 산신들의 지위와 역할을 대리했을 가능성, 둘째, 여신을 근원직 힘의 원천으로 보는 보편적 심리에 의해 불사의 여신 서왕모에게 성모마리아나 관세음보살 같은 구원의 여신과 비슷한 신격을 부여하여 기복(祈福)의 대상이 되었을 가능성, 셋째, 원시 서왕모의 시공간이 신석기시대 동이 문화권의 서방이었다가 주대 이후 중국의 영역이 확대되면서 극서로 이동한 것으로 간주할 때 서왕모의 호(虎) 토템적 성격이 호랑이를 동반한 한국 남성 산신의 원형인 상고 여성 산신과 상합(相合)하여 집단무의식적 측면에서 서왕모에 대해 친연성을 느꼈을 가능성 등이다. 이 가설들은 서로 상치(相馳)되지 않으며 한국에서 장구한 역사 동안 서왕모가 환영받아온 이유를 상보적으로 설명해줄 수 있을 것으로 기대된다.

앞에서 언명하였듯이 이 글은 서왕모 수용에 대한 1차적 연구의 성격을 띤다. 수용 양상 논술에서 미처 망라하지 못했거나 오인한 자료들이 있을 수 있다. 이 글을 디딤돌 삼아 한중 서왕모 수용의 비교와 그에 따른 공통성 및 고유성의 추출 등 보다 본격적인 탐구가 이어지기를 희망하면서 논의를 맺고자 한다.[71]

3. 한국 신종교에서의 중국신화와 문학: 상상력의 법술과 전유의 증산신학[72]

구한말 증산교를 창시한 강일순은 『전경(典經)』에 담긴 언설을 통해 구세(救世)의 비전을 제시, 선포하였다. 그런데 역사상 동서의 성현과 종교

---

[71] 이 글이 논문으로 발표된 지 얼마 안 되어 한국에서의 서왕모 수용을 전면적으로 다룬 학위논문이 출현하였다. 李定河 「西王母神話在古代韓國的接受研究」(北京大學民間文學專業博士學位論文 2022)가 그것이다. 이 논문은 이 글에서 다루지 못한 서왕모 수용의 다양한 사례들까지 심도 있게 분석하여 상당히 의미 있는 결과들을 도출하였다. 한국에서의 중국신화 수용을 본격적으로 다룬 박사학위논문으로서 그 의의를 높이 평가하고 싶다.

[72] '법술(法術)'은 단순한 도술이나 방술(方術)·무술(巫術)·요술·마술 등의 차원이 아닌 강증산의 문명전환 방편을 표현하기 위해 선택한 용어이다. 사실 강증산은 선도·유교·불교와 관련하여 이들 종교의 방편을 법술로 이미 표현한 바 있다(『전경』 예시 73절 참조). 여기서의 '신학'이 협의의 기독교 신학을 의미하는 것이 아님은 물론이다. '법술(法術)'은 단순한 도술이나 방술(方術)·무술(巫術)·요술·마술 등의 차원이 아닌 강증산의 문명전환 방편을 표현하기 위해 선택한 용어이다. 사실 강증산은 선도·유교·불교와 관련하여 이들 종교의 방편을 법술로 이미 표현한 바 있다(『전경』 예시 73절 참조). 여기서의 '신학'이 협의의 기독교 신학을 의미하는 것이 아님은 물론이다.

지도자들이 한결같이 어록체(語錄體) 형식을 통해 그들의 주의 주장을 펼쳐왔다는 사실은 주목할 만하다. 그런 점은 성경과 불경은 물론 플라톤의 『대화』, 공자의 『논어』, 원시 도교 경전인 『태평경』에서 주희(朱熹)의 『주자어류(朱子語類)』 등에 이르기까지 일일이 예거할 필요가 없을 정도이다. 물론 여기에는 대부분의 경우 본인 사후 문도들에 의해 생전의 말씀이 편집되면서 자연스럽게 강화(講話) 형식을 취하게 되었다는 현실적인 이유가 있긴 하다. 그러나 진리를 함장한 성현의 언행을 체계적이고 사변적인 담론서로 요약, 정리하지 않고 방만하다 할 수 있는 일상의 대화록으로 완성했다는 사실에는 앞서의 현실적인 사정 말고도 좀더 탐문해보아야 할 이유가 존재한다. 그 이유로 우선 쉽게 떠올릴 수 있는 것은 역시 실제적인 견지에서 쉽고 통속적인 구어(口語)가 보다 많은 대중을 감화시킬 수 있으리라는 선교 혹은 교화의 목적일 것이다. 그러나 우리는 더 궁구해보아야 한다.

음성언어의 중요한 특징은 현전성(現前性, presence)이다. 일찍이 장자(莊子)는 성현이 남긴 글을 통해 얻는 지식을 '찌꺼기(糟粕)'라고 한탄했거니와, 그것은 현전성을 소실한 문서의 의미 전달의 한계를 지적한 것이리라. 어록체는 문자언어의 형식을 취하고 있음에도 불구하고 음성언어의 특성을 가장 잘 보존하여 읽거나 듣는 이로 하여금 성현의 임재(臨在)를 실감하게 하고 말씀을 직감적으로 깨닫게 하는 데에 유리하다. 어록체는 오스틴(John Austin)의 언어수행론, 곧 "Saying is doing"이[73] 잘 실현될 수 있는 조건을 갖추고 있는 것이다.

---

[73] 이는 언어의 주술성을 시사한다. 오스틴의 언급을 포함한 언어와 주술의 근원적 상관성에 대한 논의는 Stanley J. Tambiah, *Magic, Science, Religion, and the Scope of Rationality* (Cambridge: Cambridge University Press 1990) 65-83면 참조.

어록체가 갖는 또 하나의 특징은 대중적 설득과 전달을 용이하게 하기 위해 그 언어가 리듬과 이야기성 등 문학적 요소를 다분히 필요로 한다는 점이다. 아울러 어록체는 현전성으로 인해 그것이 담지한 의미에 사변적, 논리적으로 접근하기보다 감성인식(感性認識)에 호소하여 체득하는 것에 유리하다. 바로 이러한 이유 때문에 『전경』에 담긴 강증산의 언설을 신화·시·산문·소설 등의 측면에서 탐구하여 이들 형식이 강증산에 의해 어떻게 수용되고 신화적, 문학적 상상력이 궁극적으로 증산신학에 의해 어떻게 전유되었는지를 살피는 작업은, 기존에 집중적으로 이루어진 『전경』에 대한 철학적, 종교학적 연구에서 결락된 의미를 밝히는 새로운 시도가 되리라고 생각한다. 물론 이러한 언급이 철학·종교학 방면의 연구를 간과한다든가 과거에 이러한 시도가 전혀 없었다는 사실을 의미하지는 않는다. 이 글의 논의 또한 기왕의 연구 업적을 딛고 가능한 것이며, 저자의 취지와는 다소 차이가 있으나 철학·종교학 방면에서도 신화적, 문학적 관점을 원용한 좋은 선례들이 있다.[74] 다만 이 글에서는 철학·종교학 연구의 일환으로서가 아니라 신화와 문학의 본질과 작동 방식, 특히 상상력의 관점을 집중적으로 체현하여 증산신학의 본질에 다가서고자 한다. 이러한 시도는 강증산의 언설을 신화·문학 일반론으로 환원하여 그를 탈신성화하고자 하는 것이 아니라, 그러한 신화적, 문학적 상상력이

---

74 가령 시가문학과 관련한 김탁 「증산 강일순이 인용한 한시 연구」(『한국종교』 19, 1994), 문학치료와 관련한 고남식 「강증산 전승의 해원과 문학치료」(『문학치료연구』 제1집, 2003)를 비롯한 일련의 논문, 신화·상징과 관련한 박광수 「한국 신종교(천도교, 증산교, 원불교)에 나타난 신화, 상징, 의례 체계의 상관성에 관한 비교연구」(『종교연구』 제26집, 2002); 윤재근 「대순사상의 의미체계에 대한 상징해석: 천지공사(天地公事)를 중심으로」(『종교교육학연구』 제17권, 2003); 이경원 「강증산의 천지공사의 종교적 상징체계에 관한 연구」(『신종교연구』 제14집, 2006) 등의 논문을 들 수 있다.

『전경』텍스트의 고유한 종교적 맥락 안에서 어떻게 의미화되었는지 그 주체적 전유의 양상을 적극적으로 구명해보려는 작업임을 부언해둔다.

1)『전경』에서의 신화 수용

신화는 종교와 근원적인 상관성을 지니며 종교적 담화에서는 자주 신화적 언술을 사용할 뿐만 아니라 신화적 존재 및 현상을 빈번히 언급하여 해당 종교의 신성성을 강조하고 우주론적, 신학적으로 정당성을 확보하고자 한다.『전경』에는 강증산이 신화를 언급한 곳이 적지 않은데, 이에 대해서는 이미 신농·요·순·단주 등 주요 신화적 존재들의 등장 의미를 증산사상의 형성 배경, 해원(解寃) 개념의 성립 등과 관련하여 상론(詳論)한 바 있다.[75] 이 절에서는 이들에 이어『전경』에 자주 등장하는 신·영웅·요괴 등을 분별하여 고찰해보고자 한다.

(1) 신과 영웅
강태공

강증산은 신농의 후예인 강성(姜姓)이 성의 원시가 되며 개벽시대에 원시반본(原始返本)의 소임을 맡게 되었다고[76] 강조한 바 있고 신농·강태공(姜太公)·강이식(姜以式)·강감찬(姜邯贊) 등 강씨 성의 신과 인물들에 주목하였다. 강태공에 대한 각별한 인식은 다음과 같은 언급에서도 엿보인다.

---

[75] 졸고「강증산(姜甑山)의 중국 신화 수용과 그 의미」,『대순사상논총』제25권 1호 (2015) 참조.

[76] 대순진리회 교무부『전경(典經)』(대순진리회 출판부 2010) 행록 4장 17절.

상제께서 교운을 펼치신 후 때때로 종도들에게 옛사람의 이야기를 들려주시니라. 그 사람들 중에는 강 태공(姜太公)·석가모니(釋迦牟尼)·관운장(關雲長)·이마두(利瑪竇)가 끼었도다.[77]

석가모니는 불교의 창시자이고 관운장은 당시 민간 도교와 무속에서 숭배했던 큰 신이며 이마두, 곧 마테오 리치(Matteo Ricci)는 동서 문화 교류의 주역인데, 이들 모두 각각의 자질과 역할로 인해 강증산이 특별히 거론했던 인물들이다. 강태공은 전술한 강씨 성의 인물이라는 점 말고 어떤 의미에서 주목되었던 것일까? 강증산은 강태공에 대해 다음과 같은 논평을 가한다.

상제께서 을사(乙巳)년 봄 어느 날 문 공신에게 "강 태공(姜太公)은 七十二둔을 하고 음양둔을 못하였으나 나는 음양둔까지 하였노라"고 말씀하셨도다.[78]

상제께서 "강 태공(姜太公)이 十년의 경영으로 낚시 三千六百개를 버렸으니 이것이 어찌 한갓 주(周)나라를 흥하게 하고 제나라 제후를 얻으려 할 뿐이랴. 멀리 후세에 전하려함이니라. 나는 이제 七十二둔으로써 화둔을 트니 나는 곧 삼이화(三离火)니라"고 말씀하셨도다.[79]

---

77 같은 책, 교운 1장 10절.
78 같은 책, 행록 3장 28절.
79 같은 책, 예시 20절.

강태공은 주나라 문왕과 무왕을 보필하고 은의 주왕(紂王)을 정벌할 때 큰 역할을 해 후일 제(齊)나라 임금에 봉해진 신화적 인물이다. 이런 까닭에 우리나라 민간에서는 뛰어난 도술과 때를 낚는 낚시질의 주인공으로 잘 알려져 있으며 "강태공재차(姜太公在此)" "경신년경신월경신일 강태공조작(庚申年庚申月庚申日姜太公造作)"[80] 등 귀신을 쫓는 부적이 유행하기도 하였다. 강증산은 강태공 신화의 이러한 주요 화소를 활용해 강태공의 빼어난 능력과 업적을 거론한 다음 자신이야말로 무비(無比)한 권능의 화신이자 후천개벽의 주관자임을 비교우위적으로 암시하였다.

서신 사명

강증산은 자신의 신격을 서신(西神) 사명(司命)으로 여러번 표현한 바 있다.

경석으로 하여금 양지에 "전라도 고부군 우덕면 객망리 강일순 호남 서신사명(全羅道古阜郡優德面客望里 姜一淳湖南西神司命)"이라 쓰게 하고 그것을 물사르게 하시니라. 이때에 신 원일이 상제께 "천하를 속히 평정하시기 바라나이다"고 아뢰니 상제께서 "내가 천하사를 도모하고자 지금 떠나려 하노라" 하셨도다.[81]

상제께서 "이후로는 천지가 성공하는 때라. 서신(西神)이 사명하여 만유를 재제하므로 모든 이치를 모아 크게 이루나니 이것이 곧 개벽이니라. 만물이 가을 바람에 따라 떨어지기도 하고 혹은 성숙도 되는 것

---

80 이능화, 앞의 책 272면.
81 『전경』 행록 5장 33절.

과 같이 참된 자는 큰 열매를 얻고 그 수명이 길이 창성할 것이오. 거짓 된 자는 말라 떨어져 길이 멸망하리라.(…)"라고 말씀하셨도다.[82]

먼저 사명이라는 신화적 존재에 대해 살펴보면, 이는 본래 초(楚)나라 의 지역신으로 사람의 목숨을 맡은 신인데 『초사(楚辭)』의 「구가(九歌)」 에 대사명(大司命)과 소사명(少司命)의 두 신으로 등장한다. 대사명은 사 람의 생사를, 소사명은 후손의 유무를 맡은 신으로 역할이 구분되나[83] 후 대에는 사명이 특정한 신이 아니라 목숨과 관련된 모든 신을 총칭하는 어휘로 정착된다. 가령 수명을 주관하는 칠성신(七星神), 죄업을 하늘에 보고하여 수명을 깎게 하는 조왕신(竈王神) 등이 사명신의 범주에 속하게 되는 것이다.

강증산이 사용한 사명이란 말은 이와는 좀 다르게 운명을 맡아본다는 의미를 지니며 앞의 예문에서는 명사로, 다음 예문에서는 동사로 쓰였는 데, 여기서 목숨 명(命)자는 사람뿐만 아니라 세계의 운명까지 포괄한 넓 은 의미로 쓰였음을 알 수 있다. 사명 위에 길게 주소를 쓴 것은 신이 좌 정한 공간을 명시한 것이고, '호남 서신'은 지역과 관련해 이해하면 고부 군이 호남의 서쪽에 위치하므로 일견 호남 서쪽의 신을 지칭한 것으로도 볼 수 있을 것이다. 그러나 그다음 예문에서 가을바람에 따른 만물의 성 숙, 소멸을 언급하고 있는 것으로 미루어 서신은 오행에서 금(金)으로 가 을을 맡은 서쪽의 신을 의미하는 것으로 보는 것이 타당하다. 이와 관련 된 전통적인 가을의 신으로는 욕수(蓐收)가[84] 있다. 그러나 강증산이 계

---

82 같은 책, 예시 30절.
83 王夫之 『楚辭通釋』: "大司命統司人之生死, 而少司命則司人子嗣之有無, 皆楚俗爲之名而祀之."
84 욕수는 서방의 대신(大神) 소호의 보좌신으로 가을을 주관한다.

절신 중의 하나에 불과한 욕수로 자임했다고 보기는 어렵다. 강증산의 언급에 기대건대 그는 가을을 선천시대가 조락하고 후천시대가 도래하는 중요한 전환기로 상정하고 있다. 따라서 서신은 욕수와는 스케일이 다른, 세계의 전환기에 대운(大運)을 맡은 큰 신으로 풀이할 수 있을 것이다.[85]

치우

『전경』에서 자주 언급되는 신 혹은 영웅적 존재는 아니지만 한국의 재야사학에서 중시하는 신화적 인물로 치우가 있다. 강증산은 단 한차례 치우에 대해 논평한 적이 있다.

또 가라사대 "난을 짓는 사람이 있어야 다스리는 사람이 있나니 치우(蚩尤)가 작란하여 큰 안개를 지었으므로 황제(黃帝)가 지남거(指南車)로써 치란하였도다. 난을 짓는 자나 난을 다스리는 자나 모두 조화로다. 그러므로 최 제우(崔濟愚)는 작란한 사람이요 나는 치란하는 사

---

[85] 이와 관련하여 대순진리회를 창도(唱導)한 박우당 도전(都典)의 '해설'을 참고할 수 있다. "연원도통이라는 것은 근본이 용(龍)못에 있고, 증산·정산의 진리를 말함이고 용소(龍沼)에 근본이고, 용소인 물에서 나온 것이다. 이치 교화라는 것은 하도도 낙서도 물에서 나왔다는 것이고 지금은 연원도통에 있다는 것이다. 원 근본은 淵(못)이다. 네 연원, 내 연원이 없다. 용소다. 여기가 근본이다. 상제님, 도주님을 믿고 나가는 것이 진리다. 도인은 상제님 도인이지 우리의 도인이 아니다. 앞으로는 연원도통이다. 후천 정역은 연원도통이다. 복희씨, 木神司命으로 봄 절후이고 3·8木이고, 문왕은 여름이니까 火神司命이고 2·7火이니까 여름 절후이다. 우리는 金神司命이다. 후천은 연원도통이다. 가을은 금신사명이고 金이란 서쪽이고 4·9金이다. 金神은 상제님을 말하고 미륵금불(彌勒金佛)로 오셨다. 불교에서 찾는 미륵은 상제님을 말함이다. 이것을 진리라고 하고 이것을 이해할 수 있고 이해시킬 수 있어야 한다"(1992년 4월 9일「도전님 훈시」). 자료를 제공해준 박병만 연구위원(대순진리회 교무부)에게 감사드린다. 박병만 연구위원은 이외에도 이 글에 대해 여러 좋은 지적을 해주었다.

람이니라. 전 명숙은 천하에 난을 동케 하였느니라."[86]

치우는 염제 신농의 후예 혹은 신하로서 동이계 종족의 군장이었다. 그는 신농이 황제에게 최고신의 자리를 빼앗기자 이를 설욕하기 위해 전쟁을 일으켜 탁록(涿鹿)에서 대결했으나 패사했다고 한다. 그러나 한국의 재야사학에서는 치우를 고조선의 단군에 상응하는 인물로 보고 결코 패배한 것으로 간주하지 않는다.[87]

강증산은 재야사학의 경우에서처럼 치우에 대해 특별한 의미를 부여하고 있지는 않다. 황제와 치우 간의 전쟁에 대한 인식도 중국 문헌에 담긴 일반적인 서술을 따르고 있는 것으로 보인다. 그러나 패배자인 치우를 모든 악의 근원이자 흉신(凶神)으로 규정했던 중국의 견해와는 다르게 중립적인 견지에서 그의 의미를 평가한다. 이러한 평가는 동이계 고서『산해경』에서 단주·치우 등 패배자에 대해 동정적 혹은 중립적 어조로 묘사했던 것과 근사하다. 물론 강증산은 그의 구세 공사가 단순한 치란과 흥망을 통섭하는 차원임을 설파하려는 의도에서 황제-치우 전쟁을 예화로 든 것이지만, 그럼에도 최제우나 전봉준(全琫準)과 상응하는 위치에서 치우 행위의 가치를 평가한 것은 중국의 견해와 비교하면 가히 파격적이라 할 것이다.

우사

호풍환우(呼風喚雨)는 과거의 종교 지도자가 지녔던 필수적인 능력 중의 하나로 강증산 역시 이러한 능력을 누차 발휘하는 경우를 『전경』에서

---

86 『전경』교법 3장 30절.
87 『규원사화』『환단고기』 등 이른바 재야 사서에 보이는 인식이다.

찾아볼 수 있는데, 이 과정에서 출현하는 신화적 존재가 우사이다.

상제께서 인사를 드리는 김 갑칠(金甲七)에게 농사 형편을 물으시니 그는 "가뭄이 심하여 아직까지 모를 심지 못하여 민심이 매우 소란스럽나이다"고 아뢰었도다. 상제께서 그 말을 들으시고 "네가 비를 빌러 왔도다. 우사(雨師)를 너에게 붙여 보내리니 곧 돌아가되 도중에서 비가 내려도 몸을 피하지 말라"고 이르시니라. 갑칠은 발병 때문에 과히 좋아하지 아니하니라. 상제께서 눈치를 차리시고 "사람을 구제함에 있어서 어찌 일각을 지체하리오" 하시고 가기를 독촉하시니라. 갑칠이 서둘러 돌아가는 길에 원평에 이르러서 비가 내리기 시작하였도다. 잠깐사이에 하천이 창일하여 나무다리가 떠내려가게 되니라. 행인들은 모두 단비라 일컬으면서 기뻐하는도다. 흡족한 비에 모두들 단숨에 모를 심었도다.[88]

고대 농경사회에서 급시(及時)의 강우(降雨)는 무엇보다 중요했으므로 수술사는 흔히 우사(rain maker)를 겸하였다. 동아시아의 기성신인 풍백·우사·운사(雲師)는 단군신화에도 등장하는 동이계 종족의 대표적 신들이다. 이 중 풍백은 '비렴'이라고도 부르는데 '바람'의 고대 한국어에서 유래했다는 가설이 있을 정도이다.[89] 『산해경』을 보면 우사는 풍백과 더불어 동이의 군장인 치우의 편을 들어 황제의 패권에 대항하기도 하였다.[90]

---

88 『전경』 행록 4장 31절.

89 蕭兵 『楚辭新探』(天津: 天津古籍出版社 1988) 516~18면.

90 『山海經』 「大荒北經」: "蚩尤作兵伐黃帝, 黃帝乃令應龍攻之冀州之野. 應龍蓄水. 蚩尤請風伯

강증산은 이렇듯 한국 민족에게 친근한 우사를 소환하여 심한 가뭄으로 고통을 당하는 농민들을 위해 단비를 내려줌으로써 최고신으로서의 권능을 현시한 것으로 보인다.

조왕

『전경』에는 전통 시기 민간에서 인기리에 숭배되었던 조왕 또는 조왕신이 등장한다.

무더운 여름 어느 날 상제께서 김 병욱의 집에 들르시니 종도들이 많이 모여 있었도다. 병욱이 아내에게 점심 준비를 일렀으되 아내는 무더운 날씨를 이기지 못하여 괴로워하면서 혼자 불평을 하던 차에 갑자기 와사증에 쓰러지는지라. 이 사정을 들으시고 상제께서 가라사대 "이는 그 여인의 불평이 조왕의 노여움을 산 탓이니라" 하시고 글을 써서 병욱에게 주시면서 아내로 하여금 부엌에서 불사르게 하셨도다. 아내가 간신히 몸을 일으켜 부엌에 나가서 그대로 행하니 바로 와사증이 사라졌도다.[91]

조왕은 조군(竈君), 부엌신, 부뚜막신이라고도 한다. 집 안에 상주하는 가택신의 하나로 부엌의 아궁이 불과 주방 일을 관장하며 가족을 지켜 주는 신으로 신앙되었다. 이 신은 또한 가족 개인마다 일년 동안 지은 죄를 연말에 천상에 올라가 보고하여 수명을 깎게 만드는 사명신의 하나이기도 했다. 초기에는 부엌 불을 다루는 직무상 여신이었으나 후일 남신

雨師, 縱大風雨."
91 『전경』 행록 4장 36절.

으로 변모한 것으로 추정되며, 중국을 비롯해 동아시아 각처에서 보편적으로 숭배되었던 신이다. 조선시대의 민간 숭배를 거쳐 근대 이후 농촌에서도 부뚜막에 조왕단지를 모시는 습속이 남아 있었다. 지금은 사찰의 공양간에 조왕단(竈王壇)의 형태로 신앙이 잔존해 있다.

강증산이 종도(從徒)의 집을 방문했을 때 주부가 무성의한 태도로 음식을 준비했다가 조왕의 노여움을 사 중풍의 일종인 구안와사(口眼喎斜, 와사증)에 걸렸다는 이야기는 일단 주부가 조왕신이 좌정한 부뚜막 앞에서 불평을 토로하는 등 불경한 행위로 인해 벌을 받았다는 의미로 들리지만, 궁극적으로는 가택신인 조왕도 강증산의 존엄한 위격(位格)을 긍정하여 불손한 그녀에게 대신 벌을 내렸다는 취지로도 읽힌다. 이는 결국 민간의 신인 조왕을 통해 모든 신을 지배하는 강증산의 지고신(至高神)적 위상을 확인한 것이라 하겠다.

(2) 요괴 및 기타 존재

망량

신화적 존재로는 신·영웅·서수(瑞獸) 등 외에도 요괴·괴수(怪獸) 등과 같은 하위 초자연적 존재들이 있다. 『전경』에는 이와 관련하여 망량(魍魎)에 대한 언급이 몇차례 보인다.

상제께서 개고기를 상등인의 고기로서 즐기셨도다. 종도가 그 연유를 묻기에 상제께서 "이 고기는 천지 망량(魍魎)이 즐기니 선천에서는 도가가 기(忌)하였으므로 망량이 응치 아니하였나니라"고 말씀하셨도다.[92]

---

92 같은 책, 공사 1장 26절.

상제께서 가라사대 (…) "시속에 있는 망량의 사귐이 좋다고 하는 말은 귀여운 물건을 늘 구하여 주는 연고라. 네가 망량을 사귀려면 진실로 망량을 사귀라"고 이르셨도다. 형렬은 말씀을 듣고 종도들의 틈에 끼어서도 남달리 진정으로 끝까지 상제를 좇았도다.[93]

망량은 동식물·광물 등 자연물의 기운이 변화를 일으켜 사람 혹은 괴물과 같은 형체를 지닌 정괴(精怪)의 일종으로[94] 속칭 도깨비를 말한다. 망량은 흔히 이매(魑魅)와 병칭되어 '이매망량'으로 불리기도 하는데 이매 역시 망량과 같은 부류의 요괴이다. 이들의 생김새에 대해서는 다리가 하나라든가 혹은 넷이라든가, 뿔이 있다든가 없다든가 등 다양하여 한중일 삼국 간에도 차이가 있으나 사람을 잘 홀린다는 점에서는 특성이 일치한다.[95] 이매망량은 황제-치우의 전쟁에서 치우를 도와 안개를 일으키는 등 활약을 했던 것으로 보아[96] 동이계 종족과 상관된 신화적 존재로 보인다.

일반적으로 중국신화의 주체적 입장에서 망량은 부정적인 존재로 인식되었다. 가령 황제의 패권주의에 반대하다 제거되었다든가, 우 임금의 청동 솥에 위험한 존재로 새겨져 접근이 배제되었다든가[97] 하는 등의 조

---

93 같은 책, 교운 1장 7절.
94 陸德明『經典釋文』引「說文」: "魍魎, 山川之精物也."
95 『史記』「五帝本紀·索引」引服虔: "魑魅, 人面獸身, 四足, 好惑人."
96 羅泌『路史』「後記」卷4: "蚩尤乃驅魍魎, 興雲霧, 祈風雨, 以肆志于諸侯." 및 杜佑『通典』「樂典」: "蚩尤氏帥魑魅, 以與黃帝戰于涿鹿, 帝命吹角作龍吟以御之."
97 『左傳』宣公 3年: "昔夏之方有德也, 遠方圖物, 貢金九枚, 鑄鼎象物, 百物以爲之備, 使民知神姦, 故民入川澤山林, 不逢不若, 魑魅魍魎, 莫能逢之."

치가 그것이다. 이로 미루어 망량은 태생적으로 자연생태적 경향을 보여주는 존재이며, 중원의 핵심 권력보다는 주변부 동이계 종족과 친연성을 지니는 존재여서 인문화, 중심주의가 점증하는 중국적 현실에서 구축(驅逐)되었던 것이 아닌가 생각해볼 수 있다.

이와는 상반되게 강증산은 상등인이 먹는 개고기를 망량이 즐긴다고 하거나 자신에 대한 깊은 신심을 망량과의 사귐으로 비유하는 등 망량에 대해 상당히 긍정적인 인식을 보여주고 있어 주목된다. 이는 우리 민간에서 망량, 곧 도깨비와 관련된 민담·습속이 풍부하고 중국에 비해 그 인식이 친화적이었던 실정과 무관하지 않은 것으로 여겨지는데, 궁극적으로는 강증산이 망량이라는 요괴, 곧 신화적 하위 존재마저도 그의 해원 세계 속에 포괄하는 종교적 금도(襟度)를 보여준 것이라 할 것이다.

개고기

망량에 덧붙여 논할 것은 강증산이 상등인의 고기로서 즐겼다는 개고기에 대한 문제이다. 개고기는 오늘날 혐오 식품으로까지 비하되었지만 은대에는 사방의 풍신(風神)에게 제사할 때에 바지는 신싱한 세물이었다. 갑골복사에는 다음과 같은 문구가 있다.

바람에 제사를 드릴 때에는 세마리의 양과 세마리의 개, 세마리의 돼지를 바친다.
其祭風, 三羊三犬三豕.[98]

---

98 『殷墟文子續篇』 2-15-3.

갑골복사뿐만 아니라 동이문화의 요소를 풍부히 지니고 있는 『산해경』에도 산신에게 제물로 개를 바쳤다는 기록이 있다.

남차삼경의 첫머리 천우산에서 남우산까지는 모두 14산으로 그 거리는 6530리에 달한다. 이곳의 신들은 모두 용의 몸에 사람의 얼굴을 하고 있는데 그 제사에는 한마리의 흰 개를 희생하여 기원드리며 젯메쌀로는 찰벼를 쓴다.

凡南次三經之首, 自天虞之山以至南禹之山, 凡一十四山, 六天五百三十里. 其神皆龍身而人面. 其祀皆一白狗祈, 糈用稌.[99]

다시 말해 은 및 동이계 종족에게 개고기는 결코 금기 식품이 아니었던 것이다. 실제로 강증산은 전봉준과 최제우를 해원하기 위한 제사를 지낼 때 누런 개 한마리를 잡아 제물로 삼는다.[100] 천도교와 원불교 등 여타 신종교에는 동물희생 제의가 없다. 다만 무속에는 동물을 희생하여 신을 즐겁게 하고 죄를 대속(代贖)하여 복을 내리게 하는 제의가 상존하는 것으로 보아[101] 강증산은 이러한 민간의 오랜 전통을 계승한 것으로 보인다. 한편 조선시대 이후 오늘에 이르기까지 개고기를 제물로 삼는 제법(祭法)은 희귀하므로 강증산의 개고기에 대한 인식을 상고 시기 동이계 종족의 습속을 계승한 것으로 보아야 할지 검토의 여지가 있다.

---

99 『山海經』「南次三經」.
100 『전경』 공사 3장 2절.
101 박광수, 앞의 글 104면.

동도지

동아시아 신화에서 복숭아나무는 특별한 의미를 지닌다. 신화에서 유래한 복숭아나무의 기능은 동아시아 각국의 민속, 도교 등에 많은 영향을 미쳤고 지금까지 그 흔적이 남아 있다. 『전경』을 보면 강증산의 법술 시행에 '동도지(東桃枝)', 곧 '동쪽으로 뻗은 복숭아나무 가지'가 동원되고 있다.

이 공사를 끝내시고 상제께서 양지에 무수히 태극을 그리고 글자를 쓰셨도다. 그리고 상제께서 덕겸에게 동도지(東桃枝)를 꺾어오라 하시며 태극을 세되 열 번째마다 동도지를 물고 세도록 이르시니 마흔아홉 개가 되니라. 상제께서 "맞았다. 만일 잘못 세었으면 큰일이 나느니라"고 말씀하시고 동도지를 들고 큰 소리를 지르신 뒤에 그 문축(文軸)을 약방에서 불사르시니라.[102]

복숭아나무와 관련된 신화로 유명한 것은 불로장생을 가능케 해주는 서왕모 반도원의 반도 복숭아가 있고, 거인 과보가 태양과의 경주 끝에 죽자 그가 지녔던 지팡이가 복숭아나무 숲으로 변한 일, 동이계 종족의 영웅 예가 제자 방몽(逄蒙)에게 복숭아나무 몽둥이로 맞아 죽은 일 등이 있다. 신화에 자주 등장한다는 사실만으로도 고대인이 복숭아에 대해 신성한 의미를 부여했던 것을 알 수 있는데, 벽사의 기능과 관련하여 주목할 신화는 영웅 예의 복숭아나무 몽둥이 이야기이다. 예는 복숭아나무 몽둥이에 맞아 죽은 후 귀신의 우두머리인 종포신(宗布神)으로 좌정하

---

102 『전경』 공사 3장 12절.

는데, 이 사건에 대한 트라우마로 복숭아를 무서워하였고 이에 따라 모든 귀신들이 복숭아를 무서워하게 되었다고 한다. 오늘날까지 남아 있는 제사상에 복숭아를 올리지 않는 습속은 바로 이 신화로부터 유래하였다. 그런데 이러한 복숭아의 벽사 의미가 한층 구체화되는 계기를 만든 것이 신도(神荼)와 울루(鬱壘) 신화이다. 이 신화에 의하면 동해에 도삭산(度朔山)이라는 곳이 있고 그곳에 거대한 복숭아나무가 있는데 이 나무의 동북쪽 가지 사이에 모든 귀신들이 세상을 드나드는 귀문(鬼門)이 있다고 하였다. 그리고 귀문 위에는 신도와 울루 두 신장(神將)이 지키고 있다가 귀환 시간이 늦거나 악행을 저지르는 귀신을 잡아 호랑이 밥이 되게 했다고 한다.[103] '동쪽으로 뻗은 복숭아나무 가지'가 강력한 벽사의 법구(法具)로 화한 것은 바로 이 신화 때문이다. 지금도 민담이나 드라마에서 흔히 보이는, 귀신이 새벽에 닭 우는 소리가 들리면 황급히 돌아가려 하는 장면, 무속인이 귀신을 쫓는다고 (동쪽으로 뻗은) 복숭아나무 가지로 환자를 때리는 무술(巫術)도 여기에서 기원하였다.

강증산은 공사를 집행하는 과정에서 많은 법술을 행하였는데, 이에는 무속과 도교에서 유래한 것들이 많지만 신화에 기원을 둔 것도 더러 있다. 사실 무속 및 도교의 법술도 근원을 따져보면 신화와 무관하지 않을 것이다. 앞의 예문만으로는 강증산의 공사 내용이 무엇인지 정확히 가늠하기 어렵지만, 태극을 셀 때마다 동도지를 물게 하고 나중에 동도지를 들고 큰 소리를 지른 것으로 보아 공사를 엄중히 시행하는 과정에 사마(邪魔)가 침범하지 않도록 방비하는 벽사의 조치로 일단 이해된다. 왜

---

[103] 王充『論衡』「訂鬼」引『山海經』: "滄海之中, 有度朔之山, 上有大桃木, 其屈蟠三千里, 其枝間東北曰鬼門, 萬鬼所出入也. 上有二神人, 一曰神荼, 一曰鬱壘, 主閱領萬鬼. 惡害之鬼, 執以葦索而以食虎."

냐하면 동도지, 곧 귀문 위에는 신도와 울루 두 신장이 거하고 있다고 상상되었으므로 행사에 동도지를 수반한 것은 이들 두 신장이 천지 주재의 대신(大神) 강증산의 공사에 시립(侍立)한 형국으로 간주할 수 있기 때문이다. 실제로 중국의 민간에는 신도와 울루 두 신장을 직접 대문에 문신(門神)으로 그려넣어 잡귀의 침입을 방비하는 습속이 있었다. 강증산은 신화로부터 유래한 당시의 동도지 관련 무속 및 민속을 채택하여 법술의 일부로 활용했음을 알 수 있다.

2) 『전경』에서의 문학 수용

『전경』은 비록 종교 담화를 기록한 책이지만 시·산문·소설 등 문학과 관련된 언급이 상당히 많다. 이는 단학파적 성향을 지닌 강증산이[104] 삼교합일(三敎合一)의 입장에서 박람박식(博覽博識)을 중시한 까닭도 있지만[105] 강증산 자신의 문학적 재능과 취향도 간과할 수 없는 요인이라 할 것이다. 그러나 무엇보다도 어록체 종교서가 갖는 문학과의 친연성을 근원적 요인으로 설명할 수 있겠다. 그것은 교리를 대중에게 쉽게 전포(傳布)하기 위한 필요에서 다양한 문학적 장치를 구사하기 때문이다. 이 절에서는 『전경』에 수록된 문학 자료를 고전시가와 고전산문, 소설 등으로 나누어 그 현상과 의미를 고찰해보고자 한다.

---

104 이에 대해서는 김성환 「한국 선도의 맥락에서 보는 증산사상」(『대순사상논총』 제 20집, 2009) 327~30면 및 정재서, 앞의 논문 참조. '단학파적 성향'이라는 언급이 강 증산을 도교계 인물로 규정하는 것은 아니다. 그의 가계, 수련 방식, 담론 등에서 뚜렷이 보이는 선도적 요소를 고려한 표현일 뿐 총체적 단언이 아님을 밝혀둔다.
105 『전경』교법 2장 24절 "가장 두려운 것은 박람박식(博覽博識)이니라."

(1) 고전시가

　강증산이 소싯적부터 뛰어난 시재(詩才)를 지녔다는 사실은 『전경』에서 여러번 언급되고 있다. 가령 훈장이 학동들에게 시를 짓게 했을 때 그가 낙운성시(落韻成詩)하니 시격(詩格)의 절묘함에 모든 사람이 탄복했다는 일화[106] 등이 그것이다. 그뿐 아니라 강증산은 시 창작이 일상이 될 정도로 심취하였고 종도들에게도 자주 시를 음송해주었던 것으로 보아 다른 어떤 장르보다도 시가문학 자체를 애호했던 것으로 생각된다. 그러나 강증산에게 시는 단순한 개인적 기호에 그치지 않았다. 그것은 강증산의 구세 이념을 효과적으로 종도들에게 각인하는 수단이기도 했고 실제적으로 강증산의 공사 수행에 수반되는 법술로 기능하기도 했다. 이와 관련된 사례들을 들어보면 다음과 같다.

　상제께서 종도들에게 때때로 시를 읽어 주심으로써 그들로 하여금 깨우치게 하셨도다.
　非人情不可近 非情義不可近
　非義會不可近 非會運不可近
　非運通不可近 非通靈不可近
　非靈泰不可近 非泰統不可近[107]

　강증산은 각각의 취지는 다르지만 언어적 구조는 동일한 6언구를 반복함으로써 종도들로 하여금 수련의 마음가짐을 다잡게 하고 있다. 6언구가 정통 시체(詩體)는 아니지만 강증산이 즉흥적으로 작성한 이 시구

____

106　같은 책, 행록 1장 17절.
107　같은 책, 교법 3장 47절.

들은 리듬감이 확실하여 알아듣기 좋고 암송하기 쉬웠을 것이다. 『전경』
을 보면 강증산이 종도들에게 공사 혹은 사안의 상황에 맞게 창작하거나
인용한 시구를 들려주는 경우가 빈번하다. 최제우의 언설에서도 비슷한
경우가 보이는데, 조선 말 종교 지도자들의 문예적 성향으로 보아도 좋
을 이러한 경향은 조선조 문인문화(文人文化) 풍조의 반영으로 보이기도
한다. 그러나 후술할 바와 같이 강증산의 시적 지향은 이러한 일반론을
훨씬 뛰어넘어 주목을 요한다.

전 봉준(全琫準)이 학정(虐政)에 분개하여 동학도들을 모아 의병을
일으킨 후 더욱 세태는 흉동하여져 그들의 분노가 충천하여 그 기세는
날로 심해져가고 있었도다. 이때에 상제께서 그 동학군들의 전도가 불
리함을 알으시고 여름 어느 날 "월흑안비고 선우야둔도(月黑雁飛高 單
于夜遁逃) 욕장경기축 대설만궁도(欲將輕騎逐 大雪滿弓刀)"의 글을 여
러 사람에게 외워주시며 동학군이 눈이 내릴 시기에 이르러 실패할 것
을 밝히시고 여러 사람에게 동학에 들지 말라고 권유하셨느니라. 과연
이해 겨울에 동학군이 관군에게 패널되고 상세의 밀씀을 좇은 사람은
화를 면하였도다.[108]

강증산이 읊은 시 「월흑안비고(月黑雁飛高)」는 중당(中唐) 대력십재자
(大曆十才子) 중의 한명인 노륜(盧綸)의 「새하곡(塞下曲)」 중 제3수로 눈
내리는 겨울밤에 침입한 오랑캐를 패퇴시키고 그를 추격하는 장면을 그
린 작품이다. 강증산은 이 시 중의 오랑캐 두목이 도망치는 '둔도(遁逃)'

---

108 같은 책, 행록 1장 23절.

와 큰눈이 내리는 '대설(大雪)' 이미지를 빌려 전봉준의 봉기가 겨울에
실패할 것을 예언하였다.[109] 다시 말해 강증산은 의도적으로 당시(唐詩)
를 시참(詩讖)처럼 활용한 것이다. 이러한 활용은 당시 전반에 대한 고도
의 이해가 있어야 가능한 것으로 그의 시학에 대한 소양의 깊이를 헤아
릴 수 있는 대목이다.

다시 약방에 이르사 여덟 종도를 벌여 앉히고 사물탕 한 첩을 지어
그 첩면에 인형을 그리고 두 손을 모아 두르시면서 시천주를 세 번 외
우신 후에 종도들로 하여금 그렇게 하라고 말씀하셨도다.
"남조선 배가 범피중류(泛彼中流)로다. 이제 육지에 하륙하였으니
풍파는 없으리로다" 하셨도다.[110]

강증산이 인용한 '범피중류(泛彼中流, 저 강물 한가운데를 떠다니네)'는 판
소리 『심청가』의 한 대목인데 『시경』 용풍(鄘風) 「백주(柏舟)」의 "범피백
주, 재피중하(泛彼柏舟, 在彼中河, 저 잣나무 배 둥실 떠 있나니, 저 강물 한가운데
에)"라는 구절에 연원을 두고 있다. 강증산은 여기서 천지 공사가 잘 이루
어져 후천선경(後天仙境), 곧 남조선 시대가 도래하리라는 것을 '범피중
류' 시구에 부쳐 배의 순항(順航)으로 암시하였다.

김 창여(金昌汝)가 동곡에서 살았는데 여러 해 동안 체증으로 고생
하던 중 어느 날 상제를 찾아 자기 병을 보아주시기를 애원하니라. 상

---

109 김탁은 여기에 강증산의 동학운동에 대한 부정적 인식이 표현되어 있다고 본다. 김
    탁, 앞의 글 69~70면.
110 『전경』 예시 71절.

제께서 그를 평상 위에 눕히고 배를 만지면서 형렬로 하여금 다음과 같은 글을 읽게 하였더니 창여(昌汝)는 체증으로부터 제생되었도다.

調來天下八字曲 淚流人間三月雨

葵花細忱能補袞 萍水浮踵頻泣玦

一年明月壬戌秋 萬里雲迷太乙宮

淸音鮫舞二客簫 往劫烏飛三國塵[111]

이 대목은 매우 흥미롭다. 강증산은 종도 김창여의 체증을 치료하기 위해 자신이 창작한 시를 활용한 것이다. 오늘날 문학치료에 대한 논의가 활발하지만 고대 동아시아에는 이러한 치료법이 이미 존재했었다. 한대에는 왕공 귀족들의 불안정한 심리 상태를 달래기 위해 사부(辭賦)가 동원되었는데, 무제 때의 문인 매승(枚乘)의 작품 「칠발(七發)」을 보면 그것으로 초나라 태자의 울화병을 치유했다는 기록이 있다.[112] 우리는 단순한 질병 치료를 넘어 사실상 강증산의 해원 서사 전반을 문학치료의 측면에서 볼 필요가 있는데, 이러한 관점은 적절하고도 설득력이 있다.[113]

7언율시의 이 시는 압운을 이루지는 않았으나 구절과 구절 간의 대우(對偶)가 비교적 정밀하다. 시상(詩想)은 정어(情語)보다 경어(景語) 중심

---

111 같은 책, 제생 10절.

112 蕭統 『六臣註文選』 卷34 「七發」: "太子之病, 歌舞藥石針刺灸療而已. 可以要言妙道說而去也 (…) 於是太子據几而起曰, 渙乎若一, 請聖人辯士之言, 忽然汗出, 霍然病已," 이와 관련된 논의는 졸고 「원유(苑囿), 제국 서사의 공간」, 『중국문학』 제38집(2002) 6면 참조.

113 상술했듯이 이와 관련된 논의는 고남식에 의해 집중적으로 이루어진 바 있다. 고남식, 앞의 글을 비롯해 「증산 강세전승에 대한 문학치료적 접근」(『문학치료연구』 제2집, 2004); 「단주 해원전승에 대한 문학치료적 접근」(『문학치료연구』 제4집, 2006); 「해원설화에 대한 문학치료적 접근」(『문학치료연구』 제6집, 2007) 등의 논문이 그것이다.

으로 자주 변환되어 난해한 느낌을 준다. 대체로 전반 4구에서는 누류(淚流)·부종(浮腫)·빈읍(頻泣) 등이 환기하는 이미지에 의해 침중한 상황이 이어지다가 후반 4구에 이르면 명월(明月)·청음(淸音)·조비(鳥飛) 등의 밝고 약동적인 이미지가 연속되어 명랑한 분위기로 종결되는 것을 감지할 수 있다. 아마 이 시의 극적인 정조 변화가 체증의 해소와 유비관계를 이루고 그 위에 시의(詩意) 및 음운, 자형 등의 시청각적 요소가 병합되어 치유 효과를 발휘하지 않았을까 생각해볼 수 있겠으나, 당연히 그것만으로 설명할 수 없는 강증산 고유의 종교 법술적 차원을 염두에 두어야 할 것이다.

(2) 고전산문·소설

강증산은 『전경』에서 시가뿐만 아니라 고전산문과 소설 등을 다수 활용하여 전술한 종도 및 대중의 교화와 공사 과정의 법술을 효과적으로 달성하고자 하였다. 시가 수용이 뛰어난 시재와 개인적 애호를 바탕으로 이루어졌다면 산문과 소설 수용은 강증산이 평소 강조한 '박람박식'의 소양과 깊은 관련이 있는 것으로 보이는데, 이 역시 조선조 문인문화의 '박학(博學)' 기풍과[114] 무관하지 않다 할 것이다. 다음에서 이러한 사례들을 살펴보고자 한다.

경석이 상제의 명을 받들어 양지 二十장으로 책 두 권을 매니 상제께서 책장마다 먹물로 손도장을 찍고 모인 종도들에게 가라사대 "이것이 대보책(大寶冊)이며 마패(馬牌)이니라." 또 상제께서 한 권의 책명을

---

[114] 조선 후기 문인들의 박학 추구에 대해서는 심경호, 앞의 글 95~96면 참조.

“의약복서 종수지문(醫藥卜筮 種樹之文)”이라 쓰시고 “진시황(秦始皇)의 해원 도수이니라” 하시고 한 권을 신 원일의 집 뒷산에 묻고 또 한 권을 황 응종의 집 뒤에 묻으셨도다.[115]

진시황은 잘 알려져 있듯이 자신을 비방했던 유생(儒生)을 비롯한 당시의 지식인들에게 불만을 품고 분서갱유(焚書坑儒)란 폭거를 단행한 바 있다. 강증산은 진시황을 해원하기 위한 법술을 시행하는데 그 과정에서 ‘의약복서 종수지문’이라 제명(題名)한 책을 만든다. 『사기』 「진시황본기(秦始皇本紀)」에 의하면 진시황은 승상 이사(李斯)의 상주에 따라 분서갱유를 실시할 때 ‘의약복서중수지서(醫藥卜筮種樹之書),’ 곧 의약과 점술, 농업 관련 책을 제외한 유가 경전, 제자백가서 등 모든 책을 불태우도록 명령한다.[116] 강증산은 진시황이 그 가치를 긍정했던 ‘의약복서종수지서’란 『사기』의 글귀를 상징으로 활용하여 그를 해원하는 법술을 시행한 것으로 보인다.

약방을 설치하신 후 “원형이정 봉천지 도술약국 재전주동곡 생사판단(元亨利貞奉天地道術藥局 在全州銅谷生死判斷)”이란 글귀를 쓰셔서 불사르셨도다. 약장은 종삼 횡오 도합 十五간으로 하고 (…) 그 위 十五간 중의 가운데 간에 “단주수명(丹朱受命)”이라 쓰고 그 속에 목단피를 넣고 그 아래에 “열풍 뇌우 불미(烈風雷雨不迷)”라고 횡서하고 또 칠성경을 백지에 종서하고 그 끝에 “우보 상최 등양명(禹步相催登陽明)”이라

---

115 『전경』 공사 3장 17절.

116 『史記』 「秦始皇本紀」: “丞相李斯曰 臣請史官非秦記皆燒之 (…) 百家語者, 悉燒之 (…) 所不去者, 醫藥卜筮種樹之書. 帝曰可.”

횡서하고 (…) 약방에 통감(通鑑)·서전(書傳) 각 한 질씩 비치하였도
다.[117]

강증산이 전주 동곡에 설치한 약방은 단순히 매약(賣藥)과 치병을 담당
하는 곳이 아니라 인간 세계의 운명을 주관하는 존재가 자리한 공간이다.
이러한 공간은 우주론적, 의미론적으로 치밀하게 직조되어 있어야 한다.
이에 따라 약장은 한가운데에 '단주수명'이란 명목으로 해원의 공사가
이루어지는 장소임을 천명한다. 강증산은 이어서 그 아래에 '열풍뇌우불
미'라는 『서경』의 글귀를[118] 배치하였는데, 이것이 상징하는 것은 무엇인
가? 신화에 의하면 요는 순에게 선양하기 전에 그의 자질을 시험한다. 순
은 폭풍우가 몰아치는 숲속에 놓였으나 길을 잃지 않는다. 이는 순의 부
동심(不動心), 성심(誠心)을 의미한다. 마지막으로 배치한 '우보상최등양
명'은 기문둔갑(奇門遁甲)에서 사용하는 우강주(禹罡呪)의 구절로 우(禹)
와 상관된 주문이다.[119] 결국 단주가 해원되어 요의 장자로서 적통을 이은
것으로 본다면 약장은 고대의 대표적 성인 요-순-우의 차서대로 구조화
되어 있으면서 의미론적으로는 그곳에 열거된 문구·전적 등으로 미루어
유교와 도교 양자를 포괄하는 상징체계를 이루고 있음을 알 수 있다.

---

117 『전경』 공사 2장 9절.

118 『書經』「堯典」: "〔舜〕納於大麓, 烈風雷雨弗迷."

119 『奇門遁甲』卷11「禹罡圖」: "凡出兵左足向前踏去, 咒曰, 禹步相催登陽明, 一氣混沌灌我
形, 天回地轉步七星, 躡罡履鬥覺通靈, 惡逆催伏妖魔群, 衆星助我斬妖精, 我得長生遊太清." 『전
경』 공사 3장 39절에는 "我得長生飛太淸, 衆星照我斬妖將. 惡逆摧折邪魔驚, 躡罡履斗濟九
靈. 天回地轉步七星, 禹步相催登陽明. 一氣混沌看我形, 唵唵急急如律令"이라는 주문이 있는
데「우강주」의 내용과 큰 차이가 없다. 김탁은 이를 『도장(道藏)』에 실린「포두주(布斗
呪)」에서 유래했을 것으로 추정한다. 김탁, 앞의 글 49~50면.

하루는 형렬이 상제의 명을 좇아 광찬과 갑칠에게 태을주를 여러번 읽게 하시고 광찬의 조카 김 병선(金炳善)에게 도리원서(桃李園序)를 외우게 하고 차 경석·안 내성에게 동학 시천주문을 입술과 이를 움직이지 않고 속으로 여러 번 외우게 하셨도다.[120]

강증산은 앞서의 사례들처럼 『사기』『서경』 등 주요 고전의 산문 글귀를 단장취의(斷章取義)의 방식으로 활용함에 그치지 않고 이백의 「춘야연도리원서(春夜宴桃李園序)」 같은 문학작품을 종도들에게 주문처럼 송독(誦讀)시킴으로써 이를 도서(道書)로 간주하는 인식을 보이고 있다. 강증산이 『서경』『맹자』『대학』 등 유교 경전의 일부 구절을 도리(道理) 터득의 교재로 삼은 사례는 전경의 여러 곳에서 찾아볼 수 있다.[121] 이는 앞서 지적했듯이 강증산의 삼교합일적 학문 성향에 기인한 것이기도 하지만, 사상서나 학술서가 아닌 문학작품을 수련에 활용한 경우는 이례적이라 하지 않을 수 없다.

「춘야연도리원서」는 『고문진보(古文眞寶)』에 실린 명문으로 도교 시인 이백이 거시적 세계관과 호방한 기상을 엿보게 하는 걸작으로 알려져 있다. 자연의 무한한 시공과 유한한 인생을 대비시키면서 우주 속 인간 존재의 의미를 돌아보게 하는 이 작품에서 "무릇 천지는 만물의 여관이고 시간은 영원의 나그네(夫天地者萬物之逆旅, 光陰者百代之過客)"라는 구절은 시간과 공간의 본질을 묘사한 절창으로 인구에 회자되어왔다. 문학은

---

120 『전경』 행록 5장 7절.
121 강증산은 특히 『대학』을 중시하여 수련·벽사·치병 등에 활용하였다. 이에 대한 자세한 논의는 鍾雲鶯 「韓國大巡真理會對『大學』思想的解釋與轉化」, 『대순사상논총』 제34집 (2020) 150~56면 참조.

이처럼 사변적 논리와는 다른 방식, 곧 감성의 언어로 세계의 진상(眞相)을 파악하는데, 강증산의 탁월한 시적, 문학적 감수성이 이백 작품의 정수를 꿰뚫어보고 그 수련적 가치에 착목(着目)한 것으로 볼 수 있다. 전통적인 도학자들은 문학이 도를 달성하는 데에 방해가 된다는 편협한 인식을 갖고 있었다. 이정(二程)과 주희 같은 이학가(理學家)들이 이른바 '완물상지(玩物喪志)' 혹은 '작문해도(作文害道)'의 관점에서 문학을 도의 영역에서 배제하려 했던 것이 그 실례이다. 이러한 점에서 강증산의 고전 산문 수용은 누구보다도 넓고 깊은 문학에 대한 식견에 근거한 회통적(會通的) 인식의 소산으로 보아야 할 것이다.

모든 일을 알기만 하고 쓰지 않는 것은 차라리 모르는 것만 못하리라. 그러므로 될 일을 못 되게 하고 못 될 일을 되게 하여야 하나니 손 빈(孫臏)의 재조는 방 연(龐涓)으로 하여금 마릉(馬陵)에서 죽게 하였고 제갈 량(諸葛亮)의 재조는 조 조(曹操)로 하여금 화용도(華容道)에서 만나게 하는 데 있느니라.[122]

소설은 가장 대중적인 문학 장르로서 정통 문학인 시가와 달리 통속적인 문체로 여러 계층에게 환영받았다. 나관중(羅貫中)의 『삼국지』(三國志, 본제 三國演義)는 임진왜란 이후 조선에 전입된 이래 폭넓게 읽히면서 오늘날까지 사회·문화 각 방면에 큰 영향을 미쳐왔다.

강증산은 『전경』의 곳곳에서 제갈량과 관련된 이야기를 예화로 들어 설득력 있는 담론을 전개하는데, 실상 제갈량 설화는 정사(正史)인 진수

---

122 『전경』 교법 3장 28절.

(陳壽)의 『삼국지』에 근거한 것이 아닌 소설 『삼국지』, 곧 『삼국연의』에서 끌어온 허구의 이야기라는 점이 흥미롭다. 가령 앞의 예문에도 있듯이 『삼국연의』 제50회에는 제갈량이 조조가 화용도로 패주할 것을 미리 알고 관운장을 배치한 것으로 되어 있으나 정사에는 이러한 사실에 대한 기록이 없다.[123] 『전경』에는 이외에도 제갈량이 기도로 동남풍을 빌렸다는 고사가 등장하나 『삼국연의』 제49회에 담긴 이 이야기 역시 정사에 없는 소설가의 허구이다.[124]

제갈량 이야기뿐만이 아니다. 강증산은 전술한 바 있는 강태공의 뛰어난 도술, 당(唐) 태종(太宗)의 웅재대략(雄才大略)과 위징(魏徵)의 신력(神力),[125] 팔선녀(八仙女)[126] 등에 대한 이야기를 인용하여 자신의 위격을 확인시키기도 하고 종도들을 깨우치기도 한다. 그런데 이러한 예화들 또한 『서주연의(西周演義)』『강태공전(姜太公傳)』『강태공실기(姜太公實記)』『서유기』『수당연의(隋唐演義)』『구운몽』 등 조선시대에 유행했던 번역·번안소설 및 국내 소설에 근거를 두고 있다. 이로 미루어 강증산은 『전경』의 상당히 많은 지면에서 허구의 이야기를 언급할 정도로 소설을 적극적으로 수용했던 셈이다.

전통 시기에 소설은 비정통의 통속문학으로 치부되어 지배계층에 의해 백안시되었다. 중국의 경우 관리가 공문서에 소설 구절을 인용했다 하여 파직된 적도 있고 소설가는 혹세무민(惑世誣民)의 업보로 인해 지옥에서 고초를 겪을 것이라는 낭설이 있을 정도였는데, 조선의 경우도 이

---

123 許盤淸 等 『三國演義三國志對照本(上)』(南京: 江蘇古籍出版社 2002) 448~49면.
124 같은 책 441~43면.
125 『전경』 교법 3장 33절.
126 같은 책, 공사 2장 16절.

러한 인식은 중국과 대등소이하였다.[127] 그럼에도 강증산이 허구의 스토리를 교설(敎說)에 긍정적으로 활용한 것은 일차적으로는 스토리텔링의 차원에서 대중적 설득력을 배가하기 위한 방편임을 생각할 수 있겠으나, 더욱 근원적으로는 (그에게 내재한 것으로 여겨지는) 합리적 지식보다 서사지식(敍事知識)을 중시하는 신선가의 설화주의적 성향에[128] 비중을 두고 싶다. 강증산에게는 소설 서사가 역사적 사실과 일치하느냐 여부보다 그 허구의 이야기로부터 감발(感發)된 상상력이 어떻게 깨달음으로 나아가느냐가 중요했던 것이 아닌가 생각되기 때문이다.

3) 신화적, 문학적 상상력에서 신학으로의 전화 원리

이 절에서는 그간 예거하고 논의해온 대로 『전경』에서 전개된 강증산의 신화적, 문학적 상상력이 어떠한 본질 혹은 기능의 차원에서 신학으로의 전화를 이룩할 수 있었는지, 주로 문학적 상상력을 중심으로 그것이 내장한 메커니즘에 대해 각론해보고자 한다.

(1) 문자와 이미지의 주술적 역량

상형문자인 한자는 청각 이미지이자 시각 이미지이기도 한데 이것의 힘에 대한 신뢰는 고대 중국에서 이미 보인다. 신화는 창힐(蒼頡)이 한자를 창제하기 전날 밤 귀신들이 통곡했다고 전한다.[129] 아울러 우임금은

---

127 가령 실학파인 이덕무도 "소설은 윤리를 파괴하고 교화를 망치는 도구"라는 부정적 견해를 피력했다. 李德懋 『雅亭遺稿』 7 「與朴在先齊家書」: "夫俗所謂小說者, 卽演義之流也, 以其誨淫誨盜, 壞倫敗化之具. 王政之所可厲禁. 故吾輩, 嘗與痛惡而深斥之."

128 졸저 『불사의 신화와 사상』(민음사 1994) 246~47면.

129 『淮南子』 「本經訓」: "昔者, 蒼頡作書, 而天雨粟, 鬼夜哭."

청동 솥에 새겨넣은 그림으로 요괴와 괴물을 축출하였다. 신화와 마찬가지로 동아시아 최초의 문자 갑골문은 글자이자 그림으로서 신과 소통하기 위해 고안되었다. 부적은 여기에서 기원한다. 그것은 주로 문자를 변형한 이미지인데 오래된 문자일수록 효험을 지닐 것으로 믿어졌다. 곽박·갈홍 등 신선가들은 이 때문에 고문자에 정통한 문자학자이기도 했다. 조선에서는 강증산도 언급한 바 있는 미수(眉叟) 허목이 이 방면의 대가이며 그가 제작한 「척주동해비」는 일명 퇴조비(退潮碑)라고도 하는데, 삼척 지역의 해일을 물리쳤다는 전설을 갖고 있다. 특이하게도 이 비는 비문이 고문자인 전서체(篆書體)의 부적 형식으로 되어 있다.[130]

『전경』을 일관하여 강증산은 문자가 지닌 힘을 신뢰하고 강조한다. 가령 선비는 항상 지필묵을 지녀야 하고[131] 글도 일도 않는 자는 쓸모없다고[132] 인식하는 등 강증산은 불가불 문자로 인간을 권계(勸戒)하지 않을 수 없다고 단언한다.[133] 이에 따라 그는 공사를 행하는 법술에서 글을 써서 불사르는 행위를 그치지 않는다. 강증산은 다음과 같이 행사(行事)한다.

상제께서 세묘닌 징월에 닐마다 벡지 두 서너 장에 글을 쓰거나 또는 그림(符)을 그려 손이나 무우에 먹물을 묻혀 그것들에 찍고 불사르셨도다. 그 뜻을 종도들이 여쭈어 물으니 "그것은 천지공사에 신명을 부르는 부호이노라"고 알려 주셨도다.[134]

---

130 삼척 퇴조비의 부적 형식과 주술성에 대한 논의는 졸고 「'척주동해비'에 표현된 『산해경』의 신화적 이미지들」, 『영상문화』 제29호(2016) 참조.
131 『전경』 교법 2장 27절.
132 같은 책, 교법 1장 61절.
133 같은 책, 행록 5장 38절.
134 같은 책, 공사 1장 10절.

강증산의 문자와 이미지의 힘에 대한 신뢰는 자형(字形) 자체에 대한 신뢰, 곧 부적을 넘어서 문자의 조합인 글로 확대되고, 결국 서두에서 말했듯이 어록체의 효용과 가장 상응하여 정동을 야기하는 문학에 대한 신뢰로 이어지게 된다.

(2) 시가문학의 감성인식 기능과 표현 특성

고인(古人)은 일찍부터 시가문학이 지닌 감성인식 방면의 기능에 주목했다. 가령 「모시서(毛詩序)」에서는 "천지와 귀신을 감동시킴에 시만 한 것이 없다(感天地動鬼神, 莫近於詩)"고 단언한다. 즉 신명계와 소통하기 위해서는 문학 중에서도 시가 가장 효과적이라는 것이다. 왜인가? 시는 압운을 하게 되어 있는데, 이러한 리듬은 곧 파동으로 현상계뿐만 아니라 저 너머의 세계인 상상계에도 울림을 줄 수 있는 것으로 믿어졌기 때문이다. 그래서 죽은 사람을 위한 제문이나 묘비명 등은 산문임에도 반드시 압운을 해야만 했다.[135]

아울러 시는 상징과 비유의 기법을 주로 활용하기 때문에 산문처럼 의미를 직서(直敍)하지 않는다. 이러한 형식은 큰 도리를 짐짓 감추고 자발적인 깨달음을 유발하기에 적합하다. 즉 일상 언어로 표현하기 어렵거나 표현함으로써 오히려 그 진의가 손상되는 미묘한 이치 혹은 궁극적인 도리를 설유(說諭)함에는 모든 문학 장르 중에서 시가 으뜸이라 할 수 있다. 『노자』의 첫 장이 "말할 수 있는 도는 도가 아니다(道可道, 非常道)"로 시작해 전문이 운문 형식을 취하고 있는 것은 그 좋은 실례이다.

---

135 시가의 주술적 소통 능력과 관련된 논의는 졸고 「'산해경'의 시적 변용」, 『중국학보』 제38집(1998) 197~98면 참조.

앞절에서 살펴보았듯이 강증산은 시가에 대한 뛰어난 능력과 각별한 관심을 지니고 공사를 보거나 법술을 행할 때뿐만 아니라 종도들에 대한 교육, 자신의 일상에서도 시를 자유자재로 창작하고 운용하였다. 가령 최제우의 혼을 불러오기 위해 "걸군굿 초란이패 남사당 여사당 삼대치"라는 구절에 곡조를 붙여 읽었다든가,[136] 고대 명현의 교육법과 관련해 율곡이 이순신에게 두보(杜甫)의 율시를 천독(千讀)할 것을 권했다는 예화를 긍정한 이야기[137] 등은 강증산이 시가문학이 지닌 감성인식 기능과 표현의 특성을 깊이 심득(心得)하였음을 보여주는 실례이다.

(3) 미메시스의 재현 혹은 창조 능력

인간의 모방 본능은 아리스토텔레스의 언명 이래 널리 알려져 있다. 그것은 상상력·이미지·스토리의 방식으로 작동하여 현실을 재현하기도 하고 창조하기도 한다. 유사성, 곧 '비슷한 것'은 가짜가 아니라 오히려 진짜일 수 있는 것이다. 이러한 본능은 생존을 위한 거울뉴런의 시뮬레이션 작용의 결과이고 여기에서 이야기·문학·예술 등이 발생한다는 가설이 최근 뇌과학과 신화생물학을 통해 제기된 바 있다.[138] 제임스 프레이저는 일찍이 모방 본능이 주술과 상관됨을 인식하고 그것을 공감주술과 모방주술 등으로 정리한 바 있으며, 마르셀 모스(Marcel Mauss)는 이를 환경 및 사회적 관습 등과 관련지어 그 본질을 파악하고자 하였다.[139]

---

136 『전경』 공사 2장 3절.

137 같은 책, 행록 1장 32절.

138 조너선 갓셜 『스토리텔링 애니멀』, 노승영 옮김(민음사 2016) 39, 93~94면. 보이드 역시 비슷한 견해를 표명한다. 브라이언 보이드 『이야기의 기원』, 남경태 옮김(휴머니스트 2013) 226, 234, 252면.

139 모스는 주술을 구조적 관점에서가 아니라 환경과 사회적 관습의 총체성 안에서 파

그러나 근대에 이르러 합리주의와 진화론이 대세를 점하면서 모방과 주술은 미개인의 관념과 행위로 폄하되었다가 최근 물활론의 부상과 더불어 복권되는 추세에 있다. 문학과 예술 방면에서 미메시스(mimesis) 능력을 긍정적으로 거론한 사람은 '아우라(Aura)' 이론으로 유명한 발터 베냐민이다. 베냐민은 복제를 통해 전유하고자 하는 인간의 욕망을 미메시스로 규정하였다. 다시 인류학자 마이클 타우시그(Michael Taussig)는 미메시스적 행위에서 재현은 재현된 것의 특질을 공유하거나 획득할 정도로 영향을 미친다는 점에 주목한다.[140]

강증산이 신화적 존재를 호명하고 좋은 시를 종도들에게 읊어주며 명문과 명작소설 구절을 송독하거나 인용하는 행위 자체가 넓은 의미에서 미메시스적 법술이다. 그러한 영향력 있는 원본을 복제함으로써 그것과 동일한 효과를 증산신학이 전유하게끔 하는 것이다. 여기서 나아가 우리는 사실상 강증산 신학의 가장 역동적인 측면이라 할 공사의 메커니즘에 대해서도 이해할 여지를 갖게 된다.

상제께서 무신년 봄 백암리 김 경학·최 창조의 두 집으로 왕래하시며 성복제와 매화(埋火) 공사를 보셨도다. (…) "(…) 오늘 밤에 인적이 없을 때를 기다려 정문밖에 한 사람이 엎드릴 만한 구덩이를 파고 나의 옷을 세 사람이 한 가지씩 입고 그 구덩이 앞에 청수 한 그릇과 화로를 놓고 (…) 그리고 한 사람은 저육전 한 점씩을 집어서 청수와 화로 위로 넘기고 한 사람은 연달아 넘긴 것을 받고 다른 한 사람은 다시 받

<hr>

악해야 할 것임을 언명한다. Marcel Mauss, *A General Theory of Magic*, tr. Robert Brain (New York: Norton Library 1975) 24면.

140 Michael Taussig, *Mimesis and Alterity* (New York·London: Routledge 1993) 47–48면.

아서 구덩이 속에 넣고 흙으로 덮어라. 그리고 빨리 돌아오너라”고 일러주시니 형렬이 그대로 시행한 후 시급히 상제께 돌아가는 길에 돌연히 검은 구름이 일더니 집에 이르자 폭우가 쏟아지고 뇌전이 크게 치는지라. (…) 상제께서 가라사대 “뒷날 변산 같은 큰 불덩이로 이 세계가 타 버릴까 하여 그 불을 묻었노라” 하셨도다.[141]

상제께서 매양 뱃소리를 내시기에 종도들이 그 연유를 여쭈니 대답하여 말씀하시기를 “우리나라를 상등국으로 만들기 위해 서양 신명을 불러와야 할지니 이제 배에 실어 오는 화물표에 따라 넘어오게 되므로 그리하노라”고 하셨도다.[142]

강증산은 미래에 있을 불로 인한 세계의 대재앙을 예방하기 위해 불을 땅에 묻는 매화 공사를 시행한다. 대운의 주재자인 강증산의 상징적 행위는 비록 좁은 사가(私家)에서 이루어지나 프랙털한 구조를 반복하는 미메시스의 원리에 따라 우주적으로 확대된다. 마찬가지로 뱃소리를 모방하는 행위도 상상세에서는 서상의 신명을 불러오는 것이지만 현상계에서는 빈번한 교역을 촉진하여 조선을 상등국으로 만드는 법술이 된다. 강증산은 또한 어음(語音)의 유사성을 활용하여 공사를 행하기도 한다.

상제께서 무더운 여름날에 신방축 공사를 보시고 지기를 뽑으셨도다. 종도들이 상제께서 쓰신 많은 글을 태인 신방축의 대장간에 가서 풍굿불에 태웠나니라. (…) 갑칠이 병욱으로부터 일본 신호(神戸)에 큰

---

141 『전경』 공사 3장 1절.
142 같은 책, 예시 29절.

화재가 났다는 신문 보도를 듣고 돌아와서 그대로 상제께 아뢰니 상제
께서 들으시고 가라사대 "일본의 지기가 강렬하므로 그 민족성이 탐욕
과 침략성이 강하고 남을 해롭게 하는 것을 일삼느니라. (…) 그러므로
내가 전날 신방축 공사를 보았음은 신호(神戸)와 어음이 같음을 취함
이었으니 이제 신호에 큰 불이 일어난 것은 앞으로 그 지기가 뽑힐 징
조이로다"고 하셨도다.[143]

강증산은 일본의 지기(地氣)를 뽑기 위해 태인 신방축에서 불을 일으
키고 그 불기운이 신방축, 곧 신호(神濠)와 발음이 같은 일본의 신호(神
戸), 곧 코오베에 감응하여[144] 대화재를 유발하도록 행사한다. 흥미로운
것은 강증산 스스로 이 공사가 미메시스 원리에 기댄 것임을 "신방축 공
사를 보았음은 신호(神戸)와 어음이 같음을 취함"이라고 밝힌 점이다.[145]
어음의 유사성은 사실 두 단계를 거쳐 미메시스의 목적을 달성한다. 우
선 유사한 어음의 용어(여기서는 지명)는 환유 작용에 의해 표상하는 의미
가 원관념과 동일시되고, 다음 단계에는 감응 원리에 의해 일방의 속성
혹은 작용 효과마저 전이되어 동일한 결과에 도달하게 된다.

143　같은 책, 공사 3장 31절.
144　'신(神)'은 일본의 신호(神戸)와 같도록 신방축의 '신'을 '신(神)'으로 적은 것이고,
　　'호(濠)'는 본래 성 밖을 둘러싼 못, 곧 해자이나 여기서는 '방축(防築)'을 지칭한다. 방
　　축은 물을 막기 위해 쌓은 둑이나 전의(轉意)하여 둑으로 둘러싸인 못이나 호수를 뜻
　　하므로 역시 못의 일종인 '호'와 상통한다. 따라서 '신방축'은 '신호(神濠)'가 되고 이
　　는 다시 일본의 신호(神戸)가 되어 미메시스 원리를 작동시킨다고 관념하는 것이다.
145　이와 비슷한 사례로 청주 만동묘(萬東廟)에서 보아야 할 청국 공사(公事)를 가까운
　　청도원(淸道院)에서 행한 일(『전경』 공사 2장 6절)을 들 수 있다. 윤재근, 이경원은 이
　　러한 사례들을 지명 상징의 차원에서 설명한다. 윤재근, 앞의 글 209면; 이경원, 앞의
　　글 129면.

이처럼 강증산의 공사는 미메시스에 의해 인간과 자연, 속계와 신명계를 절합(節合, articulation)한다. 강증산이 예거했던 신화·시·산문·소설 역시 상상과 감각을 의미로 이끄는 미메시스적 작용에[146] 의해 신학으로 전화될 수 있는 것이다.

맺는말

이 글에서는 『전경』의 강증산 언설에 수용된 신화와 문학 자료를 대상으로 그것들이 『전경』 텍스트의 고유한 신학적 맥락 안에서 어떻게 의미화되었는지, 그 전유의 상황과 원리를 고찰해보았다. 먼저 『전경』에서의 신화 수용을 강태공·사명·치우·우사·조왕·망량·개고기·동도지 등을 대상으로 살펴보았는데. 이들 중의 상당수가 동이계 신화와 상관되며 민간에 깊게 뿌리를 둔 습속이라는 사실이 주목된다. 이는 강증산의 단학파적 성향, 수정주의적 역사의식·민중의식 등과 상관된다.

다음으로 『전경』에서의 문학 수용을 시와 산문·소설로 나누어 살펴보았는데, 시의 경우 강증산의 시재와 취향에 기초하여 당시·창작시 등이 수용되었고 산문·소설의 경우 『서경』『사기』『삼국연의』『서유기』『서주연의』 등이 수용에 상당한 영향을 주었음을 알 수 있었다. 이들은 예언·치병·수련 등의 다양한 방식으로 운용되었고, 이 과정에서 고전 명구나 소설이 지닌 대중적 감화력이 종교적으로 전유되어 힘을 발휘했음을 알 수 있었다.

마지막으로 『전경』에서 신화적, 문학적 상상력이 어떤 메커니즘에 의

---

146 Michael Taussig, 앞의 책 11면.

해 증산신학으로 전화되었는지를 살펴보았는데, 문자와 이미지의 주술적 역량, 시가문학의 감성인식 기능과 표현 특성, 미메시스의 재현 혹은 창조 능력 등이 신화적, 문학적 상상력뿐만 아니라 공사 거행에 대해서도 적극적인 기능을 발휘했음을 알 수 있었다. 이들 세가지 설명 기제는 『전경』 언술의 의미화 과정을 파악하는 데에 일정한 기여를 할 수 있을 것으로 사료된다.

종합하면 강증산의 삼교합일적, 회통적 인식을 바탕으로 전개된 신화적, 문학적 상상력은 지배문화의 정통론적인 관념을 돌파하여 증산신학의 민중성, 보편성을 구현하는 데에 일조하였다. 아울러 그것은 강증산의 구세 이념을 광포(廣布)하는 데에 큰 역할을 했을 뿐만 아니라 고유의 종교 법술로 변용되어 공사 수행의 중요한 방편으로 기능하였다.

향후 『전경』의 신화, 문학 자료와 그 작용에 대한 개별적인 탐구가 이어져 증산신학 형성의 내적 메커니즘 예증에 많은 진전이 있기를 기대하며 시도적 논의를 마치고자 한다.

4. 신들의 행차, 요괴들의 행렬: 상상계의 정치성

고대 동아시아의 사당과 고분의 벽화, 그리고 화상석·백화(帛畵) 등에는 수많은 신화적 도상들이 있는데, 이 중 신들의 행차나 요괴들의 행렬을 묘사한 그림들은 일련의 이미지가 환기하는 특별한 효과로 인해 주목을 요한다. 이들 이미지의 집합이 의도하는 것은 무엇인가? 이들이 구성하는 상상계는 산 자 혹은 죽은 자의 세계에 대해 어떤 의미를 지니는가? 고대 동아시아에서 사당과 벽화고분 등의 건립은 묘주(墓主)의 높은 사회적 지위, 정치권력 등의 현실적 기반을 떼어놓고 생각할 수 없다.[147] 이러한 측면에서 이미지의 정연한, 구상된 조합인 신들의 행차도 혹은 요괴들의 행렬도가 환기하는 효과에 대한 주목은 그것들에 내재된 정치성에 대한 물음과 상관된다고 할 수 있다.

신들의 행차도와 요괴들의 행렬도는 두가지 점에서 큰 차이를 보인다. 한가지는 행차도가 중심 신격을 염두에 둔 이미지의 배열인 데 비해 행렬도는 대오는 갖췄으되 중심 신격이 없는 이미지의 나열이라는 점이다. 또 한가지는 행차도가 신들의 위세를 과시하는 데 목적이 있는 반면 행렬도는 요괴들의 진상을 적나라하게 드러내는 데 의도가 있다는 점이다. 즉 이미지 자체의 입장에서 보면 행차도는 보여주는 그림이고 행렬도는 보여지는 그림인 것이다. 지배하는 주체의 면모를 보여주는 것이 행차도이고 지배되어야 할 객체의 실상을 드러내는 것이 행렬도라고 할 때, 이들 그림은 '시선은 권력'이라는 명제와 상응하는 양상을 보여주고 있다 하겠나.

이 글에서는 고대 동아시아의 신들의 행차도와 요괴들의 행렬도가 지닌 정치성을 각기 몇가지 사례들을 중심으로 검토하고, 이러한 성향이 후대에 이르러 어떻게 재현되었는지에 대해서도 살펴보고자 한다.

---

[147] 이러한 관점에서 무홍(巫鴻, 우 홍)은 무량사(武梁祠)를 후한의 경학자(經學者) 무량(武梁) 집안의 정치적, 학문적 세력의 총화로 간주한다. Wu Hung, "Epilogue," *The Wu Liang Shrine: The Ideology of Early Chinese Pictorial Art* (Stanford: Stanford University Press 1989) 218-30면 참조.

1) 신들의 행차, 그 정치성

(1) 황제의 행차

고대 중국에서 신들의 행차에 대한 가장 오래된 기록은 『한비자(韓非子)』에 보인다.

옛날에 황제가 모든 귀신과 신령들을 태산의 서쪽 봉우리에 모이게 한 적이 있었다. 그때 황제는 코끼리와 여섯마리의 교룡이 끄는 수레를 탔는데 필방조가 수레를 몰았다. 치우가 향도가 되어 길을 인도했고 풍백이 길을 쓸었으며 우사가 길에 물을 뿌렸다. 호랑이와 이리가 수레에 앞서가고 귀신과 신령들이 뒤를 따랐으며 등사가 땅을 기어가고 봉황새가 하늘을 날았다.

昔者黃帝合鬼神於西泰山上, 駕象車而六蛟龍, 畢方竝鎋, 蚩尤居前, 風伯進掃, 雨師灑道, 虎狼在前, 鬼神在後, 騰蛇伏地, 鳳凰覆上.[148]

최고신인 황제의 행차를 묘사한 이 글에서 황제는 치우·풍백·우사 등의 신령과 필방·교룡·등사·봉황 등의 신수(神獸), 호랑이·코끼리·이리 등의 맹수가 이끌고 호위하는 행차의 주인공임을 알 수 있다. 이 행차를 구성하는 신령들을 살펴보면 흥미롭다. 치우·풍백·우사는 모두 동방 동이계 종족의 중요한 신령들이다. 치우는 동이 구려족(九黎族)의 군장으로서 후일 황제의 신권에 도전하는 용맹한 신이고, 풍백·우사는 단군신화에도 등장하며 역시 후일 황제와의 전쟁 때 치우 편에 서서 싸운 신들이다.

---

148 『韓非子』「十過」.

적대자인 황제의 행차를 이들이 호종(扈從)한다는 내용에 담긴 정치적 함의는 무엇일까? 황제는 본래 서방 화하계 종족의 신으로서 동방 동이 계 종족의 신인 염제·치우와는 라이벌 관계에 있다가 후일 세력을 길러 판천(阪泉)·탁록 등에서 두차례의 전쟁 끝에 이들을 물리치고 최고신의 지위에 등극한다. 황제가 최고신이 된다는 이러한 신화 내용은 천하통일 의 염원이 고조되어가던 전국시대 무렵에 형성되어 그것을 완벽히 달성 한 전한(前漢) 무제 시기 사마천의 『사기』 「오제본기」에 이르러 확정되는 데, 앞의 『한비자』의 예문은 전국시대에 황제를 최고신으로 만들어가는 과정을 반영하고 있는 것이다.

우리는 앞의 예문에서 황제가 귀신과 신령들을 모이게 한 장소가 태산 임에 주목할 필요가 있다. 태산은 동이계 종족의 성산(聖山)이다. 황제가 태산으로 가는 행차에서 치우·풍백·우사 등의 신들을 하인 부리듯 했다 는 신화는 황제가 적대 세력인 동이계의 큰 신들을 완전히 제압하여 명 실공히 신계의 패권을 거머쥐었다는 이야기나 다름없다. 이뿐만이 아니 다. 황제의 행차에 동이계 신령들 이외에도 각종 신수와 맹수, 온갖 귀신 들이 호종한다는 내용은 황세가 신계와 귀계(鬼界), 동물들의 세게까지 지배하는 최고신임을 웅변하고 있다. 아쉽게도 황제 행차의 이러한 내용 은 문헌으로만 전해질 뿐 도상으로는 남아 있지 않다.

(2) 「태일장행도」

『한비자』 다음으로 신들의 행차를 보여주는 자료는 이 방면 최초의 도 상이기도 한 「태일장행도(太一將行圖)」이다. 「태일장행도」는 호남(湖南, 후 난)성 장사(長沙, 창사)의 마왕퇴(馬王堆) 3호 고분에서 출토된 전한시대의 백화로서 태일신의 행차 그림이다. 태일신은 북두칠성을 주재하는 신으

중국 후난성 창사시 마왕퇴 3호
분에서 출토된 태일장행도

로 고대 중국에서 존귀한 신으로 섬겨졌다. 전국시대 초(楚) 지역에서는
동황태일(東皇太一)이라고도 부를 정도로 동방의 큰 신이어서 일찍이 육
당(六堂) 최남선은 이 신을 한국신화의 단군에 비정하기도 했다.

「태일장행도」를 살펴보면 그림의 상단 한가운데에 머리에 사슴뿔이
난 신이 있는데 이 신이 태일신이다.[149] 태일신의 아래쪽으로 두명의 신
이 따르고 있고, 청룡과 황룡 두 용이 좌우에서 호위하고 있으며, 뇌공(雷
公)과 우사가 좌우로 앞에서 인도하고 있다. 황제의 행차를 호종했던 풍
백과 우사에 상응하는 뇌공과 우사가 여기에도 나타나 있다. 황제와 태
일신 모두 천계를 지배하는 신이기 때문에 풍백·우사·뇌공 등 기상신(氣
象神)의 호위를 받는 것으로 표현된다.

---

[149] 옆구리 아래의 '사(社)'자로 인해 사신(社神)으로 추정하기도 한다.

(3) 하백 혹은 해신의 행차도

「태일장행도」 다음으로는 후한 환제(桓帝) 무렵, 148년쯤에 건립된 산동성 무량사(武梁祠) 석실에 새겨진 하백(河伯) 혹은 해신(海神)의 행차도가 있다.

화상석을 살펴보면 하백 혹은 해신으로 추정되는 신이 채찍을 들고 세 마리의 물고기가 모는 수레를 타고 있다. 수레 앞의 한 사람은 홀(笏)을 쥐고 무릎을 꿇은 채 수레를 맞이하고 있고, 수레 뒤의 한 사람은 홀을 쥐고 수레를 공손히 배웅하고 있다. 수레 선방 및 좌우로는 물고기를 탄 무사들이 창 종류의 무기를 들고 호위하고 있으며 수많은 물고기들이 수레 주위를 따라가고 있다. 아울러 갯과(科) 계통의 맹수가 수레 뒤를 쫓아가고 물고기 지느러미가 달린 인어 종류의 사람도 헤엄쳐 따라가고 있다. 앞서의 황제나 태일신과 달리 수중 세계의 지배자인 하백 혹은 해신의 행차답게 물고기와 인어, 물고기를 탄 무사가 호종하고 있는 것이 특징적인 모습이다.

우리는 이 그림을 통해 고구려 주몽(朱蒙)신화의 한 장면을 상상해볼 수 있다. 주몽이 동부여(東夫餘) 군에게 쫓겨 강가에 이르렀을 때 외할아버지인 하백에게 빌었더니 물고기와 자라 등이 몰려와 다리를 만들어주었다는 이야기는 이처럼 어류를 부리고 다니는 하백의 위세를 염두에 둘 때 더욱 실감 난다 할 것이다.

(4)「중산출유도」

하백 혹은 해신의 행차도 다음으로는 남송 시기 공개(龔開)에 의해 그려진 「중산출유도(中山出遊圖)」가 있다. 「중산출유도」는 유명한 귀신의 우두머리인 종규(鍾馗)와 그의 누이동생의 행차도이다. 종규는 악귀를 잡아먹거나 쫓아낸다는 귀신 중의 귀신이다.[150] 그림을 보면 처음의 교자를 탄 신이 종규이다. 종규는 긴 도포를 입고 오사모(烏紗帽)를 쓰고 텁석부리의 형상을 하고 있다. 여러 잡귀와 요괴들이 교자를 메거나 종규의 보검을 들고 호종하고 있다. 다음의 교자를 탄 신은 종규의 누이동생이다. 그녀는 연지 대신 먹으로 화장을 했다. 이것은 귀신의 표징이기도 하다. 그녀를 모시는 잡귀들은 여귀(女鬼)이다. 귀신의 세계에서도 남녀의 분별이 명확함을 알 수 있다. 교자를 탄 이들 두 신의 뒤로는 여러 잡귀와 요괴들이 짐 보따리를 들고 따르고 있다.

종규의 행차를 그린 「중산출유도」에 이르러 황제의 행차에서 보였던 강력한 지배권력의 의도 같은 것은 발견하기 어렵다. 당당히 귀신과 요괴 들을 부리는 종규의 행차 모습에서 우리는 종규를 통해 귀신·요괴 등의 사악한 존재를 처단하고 쫓아내고 싶어하는 고대인의 의지를 읽을 수

---

150 종규에 대한 설화는 다음과 같다. 종규는 원래 당 현종(玄宗) 때의 인물로 무과에 급제하지 못해 자살했는데, 학질에 걸린 현종의 꿈에 큰 귀신으로 나타나 작은 귀신을 잡아먹으니 현종의 병이 나았다고 한다. 이로부터 귀신을 쫓는 신으로 숭배되었다. 송대의 『몽계필담(夢溪筆談)』, 명대의 『천중기(天中記)』 등에 관련 기록이 있다.

있다. 즉 벽사의 의지가 이 그림에 담긴 사실상의 의도이다.[151] 그러나 벽사 능력 역시 지배권력을 전제로 성립되는 것이다. 종규의 귀신·요괴 등에 대한 강력한 통제력을 바탕으로 그를 통한 벽사에의 기대가 생겨났기 때문이다. 이로 미루어 우리는 앞서의 황제 행차, 「태일장행도」, 하백 혹은 해신의 행차도 같은 것들도 천상이나 수중 세계에 대한 강력한 지배권력을 바탕으로 일정한 벽사 능력을 의도하고 있음을 알 수 있다.

(5) 후대에의 영향: 「반차도」

이제 우리는 이러한 신들의 행차도가 후세에 어떻게 영향을 미쳤는지 한가지 예를 들어 살펴보고사 한다. 1795년 윤2월 9일 조선의 정조(正祖)는 어머니인 혜경궁(惠慶宮) 홍씨의 회갑을 맞아 돌아가신 아버지 사도세자(思悼世子) 즉 장조(莊祖)의 능묘가 있는 화성(華城, 수원)의 현릉원(顯隆園)을 향해 참배의 길을 떠난다. '을묘원행(乙卯園幸)'으로 불리는 정조의 이 화성 행차는 8일에 걸쳐 이루어졌는데, 당시 행차의 장엄하고 화려한 모습을 그린 「반차도(班次圖)」가 지금까지 전해온다. 「반차도」는 정조와

---

151 중국에서는 그림의 작자 공개의 작화(作畵) 의도를 원조(元朝) 치하 송 유민(遺民)의 저항심을 표현한 것으로 읽기도 하나, 이러한 정치색을 염두에 두지 않고 그림을 본다면 벽사의 취지가 보다 자연스럽다.

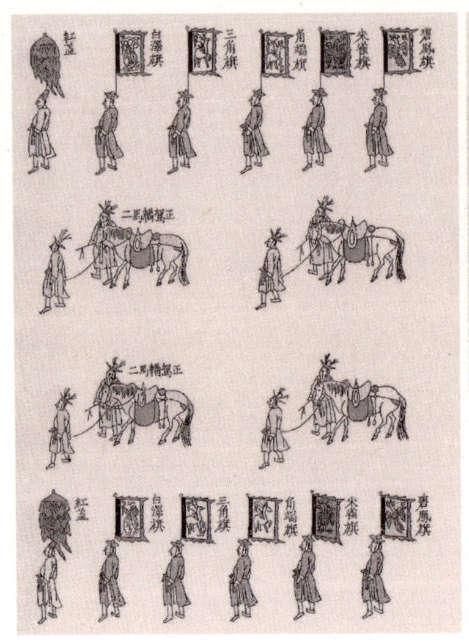

왼쪽부터 정조의 능행을 묘사한 『원행을묘정리의궤(園幸乙卯整理儀軌)』 속 백택기의 전모와 세부(1797, 한국학중앙연구원 장서각 소장)

혜경궁 홍씨, 그리고 왕족들을 대소 문무관원(文武官員)과 정예 병력이 일정한 대오를 이루어 모시고 가는 광경을 단원 김홍도의 지휘하에 당대의 일류 화공들이 그린 것이다.[152]

그런데 「반차도」의 구성에서 실제 인원 이외에 주목해야 할 것은 깃발이다. 실제 인원이 현실 조직을 표현한다면 깃발은 무엇인가의 상징이기 때문이다. 깃발 중에는 청룡(青龍)·백호(白虎)·주작(朱雀)·현무(玄武)의 4신기(四神旗)가 우선 눈에 띈다. 고구려 고분에서 방위신(方位神)으로 그려진 이래 유구한 전통을 이어온 것이리라. 청도기(淸道旗)도 보이는데, 그 뜻이 황제의 행차에서 앞길을 쓸고 닦았던 풍백과 우사의 역할을 생각게 한다. 물론 행차 앞에 얼씬거리는 잡인(雜人)을 금한다는 취지의 깃발이기도 할 것이다. 백택기(白澤旗)에 이르러 우리는 「반차도」에 남아

152 「반차도」 및 정조의 화성행차와 관련된 내용은 한영우 『정조의 화성행차』(효형출판 2007) 참조.

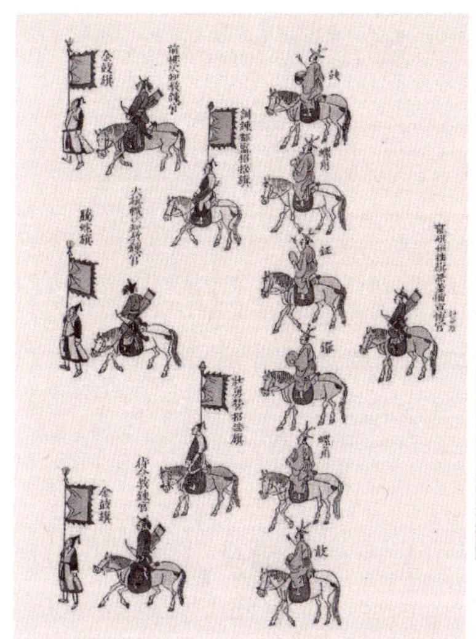

왼쪽부터 『원행을묘정리의궤』 속 등사기의 전모와 세부

있는 황제 신화의 기미를 완연히 포착하게 된다. 백택은 황제 때에 출현했던 신성한 동물로 황제에게 이 세상의 모든 귀신과 요괴에 대해 소상히 알려주었다고 하는 신화의 주인공이다. 그렇다면 백택기의 효용은 무엇인가? 귀신과 요괴 들의 접근을 막기 위함일 것이다.

마지막으로 「반차도」에 대한 황제 행차의 직접적인 성향을 말해주는 유력한 증거가 있다. 등사기(騰蛇旗)가 그것이다. 등사는 본래 '등사(螣蛇)'인데 용의 일종으로 구름과 안개를 일으켜 그 속에서 노니는 신령스러운 동물이라 한다.[153] 이 동물은 황제의 행차에 등장한 바 있다. 이 등사기를 통해 우리는 「반차도」에 미친 황제 행차의 영향을 짐작해볼 수 있는 것이다. 흥미로운 것은 조선시대 임금의 행차는 『국조오례의(國朝五禮儀)』에 규정된 형식에 의거하는데, 등사기는 이 책에 근거가 없는데도 불

---

153 『爾雅』「釋魚」: "螣, 螣蛇." 郭璞 注: "龍類也. 能興雲霧而遊其中."

구하고 정조의 화성 행차에서 사용되었다는 사실이다.[154]

2) 요괴들의 행렬, 그 정치성

중국신화를 보면 요괴의 이미지를 포착하기 위한 노력과 관련된 이야기들이 있다. 가령 앞에서도 잠깐 언급한 바 있는 백택에 대한 신화가 그것이다.

황제가 동해를 시찰하다가 백택이 출현하였는데 온갖 사물의 사정에 통달하였다. 그 내용을 백성들에게 알려주어 재앙을 제거하도록 하였다.

黃帝巡于東海, 白澤出, 達知萬物之情, 以戒于民, 爲除災害.[155]

황제가 천하를 시찰하던 중 동해 근처 환산에 올랐다가 바닷가에서 백택이라는 신령스러운 동물을 얻었는데 말을 할 줄 알고 온갖 사물의 사정에 통달하였다. 그리하여 천하 귀신의 일에 대해 물었더니 자고이래 기운이 요물로 된 것, 떠도는 혼이 변한 것 등 1만 1520종에 대해 말해주어 황제가 그것들을 그리게 해 천하에 공표하도록 했다.

帝巡狩, 東至海, 登桓山, 于海濱得白澤神獸, 能言, 達于萬物之情. 因問天下鬼神之事, 自古精氣爲物遊魂爲變者, 凡萬一千五百二十種, 白澤言之, 帝令以圖寫之, 以示天下.[156]

---

154 『國朝五禮儀』「嘉禮」 노부(滷簿)를 살펴보면 백택기는 있으나 등사기는 없다.
155 『開元占經』 卷116에 인용된 『瑞應圖』.
156 『雲笈七籤』 卷100에 인용된 『軒轅本紀』.

이 내용은 두가지 의미를 지시한다. 한가지는 황제가 백택의 도움을 받아 천하의 요괴들을 지배할 수 있는 능력을 갖게 되었다는 사실이고, 또 한가지는 요괴들에 대한 지배가 그들의 이미지를 장악함으로써 이루어진다는 사실이다. 즉 요괴 그림은 마치 부적 같은 효과를 발휘하여 백성들로 하여금 요괴로 인한 재앙에서 벗어나게 해준다. 흥미로운 것은 천하 요괴들의 수를 1만 1520종이라고 명시한 것이다. 이것은 현대 남미의 소설에서 흔히 구사되었던 주술적 리얼리즘(magical realism)의 표현 기법이다.

최고신 황제에 이어 황하의 홍수를 다스리고 성군이 된 우임금에게도 요괴들의 이미지 장악과 관련된 신화가 있다.

옛날 우임금이 훌륭한 덕으로 다스리고 있을 때에 먼 곳에 있는 나라들로 하여금 그곳 사물의 형상을 그려서 바치고 구주의 쇠를 바치게 하였다. 그것으로 세발솥을 주조하고 그 위에 각지의 풍물을 새겨 온갖 사물의 형태를 갖추어 백성늘로 하여금 신텅스러운 깃과 요시스러운 것을 파악하게 하였다. 그리하여 백성들은 강이나 호수, 산림에 들어가도 괴물을 만나지 않게 되었으며 도깨비를 만나도 그 해를 입지 않았다. 이로써 상하가 서로 화합하여 하늘의 도움을 받았던 것이다.

昔夏之方有德也, 遠方圖物, 貢金九牧, 鑄鼎象物, 百物以爲之備, 使民知神奸. 故民入川澤山林, 不逢不若, 螭魅罔兩, 莫能逢之. 用能協上下, 以承天休.[157]

---

157 『左傳』宣公 3年.

우임금이 세발솥 위에 천하 각지의 온갖 사물을 새겨 백성들로 하여금 요괴들의 정체를 파악하게 하여 어디를 가든 피해를 입지 않도록 배려했다는 이야기이다.

황제의 경우와 마찬가지로 우임금 역시 이미지를 통해 요괴들을 지배할 능력을 갖게 되고 백성들에게 통치자로서의 혜택을 베풀게 된다. 가장 오래된 신화책이자 온갖 신과 요괴들에 대한 기록인 『산해경』은 우임금이 지었고 본래 그림의 형태였다고 전해진다. 그렇다면 『산해경』은 단순한 신화책이 아니라 신과 요괴 들의 상상계를 지배하기 위한 무서운(?) 책인 셈이다. 이미지를 통해 요괴를 장악한다는 고대 중국의 이러한 벽사 관념에 유의하면서 다음의 도상 자료들을 살펴보자.

(1) 「기남 요괴행렬도」

산동성 기남(沂南, 이난)현에서 출토된 화상석에 새겨진 요괴행렬도이다. 시기는 후한 후기(147~220) 무렵으로 추정된다. 기기묘묘한 각종 요괴들이 행렬을 지어 난무하는 모습으로 무척이나 생동적이다.

이 그림은 어느 정도 『산해경』의 요괴 표현 양식을 계승하고 있는 것으로 여겨진다. 『산해경』의 각처 요괴들에 대한 서술은 무당 및 방사들의 상상계에 대한 인식과 장악 의도를 표현한 것으로, 「기남 요괴행렬도」 역시 당시 존재하던 천지사방 요괴의 모습을 드러내 보여줌으로써 그들의 준동(蠢動)을 통제하고 재앙을 방비하려는 벽사의 의도를 담고 있기 때문이다. 아울러 이러한 그림 형식은 후대의 요괴행렬도에 대해 원형으로서의 의미를 지니게 된다.

위부터 중국 산둥성 이난현에서 출토된 요괴행렬도 사진과 선묘 재배열(147~220년경)

(2) 「백귀야행회권」

일본 에도시대에 성립된 것으로 추정되는 「백귀야행회권」은 한밤중에 온갖 요괴들이 횡행하는 모습을 그린 두루마리 그림이다. 같은 동아시아 문화권이라 하더라도 일본의 요괴는 한국 또는 중국의 그것과는 다른 양상을 보인다. 거북이 등에 탄 개구리 요괴가 있는가 하면 떡시루 요괴도 있고 솥뚜껑 요괴, 수석(壽石) 요괴도 있다. 동물 정령 외에 일상 사물 정령이 많은 것이 특징이다. 요괴가 한중 양국에 비해 훨씬 일상화되어 있다고도 볼 수 있다.[158] 따라서 이 그림 속의 요괴들은 앞서 「기남 요괴행

---

158 졸고 「중국 상상력의 시각에서 본 일본 문화산업 속의 요괴 모티프」, 『사라진 신들과의 교신을 위하여』(문학동네 2007) 292~93면.

에도시대에 제작된 것으로 추정되는 「백귀야행회권」 전도와 세부(종이에 채색, 두루마리 제본, 1044.5x34.7cm, 효오고兵庫현립역사박물관 소장)

렬도」의 그로테스크한 분위기와는 달리 익살맞고 친근한 느낌마저 자아낸다. 정체를 드러내 통제한다는 엄숙한 취지가 느슨해지고 감상과 동락(同樂)의 취향이 엿보인다. 그러나 행렬도라는 큰 틀에서 보면 「백귀야행회권」역시 「기남 요괴행렬도」의 양식과 의도성에 멀리 뿌리를 두고 있는 것으로 보인다.

(3) 후대에의 영향: 「센과 치히로의 행방불명」의 요괴 행렬

요괴행렬도가 현대에 와서 변용된 모습을 우리는 미야자끼 하야오(宮崎駿) 감독의 애니메이션 대작 「센과 치히로의 행방불명」(2001) 속 요괴 행렬 광경에서 발견하게 된다. 주인공 소녀 치히로가 숨어들어간 마녀 유바바의 온천장은 일본 전역의 요괴들이 목욕을 하러 오는 휴양소이다. 요괴들이 열을 지어 온천장으로 향하는 모습은 「백귀야행회권」의 요괴들의 행진과 방불하다. 실제로 개구리 요괴, 카오나시 등 몇몇 요괴 캐릭터는 「백귀야행회권」을 비롯한 전통 요괴 관련 자료에서 취한 것이다. 일본의 문화산업은 그들 특유의 요괴문화와 깊은 관련이 있다.[159] 「백귀야

행회권」의 요괴 이미지만 하더라도 애니메이션·만화 등에서 많이 활용되고 있다.

애당초 '보여지는 대상'으로서 출발한 요괴행렬도는 눈을 즐겁게 해줄 '볼거리'로 변용될 소지가 충분하다. 「기남 요괴행렬도」부터 「백귀야행회권」까지 분위기의 추이는 이러한 변용의 가능성을 보여준다. 바로 이 점과 관련하여 우리는 일본의 요괴문화를 바탕으로 한 문화산업 흥기의 한 요인을 생각해볼 수도 있을 것이다.

맺는말

이 글에서는 동아시아에서 신들의 행차와 요괴들의 행렬이 담고 있는 정치성에 대해 살펴보았다. 먼저 황제의 행차로부터 정조 때의 「반차도」에 이르기까지 신들의 행차를 살펴보았을 때, 그 정치적 함의는 천계·수중 세계 등 상상계에 대한 지배권력의 과시와 더불어 이에 수반되는 일정한 벽사의 의도로 파악되었다. 아울러 「반차도」 고찰과 상관하여 추리할 수 있는 것은 전우주의 지배자인 황세의 행차가 후대 제왕들의 행차에 대해 범례로 기능하지 않았나 하는 점이다. 당쟁 속에서 왕권강화를 모색하던 정조 시기의 「반차도」에서 강력한 신권의 표현인 황제 행차의 구성 요소가 발견된 점이야말로 이러한 추리를 가능케 하는 증거라 할 것이다.

다음으로 요괴들의 행렬을 「기남 요괴행렬도」부터 일본의 「센과 치히로의 행방불명」에 이르기까지 살펴보았을 때, 이들은 본래 행차도와

---

159 같은 책 283~85면.

는 달리 이미지의 장악을 통해 요괴를 통제하려는 목적에 의해 '보여지는 대상'으로서 그려졌으며 그 결과 벽사의 취지가 두드러짐을 알 수 있었다. 아울러 「센과 치히로의 행방불명」의 변용 사례를 통해 이들 이미지 자료가 현대에 이르러 문화콘텐츠로 용이하게 전화될 수 있는 볼거리로서의 내재석 속성을 인식할 수 있었다.

신들의 행차와 요괴들의 행렬에 담긴 정치적 함의를 종합할 때, 우리는 고대 동아시아에서 권력의 지배범주가 현실계에 그치지 않고 상상계에까지 미쳤음을 알 수 있다. 가령 제왕은 신민(臣民)뿐만 아니라 신과 요괴에 대해서까지 권력을 행사할 수 있다고 믿었던 것이다. 중국의 경우 역대 황제가 지상의 신들과 요괴들을 관리하는 도교 교주, 즉 천사(天師)에게 관작(官爵)을 부여한 것이 그 실례이다.[160] 이러한 현상은 상상계를 현실계와 상응하는 주술적 현실(magical reality)로 긍정하는 고대 동아시아적 세계관의 소산이라 할 것이다.

---

160 심지어 북송 휘종의 경우는 '교주도군황제(敎主道君皇帝)'가 되어 천상·지상·지하 세계까지 직접 통치하는 권한을 갖게 된 것으로 상상되었다. 任繼愈 主編 『中國道敎史』 (上海: 上海人民出版社 1990) 474~75면.

결론

> 누군가를 사랑한다는 것은 그가 살기를 바라는 것이니
> 여러분께 이 책을 드리는 것 또한 서로 사랑하는 도리에서입니다.
> 愛之, 欲其生. 愚嘗以此爲諸君子贈, 亦相愛之道也.
> ──조선 명종 때의 도인이자 시인 북창(北窓) 정렴(鄭磏)

객관적 언술로 의제(擬製)해 표현하자면 이 책은 주변부, 제3지대의 학자가 신화를 연구하면서 느낀 곤혹과 그것을 타개하기 위해 고군분투한 학문적 과정을 열정과 냉정, 논리와 감성의 교치 속에서 써내려간 글들로 이루어져 있다. 책을 마칠 무렵이면 항상 느끼는 바이지만 강렬한 미완의 정서 때문에 모험을 하고 있다는 생각에 사로잡힌다. 태생적으로 불완전한 인간이 완벽을 기한다 하더라도 언제나 결과는 만족스럽지 못하며, 그것이 자연스러운 일이라는 것을 잘 알고 있다. 모든 이데올로기가 그러하듯이 완벽이란 또 하나의 기만이다. 이 부족한 책을 이제 마무리할 시점에 이르렀다.

이 책에서는 중국신화 연구의 이면을 지배하는 관념인 오리엔탈리즘과 시노센트리즘에서 유래하는 문제점들에 대해 비판적으로 검토하고

그 대안을 모색, 제시한 후 비교학적 관점과 상호텍스트적 시각에 입각하여 다양한 주제의 신화들에 대해 케이스 스터디를 수행하였다. 다시 말해 이 책은 체(體)와 용(用), 이론과 실천의 체재를 의식하며 쓰였다.

우리는 오리엔탈리즘에서 유래하는 중국신화 연구의 문제점들을 창세신화 부재론·오이디푸스 콤플렉스·설화 삼분법 등으로 파악하였고 다시 시노센트리즘에서 유래하는 중국신화 연구의 문제점들을 중원문명론·문화속지주의 등으로 정리하였는데, 이러한 문제점들은 종족적, 문화적 편견에 기인하거나 타자성을 인정하지 않으려는 서구중심주의 혹은 중화주의적 관념의 소산임을 알 수 있었다. 이 두 관념의 공통점은 결국 고대이든 근대이든 제국의 획일화와 동화라는 지배론이고, 이를 극복하기 위한 대안으로 주변문화론에 의한 제3의 신화학, 즉 제국의 에피스테메를 넘어서는 새로운 신화학을 제시하였다. 이는 저자가 이미 개념을 제기한 바 있는 제3의 동양학의 신화학적 실천이기도 하다.

이어서 케이스 스터디에서 비교학적 관점을 통한 중국과 서구의 창세신화·오이디푸스 신화 유형·반인반수 신화 유형·현대 문화콘텐츠 등을 검토한 결과 양자의 변별적 차이성을 인식할 수 있었고, 중국신화의 고유한 논리와 세계관을 파악할 수 있었다. 상호텍스트적 시각을 통해서는 중국신화의 개념·동아시아 문화적 위상 등을 진단하고『산해경』에 대한 새로운 독법을 시도하며 중국신화와 한국문화의 관련성 등을 탐색하였는데, 중국신화의 공유문화적 성격·『산해경』 문화의 원상·중국신화의 주변문화에서의 변용 등을 확인할 수 있었다. 이러한 다양한 논의들을 통해 주변문화론에 의한 제3의 신화학적 시각의 필요성과 유효성이 검증되었기를 바란다.

동아시아 신화학은 그간 오리엔탈리즘과 시노센트리즘 양자로부터 속박을 받아 스스로의 위상을 마련하지 못하였다. 지금까지가 동아시아 신화학이 민족별로 학문적 체계를 수립하는 과정이었다면 앞으로는 오리엔탈리즘과 시노센트리즘의 편견으로부터 자유로운 범-동아시아 신화학의 수립이 긴요한 시점이 아닌가 한다. 그리스신화를 표준으로 한 서구신화학에서 벗어나고 중국신화 중심의 일방적 영향론으로부터 탈피한 동아시아 신화학이야말로 전지구화 시대에 특정한 상상력의 범람과 잠식을 억지하고 문화의 원형을 균형 있게 사유하는 토대가 될 것이다. 동아시아 신화학의 주요 구성원으로서 한국의 중국신화학은 차제에 서구와 중국의 신화학과 변별되는 제3의 시각을 선취함으로써 공평무사한 신화학의 정립에 노력해야 할 것이다.

그러나 차이의 공정한 신화학을 지향하는 이른바 제3의 신화학은 기존의 양대 신화학이 그래왔듯 배제와 차별의 기조 위에서 서구와 중국을 도외시하는 길을 걸어서는 안 될 것이다. 양자에 대한 지양은 다원적 통합을 위한 전제라는 차원에서 의미를 지닌다. 따라서 오늘의 신화학이 모색하는 제3의 길, 곧 제3의 신화학이란 분리-재통합의 통과의례 모식(模式)이 시사하듯 서구신화학과 중국신화학의 편견을 지양하면서도 이들이 이룩한 훌륭한 성취를 존중하여 일층 고양된 지평에 도달한 신화학을 말한다. 이러한 의미에서 우리가 추구하는 신화학은 전략적, 과정적 차원에서는 반오이디푸스, 탈중원의 신화학이 될 것이지만 다원적 재통합의 궁극적 차원에서는 제3의 신화학으로 불리게 될 것이다.

부록

반오이디푸스의 신화학을 향하여

나까자와 신이찌 교수와의 대담*

나까자와 선생님께

　1. 이른바 신화의 귀환이 운위될 만큼 오늘날 신화에 대한 관심과 인식이 보편화되고 있습니다. 근대 이후로는 아마 낭만주의 시대의 신화에 대한 열기를 재현한 것과 같은 그러한 현상이 지속되고 있습니다. 가령 한국의 경우를 예로 든다면 최근 그리스신화를 중심으로 신화서가 출판시장에서 크게 호황을 누렸고 '반지의 제왕'이나 '해리포터' 시리즈 같은 판타지 문학이 대중석으로 각광을 빛고 있는 상황입니다. 아마 전 세계적 현상의 일환이라 할 것 같은데, 이제 대중적 열풍을 잠시 뒤로하고 신화의 본질에 대한 진지한 성찰이 필요한 시점이 아닌가 합니다. 이러한 의미에서 나까자와 선생님의 저작 『신화, 인류 최고의 철학』(人類最古の哲學, 講談社 2002)은 시의적절한 책이었습니다. 한국의 독자들에게도

---

* 이 글은 『교수신문』 주최로 일본 게이오오대학 나까자와 신이찌(中澤新一) 교수와 가진 지상대담(2003.10.1~12. 22)을 정리한 것으로, 원제는 '한일 석학 신화대담: 정재서 교수와 나카자와 신이치 교수의 만남'이다. 최근의 신화 현상과 현행 신화학의 문제점을 다룬 이 대담에서 저자의 발언 부분은 이 책에서 전개된 제3의 신화학적 취지를 재천명한 언설로 보아도 좋을 것이다.

신화의 의미와 가치를 잘 각인시킨 훌륭한 신화 입문서로 기억되고 있습니다. 저자인 나까자와 선생님과 함께 인류 공통의 관심사인 신화에 대해 이야기할 기회를 갖게 된 것을 무척 기쁘게 생각합니다.

2. 먼저 작금의 신화 열기(중국의 학계에서는 이러한 현상을 정말로 '신화열'이라고 표현하기도 했습니다)가 과연 어떤 원인에서 생겨났으며 이것이 과거 사조에 대한 반동으로 반짝 일어난 현상인지, 아니면 지속적으로 우리의 삶에 중요한 작용을 미칠 사안인지 한번 생각해보아야 하겠습니다. 일단 저는 신화의 흥기가 이른바 문명의 전환기라 할 현 시점에서 인류 의식의 패러다임의 변혁과 긴밀히 상관된 현상이라고 생각하고 일시적 반동 현상으로 보지 않습니다. 물론 근대 이래의 과학적, 기계적 사고에 대한 반동으로 신화적 감수성이 반사적으로 필요해진 측면도 없지 않으나 그것은 문제를 너무 피상적으로 보는 것이죠.

저는 두가지 측면에서 신화의 도래가 필연적이었고 앞으로도 불가결해질 것이라고 생각하는데요. 첫째는 앞으로 인류의 의식이 보다 통합적이고 전일적인 사고를 지향할 것이라는 예측에서이고, 다른 하나는 향후 인류를 둘러싼 매체환경이 신화적 상상력의 활발한 작동에 온상을 제공할 것이라는 판단에서입니다. 다시 말해 정신적, 물질적 양 차원에서 신화는 앞으로도 지속적으로 호황(?)을 누릴 근거를 갖고 있습니다.

그런데 중요한 것은 바로 이 지점에서입니다. 신화가 이미 기득권적인 중요성을 지닌다 할 때 차제에 필요한 것은 신화에 대한 예찬이 아니라 냉철한 검증과 비판이 아닌가 합니다. 이러한 자세만이 향후 신화의 범람으로부터 불가피하게 빚어질 오용과 남용을 견제할 수 있을 것입니다. 이와 같은 의미에서 최근의 신화에 대한 대중적 열기에는 어딘지 냉정한 인식이 결여된 것 같아 아쉽습니다.

　3. 앞에서 신화 흥기의 원인에 대해 짚어보았고, 다음으로 신화의 본질에 대해 생각해보아야 하겠습니다. 아시다시피 그리스 초기에 미토스(Mythos)는 진리에 가까운 이야기였고, 로고스(Logos)는 허구성을 띤 이야기였습니다. 이 관계가 정반대로 역전되는 것은 플라톤 이후입니다. 인문주의 시대로 진입하면서 신화는 허구의 나락으로 떨어진 것이죠. 이후 신화는 우의설(寓意說) 등에 의해 겨우 존재를 유지해오다가 근대 이후 셸링(Friedrich W. J. von Schelling), 카시러 등에 의해 내재적 가치를 인정받고 레비스트로스에 이르러 자명성(自明性)을 획득하게 됩니다. 선생님은 특히 레비스트로스에 주목하여 구조주의의 길을 따라 신화적 논리가 갖는 힘을 잘 설명하셨습니다. 신데렐라 민담을 통해 양극적인 것들을 매개, 결합시키는 신화적 논리의 특성을 웅변하신 것은 압권입니다.
　신화적 논리가 갖는 통합적인 힘, 그것은 선생님의 말씀대로 세계를 조화롭게 만들고자 하는 원시인류의 지혜임에 틀림없습니다. 그러나 그러한 신화적 사고가 초래할 십난주의, 전제주의의 위험도 간과할 수 없지 않나 합니다. 우리에게는 나치와 일국주의의 광기에 대한 아픈 기억이 있습니다. 그러한 광기가 신화적 사고의 오용에서 비롯됐음은 이미 많이 지적된 바 있습니다. 저는 신화가 인류의 집단무의식의 표현이기도 하지만 종족의 서사이기도 했다는 점에 주목하고 싶습니다. 이 점은 신화가 보편성을 지니고 있지만 언제라도 편파성으로 치달을 소지를 지니고 있다는 사실을 말해주고 있습니다. 신화의 양면성에 대한 인식이야말로 신화의 본질에 대한 올바른 인식이 아닌가 합니다.

4. 앞에서 신화가 갖는 국한성에 대해 말했는데 이와 관련하여 저는 신화담론, 곧 신화학의 국한성에 대해서도 언급하고 싶습니다. 세계 각국에 있는 개별 신화의 가치는 평등하다 하겠으나 사실 신화학의 세계는 평등하지가 않습니다. 근대 이후의 신화학은 인도·유럽 민족의 기원을 탐색하고 서구의 문화적 우월성을 보증하기 위한 의도와 긴밀히 상관되어왔습니다. 신화의 개념·분류 등 신화 일반론은 그리스신화를 표준으로 하여 결정되었으며, 이 잣대는 세계 모든 지역의 신화에 일률적으로 적용되어왔습니다.

그런데 사실 다른 지역의 신화에 비해 그리스신화는 일찍부터 원시성을 상실하고 훨씬 인문화되고 문학화되어 있습니다. 문제는 특정한 지역의 신화에서 도출된 코드로 타문화를 해석할 때 생겨납니다. 가령 오이디푸스 유형은 인도·유럽어족 이외의 종족에게서는 찾아보기 힘든 지역적 국한성을 지닌 신화입니다. 그러나 이 신화에서 도출된 오이디푸스 콤플렉스라는 코드로 우리는 모든 문화를 다 읽어낼 수 있는 것으로 상상해왔습니다. 마치 프로크루스테스의 침대와도 같은 이러한 일방적인 잣대에 의해 비서구 문화의 특성은 사상될 수밖에 없습니다.

근대 초기에 중국은 서구 학자들에 의해 제기된 '창세신화 부재론'에 시달려야 했습니다. 중국에는 서구처럼 서사체계가 완전하고 창조적 의미가 풍부한 신화가 존재하지 않는다는 편견이었는데, 사실 오늘날의 중국신화학에서도 서구신화학의 정의나 분류법이 과연 중국에 들어맞는가에 대해서는 논란이 많습니다. 상술한 이러한 문제들을 신화학자 혹은 문화연구가로서 선생님은 어떻게 다루고 계신지 궁금합니다.

5. 저의 일본문화에 대한 소감을 한마디로 표현하라면 "일본은 신화가

살아 있는 나라이다"라는 말입니다. 지난 일년간 일본에 가 있으면서 줄곧 느낀 것이 바로 이것이었습니다. 아울러 일본이 전통적인 상상력과 이미지의 유산을 바탕으로 오늘날 애니메이션·만화 등 문화산업을 세계 최고 수준으로 이룩한 것은 진정 부러운 일이었습니다. 그러나 선생님은 문화산업에서의 신화 수용을 환각제에 비유하면서 진정한 신화의 힘과는 거리가 먼 유사신화적 행위로 날카롭게 비판하였습니다. 그렇습니다. 오늘날 신화적 상상력의 무대가 되고 있는 사이버공간은 가상현실의 공간이기 때문에 이곳에서 펼쳐지는 신화적 상상력도 유사신화로서의 작용밖에 하지 못할 것입니다. 그러나 가상현실은 향후 싫든 좋든 우리 삶의 중요한 토대가 될 것임에 틀림없습니다. 그렇다면 이 새로운 현실 위에서 진정한 신화의 힘을 체득하는 방안은 무엇일까요? 다시 말해 가상현실 속에서의 재신화화는 어떻게 가능한 것인지 그 방안을 듣고 싶습니다.

이상 장시간 대담에 응해주셔서 감사합니다.

정재서 선생님께

김옥희(金玉姬) 선생님의 도움으로 '까이에 소바주'(Cahier Sauvage) 시리즈 제1권 『신화, 인류 최고의 철학』 한국어판이 출판되어(동아시아 2003) 다행히 많은 독자의 호응을 얻고 있다는 이야기를 듣고 매우 기뻤습니다.

일본열도 최초의 국가가 이미 고도로 발달된 상태였던 한반도의 문화로부터 직접적인 영향을 받아 탄생했다는 것은 널리 알려져 있는 사실입니다. 또한 초기 국가가 편집한 『고사기(古事記)』나 『일본서기(日本書紀)』

같은 신화집의 소재 대부분이 한반도 사람들 사이에서 전승되던 신화의 영향을 받았으며, 신화집의 편찬 과정에도 한반도 출신의 지식인들이 중요한 역할을 했다는 점 역시 역사학에 의해 입증된 바 있습니다.

우리 일본인은 까마득한 옛날부터 신화를 통해 한반도 사람들과 깊이 연결되어 있었던 셈입니다. 따라서 오늘 이렇게 신화를 화제로 정선생님 같은 한국을 대표하는 지식인과 대담하게 되어 감회가 깊습니다. 왜냐하면 과거에 신화를 정치적으로 왜곡해 이용하려 했던 이데올로기로 인해 양국의 국민 사이에 형성되어야 할 우애가 오랜 기간에 걸쳐 깊은 상처를 입었기 때문입니다.

우리는 이미 순수한 마음으로 신화를 대할 수는 없습니다. 하지만 그렇다고 해서 신화를 무조건 부정해온 근대의 사고법을 그대로 받아들일 수도 없습니다. 신화에 대한 새로운 인식이 필요해졌습니다. 신화에는 '현대란 무엇인가'라는 질문과도 직결된 매우 중요한 문제가 내포되어 있습니다.

정선생님은 보내주신 서간 속에서 네가지 문제제기를 하셨습니다. 네가지 모두 중요한 문제를 내포하고 있는 것들이어서 제가 과연 제대로 답할 수 있을지 확신은 없지만 최대한 성의껏 답하고자 합니다.

첫번째 문제제기로 정선생님은 '요즘의 신화 열기'에 대해 지적하셨습니다. 중국의 최근 출판현황을 보면, '신화고고(神話考古)'라는 제목이 붙은 책이 많이 눈에 띕니다. 그리고 사천성(四川省, 쓰촨성)이나 청해성(青海省, 칭하이성) 같은 지방의 출판물에서는 도교나 라마교 등에 대한 뜨거운 '종교 열기'도 느낄 수가 있습니다. 저는 문화대혁명 당시의 중국을 여행한 적이 있는데, 그 당시로서는 도저히 상상할 수 없는 변화입니다.

일본에서 그와 유사한 '신화 열기'가 일어난 것은 중국에서 문화대혁명이 진행 중이던 때였습니다. 당시의 진취적인 일본 대학생들의 머릿속에서는 비합리적이고 반동적이라며 평가절하해왔던 신화나 민속문화에 대해 열광적인 관심을 갖는 것과, 근대의 상식에 반항하는 (듯이 보였던) 중국 젊은이들의 정치운동이 하나로 연결되어 있었습니다. 이것은 그야말로 역사의 아이러니라고 해야겠지요.

당시의 젊은이들은 대규모 자연파괴를 수반한 일본열도의 도시화와 공업화에 대한 일종의 저항으로서 신화나 민속문화에 대해 열광적인 관심을 보였다고 할 수 있습니다. 그러나 1970년대 후반에 들어서자, 경제의 고도성장과 정치운동의 수많은 좌절에 의해 이런 '신화 열기'는 문화의 표면에서는 냉각되어 점차로 내면화되어갔습니다. 그런 정열은 정치로부터 멀어져서 '정신세계'에 대한 관심으로 바뀌어가고, 표현 영역도 애니메이션이나 만화 같은 서브컬처로 옮겨가게 되었습니다. 그리고 애니메이션 영역에서 되살아난 신화적 사고가 미야자키 하야오의 여러 작품과 같은 뛰어난 작품을 탄생시키면서, 동시에 환상에 사로잡힌 채 개인의 밀실 속에 갇혀 지내는 많은 어린이들을 매우 위험한 정신상태로 몰아넣었습니다.

그렇기 때문에 정선생님이 지적하신 바와 같이 현대의 우리 사회도 신화적 사고를 추구하고자 하는 깊은 충동을 느끼면서, 그런 충동의 발산에 의해 야기되는 정신적 황폐를 지켜보며 신화가 갖는 의미에 대해 계속 생각해가야 합니다. 과연 현대의 우리들은 신화에 대한 관심을 통해 무엇을 회복하고자 하는 걸까요? 저는 '대칭성의 논리'라고 생각합니다. 이 점에 대해서는 '까이에 소바주' 시리즈 제2권 『곰에서 왕으로』(熊から王へ, 2002)와 현재 집필 중인 제5권 『형이상학혁명』(출간 제목 '對稱性人類學',

2004)에서 상세히 논하였으므로, 여기서는 요점만을 간단히 소개하기로 하겠습니다.

신화는 레비스트로스가 지적한 바와 같이 이항대립의 논리의 조합에 의해 이루어져 있습니다. 이를테면 조리한 것과 날것, 연속적인 것과 비연속적인 것 사이에 발견되는 차이를 이용해서 이것을 플러스(+)와 마이너스(−)의 의미가치를 갖는 이항대립으로 만들어 우주의 의미를 둘러싼 복잡한 사고를 전개하려 한 것이 신화입니다. 이런 점에서는 신화의 사고와 오늘날 컴퓨터로 대표되는 과학의 사고가 동일한 역할을 하고 있다고 할 수 있을 것입니다.

하지만 신화에는 과학과 다른 이질적인 측면이 있습니다. 이항대립의 논리를 사용하면서, 신화는 과학에서는 절대로 거론하지 않는 것을 거론한다는 점입니다. 과학은 이 세계가 비대칭적으로 이루어져 있다는 것을 전제로 하고 있습니다. 과학은 인간과 곰 같은 동물을 이질적인 존재로 취급합니다. 그러나 신화에서는 이런 비대칭적인 상황이 뒤집혀 곰과 인간의 동질성을 주장합니다. 신화의 시대에는 곰도 인간과 마찬가지로 말을 했으며, 인간도 원하면 동물로 변할 수 있었습니다. 말하자면 신화에서는 인간과 동물 사이에 대칭적인 관계가 성립되어, 그런 대칭성을 근거로 한 논리에 의해 사람들은 현실세계에서 보이지 않게 된 진리에 대해 생각하려 했던 셈입니다.

이런 '대칭성의 논리'는 우리 현생인류에게 공통적으로 존재하는 '무의식'이 밤낮으로 쉬지 않고 우리 마음속에서 활동하게끔 하는 '무의식의 논리'를 의미합니다. 무의식이 억압을 받거나 부분적으로 개조된 부분에서 의식이 탄생하게 됩니다. 따라서 오늘날의 '신화 열기'를 통해 표면화되고 있는 신화적 사고에 대한 관심의 저변에는 생명 활동에 직결된 무의식의 활동 사이에 막혀 있던 회로를 부활시키고자 하는 충동이 숨어 있다고 할 수 있지 않을까요? 그러나 무의식은 반성을 용납하지 않습니다. 이 점이 '신화에 대한 대중적 열기'가 내포하고 있는 위험성의 원천입니다.

정선생님의 두번째 문제제기는 이 점과 좀더 직접적인 관계가 있습니다. 신화의 사고가 무의식의 영역에 직결된 논리적 과정의 표현이라고 한다면, 그 사고는 '종(種)' 내지 '계급'은 인식할 수 있어도 '개(個)'를 인식할 수는 없습니다. '종'은 대립하는 힘들이 서로 싸우는 여러 종류의 다양체(多樣體)를 만듭니다. 그리고 그 속에서부터 '개'가 탄생하게 되는데, '종의 논리'—이 표현을 최초로 사용한 것은 니시다 키따로오(西田幾多郞)와 동시대인이었던 타나베 하지메(田邊元)라는 쿄오또대학의 철학자였습니다—인 무의식의 사고로는 '개'의 의미를 이해할 수가 없습니다.

따라서 신화가 근대 정치에 이용되었을 때 발생하게 될 엄청난 참화가 예상되었습니다. 실제로 그것은 이딸리아에서 발생한 파시즘과 파시즘의 현실화에 대성공을 거둔 독일의 나치즘에 의해 역사적 현실이 되고 말았습니다. '개'를 인식하지 않는 무의식적인 '종'의 사고의 횡포로 인해 비참한 상황이 초래되었습니다. 이처럼 신화적 사고에는 인류의 희망인 '대칭성의 논리'와 표리관계에 있으면서 엄청난 참화를 초래할 가능성이라는 마이너스적인 측면이 잠재되어 있습니다.

선생님께서 말씀하셨듯이, 이런 양면성에 대한 인식이 결여된 채로 21세기의 신화 연구를 수행하는 것은 불가능합니다. 본래 희망은 위험과 이웃하고 있게 마련입니다. 하이데거가 말한 바와 같이, 그렇다고 해서 우리는 머뭇거려서는 안 됩니다. 신화는 양날의 칼입니다. 함부로 다루면 인류는 또다시 치명적인 상처를 입을지도 모릅니다.

　세번째 문제제기는 아시아인으로서 신화를 연구하는 연구자 모두가 느끼는 어려움에 대한 것이었습니다. 오이디푸스 신화를 예로 들어 이 문제를 생각해보기로 합시다. 레비스트로스는 오이디푸스 신화를 "대지로부터 탄생한 존재인 인류가 안고 있는 최대의 모순"에 대한 하나의 해답으로 생각할 수 있다고 거듭 강조해왔습니다. 다리를 끌며 걷는 오이디푸스 일족은 인류의 대지로부터의 탄생에 대한 기억을 계속 간직해왔습니다. 게다가 모든 인류가 동일한 '대지의 어머니'로부터 탄생한 존재라면, 모든 여자는 자신의 어머니이며 모든 남자는 여자들의 아들이 되는 셈이지요.(이것이 앞에서 서술한 '대칭성의 논리'의 초논리적인 귀결입니다.) 그렇다면 모든 결혼, 모든 성의 결합은 '근친상간'이 되는 셈입니다.

　현생인류가 구석기를 사용한 시대부터 이미 이런 식의 사고를 한 흔적을 발견할 수가 있습니다. 모성을 지닌 '대지'에 대한 사고가 존재하는 한, 인류는 대지성(大地性)으로부터의 완전한 이탈의 불가능함과 근친상간으로서의 결혼의 모순으로부터 벗어날 수 없습니다. 그리스인의 오이디푸스 신화는 이런 모순에 대한 일종의 재치 있는 신화적 해결인 셈입니다. 그러나 그것은 어디까지나 가능한 여러 해결책 중의 하나에 불과하다는 점도 잊어서는 안 됩니다.

　예를 들어 일본에서 전승되어온 '도조신(道祖神)'의 기원설화에 대해 생각해봅시다. 도조신은 도로에 서 있는 신인데, 그 신에 대해 이런 이야기가 있습니다. 옛날에 오빠와 여동생이 있었는데, 둘 다 결혼 상대를 찾아 멀리 길을 떠났습니다. 몇년이 지난 후에 고향에서 멀리 떨어진 곳에서 두 사람은 다시 만나는데, 서로 오누이 사이라는 걸 알아차리지 못한 채 관계를 갖게 됩니다. 무척 기뻐하며 두 사람은 서로의 고향으로 향하게 되는데, 고향이 서로 같고 헤어진 오누이라는 걸 알게 되자 절망해서 자살하고 맙니다. 그 사실을 알게 된 마을 사람이 세운 것이 지금 '도조신'이라고 불리는 도로의 신이라는 이야기입니다.

만약 오이디푸스 신화를 "대지로부터 탄생한 존재인 인류가 안고 있는 최대의 모순"을 해결하고자 하는 신화로서 이해한다면, 이 '도조신 신화'는 오이디푸스 신화의 변형으로서 이해할 수 있을 것입니다. 이런 방향으로 신화 연구를 해나갈 수 있다면, 우리는 근대에 분에 넘치는 권세를 부려온 서구형 신화들을 제자리로 돌려보낼 수 있게 될지도 모릅니다.

네번째로 제기하신 것은 현대문화의 본질에 관한 중요한 문제입니다. 앞에서 제시했던 제 개념을 사용한다면, 경제 원리에 심각한 영향을 받고 있는 현대의 문화는 '비대칭성의 논리'에 의해 구석구석까지 지배당하고 있습니다. 신화적 사고나 혹은 그와 동일한 장소로부터 발생하는 경제 원리와는 이질적인 '증여의 논리' 등은 전부 '대칭성의 논리'로부터 탄생합니다. 오늘날 '가상현실'로 불리는 감각과 사고의 영역은 원래 이 '대칭성의 논리'가 작용하는 무의식의 영역에서 발생하는 것이므로, 그곳이 신화적 사고의 활동에 적합한 무대가 되는 것은 당연하다고 할 수 있을 것입니다. 그러나 거기에 지금은 '비대칭성'을 원리로 하는 경제 원리가 작용함으로써, 오늘날 거대한 애니메이션과 게임 산업이 형성된 것이야말로 위험한 일입니다.

레비스트로스가 "문자를 갖지 않은 사회"라고 하고 제가 "국가를 갖지 않은 사회"라고 했던 사회에서는 현실과 신화, '비대칭성의 논리'와 '대칭성의 논리' 사이에 언제나 타협이나 균형을 유지하고자 하는 신중한 배려를 찾아볼 수 있었습니다. 그런 균형이 생명과 사고의 모순 사이에 균형을 잡아주는 역할을 했을 것입니다. 하지만 이윤추구를 제1원리로 삼는 오늘날의 자본주의는 새로운 개척자로서 무의식의 영역을 발견하고 있으며, 그 선발대로서 게임이나 애니메이션 산업이 발달하고 있다고 저는 생각합니다.

이윤추구형 자본주의는 신화를 이야기하던 사회처럼 균형이나 공생을 배려하지 않은 채 무의식 영역의 개발(착취)을 촉진시켜가겠지요. 신화학자는 그 점에 대해 경고할 의무가 있다고 생각합니다. 과학기술이 실현해가고 있는 '가상현실'을 통해서, 아마도 인류는 신화가 이미 알고 있던 무의식의 영역과의 감동적인 재회를 하게 되겠지요. 그것을 건전한 형태로 실현하기 위해서도 오늘날과 같은 형태의 자본주의는 근본적인 원리부터 다시 만들어가야 합니다. 저는 제 자신이 하고 있는 연구의 의미를 그런 식으로 이해하고 있습니다.

정선생님의 근원적인 문제제기에 적절한 답이 되었는지에 대해 자신은 없습니다. 하지만 매우 자극적인 체험을 할 수 있는 대담이었습니다. 이런 식의 대화를 앞으로도 계속해갈 수 있으면 좋겠다는 생각이 들었습니다. 이런 기회를 주신 것에 깊이 감사드립니다.

그동안 안녕하셨습니까? 연이틀 가을비가 내리더니 서울 시내는 온통 형형색색의 낙엽으로 뒤덮였습니다.

선생님의 답신을 받고 보니 깊어가는 가을 속에서 신화를 통한 대화도 점점 무르익어가는 것을 느낍니다. 선생님의 깊은 통찰이 담긴 신화에 대한 견해는 갈수록 대화의 욕구를 자극하고 새로운 안목을 열어주는 기쁨에 젖게 합니다. 선생님의 다른 훌륭한 저작들도 빨리 읽어보게 되기를 희망합니다.

선생님은 지난번 답신에서 신화에 대한 저의 몇가지 의문을 해소하기에 적절한, 상세하고도 이해가 가는 설명을 해주셨다고 생각합니다. 우선 신화 흥기의 이유, 신화의 양면성, 서구신화학의 편파성, 현대 문화산업에서의 신화 활용의 문제성 등에 대한 선생님의 관점과 처방에 저도 적극 동의합니다. 그러나 이러한 동의에도 불구하고 저는 오늘날 주류라고 인정되어온 신화를 해석하고 연구하는 방식, 즉 신화학의 특정한 경향에 대해 여전히 의문을 지니고 있습니다. 이와 관련하여 발전적 견지에서 다시 몇가지 문제를 제기해보고자 합니다.

서구의 설화 연구에서 준칙이 되는 설화의 삼분법이 있습니다. 설화를 신화·전설·민담으로 구분하는 이 삼분법은 그림 형제가 서구 설화를 바탕으로 귀납, 정리한 이래 타지역의 설화까지 재단하는 원칙이 되어왔습니다. 그러나 근래의 조사에 의하면 서구 이외 상당수의 종족들은 설화를 삼분법으로 인식하지 아니하고 '참된 이야기'와 '꾸며낸 이야기'의 두 종류만으로 인식하는 것으로 밝혀졌습니다. 어떤 이야기를 신화로 간주하느냐 안 하느냐 하는 이러한 인식의 차이 때문에 근대 초기 서구 학자들은 자기네들의 삼분법을 표준으로 "중국에는 신화가 존재하지 않는다"는 단언을 하기에까지 이르렀던 것입니다. 실제로 중국이나 한국 등 동아시아권에서는 소위 신화적인 이야기와 역사전설이 혼재되어 있어서 서구의 엄정한 신화 개념을 적용하기 어려운 경우가 많습니다. 이러한 사례를 통해서도 저는 현행 신화학, 곧 서구신화학의 성과를 표준인 양 맹신할 수는 없다고 봅니다.

오이디푸스 신화에서 제가 주목했던 것은 프로이트가 이른바 오이디푸스 콤플렉스의 근거로서 거론했던 부자갈등, 친부살해의 모티프입니다. 이 모티프는 인도신화에서 바빌론신화를 거쳐 그리스신화·게르만신화 등에 이르기까지 연속성을 지니고 나타나는 모티프입니다. 잘 알려져 있듯이 우라노스를 아들 크로노스가 제거하고 다시 크로노스를 그 아들 제우스가 제거하지 않습니까? 인류학자·비교신화학자 등은 이를 인도·유럽 신화에서 특징적으로 나타나는 모티프로 이미 지적한 바 있습니다. 이와 같은 오이디푸스 신화 유형을 표준으로 기정화하고 이 신화와 유사한 신화를 수많은 동아시아 신화 중에서 몇개 찾아내어 오이디푸스 신화가 보편성을 지닌다고 일반화할 수도 있을 것입니다. 그러나 이 경우 오이디푸스 신화와는 다른 수많은 특성들이 무시될 것입니다. 가령 한국신화의 경우 부자갈등보다는 오히려 부녀갈등의 사례가 더 많이 나타납니다. 이것은 특정한 심리학적 전제로 환원시킬 수 없는 문화환경상의 엄연한 차이가 있기 때문입니다. 신화는 무의식의 소산이고 무의식은 다시 환경의 영향을 받는다고 볼 때, 우리는 신화의 풍토성을 무시할 수 없을 것입니다.

신화의 풍토성과 관련하여 저는 창세신화의 예를 들어보고자 합니다. 우주창조 신화에서 거인의 신체화생설은 세계적으로 널리 분포되어 있습니다. 거인의 죽은 시체의 각 부분이 산도 되고 강도 되고 해도 되고 달도 된다는 이야기인데 중국에서는 반고신화가, 인도·유럽 신화에서는 인도의 푸루샤, 바빌론의 티아마트, 게르만의 이미르 신화가 여기에 해당합니다. 그런데 다 같은 신체화생 모티프이지만 중국과 서구 사이에는 중요한 차이가 있습니다. 우선 거인의 죽음의 방식에 있어 인도·유럽 신화에서는 모두가 살해됩니다. 이 최초의 살해, 최초의 희생에 의해 세계가 생겨납니다. 그러나 중국신화에서는 거인 반고가 수명이 다해 죽으면서 저절로 변화가 일어납니다. 인도·유럽 신화의 살해에 의한 창조 모티프에서 우리는 충격과 갈등에 의해 변화, 발전이 이루어진다는 변증법적 사고의 단초를 보게 됩니다. 이것과 중국의 자화론, 자연발생론은 세계관에서 대조를 보입니다. 또 한가지, 신화학자 브루스 링컨은 인도·유럽 창세신화에서 모든 거인들의 신체가 적대자에 의해 살해된 후 절단되고 분할되어 세계를 만들어낸다는 점에 주목했습니다. 그러니 중국의 반고는 죽은 후 그의 몸이 통째인 상태에서 제각기 변모해나갑니다. 여기에서 우리는 서구의 분석적, 논리적인 사고와 중국의 전일적, 통전적(統全的)인 사고의 맹아를 엿볼 수 있을지 모릅니다. 창세신화의 이와 같은 두가지 사례에 대한 저의 해석이 꼭 옳다고 볼 수는 없습니다. 얼마든지 다른 해석도 가능할 수 있겠습니다. 다만 제가 강조하고 싶은 것은 신화는 비록 동일한 원형 심상에서 기인했을지라도 풍토에 따라 표상하는 의미가 달라질 수도 있다는 점입니다. 다시 말씀드려서 저는 차이의 신화 해석, 곧 '차이의 신화학'이 필요하다는 주장을 하고 싶습니다.

그런데 바로 이러한 주장과 관련해서 저는 레비스트로스의 신화 해석을 재고해보고 싶습니다. 이는 레비스트로스의 신화 해석이 갖는 기념비적인 업적을 부정한다는 이야기가 아닙니다. 선생님이 논증하실 때 활용한 그의 이론은 더없이 적절하고 사려 깊은 것입니다. 다만 저는 그의 이론이 적절하지 않게 남용될 때에 발생할 수 있는 폐단에 대해 생각해보고자 하는 것입니다. 이 불세출의 논리는 그 정치(精緻)함에도 불구하고 우리로 하여금 어느 순간 매너리즘이다 싶은 느낌에 사로잡히게 할 때가 있습니다. 그의 대칭성의 논리는 융의 대극(對極)의 합일이라든가 뒤랑의 '균형 잡기'와도 일맥상통하는, 또 어느 면에서는 동아시아의 음양론과도 비슷한, 충분히 보편성을 지닌 논리라고 할 수 있겠습니다. 그러나 이항대립에서 예정된 조화의 논리를 찾아가는 해석의 과정은 자칫 도식적인 모순조화론에 빠질 위험이 있습니다. 결국 레비스트로스의 신화 해석에서 우리가 구조와 조화라는 보편적, 공시적 전제에 너무 치중할 경우 개별적, 역사적 차이에 대한 인식이 소홀해질 여지가 있지 않나 생각합니다.[1]

---

1 레비스트로스의 구조주의 분석에서 느낄 수 있는 매너리즘에 대한 비판은 일찍이 르네 지라르에게 보인다. 그는 *La Violence et le Sacré* (1972)에서 구조주의가 구조 속에 갇혀서 공시태의 포로가 되었고 이분법적 대조의 남용이라는 비판에 속수무책이라고 지적하였다(르네 지라르 『폭력과 성스러움』, 김진식·박무호 옮김, 민음사 1993, 365면 참조). 메리 더글러스는 레비스트로스가 보편적 사유구조에 대한 관심으로 인해 문화적 변형들을 포착할 수 없으며, 그는 결국 문화와 자연의 대비로 해결되는 구조화된 대립항들을 도출하게 될 뿐이라고 비판하였다(Mary Douglas, *Natural Symbols*, New York: Pantheon Books 1982, 66-67면 참조). 들뢰즈 역시 "구조주의는 생성을 부정하거나 적어도 생성이 존재한다는 것을 평가절하하기 위해 만들어졌"다고 지적한다(질 들뢰즈·펠릭스 가타리 『천 개의 고원』, 김재인 옮김, 새물결 2001, 451면). 실상 저자의 레비스트로스론은 나까자와 교수의 신화론이 주로 기대고 있는 레비스트로스의 구

마지막으로, 선생님은 게임이나 애니메이션 같은 문화산업 분야에서 비대칭성을 특징으로 하는 자본주의의 이윤추구 원리가 무의식, 곧 신화의 영역마저 상업적으로 착취하고 있다고 비판하셨습니다. 그리고 지식인으로서 이들 신화의 오용을 경고할 책무를 말씀하셨습니다. 저는 선생님의 이러한 문제의식에 전적으로 동의합니다. 그런데 앞으로 근본적인 견지에서 고려해야 할 것은 단순한 대증적(對症的) 차원의 비판을 넘어선 새로운 인식론의 수립이 아닌가 합니다. 선생님도 이러한 취지에서 현대 자본주의 원리의 근본적인 갱신을 말씀하신 바 있습니다. 원하든 원하지 않든 우리는 신화 귀환의 시대에 살고 있고 삶의 토대도 가상공간으로 이행하고 있습니다. 차제에 우리는 과거에 배제해왔던 주술적 인식과 설화적 인식 그리고 기존의 과학적 인식을 통합하는 새로운 인식의 패러다임을 구축할 필요가 있을 것입니다. 그리고 이 새로운 인식론의 토대 위에서 향후 문화비평의 관점과 이론을 마련해야 한다고 생각합니다. 이 과정에서 그동안 서구 근대주의에 의해 폄하되어왔던 동아시아적 상상력이 '상상력의 균형 잡기'를 위해 충분한 기능을 해야 할 것입니다.

모두(冒頭)에서 말씀드렸듯이 선생님과의 대화를 통해 점점 신화에 대한 성찰의 깊이가 더해가는 것을 느낍니다. 전자메일을 통한 대화가 지면상, 표현상의 한계는 있을 수 있겠으나 신화라는 시의성(時宜性) 강한 주제를 두고 한일 양국 지식인이 진지한 대화를 갖기는 이번이 처음이

조주의에 대해 그가 선별적, 검증적 입장을 갖고 있는지 궁금해서 제기한 질문이기도 하였다. 다행히 나까자와 교수는 다음의 답신에서 저자의 문제제기에 대해 공감을 표시하였다.

아닌가 합니다. 선생님과 더불어 이러한 행운을 공유하게 된 것을 진심
으로 기쁘게 생각하며 기회를 마련해준 교수신문사에도 감사를 드립니
다. 앞으로 개인적인 차원에서도 이같은 생산적인 대화가 지속되기를 희
망합니다. 내내 건강하시길 빕니다.

정선생님께

　서울에 첫눈이 내렸다는 소식을 들었습니다. 토오꾜오는 얼마 전까지
만 해도 내리쪼이는 햇볕이 따뜻하게 느껴졌습니다만 요 며칠은 햇볕의
따뜻함을 날려버릴 듯한 기세로 차가운 겨울바람이 불고 있습니다. 드디
어 본격적인 겨울이 도래한 듯합니다.

　정선생님의 글에 대한 답이 이렇게 늦어진 데에는 이유가 있습니다.
'까이에 소바주' 시리즈 제5권에 해당하는 『대칭성의 인류학』 집필에 전
념하고 있었기 때문이죠. 능력이 부족한 저로서는 하나에 몰두하면 다른
것은 전혀 생각할 수 없는 상태가 됩니다. 하지만 이제는 가장 어려운 고
비를 넘긴 상태이기 때문에 이렇게 사고를 전환해 선생님께서 제기하신
흥미로운 문제들에 임할 수 있게 되었습니다.

　선생님께서 제기하신 문제는 신화 연구만이 아니라 문화의 이해 전반
에 있어서도 매우 중요한 의미를 갖고 있는 것이라고 생각합니다. 특히
이제 겨우 서구 학문의 압도적인 영향력과 주술적인 힘으로부터 탈출해
서 동아시아에서 살아온 인간의 사고와 감성에 어울릴 만한 자긍심과 자
각을 바탕으로 한 학문을 형성하고자 하는 우리가 함께 힘을 합쳐 해결
해야 하는 커다란 과제에 대해 언급하신 것이기도 합니다.

　신화 연구의 큰 틀은 19세기의 서구에서 만들어졌는데, 그때 신화와 역사전설을 구분하는 분류 기준이 제시되었습니다. 그런 분류 기준이 제시되기에 이른 과정을 추측해보면, 선생님께서 지적하신 바와 같이 서구의 역사적 특수성으로 규정할 수 있는 부분이 중요한 역할을 했을 것으로 생각됩니다. 서구에서는 고대 그리스인의 세계에서 이미 신석기식 신화적 사고에 대한 억압이 시작되었습니다. 그 세계에서는 신화적 사고를 움직이던 '무의식의 사고'가 활동의 자유를 상실한 채 고대 그리스 세계 특유의 형이상학적 사고에 종속되어 있다는 인상을 받게 됩니다. 종교적 사고가 신화적 사고에 변형을 가해 신화를 다른 형태로 만들려고 한 것을 확인할 수가 있습니다.

　서구의 신화 연구는 오랫동안 고대 그리스와 로마의 신화를 하나의 준거점으로 삼아왔지만, 그런 신화들은 이미 신석기 사회에 널리 퍼져 있던 '원(原)신화'들과는 이질적인 것으로 변화되었습니다. 그렇기 때문에 지적하신 바와 같이, 고대 그리스신화 몇가지를 예로 들어서 그것을 '인류의 보편적인 신화적 사고'의 유형으로 삼는 데에는 당연히 무리가 있습니다.

　특히 '오이디푸스 신화'가 바로 그런 전형적인 예에 속합니다. 프로이트가 이 고대 그리스신화를 서구인들의 신경증에 대한 이해를 위해 거론했을 때, 그는 서구의 '일신교적 전통'이 자신의 사고의 뿌리라는 사실을 깨달았던 듯합니다. 유대교와 같은 일신교는 무의식에 억압을 가하는 '원초적 억압'의 기구를 신성화하려는 경향이 있는데, 그럼으로 해서 지나칠 정도로 '부성(父性)'을 중요시하게 됩니다. '억압'과 '부성'은 하나로 결합되기 쉬운 법이지요. 그 결과 아버지와 아들의 갈등을 중심으로 해서 인간의 '개체성의 획득'이라는 문제를 이해하게 되는 것이며, 또한 신경증으로 발병하게 되기도 합니다.

그렇지만 문명의 토대에 그런 일신교적인 억압을 받은 적이 없는 우리 같은 아시아인에게 있어서 '개체성의 획득'을 방해한 것은 다른 요인이었습니다. '개체성'의 형성을 위협해온 것은 아버지와 아들의 갈등이 아니라 오히려 어머니와 자식 간의 갈등이 아니었나 하는 생각이 들 정도입니다. 실제로 1930년대에 빈에서 프로이트 밑에서 공부한 일본의 정신분석학자 코자와 헤이사꾸(古澤平作)는 '오이디푸스 콤플렉스'가 인간 이해의 기준이 되는 신화로 간주되는 것에 의문을 가져서 후에 '아자세(Ajase) 콤플렉스'라는 개념을 정립하게 되었습니다.

불전(佛典)에 등장하는 '아자세'는 어머니와의 갈등으로 괴로워하고 있었습니다. 이 불전의 이야기는 인간은 태어나면서부터 어머니에 대한 원망을 품고 있다는 인식을 바탕으로 한 것입니다. 프로이트는 아이가 자신의 죄를 자각함으로 해서 '개체'의 확립이 시작되는 것이며, 그것이 바로 인류 보편의 과제라고 생각했습니다. 하지만 코자와를 비롯한 일본의 정신분석학자들은 어머니의 번뇌와 그로부터 야기되는 아이의 원망이 무의식의 형성에 커다란 역할을 하고 있다는 사실을 밝혀내고자 했습니다. 즉 그들은 '오이디푸스 신화'는 인류 보편의 신화가 아니며, 민족이나 종교의 차이 등에 의해 무의식의 형성에 기여하는 근본신화는 다양한 형태를 취할 수 있다는 것을 분명히 하고자 했던 셈입니다.

이것은 정신분석학 쪽에서 든 일례이지만, 신화학의 경우도 마찬가지라고 할 수 있습니다. 정선생님께서 말씀하신 바와 같이 '신화의 풍토성'이라는 것은 분명히 존재합니다. 그것은 인류(호모사피엔스)의 '마음'을 형성하고 있는 보편적인 구조를 소재로 삼으며, '풍토'에 따라 다양한 변형을 체험하게 됩니다. 레비스트로스의 구조인류학은 그런 인류의 '마음'

의 보편적인 구조를 탐구하는 방법으로 개발되어왔지만, 제 생각으로는 아직 보편적인 구조에 이르지는 못한 상태인 것 같습니다. 그렇기 때문에 저는, 아직 특수한 레벨에 속하는 것을 보편적 구조로 이해해버린 결과 '풍토'에 따라 변화하는 다양성의 발현 양상을 제대로 파악할 수 없었던 것은 아닐까 하는 생각을 하게 됩니다. 과연 보편적인 구조라는 것을 인간이 이해할 수 있게 될지 여부조차 저로서는 알 수가 없습니다. 그렇기 때문에 아직 발견되지도 않은 보편적 구조로 인해 '풍토'의 차이에 의해 탄생한 '차이의 신화학'을 멸시할 수는 없는 겁니다.

이상이 선생님의 질문에 대한 제 대답입니다. 두차례에 걸친 대담을 통해 선생님께서 무엇을 문제시하고 계시며, 어떤 것을 동아시아에 살고 있는 우리에게 중요한 과제로 생각하고 계신지를 점차 충분히 이해할 수 있게 되었습니다. 그것은 제 자신이 안고 있는 문제와 근본적으로 서로 통하는 것입니다. 저는 그 점을 발견하고 매우 기뻤습니다. 이런 기회를 주신 『교수신문』의 관계자 여러분께 감사드립니다. 이런 대화는 더욱더 심화되어가야 하겠지요. 그리고 언젠가 선생님과 직접 이야기를 나눌 수 있게 되기를 바랍니다. 그동안 감사했습니다.

대담 2

동아시아 신화, 국가를 넘어 민족을 넘어

엽서헌 교수와의 대담*

신화의 귀환, 어떻게 이해할 것인가

정재서　'신화가 귀환하는 시대'입니다. 신화적 판타지인 '해리포터' 시리즈나 『반지의 제왕』 등이 인기를 끌고 있지요. 문화산업에서 신화를 활용하는 사례들이 많습니다. 하지만 서구 신화 중심이라는 데 아쉬움이 있습니다. '신화의 귀환'에는 좀더 깊은 문화적 원인이 있을 것 같습니다. 21세기 정보사회에 들어와 상상력과 이미지의 중요성이 강조되고 있어요. '스토리텔링'이나 '내러티브'가 갖는 힘에 사람들이 관심을 갖게 됐지요. 이건 본래 인류가 오랜 세월 축적해온 신화의 힘이었습니다.

엽서헌　서구에선 과거 기독교 신앙에 의해 억압됐던 문화적 전통이 최근 복귀하면서 새로운 정체성을 찾으려는 움직임이 있습니다. 이게

---

* 이 글은 2009년 9월 19일 『중앙일보』 주최로 엽서헌(葉舒憲) 중국사회과학원 교수·중국신화학회 회장과 가진 대담을 정리한 것으로, 원제는 '중국이 단군신화 빼앗아간다는 것은 오해'이다. 이 대담에서는 한국과 중국 사이에 벌어진 근래의 신화논쟁을 두고 동아시아 신화가 지향할 바에 대해 의견을 나누었다. 여기서 저자와 엽서헌 교수는 중국신화에 대한 다원주의적 관점, 신화의 정치화에 대한 경계와 관련하여 인식을 같이하고 있다.

‘신화 붐’과 연결돼 있지요. 동양은 아직까지 그런 서구의 현상을 따라가고 있는 게 아닐까 합니다.

정재서 신화를 문화산업과 연관해 경제적 가치로만 환산하는 경향이 아쉽습니다. 신화는 문명의 자양분이었고, 그 속에서 아직도 인류는 미래를 위한 지혜를 얻어낼 수 있어요.

엽서헌 산업화시대의 경제는 석유, 석탄 같은 천연자원에 의존했지만, 정보화사회에선 문화적, 정신적 자원에 의존하고 있습니다. ‘영혼을 상실한 시대’에 인류는 신화를 통해 새롭게 정신문명을 회복해야 합니다.

동아시아의 신화, 국수주의적 신화 독해를 경계한다

정재서 제가 2007년 발표한 「잃어버린 신화를 찾아서: 중국신화 속의 한국신화」라는[1] 논문이 일부 매체에 왜곡 보도되어 중국 네티즌과 일부 학자들로부터 큰 반발을 산 일이 있어요. “한국이 중국신화를 빼앗아간다”고 해서 중국에서 격렬한 비난이 있었죠. 한국 등 인접 지역과 문화적 상호작용을 통해 중국신화가 다원적으로 형성됐고 동이계 신화에서 한국신화의 원형을 찾아볼 수 있다는 논지였는데, 엄청난 오해가 있었습니다.[2] 같은 시기 엽교수의 책『곰 토템(熊圖騰)』이 나오자[3] 한국의 일부 학

---

1 「잃어버린 신화를 찾아서: 중국신화 속의 한국신화」,『중국어문학지』제25집(2007). 이 책에서는 ‘중국신화 속의 한국신화: 잃어버린 한국신화의 원형을 찾아서’로 개제해 제5부 3장에 수록했다.

2 이 사건 이후 중국의 인터넷에서는 저자가 “조조(曹操)가 한국인이라고 주장했다”는 등 조작된 유언비어가 난무하였다. 인민망(人民網)에 저자의 해명서 발표,『아주주간(亞洲週刊)』인터뷰, 주중 한국대사관의 해명 등으로 일단락되었지만 최근 양 국민 간

자와 네티즌이 반발했어요. 중국신화에서 '곰 토템'의 흔적을 찾는 책이었는데 한국에선 "단군신화까지 중국이 빼앗아간다"라고 받아들였습니다. 아이러한 상황이었죠. 저와 엽교수는 국수주의를 비판하는 입장에서 문화적 다원주의를 긍정하는 학자들입니다. 그런데 서로 상대방 국가에선 극단적 종족주의자로 받아들여진 상황이 연출됐어요. 최근에도 한국 언론에 엽교수의 '곰 토템론'을 비판한 기사가 실렸습니다.

엽서헌 큰 오해가 있습니다. 3천~5천년 전의 신화를 현대의 국가 민족 관념으로 보아선 안 됩니다. 제 책에서 언급한 '황제(黃帝) 시대'는 '중국'이라는 나라조차 없었던 시기입니다. 그 당시 사람들은 수렵생활을 했고 자연스럽게 동물 토템을 형성했을 뿐이죠. 그들에게 어떻게 현대의 국가와 민족 관념을 적용할 수 있습니까?

정재서 한국 학자들이 주목하고 있는 부분은 중국 황제족의 곰 토템 설을 우위에 두고 단군신화를 하위에 두는 게 아니냐는 데 있습니다.

엽서헌 중국 신화학자의 입장에서 논의하다보니 일부 표현에 오해의 소지가 있을 수 있습니다. 그러나 제 책의 전체 취지나 기본 입장은 결코 그렇지 않습니다. 곰 토템에 관한 저의 연구는 중국과 한국에 국한된 게 아닙니다. 북유럽과 일본의 아이누족 등 모든 지역을 포함하고 있어요. 따라서 황제와 단군은 수직적이 아니라 수평적 관계에서 논의된 것입니다. 황제의 근거지는 일반적으로 섬서성(陝西省, 산시성)이나 하남성 등 중원 지역이라고 하지요. 전 고대 중원 지역의 종족이 퉁구스인이었다고 봅니다.

정재서 신화를 오늘날의 시각에서 역사화하는 건 위험한 생각입니다.

의 심화된 문화갈등을 실감케 한 사건이었다.

3 葉舒憲『熊圖騰: 中國祖先神話探原』(上海: 上海文藝出版總社 2007).

중국사회과학원에 몸담고 계신 엽교수의 주장이 단군신화에 대한 중국의 공식적 입장이라고 보는 이들이 있습니다. '동북공정' 프로젝트의 일환으로 정치적 의도가 엿보이는 주장이란 의견인데요.

엽서헌 그런 이야기는 처음 듣습니다. 제 소속은 중국사회과학원의 문학연구소예요. 곰 토템 연구에 국가로부터 받은 연구비는 전혀 없습니다. 자료를 확인해보아도 좋아요. 제 연구엔 어떠한 정치적 의도도 없습니다.[4]

정재서 엽교수의 가설에 대해 중국 내부의 반응은 어떻습니까?

엽서헌 제 학설을 중국에선 별로 좋아하지 않는 모양이에요.(웃음) 중국인들은 용의 후예라고 생각하는데, 웬 곰 토템이냐는 반응이었죠.

정재서 학설에 대해 찬반양론의 논쟁이 있을 수 있겠지만, 오해와 편견을 불식한 객관적인 토론이라야 학문이 발전할 것입니다.

엽서헌 맞는 말씀입니다. 하지만 신화 연구는 학자의 순수한 의도와는 달리 종족주의에 의해 필연적으로 이용됩니다. 오해로부터 자유로울 수 없죠.

정재서 지금의 글로벌 세계에선 국성 없이 교류했던 신화시대의 상상력을 되살리는 게 중요합니다. 객관적 신화 탐구를 통해 자유롭게 문화를 공유하고 누렸던 과거 동아시아의 연대감을 회복하는 게 필요합니다. 오늘 대담에 흔연히 응해주셔서 감사합니다!

---

4 동북공정은 역사연구소에서 진행해 문학연구소에 속한 엽교수는 잘 모른다는 의미다.

第三神话学

超越帝国的视角，走向东亚神话学

郑在书(梨花女子大学 名誉教授)

本书批判性地审视了支配中国神话研究背后的两大观念—东方主义与中华主义—所衍生的问题，并在此基础上探寻并提出替代方案，继而以比较学视角与互文性视角对多种主题的神话进行案例研究. 换言之，本书在写作过程中自觉关注体与用'理论与实践的结构.

我们将源自东方主义的中国神话研究问题归纳为创世神话缺失论·俄狄浦斯情结·叙事三分法等；又将源自中华主义的研究问题整理为中原文明论·文化属地主义等. 这些问题皆源于族群性偏见，或源于拒斥他者性的西方中心主义与中华主义观念. 二者的共同点，归根结底是古今帝国的同质化与同化的支配逻辑. 为克服此逻辑，本书提出以周边文化论为基础的'第三神话学'，即超越帝国知识型的新神话学. 这亦是作者此前提出的'第三东方学'的神话学实践.

在案例研究部分，通过比较学的视角，对中国与西方的创世神话·俄狄浦斯型神话·半人半獸神话类型以及现代文化内容进行考察，结果显示二者之间的差异性，并确认了中国神话独特的逻辑与世界观. 通过互文性视角，本书诊断了中国神话的概念及其在东亚文化中的地位，尝试对《山海经》进行新的解读，并探讨中国神话与韩国文化的关联，由此确认了中国神话的共享文化特征·《山海经》的原像以及中国神话在周边文化中的变容. 通过这些讨论，期望能够验证以周边文化论为基础的第三神话学视角的必要性与有效性.

长期以来, 东亚神话学受制于东方主义与中华主义, 未能确立自身的学术地位. 若说迄今为止是东亚神话学在民族层面建立学术体系的过程, 那么今后则亟需建立摆脱东方主义与中华主义偏见的泛东亚神话学. 摆脱以希腊神话为标准的西方神话学, 脱离以中国神话为中心的单向影响论, 东亚神话学方能在全球化时代抵御特定想象力的泛滥与侵蚀, 并为均衡思考文化原型奠定基础. 作为东亚神话学的重要组成部分, 韩国的中国神话学应当率先提出区别于西方与中国神话学的第三视角, 以推动公正无私的神话学之建立.

然而, 所谓追求差异性与公正性的第三神话学, 不可如既往两大神话学那样, 在排斥与歧视的基调上走向对西方与中国的忽视. 对二者的扬弃, 其意义在于为多元整合提供前提. 因此, 当代神话学所探索的第三道路, 即第三神话学, 如同分离一再整合的通过仪式模式所启示的, 是在超越西方神话学与中国神话学偏见的同时, 尊重其卓越成就, 从而抵达更高层次的学术视野. 由此, 我们所追求的神话学, 在战略与过程层面上将是摆脱东方主义与中华主义的神话学, 而在多元整合的最终层面上, 则将被称为第三神话学.

Abstract

The Third Mythology
From the Imperial Perspective to the East Asian Mythology

Jung, Jae-Seo (Emeritus Professor, Ewha Woman's University)

This volume undertakes a critical examination of the conceptual frameworks-Orientalism and Sinocentrism-that have long governed the study of Chinese mythology. It interrogates the methodological problems arising from these paradigms, proposes alternative approaches, and subsequently engages in case studies of diverse mythological themes through comparative and intertextual perspectives. In this respect, the work consciously attends to the dialectic of substance and function (theory and praxis).

The difficulties stemming from Orientalism are identified in such forms as the thesis of the absence of creation myths, the imposition of the Oedipus complex, and the tripartite classification of folktales. Those arising from Sinocentrism are articulated in the doctrines of Central Plains civilization and cultural territorialism. Both sets of problems are revealed to originate in racial and cultural prejudice, or in the refusal to acknowledge alterity-whether in the guise of Western-centrism or Sinocentrism. Their common denominator is the imperial logic of homogenization and assimilation, operative in both antiquity and modernity. To transcend this logic, the study advances the notion of a 'third mythology' grounded in peripheral cultural theory—a mythology that beyond the imperial epistēmē. This constitutes, moreover, the mythological praxis of the 'third Oriental Stuudy' previously conceptualized by the author.

The case studies, pursued from a comparative vantage point, examine creation myths in China and the West, Oedipal myth-types, hybrid human-animal myths, and modern cultural contents. These analyses disclose distinctive differences between traditions and illuminate the unique logic and cosmology of Chinese mythology. From an intertextual perspective, the study diagnoses the conceptual structure and East Asian cultural status of Chinese mythology, attempts a new hermeneutic of the Shanhaijing, and explores its interrelations with Korean culture. In so doing, it confirms the shared cultural character of Chinese mythology, the primordial condition of Shanhaijing culture, and the transformations of Chinese mythology within peripheral contexts. Collectively, these inquiries substantiate both the necessity and the efficacy of a third mythological perspective informed by peripheral cultural theory.

East Asian mythology has hitherto remained constrained by the dual yoke of Orientalism and Sinocentrism, unable to establish its own disciplinary stature. If the past represented the stage in which individual nations constructed their respective scholarly systems, the present moment demands the establishment of a Pan-East Asian mythology liberated from such prejudices. Freed from Western mythology's reliance on Greek myth as normative, and from Sinocentric theories of unilateral influence, East Asian mythology can provide the foundation for resisting the proliferation and encroachment of particular imaginaries in the age of globalization, while enabling a balanced reflection on cultural archetypes. As a principal constituent of East Asian mythology, Korean scholarship on Chinese mythology must now take the initiative in articulating a third perspective distinct from both Western and Chinese mythologies, thereby contributing to the establishment of a fair and impartial mythology.

Yet the so-called third mythology, which aspires to a just mythology of difference, must not, as its predecessors have done, proceed on the basis of exclusion or discrimination by disregarding either the West or China. Its transcendence of both traditions acquires meaning only as a premise for pluralistic integration. Thus, the third path sought by contemporary mythology-the third mythology-is, as the rite of passage model of separation and reintegration suggests, a mythology that transcends the prejudices of Western and Chinese mythologies while simultaneously honoring their significant achievements, thereby attaining a heightened horizon. In this sense, the mythology we pursue will, at the strategic and procedural level, be an anti-Oedipal, de-central mythology; but at the ultimate level of pluralistic reintegration, it will rightly be designated the third mythology.

참고문헌

1. 원전

한문

干寶 『搜神記』.

葛洪 『抱朴子』.

康有爲 「孔子改制考」.

『開元占經』.

『古今圖書集成』.

『高麗史·樂志』.

郭璞 注·畢沅 校 『山海經』.

『廣博物志』.

瞿蛻園·朱金城 『李白集校注』.

『國朝五禮儀』.

『奇門遁甲』.

紀昀 『四庫全書總目提要』.

金時習 『梅月堂集』.

羅泌 『路史』.

『論語』.

『道德經』.

『正統道藏』.

陶弘景『眞誥』.

『孟子』.

『穆天子傳』.

『文選』.

范曄『後漢書』.

北崖子『揆園史話』.

司馬遷『史記』.

謝守灝『太上老君混元聖紀』.

徐居正『東文選』.

『書經』.

『說郛』.

蕭統『六臣註文選』.

『宋書』.

『荀子』.

『呂氏春秋』.

呂留良『和靖詩抄序』.

『繹史』.

『延喜式』.

『列仙傳』.

『列聖御製』.

『禮記』.

『藝文類聚』.

『吳越春秋』.

吳任臣『山海經廣注』.

『溫城世稿』.

王嘉『拾遺記』.

王國維『觀堂集林』.

王夫之『楚辭通釋』.

王士禎『池北偶談』.

王充『論衡』.

『雲笈七籤』.

袁珂『山海經校注』.

劉安『淮南子』.

劉知幾『史通』.

陸德明『經典釋文』.

李德懋『雅亭遺稿』.

________『靑莊館全書』.

『爾雅』.

任昉『述異記』.

林椿『西河集』.

『殷墟文子續篇』.

『莊子』.

張岱『夜航船』.

張鵬一『魏略輯本』.

『典經』.

丁福保『全上古三代秦漢三國六朝文』.

『左傳』.

周遊『開辟演義通俗志傳』.

『竹書紀年』.

『增補义獻備考』.

陳壽『三國志』.

崔致遠『桂苑筆耕集』.

『太平廣記』.

『太平御覽』.

郝懿行『山海經箋疏』.

『韓非子』.

許愼『說文解字』.

許楚姬『蘭雪軒詩集』.

胡應麟『少室山房筆叢·四部正訛』.

洪裕孫『篠叢遺稿』.

『後漢書』.

「黃庭內景五臟六腑圖」.

국문

대순진리회 교무부『전경(典經)』, 여주: 대순진리회 출판부 2010.

루쉰『중국소설사략(中國小說史略)』, 조관희 역주, 서울: 살림 1998.

박희병 편『한국한문소설 교합구해』, 서울: 소명출판사 2005.

보르헤스, 호르헤 루이스 외『상상 동물 이야기』, 남진희 옮김, 서울: 까치 1994.

송정화·김지선 역주『穆天子傳·神異經』, 서울: 살림 1997.

安萬侶『古事記』, 노성환 역주, 서울: 예전사 1991.

위앤커『중국신화전설 1』, 전인초·김선자 역주, 서울: 민음사 1992.

정재서 역주『산해경』, 서울: 민음사 1985.

증산도 도전편찬위원회『道典』, 서울: 대원출판사 2003.

車相轅 譯註『書經』, 서울: 명문당 1985.

『춘향전 완판 열녀춘향수절가』

『한국고전문학대계 단편소설전』, 서울: 민중서관 1976.

호손, 너새니얼『주홍 글씨』, 한은선 옮김, 서울: 지경사 2011.

2. 연구서

중문

顧頡剛『古史辨』.

金景芳·呂紹綱『尚書·虞夏書新解』, 遼寧: 遼寧古籍出版社 1996.

杜正勝『中國上古史論文選集(上·下)』, 臺北: 華世出版社 1979.

鄧啓耀『中國神話的思惟結構』, 重慶: 重慶出版社 1992.

文崇一『中國古文化』, 臺北: 東大圖書公司 1990.

逄振鎬『東夷古國史論』, 成都: 成都電訊工程學院出版社 1989.

蕭兵『楚辭新探』, 天津: 天津古籍出版社 1988.

_______『楚辭的文化破譯』, 武漢: 湖北人民出版社 1991.

蘇秉琦『中國文明起源新探』, 香港: 商務印書館 1997.

孫作雲『中國上古史論文選集(上)』, 臺北: 華世出版社 1979.

_______『天問研究』, 北京: 中華書局 1989.

楊驪『玄鳥生商: 商代玉器的神話考古』, 上海: 上海人民出版社 2022.

楊永俊『禪讓政治研究』, 北京: 學苑出版社 2005.

葉舒憲『中國神話哲學』, 北京: 中國社會科學出版社 1992.

_______『熊圖騰: 中國祖先神話探原』, 上海: 上海文藝出版總社 2007.

葉舒憲·蕭兵·鄭在書『山海經的文化尋踪』, 武漢: 湖北人民出版社 2004.

寧稼雨 編著『先唐敍事文學故事主題類型索引』, 天津: 南開大學出版社 2011.

王國良『神異經研究』, 臺北: 文史哲出版社 1985.

王小盾『原始信仰和中國古神』, 上海: 上海古籍出版社 1989.

王瑤『中古文學史論』, 臺北: 長安出版社 1948.

王孝廉『中國的神話世界 上·下』, 臺北: 時報出版社 1987.

袁珂『中國古代神話』, 北京: 中華書局 1960.

_______『山海經校注』, 上海: 上海古籍出版社 1980.

_______『中國的神話與傳說』上·下, 上海: 商務印書館 1983.

_______『中國神話傳說詞典』, 上海: 上海辭書出版社 1985.

_______『中國神話史』, 上海: 上海文藝出版社 1988.

衛挺生『山經地理圖考』, 臺北: 華岡出版部 1974.

李劍國『唐前志怪小說史』, 天津: 南開大學出版社 1984.

李喬『中國行業神崇拜』, 北京: 中國華僑出版公司 1990.

李白鳳『東夷雜考』, 山東: 齊魯書社 1983.

李豊楙『山海經: 神話的故鄉』, 臺北: 時報出版社 1983.

印順法師『中國古代民族神話與文化之研究』, 臺北: 華岡出版公司 1975.

任繼愈『道藏提要』, 北京: 中國社會科學出版社 1991.

任繼愈 主編『中國道教史』, 上海: 上海人民出版社 1990.

林已奈夫, 常耀華 等譯『神與獸的紋樣學』, 北京: 三聯書店 2009.

潛明玆『神話學的歷程』, 黑龍江: 北方文藝出版社 1989.

鄭志明 主編『西王母信仰』, 嘉義: 南華管理學院 1997.

遲文杰 主編『西王母文化研究集成論文卷(上中下)』, 廣西桂林: 廣西師範大學出版社 2008.

陳連山『山海經學術史考論』, 北京: 北京大學出版社 2012.

中國山海經學術討論會『山海經新探』, 成都: 四川社會科學院出版社 1986.

何星亮『中國自然神與自然崇拜』, 上海: 上海三聯書店 1992.

許盤淸 等『三國演義三國志對照本(上)』, 南京: 江蘇古籍出版社 2002.

玄珠『中國神話研究 ABC』, 上海: 世界書局 1929.

黃懿陸『山海經考古』, 北京: 民族出版社 2007.

黃枝連『亞洲的華夏秩序』, 北京: 中國人民大學出版社 1992.

국문

갓셸, 조너선『스토리텔링 애니멀』, 노승영 옮김, 서울: 민음사 2016.

길버트, 바트 무어『탈식민주의! 저항에서 유희로』, 이경원 옮김, 서울: 한길사
    2001.

김선자『중국 변형신화의 세계』, 서울: 범우사 2001.

金翰奎『中國古代的世界秩序硏究』, 서울: 일조각 1982.

김현『행복한 책 읽기』, 서울: 문학과지성사 1992.

네그리, 안토니오·하트, 마이클『제국』, 윤수종 옮김, 서울: 이학사 2001.

당페라, 마리 엘렌·포레스티에, 실비·샤세이, 에릭 드『샤갈』, 이재형 옮김, 서울: 창
    해 2000.

데리다, 자크『입장들』, 박성창 옮김, 서울: 솔 1992.

도르, 조엘『라깡 세미나·에크리 독해』, 홍준기·강응섭 옮김, 서울: 아난케 2009.

뒤랑, 질베르『상상력의 과학과 철학』, 진형준 옮김, 서울: 살림 1997.

_______『신화비평과 신화분석』, 유평근 옮김, 서울: 살림 1998.

_______『상상계의 인류학적 구조들』, 진형준 옮김, 파주: 문학동네 2007.

들뢰즈, 쥘르·가따리, 펠릭스『앙띠 오이디푸스』, 최명관 옮김, 서울: 민음사 1994.

_______『천 개의 고원』, 김재인 옮김, 서울: 새물결 2001.

_______『안티 오이디푸스』, 김재인 옮김, 서울: 민음사 2014.

로트레아몽『말도로르의 노래』, 윤인선 옮김, 서울: 청하 1999.

리오타르, 장 프랑수아『포스트모던적 조건』, 이현복 옮김, 서울: 서광사 1992.

맨더빌, 존『맨더빌 여행기』, 주나미 옮김, 인천: 오롯 2014.

모오트, 후레드릭 W.『중국문명의 철학적 기초』, 권미숙 옮김, 서울: 인간사랑 2000.

무어-길버트, 바트『탈식민주의! 저항에서 유희로』, 이경원 옮김, 서울: 한길사 2001.

바슐라르, 가스통『로트레아몽』, 윤인선 옮김, 서울: 청하 1995.

바흐친, 미하일『장편소설과 민중언어』, 전승희 외 옮김, 서울: 창작과비평사 1988.

박이문『문명의 미래와 생태학적 세계관』, 서울: 당대 1997.

박진욱『조선고고학전서·중세편(1)』, 평양: 과학백과사전종합출판사 1991.

방상훈『集安 고구려고분벽화』, 서울: 조선일보사 1993.

베넷, 제인『생동하는 물질』, 문성재 옮김, 서울: 현실문화 2020.

벤야민, 발터『서사, 기억, 비평의 자리』, 최성만 옮김, 서울: 길 2012.

보글러, 크리스토퍼『신화, 영웅 그리고 시나리오 쓰기』, 함춘성 옮김, 서울: 무우수
    2005.

보드리야르, 장『시뮬라시옹』, 하태환 옮김, 서울: 민음사 1992.

보이드, 브라이언『이야기의 기원』, 남경태 옮김, 서울: 휴머니스트 2013.

부사년『이하동서설(夷夏東西說)』, 정재서 역주, 서울: 우리역사연구재단 2011.

브라이도티, 로지『포스트휴먼』, 이경란 옮김, 파주: 아카넷 2015.

브룸버그, 마크 S.『자연의 농담』, 김아람 옮김, 파주: 알마 2012.

비숍, 이사벨라 버드『한국과 그 이웃나라들』, 이인화 옮김, 서울: 살림 1994.

사럽, 마단 외『데리다와 푸꼬, 그리고 포스트모더니즘』, 임헌규 편역, 서울: 인간사
    랑 1991.

서대석『한국신화의 연구』, 서울: 집문당 2002.

서펠, 제임스『동물, 인간의 동반자』, 윤영애 옮김, 서울: 들녘 2003.

셸러, 막스『우주에서 인간의 지위』, 진교훈 옮김, 서울: 아카넷 2001.

송정화『중국 여신 연구』, 서울: 민음사 1997.

슈마허, 게르트 호르스트『신화와 예술로 본 기형의 역사』, 이내금 옮김, 자작 1996.

아나티, 엠마뉴엘『예술의 기원』, 이승재 옮김, 서울: 바다출판사 2008.

安在鴻『民世安在鴻選集(3)』, 서울: 지식산업사 1991.

야코비, 올란디『칼 융의 심리학』, 이태동 옮김, 서울: 성문각 1982.

에코, 움베르트『글쓰기의 유혹』, 조형준 옮김, 서울: 새물결 1994.

엘리아데, 미르치아『이미지와 상징』, 이재실 옮김, 서울: 까치 1998.

옌센, 롤프『드림 소사이어티』, 서정환 옮김, 서울: 리드리드출판 2014.

이능화『조선도교사』, 이종은 역주, 서울: 보성문화사 1977.

이상『이상 소설전집』, 서울: 민음사 2012.

이인택『신화, 문화 그리고 사상』, 울산: 울산대학교 출판부 2004.

全相運『韓國의 古代科學』, 서울: 탐구당 1983.

전호태『고구려 고분벽화 연구』, 서울: 사계절 2000.

정재서『불사(不死)의 신화와 사상』, 서울: 민음사 1994.

______『동양적인 것의 슬픔』, 서울: 살림 1996; 민음사 2010.

______『이야기 동양 신화: 중국편』, 서울: 황금부엉이 2004; 파주: 김영사 2010.

______『한국 도교의 기원과 역사』, 서울: 이화여대 출판부 2006; 2014.

______『사라진 신들과의 교신을 위하여』, 파주: 문학동네 2007.

______『제3의 동양학을 위하여』, 서울: 민음사 2010.

______『동아시아 상상력과 민족 서사』, 서울: 이화여대 출판부 2014.

______『산해경과 한국 문화』, 서울: 민음사 2019.

정재서 외『신화적 상상력과 문화』, 서울: 이화여대 출판부 2008.

조동일『동아시아 구비서사시의 양상과 변천』, 서울: 문학과지성사 1997.

조현설『동아시아 건국신화의 역사와 논리』, 서울: 문학과지성사 2003.

지라르, 르네『폭력과 성스러움』, 김진식·박무호 옮김, 서울: 민음사 1993.

______『희생양』, 김진식 옮김, 서울: 민음사 2000.

지젝, 슬라보예『삐딱하게 보기』, 김소연·유재희 옮김, 서울: 시각과언어 1995.

崔南善『六堂崔南善全集』, 서울: 고려대 아세아문제연구소 1973.

최원오『동아시아 비교서사시학』, 서울: 월인 2001.

최재천『인간과 동물』, 서울: 궁리 2007.

캉길렘, 조르주『정상적인 것과 병리적인 것』, 여인석 옮김, 서울: 그린비 2020.

캠벨, 조셉『천의 얼굴을 가진 영웅』, 이윤기 옮김, 서울: 민음사 2004.

커니, 리처드『이방인, 신, 괴물』, 이지영 옮김, 서울: 개마고원 2004.

파농, 프란츠『검은 피부, 하얀 가면』, 노서경 옮김, 파주: 문학동네 2014.

푸코, 미셸『비정상인들』, 박정자 옮김, 서울: 동문선 2001.

프랫, 메리 루이스『제국의 시선』, 김남혁 옮김, 서울: 현실문화 2015.

프로이트, 지그문트『토템과 금기』, 김현조 옮김, 서울: 경진사 1993.

______『쾌락원칙을 넘어서』, 박찬부 옮김, 서울: 열린책들 1997.

하라리, 유발『사피엔스』, 조현욱 옮김, 파주: 김영사 2016.

한영우『정조의 화성 행차』, 서울: 효형출판 2007.

한혜원『앨리스 리턴즈』, 서울: 이화여대 출판문화원 2016.

황수영『시몽동, 개체화 이론의 이해』, 서울: 그린비 2017.

일문

吉岡義豊『道敎と佛敎(1)(2)(3)』, 東京: 國書刊行會 1976.

吉川忠夫『中國古道敎史硏究』, 京都: 同朋舍 1992.

三木榮『朝鮮醫學史及疾病史』, 京都: 思文閣出版 1991.

徐朝龍『三星堆, 中國 古代文明の謎: 史實としての山海經』, 東京: 大修館書店 1998.

松田稔『山海經の基礎的硏究』, 東京: 笠間書院 1995.

御手洗勝『中國古代の神神』, 東京: 創文社 1984.

林巳奈夫『漢代の神神』, 東京: 角川書店 1988.

澤田瑞穗『中國の民間信仰』, 東京: 工作舍 1987.

영문

Aarne, Antti and Stith Thompson. *The Types of the Folktale*. Bloomington: Indiana University Press 1973.

Barthes, Roland. *Image-Music-Text*. tr. Stephen Heath. New York: Noonday Press 1977.

Birrell, Anne. *Chinese Mythology*. Baltimore: Johns Hopkins University Press 1993

Bodde, Derk. *Essays on Chinese Civilization*. Princeton: Princeton University Press 1981.

Cahill, Suzanne E. *Transcendence & Divine Passion: The Queen Mother of the West in Medieval China*. Stanford: Stanford University Press 1993.

Campbell, Joseph. *The Hero with a Thousand Faces*. Princeton: Princeton University Press 1973.

Cassirer, Ernst. *An Essay on Man*. New Haven: Yale University Press 1947.

Chang, K. C. *Art, Myth, and Ritual: The Path to Political Authority in Ancient China*. Cambridge: Harvard University Press 1983.

Cohen, Paul A. *Discovering History in China*. New York: Columbia University Press

1984.

Csapo, Eric. *Theories of Mythology*. Malden, Oxford, and Carlton: Blackwell 2005.

Dundes, Alan. *Sacred Narrative*. Berkeley: University of California Press 1984.

Douglas, Mary. *Natural Symbols*. New York: Pantheon Books 1982.

________ *Purity and Danger*. New York: Routledge & Kegan Paul 1988.

Eberhard, Wolfram. *The Local Cultures of South and East China*. tr. Alide Eberhard. Leiden: E. J. Brill 1968.

Eliade, Mircea. *The Quest: History and Meaning in Religion*. Chicago: University of Chicago Press 1969.

________ *Shamanism*. tr. Willard R. Trask. Princeton: Princeton University Press 1974.

Franz, Marie-Louise von. *Patterns of Creativity Mirrored in Creation Myth*. Zurich: Spring Publications 1972.

Giradot, N. J. *Myth and Meaning in Early Taoism*. Berkeley: University of California Press 1983.

Jung, C. G. *Alchemical Studies*. ed. and tr. Gerhard Adler and R. F. C. Hull. London: Routledge & Kegan Paul 1967.

________ *Psychology and Alchemy*. tr. R. F. C. Hull. London: Routledge & Kegan Paul 1974.

Kristeva, Julia. *Desire in Language*. New York: Columbia University Press 1980.

Lincoln, Bruce. *Myth, Cosmos, and Society*. Cambridge: Harvard University Press 1986.

________ *Theorizing Myth: Narrative, Ideology, and Scholarship*. Chicago: University of Chicago Press 1999.

Maffesoli, Michel. *The Time of the Tribes*. tr. Don Smith. London: Sage Publications 1996.

Mair, Victor H. *Painting and Performance: Chinese Picture Recitation and Its Indian Genesis*. Honolulu: University of Hawaii Press 1988.

Mauss, Marcel. *A General Theory of Magic*. tr. Robert Brain. New York: Norton Library 1975.

Needham, Joseph. *Science and Civilisation in China* Vol. II. Cambridge: Cambridge

University Press 1956.

Ping-ti Ho. *An Inquiry into the Indigenous Origins of Techniques and Ideas of Neolithic and Early Historic China, 5000-1000 B. C.* Chicago: University of Chicago Press 1975.

Puett, Michael J. *To become a god: Cosmology, Sacrifice, and Self-Divinization in Early China.* Cambridge: Harvard University Press 2002.

Puhvel, Jaan. *Comparative Mythology.* Baltimore: Johns Hopkins University Press 1987.

Said, Edward W. *Orientalism.* New York: Pantheon Books 1978.

_______ *Culture and Imperialism.* New York: Alfred A. Knopf 1993.

Sarup, Madan. *An Introductory Guide to Post-structuralism and Post-modernism.* Athens: University of Georgia Press 1989.

Stahl, Johannes. *Street Art.* Potsdam: H. F. Ullmann Publishing 2013.

Sterckx, Roel. *The Animal and the Daemon in Early China.* Albany: State University of New York Press 2002.

Tambiah, Stanley Jeyaraja. *Culture, Thought, and Social Action.* Cambridge: Harvard University Press 1985.

_______ *Magic, Science, Religion, and the Scope of Rationality.* Cambridge: Cambridge University Press 1990.

Tannahill, Reay. *Flesh and Blood: A History of Cannibal Complex.* Boston: Little, Brown and Company 1975.

Taussig, Michael. *Mimesis and Alterity.* New York·London: Routledge 1993.

Ting, Nai-Tung. *A Type Index of Chinese Folktales.* [*Folklore Fellows' Communications* No. 223] Helsinki: Suomalainen Tiedeakatemia Academia Scientiarum Fennica 1978.

Todorov, Tzvetan. *The Fantastic.* tr. Richard Howard. Ithaca: Cornell University Press 1975.

Turner, Victor. *The Ritual Process.* New York: Aldine De Gruyter 1995.

Tyler, Stephen A. *The Unspeakable: Discourse, Dialogue, and Rhetoric in the Postmodern World.* Madison: University of Wisconsin Press 1987.

Werner, E. T. C. *Myths and Legends of China*. London: George G. Harrap & Co. 1922.

Wu Hung. *The Wu Liang Shrine: The Ideology of Early Chinese Pictorial Art*. Stanford: Stanford University Press 1989.

불문

Eigeldinger, Marc. *Mythologie et Intertextualité*. Genève: Editions Slatkine 1987.

Granet, Marcel. *Danses et Légendes de la Chine Ancienne*. Paris: Presses Universitaires de France 1959.

Kaltenmark, Maxime. *Le Lie-Sien Tchouan*. Université de Paris Centre détudes Sinologique de Pékin 1953.

3. 연구논문

중문

蓋山林「陰山岩畵與山海經」,『內蒙古社會科學』第3期, 1981.

啓良「西王母神话考辨」, 遅文杰 主編『西王母文化研究集成論文卷·中卷』, 廣西桂林: 廣西師範大學出版社 2008.

高連鳳「鯀: 中國的普羅米修斯」,『時代文學』第14期, 2008.

霍然「鯀禹啓家族的崛起與母權制向父權制的過渡」,『浙江社會科學』第3期, 2000.

凌純聲「中國古代海洋文化與亞洲地中海」,『海外雜誌』No. 3-10, 臺北 1954.

佟柱臣「中國新石器時代文化的多中心發展論和發展不平衡論」,『文物』第2期, 1986.

董長富·文琳「集安高句麗古墳壁畵」,『文物天地』第6期, 1984.

馬小龍「從鯀禹治水看儒家思想中禮樂精神的形成」,『西北民族大學學報(哲學社會科學版)』第6期, 2004.

武世珍「神話發展和演變中的幾個問題」,『民間文學論壇』第3期, 1984.

逢振鎬「東夷原始醫學試論」,『東夷古國史論』, 成都: 成都電訊工程學院出版社 1989.

付希亮「中國禪讓制度是母系社會高辛女皇擇壻制度」,『理論界』第1期, 2009.

傅斯年「夷夏東西說」,『中國上古史論文選集(上)』, 臺北: 華世出版社 1979.

傅藝「從鯀治水和普羅米修斯盜火看東西文化差異」, 『江西師範大學學報(哲學社會科學版)』 第6期, 2006.

徐中舒「論堯舜禹禪讓與父系家族私有制的發生和發展」, 『徐中舒歷史論文選輯』, 北京: 中華書局 1998.

蕭兵「犀比·鮮卑·西伯利業一從楚辭二招描寫的帶鉤談到古代文化交流」, 『人文雜誌』 第1期, 1981.

________ 「四方民俗文化的交匯: 兼論『山海經』由東方早期方士整理而成」, 中國山海經學術討論會 『山海經新探』, 成都: 四川省 社會科學院出版社 1986.

孫作雲「說丹朱」, 『歷史與考古』 第1號, 瀋陽博物館 1946.

________ 「洛陽西漢卜千秋墓壁畫考釋」, 『文物』 第6期, 1977.

________ 「后羿傳說叢考」, 『中國上古史論文選集(上)』, 臺北: 華世出版社 1979.

呂繼祥「關于西王母傳說起源地的探索: 也說西王母傳說起源于東方」, 『民間文學論壇』 第6期, 1986.

翁銀陶「西王母爲東夷族刑神考」, 『民間文學論壇』 第1期, 1985.

王奇偉「由禪讓制度論及堯舜時代我國已進入中國早期國家段階」, 『安徽史學』 第6期, 2008.

王樹民「堯舜禹禪讓的歷史眞相」, 『河北學刊』 第4期, 1999.

王玉哲「堯舜禹禪讓與簒奪兩種傳說竝存的新理解」, 『歷史敎學』 第1期, 1986.

王曉毅·丁金龍「從陶寺遺址的考古新發現看堯舜禪讓」, 『山西師大學報(社會科學版)』 第3期, 2004.

袁珂「山海經寫作的時地及篇目考」, 『中華文史論叢』 第7期, 1978.

________ 「從狹義的神話到廣義的神話」, 『社會科學戰線』 第4期, 1982.

________ 「再論廣義神話」, 『民間文學論壇』 第3期, 1984.

月郎「朝鮮民族南來考」, 『比較民俗學』, 韓國比較民俗學會 1994.

陸思賢「西王母善"虎"嘯是秋天季候風神話: 新石器時代人虎紋圖形探討」, 遲文杰 主編 『西王母文化研究集成論文卷·中卷』, 廣西桂林: 廣西師範大學出版社 2008.

李福淸(B. Liftin)「中國神話論」, 『中國神話故事論集』, 北京: 中國民間文藝出版社 1988.

李殿福「集安高句麗壁畫初探」, 『社會科學集刊』 第5期, 1980.

李定河「西王母神話在古代韓國的接受研究」, 北京大學民間文學專業博士學位論文 2022.

李豊楙「魏晉南北朝文士與道敎之關係」, 臺北: 政治大學博士論文 1979.

林何·楊進飛「馬王堆漢墓飛衣帛畫與楚辭神話南方神話比較研究」, 『民間文學論壇』 第3期,

1985.

______ 「馬王堆漢墓的越文化特徵」, 『民間文學論壇』 第3期, 1987.

潛明玆 「神話與原始宗敎源于一個統一體」, 『北京師範大學學報』 第1期, 1981.

______ 「聞一多對道敎神仙的考釋在神話學上的意義」, 『思想戰線』 第1期, 1986.

張開炎 「鯀禹創世神話類型再探」, 『民族文學硏究』 2007. 3.

張光直 「中國古代史的世界舞臺」, 『歷史』 No. 10, 1988.

張寶明 「從甲骨文鐘鼎文看商湯祈雨的眞實」, 『浙江社會科學』 第4期, 2004.

張振犁 「盤古神話新論」, 『中原古典神話流變論考』, 上海: 上海文藝出版社 1991.

鄭在書 「再論中國神話觀念: 以文本的角度來看山海經」, 『中國神話與傳說學術硏討會論文集
    (上)』, 臺北: 漢學硏究中心 1996.

鍾雲鶯 「韓國大巡眞理會對『大學』思想的解釋與轉化」, 『대순사상논총』 제34집, 2020.
    https://doi.org/10.25050/jdaos.2020.34.0.141

周明 「再論神話範疇的狹義性和廣義性」, 『民間文學論壇』 第4期, 1985.

朱越利 「從山海經看道敎神學的遠源」, 『世界宗敎硏究』 第1期, 1989.

陳家康 「蚩尤考」, 『歷史硏究』 第1卷 6期, 1951.

陳夢家 「商代的神話與巫述」, 『燕京學報』 第20期, 1936.

陳全得 「袁珂 '神話無下限論' 初探」, 『中華學苑』 第42期, 1992.

倉林忠 「關于堯舜殛鯀千古隱秘的探析」, 『中南民族學院學報(哲學社會科學版)』 第1期,
    1997.

何幼琦 「海經新探」, 『歷史硏究』 第2期, 1985.

夏含夷(Shaughnessy) 「從駒父盨蓋銘文談周王朝與南淮夷的關係」, 『漢學硏究』 No. 5-2,
    1987.

국문

강성률 「영화 〈모노노케 히메〉와 〈아바타〉에 나타난 이데올로기 연구」, 『현대영화
    연구』 제15권, 2013.

강미화 「샤갈(Chagall) 작품에 나타난 무의식의 상징에 관한 연구」, 『예술심리치료
    연구』 제7권 4호, 2011.

耿鐵華 「고구려 벽화 중의 사회·경제」, 『중국학계의 고구려사 인식』, 서울: 대륙연구
    소 1991.

고남식「강증산 전승의 해원과 문학치료」,『문학치료연구』제1집, 2003.

______「증산 강세전승에 대한 문학치료적 접근」,『문학치료연구』제2집, 2004.

______「단주 해원전승에 대한 문학치료적 접근」,『문학치료연구』제4집, 2006.

______「해원설화에 대한 문학치료적 접근」,『문학치료연구』제6집, 2007.

고부응「에드워드 사이드와 탈식민주의 이론」,『역사비평』2004년 가을호.

고영화「〈눈의 여왕〉과 〈겨울왕국〉의 주제에 대한 비교 연구」,『인문학연구』제50집, 2015.

고혜영「어린 왕자 연구」,『동화와 번역』제25집, 2013.

奇修延「東夷의 개념과 실체의 변천에 관한 연구」,『白山學報』제42호, 1993.

김광년「조선 후기 문인들의 '山海經' 인식과 수용」,『일본학연구』제52집, 2017.

金光洙「蚩尤와 貊族」,『孫寶基博士停年紀念韓國史學論叢』, 서울: 知識産業社, 1988.

김규광「박탈된 존재의 '인공의 날개': 〈날개〉의 상승 구도와 가치 전도」,『현대문학이론연구』제82집, 2020.

김세훈·이혜원「영웅서사를 활용한 디즈니 애니메이션의 전략」,『한국콘텐츠학회논문지』제14권 9호, 2014.

김성곤「탈식민주의(Post-Colonialism) 시대의 문학」,『외국문학』1992년 여름호.

______「미국 포스트모던 소설과 환상문학」,『상상』1996년 가을호.

김성환「한국 선도의 맥락에서 보는 증산사상」,『대순사상논총』제20집, 2009. http://uci.or.kr/G704-SER000013278.2009.20..008

김시천「고대 중국에서 동물 표상의 철학적 함의」,『공자학』제44호, 2021.

김욱동「환상적 상상력과 소설」,『상상』1996년 가을호.

김윤아「왜 포켓몬스터가 아이들을 미치게 하는가: 캐릭터 분석을 중심으로」,『영상문화』제2호, 2000.

김정숙「조선시대의 異物 및 怪物에 대한 상상력, 그 원천으로서의 '山海經'과 '太平廣記'」,『일본학연구』제48집, 2016.

김정은「조선 후기 瑤池宴圖의 성립과 유행」,『도교문화연구』제49집, 2018.

김지선「신이경 시론 및 역주」, 이화여자대학교 중문과 석사학위논문 1994.

김지연「디즈니 애니메이션「모아나」의 여성 영웅과 서사성 연구」,『인문사회 21』제8권 2호, 2017.

김탁「증산 강일순이 인용한 한시 연구」,『한국종교』19, 1994.

김태식「고대 동아시아 西王母 신앙 속의 신라 仙桃聖母」,『문화사학』제27호, 2007.

金學主「文學을 통해 본 漢代文化의 非漢族的 성격」,『人文論叢』제2집, 1978.

도정일「시뮬레이션 미학, 또는 조립문학의 문제와 전망」,『문학사상』1992년 7월호.

박광수「한국 신종교(천도교, 증산교, 원불교)에 나타난 신화, 상징, 의례 체계의 상관성에 관한 비교연구」,『종교연구』제26집, 2002. http://uci.or.kr/G704-000716.2002.26..004

박숙영「샤갈의 그림에 나타난 종교적 이미지의 이중성」,『현대미술사연구』제20집, 2006.

方起東「唐代의 高句麗 歌舞」,『중국학계의 고구려사 인식』, 엄성흠 옮김, 서울: 대륙연구소 1991.

배철현「에누마 엘리쉬: 마르둑신과 바빌론시에 대한 찬양시」, 신화아카데미『세계의 창세신화』, 서울: 동방미디어 2001.

빈미정「중국 고대기원신화의 분석적 연구」, 서울대학교 중문과 박사학위논문 1994.

徐敬浩「山海經의 內面體系에 관한 硏究」,『中國文學』No. 21, 1993.

徐永大「高句麗 貴族家門의 族祖傳承」,『韓國古代史硏究』제8집, 1995.

宣釘奎「楚辭의 東夷文化的 要素」,『李允中敎授停年紀念中國學論集』, 고려대 중국학연구소 1994.

송병선「중남미 문학의 환상과 마술」,『상상』1996년 가을호.

송정화「중국 여신의 특징에 대한 소고」,『동아시아 고대학』제17집, 2003.

슬레먼, 스티븐「제국의 기념비들: 탈식민적 글쓰기의 알레고리와 반언술행위」, 강규한 옮김,『외국문학』1992년 여름호.

신현대「'山海經'에 나타난 상상을 통한 이상세계 표현」, 홍익대학교 미술학과 박사논문 2011.

심경호「박지원과 이덕무의 희문(戱文) 교환에 대하여」,『한국한문학연구』제31집, 2003.

심재관「고대 인도의 창세신화와 제의적 이미지 읽기: 푸루샤 찬가」, 신화아카데미『세계의 창세신화』, 서울: 동방미디어 2001.

安在鴻「붉·볼·빅어 原則과 그의 循環公式」,『民世安在鴻選集(3)』, 서울: 지식산업사

1991.

오강원 「역사와 고고학적 측면에서 본 '山海經' 海內西經 貊國의 실체」, 『동아시아문
　　화연구』 제49집, 2011.

우현수 「조선 후기 「요지연도」에 대한 연구」, 이화여자대학교 미술사학과 석사학위
　　논문 1995.

유수민 「九天應元雷聲普化天尊 神格의 서사적 상상력 탐구」, 『대순사상논총』 제35집,
　　2020.

尹世英 「古墳 出土 裝身具의 종류와 특성」, 『古墳美術』, 서울: 중앙일보사 1985.

윤재근 「대순사상의 의미체계에 대한 상징해석: 천지공사(天地公事)를 중심으로」,
　　『종교교육학연구』 제17권, 2003. http://uci.or.kr/G704-000911.2003.17..007

이경원 「강증산의 천지공사의 종교적 상징체계에 관한 연구」, 『신종교연구』 제14
　　집, 2006.

李乃沃 「淵蓋蘇文의 執權과 道教」, 『歷史學報』 제99·100합집, 1983.

李丙燾 「江西古墳壁畵의 研究」, 『東方學志』 제1집, 1954.

이동철 「고대 중국의 인간-동물 관계에 대한 인식」, 『퇴계학논집』 제19호, 2016.

李成珪 「先秦文獻에 보이는 '東夷'의 성격」, 『한국고대사논총』 제1집, 1991.

이유경 「여성 영웅 형상의 신화적 원형과 서사문학사적 의미」, 숙명여대 국문과 박
　　사학위논문 2006.

이은창 「순흥 기미중묘벽화(己未中墓壁畵)의 사상사적인 연구」, 『순흥 읍내리 벽화
　　고분』, 대구: 대구대학교 박물관 1995.

李仁澤 「中國 禹王神話群과 韓國 朱蒙神話群」, 『中國語文學論集』 제7호, 1995.

이찬욱 「고전문학에 나타난 '파랑새(靑鳥)'의 문화원형 상징성 연구」, 『우리문학연
　　구』 제25집, 2008.

이형진 「이상의 새 모티프에 대한 일고찰」, 『한국현대문학연구』 제32집, 2010.

이혜원 「디즈니애니메이션의 영웅 이야기」, 『애니메이션연구』 제12권 2호, 2016.

＿＿＿＿ 「애니메이션에서 나타나는 여성 영웅 캐릭터의 변화 연구: 디즈니 애니메
　　이션의 여성 캐릭터를 중심으로」, 『만화애니메이션연구』 제57호, 2019.

임현수 「西周 시기 신·인간·동물 범주에 관한 연구」, 『중국인문과학』 제74호, 2020.

장성욱 「생떽쥐뻬리 비행기의 이미지 연구」, 『프랑스학연구』 제69호, 2014.

장예 「서왕모(西王母)의 한국문학적 수용 양상」, 대구대학교 국문과 석사학위논문

2008.

전호태 「高句麗 古墳壁畵에 나타난 하늘 연꽃」, 『美術資料』 제46호, 1990.

______ 「고구려 고분벽화 연구문헌 분류와 검토」, 『역사와 현실』 제12호, 1994.

______ 「고구려 감신총 벽화의 서왕모」, 『한국고대사연구』 제11권, 1997.

정민 「16. 7세기 遊仙詩의 資料槪觀과 出現動因」, 한국도교사상연구회 편 『한국 도교 사상의 이해』, 서울: 아세아문화사 1990.

정병모 「서왕모 신앙과 조선 후기 십장생도의 변화」, 『한국민화』 제2집, 2011.

정유경·한혜원 「한국설화 기반 웹툰에 나타난 이물교구 모티프의 포스트 휴먼적 가치 연구」, 『영상문화』 제52호, 2017.

鄭寅普 「古朝鮮의 大幹」, 『詹園鄭寅普全集(3)』, 서울: 연세대학교 출판부 1983.

정재서 「太平經의 성립 및 사상에 관한 시론」, 『논총』 제59집, 1991.

______ 「중국, 그 영원한 제국을 위한 변주」, 『상상』 1994년 겨울호.

______ 「'산해경' 다시 읽기의 전략」, 『상상』 1995년 봄호: 이 책 제5부 2장 1절.

______ 「고구려 고분벽화의 신화, 도교적 제재에 대한 새로운 인식」, 『상상』 1996 년 가을호.

______ 「'산해경'의 시적 변용」, 『중국학보』 제38집, 1998.

______ 「지괴, 소설과 문화 사이」, 『중국소설논총』 제8집, 1998.

______ 「중국신화의 개념적 범주에 대한 검토: 원가(袁珂)의 광의신화론(広義神話 論)을 중심으로」, 『중국학보』 제41집, 2000: 이 책 제5부 1장 1절.

______ 「중국신화의 역사와 구조: 반고신화를 중심으로」, 『구비문학연구』 제11 집, 2000: 이 책 제4부 1장 2절.

______ 「『산해경』에서의 삶과 죽음:변형의 동력과 도교의 발생」, 『중국어문학지』 제10집, 2001: 이 책 제5부 2장 3절.

______ 「동아시아 문화담론과 성: 효녀서사를 중심으로」, 『중국어문논총』 제23 집, 2002.

______ 「원유(苑囿), 제국 서사의 공간」, 『중국문학』 제38집, 2002.

______ 「중국 문헌신화 연구사에 대한 담론 분석」, 『동아시아고대학』 제9집, 2004.

______ 「중국 상상력의 시각에서 본 일본 문화산업 속의 요괴 모티프: 〈千と千尋 の神隠し〉,〈陰陽師〉 등의 경우를 중심으로」, 『일본연구』 제23집, 2004.

______ 「중국문헌신화 연구사에 대한 담론 분석: 제3의 시각 확보를 위한 전제 연

구」,『동아시아 고대학』 제9호, 2004: 이 책 서론부 '제3의 신화학을 위한 문제 제기'.

______ 「동서양 창세신화의 문화적 변용 비교연구」,『중국어문학지』 제17집, 2005: 이 책 제4부 1장 1절.

______ 「잃어버린 신화를 찾아서: 중국신화 속의 한국신화」,『중국어문학지』 제25집, 2007: 이 책 제5부 3장 1절.

______ 「신들의 행차, 요괴들의 행렬: 상상계의 정치성」,『중국문학』 제56권, 2008: 이 책 제5부 3장 4절.

______ 「禪讓인가? 簒奪인가?: 고대 중국의 왕권신화에 대한 해체론적 접근」,『영남중국어문학회』 제54권, 2009: 이 책 제5부 1장 3절.

______ 「중국신화에서의 파격적 상상력」,『구비문학연구』 제29집, 2009: 이 책 제4부 2장 1절.

______ 「강증산(姜甑山)의 중국 신화 수용과 그 의미」,『대순사상논총』 제25권 1호, 2015. https://doi.org/10.25050/jdaos.2015.25.1.1

______ 「'척주동해비(陟州東海碑)'에 표현된『산해경(山海經)』의 신화적 이미지들」,『영상문화』 제29호, 2016. http://uci.or.kr/G704-SER000010067.2016..29.002

______ 「스토리의 시대, 동양신화는 귀환하고 있는가」, 정재서 편『동양고전으로 오늘을 읽다』, 서울: 신아사 2017: 이 책 제4부 3장 3절.

______ 「중국신화의 상호주관성과 동아시아 문화적 위상」,『도교문학연구』 제51집, 2019: 이 책 제5부 1장 2절.

______ 「동아시아 신화와 문학의 증산신학적 전개」,『대순사상논총』 제35집, 2020: 이 책 제5부 3장 3절.

______ 「한국의 西王母 수용과 그 요인」,『한국언어문화』 제73호, 2020: 이 책 제5부 3장 2절.

______ 「항공의 신화적 기원과 상상력의 전개: 비행에서 비상으로」,『한국언어문화』 제79호, 2022: 이 책 제4부 3장 2절.

______ 「『산해경』 상상계의 구조와 반구조:제국의 에피스테메를 넘어서」,『중국어문학지』 제93집, 2025: 제5부 2장 2절.

______ 「반인반수신화 이미지의 귀환과 그 문화적 의미」,『영상문화』 제48호,

2026: 이 책 제4부 2장 2절.

정재서·정유경 「〈겨울왕국 2〉의 다층적 의미과 그 지향」, 『만화애니메이션 연구』
　　제58호, 2020: 이 책 제4부 3장 1절.

정찬학 「五帝神話의 形成과 漢代의 受容樣相 硏究」, 연세대학교 중문과 박사학위논문
　　2006.

조대한 「이상 문학의 동물 및 새 변신 연구」, 『반교어문연구』 제50집, 2017.

趙容重 「蓮花化生에 등장하는 裝飾文樣 考察」, 『美術資料』 제56호, 1995.

최성실 「동아시아 '바리데기' 이야기의 구조와 공간적 의미에 관한 연구」, 『비교문
　　학』 제67집, 2015.

최진아 「조선 시기 唐樂呈才에 반영된 '西王母'의 문화적 의미」, 『중국소설논총』 제
　　41집, 2013.

티핀, 헬렌 「탈식민주의 문학과 반언술행위」, 성경준 옮김, 『외국문학』 1992년 여름
　　호.

홍윤희 「중국 근대 신화담론 형성 연구」, 연세대학교 중문과 박사학위논문 2006.

일문

本內芳樹 「山海經に現すれた古代說話の展開」, 『大正大學大學院硏究論叢』 第9輯, 1985.

森鹿三 「支那古代に於ける山嶽信仰」, 『歷史と地理』 第28-6號, 1931.

森雅子 「西王母の原像」, 『史學』 第56卷 3號, 1986.

　　　　「中國古代の神統記: 鯀禹啓三代の神話」, 『宗敎硏究』 第339號, 2004. 3.

安居香山 「緯書の古帝王傳說の特徵について」, 『漢魏文化』 第7輯, 1968.

伊藤淸司 「中國古代の民間醫療: 山海經の硏究」, 『史學』 第43卷 4號, 1966.

　　　　「山海經と玉」, 『中國古代史硏究』 第5輯, 1982.

林巳奈夫 「中國古代における蓮花の象徵」, 『漢代の神神』, 東京: 臨川書店 1988.

津田左右吉 「神仙思想に關する二,三の考察」, 『滿鮮地理歷史硏究報告』 第10輯, 1924.

鐵井慶忌 「黃帝と蚩尤の鬪爭說話について」, 『東方宗敎』 第39號, 1972.

영문

Allan, Sarah. "Shang Foundation of Modern Chinese Folk Religion." *Legend, Lore,
　　and Religion in China*. ed. Sarah Allan and Alvin P. Cohen. San Francisco: Chinese

Materials Center 1979.

———— "Problem and Theory." *The Heir and the Sage: Dynastic Legend in Early China*. San Francisco: Chinese Material Center 1981.

Bascom, William. "The Forms of Folklore: Prose Narratives." *Sacred Narrative*. ed. Alan Dundes. Berkeley: University of California Press 1984.

Birrell, Anne. "Studies on Chinese Myth Since 1970: An Appraisal, Part I." *History of Religions* Vol. 33 No. 4, 1994. 5.

Bodde, Derk. "Myths of Ancient China." *Mythologies of the Ancient World*. ed. S. N. Cramer. New York: Doubleday 1961.

Crimp, Douglas. "On the Museum's Ruins." ed. Hal Foster. *The Anti-Aesthetic*. Washington: Bay Press 1983.

Eliade, Mircea. "Cosmogonic Myth and 'Sacred History'." *Sacred Narrative*. ed. Alan Dundes. Berkeley: University of California Press 1984.

Giradot, N. J. "The Problem of Creation Mythology in the Study of Chinese Religion," *History of Religions* Vol. 15 No. 4, 1976. 5.

Kirk, G. S. "On Defining Myths," *Sacred Narrative*, ed. Alan Dundes. Berkeley: University of California Press 1984.

Kristeva, Julia. "Word, Dialogue, and Novel." *Desire in Language*. New York: Columbia University Press 1980.

Loewe, Michael. "Man and Beast: The Hybrid in Early Chinese Art and Literature." *Numen* Vol. XXV, 1976.

Mair, Victor H. "The Narrative Revolution in Chinese Literature: Ontological Presuppositions." *Chinese Literature* Vol. 5 No. 1-2, 1983.

———— "Southern Bottler-Gourd(hu-lu 葫蘆) Myths in China and Their Appropriation by Taoism." 『中國神話與傳說學術研討會論文集(上)』, 臺北: 漢學研究中心 1996.

Paper, Jordan. "The Meaning of the T'ao-t'ie." *History of Religions* Vol. 18 No. 1, 1978.

Rooth, Anna Birgitta. "The Creation Myths of the North American Indians." *Sacred Narrative*. ed. Alan Dundes. Berkeley: University of California Press 1984.

Schafer, Edward. "The Ritual Exposure in Ancient China." *Harvard Journal of Asiatic Studies* No. 47, 1985.

Spivak, Gayatri C. "Can the Subaltern Speak?" *Marxism and the Interpretation of Culture*. ed. Cary Nelson and Lawrence Grossberg. London: Macmillan 1988.

Wu Hung. "Bird Motifs in Eastern Yi Art." *Orientations* Vol. 16 No. 10, 1985.

Ying-shih, Yü. "Life and Immortality in the Mind of Han China." *Harvard Journal of Asiatic Studies* Vol. 25, 1965.

인명

ㄱ

가따리, 삐에르펠릭스(Pierre-Félix
　　Guattari) 17, 39, 40, 45
가우디, 안또니오(Antonio Gaudi) 245
갈홍(葛洪) 113, 117, 120, 232, 391
갓셜, 조너선(Jonathan Gottschall) 201
강일순(姜一淳) → 강증산(姜甑山)
강증산(姜甑山) 261, 362, 364~70, 372,
　　373, 375~98
강태공(姜太公) 352, 365~67, 389, 397
게오르기우, 콘스탄틴(Constantin V.
　　Gheorghiu) 268
고리끼, 막심(Maksim Gor'kii) 222
고힐강(顧頡剛, 구 제강) 254
공자(孔子) 35, 36, 203, 272, 295, 296,
　　363
곽박(郭璞) 84, 219, 237, 275, 276, 279,
　　280, 283, 292, 297, 299, 300, 307, 313,
　　322, 323, 391
괴테, 요한 볼프강 폰(Johann Wolfgang

von Goethe) 192
그림(Grimm) 형제 46, 50, 228
김시습(金時習) 349
김영화(金榮華, 진 룽화) 44
김한규(金翰奎) 270
김현 61, 233
김홍도(金弘道) 353, 406
깡길렘, 조르주(Georges Canguilhem)
　　158

ㄴ

나까자와 신이찌(中澤新一) 19
나평(羅苹) 322~25
나필(羅泌) 281, 322
노륜(盧綸) 381
노신(魯迅, 루쉰) 35, 68, 110, 225, 238,
　　312, 321
노자(老子) 105, 120, 196, 197, 245
능순성(凌純聲, 링 춘성) 270
네그리, 안또니오(Antonio Negri) 87,
　　89
니덤, 조지프(Joseph Needham) 74, 329